주식시장에서 살아남는
심리투자 법칙
TRADING FOR A LIVING

알렉산더 엘더 지음 | **신가을** 옮김

Trading For A Living
Copyright© 1993, Dr. Alexander Elder
Elder.com

이 책의 한국어판 저작권은 Dr. Alexander Elder와의 독점계약으로
(주)이레미디어에 있습니다.
저작권법에 의해 한국 내에서 보호를 받는 저작물이므로
무단전재와 무단복제를 금합니다.

주식시장에서 살아남는
심리투자 법칙
TRADING FOR A LIVING

알렉산더 엘더 지음 | 신가을 옮김

트레이더이자 현자이며 진정한 친구인
루 테일러에게

차례

프롤로그

1장 마지막 미개척지, 주식시장 • 18
나와 주식시장의 인연 • 성공을 간절히 원하는가?

2장 문제는 심리다 • 22
롤러코스터에서 뛰어내려라 • 위험을 줄여야 게임을 통제할 수 있다 • 이 책의 구성

3장 미리 알아두어야 할 몇 가지 걸림돌 • 28
트레이딩은 마이너스섬 게임이다 • 수수료 때문에 파산할 수도 있다 • 진입하거나 퇴장할 때 발생하는 체결오차 문제 • 거래 비용을 총체적으로 살펴보자

제1부 개인 심리

4장 왜 트레이딩을 하는가? • 38
트레이더는 저마다 다른 목표가 있다

5장 환상과 현실 • 41
비법을 몰라서 실패했다? • 자본금이 적어서 실패했다? • 자동 트레이딩 시스템이 없어서 실패했다? • 맹목적으로 '지도자'를 쫓아가는 군중 • 의자가 넘어지지 않으려면 세 개의 다리가 필요하다

6장 시장의 지도자들 • 51

시장 사이클 지도자 • 마법의 기법 지도자 • 죽은 지도자 • 지도자를 추종하는 사람들

7장 트레이더 스스로를 망치는 행위 • 63

도박 성향 • 자기파괴적 행동패턴 • 안전망을 마련하라

8장 트레이딩 심리 • 70

규칙 파기의 유혹 • 나의 트레이딩 방식을 바꾸어놓은 통찰

9장 알코올 중독자들의 모임에서 배운 트레이딩 교훈 • 75

받아들이지 못하는 심리상태 • 밑바닥을 때리는 고통 • 제1단계가 가장 어렵다 • AA 모임에 참여해보라

10장 패자들의 모임 • 82

억제할 수 없는 매매 충동 • 점점 더 깊은 늪 속으로 • 나락으로 떨어지는 트레이더 • 자활의 첫 걸음 • 트레이더의 자활 조직, '패자들의 모임'

11장 승자와 패자 • 93

시장은 바다와 같다 • 감정은 돈을 버는 데 치명적 장애다 • 트레이더가 통제할 수 있는 것은 자신뿐이다

제2부 집단 심리

12장 가격이란 무엇인가 • 104

가격에 대한 논쟁 • 흥정은 어떻게 이루어지는가 • 시장 참여자의 순간적 의견 조율의 결과 • 군중의 행동양식

13장 시장이란 무엇인가 • 112

하나의 시장을 구성하는 전 세계의 군중 • 개인과 군중의 힘 • 돈은 어디에서 오는가 • 내부 정보

14장 트레이딩 현장의 집단들 • 119

개인 트레이더들 • 기관 투자자 • 트레이딩 툴을 만드는 사람들 • 투자자문 서비스를 제공하는 사람들 • 매매 수익률대회 개최자들

15장 시장의 군중과 나 • 130

군중심리 전문가들 • 왜 집단에 소속되려고 하는가? • 왜 주가는 나와 반대로 가는가? • 시장을 이끌어가는 것은 무엇인가? • 군중의 바다에 뛰어들지 않으려면

16장 추세의 심리학 • 140

강렬한 감정 • 상승과 하락 • 황소와 곰, 그리고 추세 • 군중심리의 움직임을 반영하는 지표

17장 관리냐 예측이냐 • 148

여론조사자와 기술적 분석가 • 관리냐 예측이냐 • 시장을 읽고 스스로를 관리하라

제3부 전통적인 차트 분석법

18장 차트의 출발점 • 156

차트에 관한 간략한 역사 • 바차트가 보여주는 시장 심리 • 일본식 캔들스틱 • 마켓 프로파일 • 효율적 시장, 랜덤워크, 자연의 법칙

19장 지지와 저항 • 167

기억, 고통, 그리고 후회 • 지지와 저항의 강도 • 지지와 저항을 활용한 매매 기법 • 진짜 돌파와 가짜 돌파

20장 추세와 박스권 • 176

추세에 투영되는 군중심리 • 정말 중요한 것은 차트 오른쪽 끝에서 결정을 내리는 일이다 • 추세와 박스권을 식별하는 방법 • 기다릴 것인가, 매매할 것인가 • 시간단위별로 상충되는 차트

21장 추세선 • 188

추세선 작도법 • 추세선의 강도 • 추세선 돌파 • 추세선을 활용한 매매 기법 • 추세 채널선 • 예비 추세선 • 추세선에 대한 추가 정보

22장 갭 • 201

일반 갭 • 돌파 갭 • 지속 갭 • 소멸 갭 • 갭을 활용한 매매 기법 • 갭에 대한 추가 정보

23장 차트 패턴 • 212

머리어깨형 • 머리어깨형을 활용한 매매 기법 • 배스커빌 가의 사냥개 • 역머리어깨형 • 사각형 • 사각형을 활용한 매매 기법 • 선과

깃발 • 삼각형 • 삼각형을 활용한 매매 기법 • 불규칙 삼각형 • 이중 천정과 이중 바닥

제4부 컴퓨터를 이용한 기술적 분석

24장 트레이딩에서 컴퓨터의 역할 • 234

트레이딩은 정보 전쟁이다 • 컴퓨터를 이용한 분석의 3단계 • 툴박스, 블랙박스, 그레이박스 • 컴퓨터 선택 시 중요 요소 • 어느 정도의 과거 데이터가 필요한가 • 세 가지 주요 지표

25장 이동평균 • 244

두 번 짖는 지표, 단순이동평균 • 이동평균이 보여주는 시장 심리 • 한 번 정확히 짖는 지표, 지수이동평균 • 이동평균 산출기간 선택 • 지수이동평균을 활용한 매매 기법 • 기계적 트레이딩 시스템 • 이동평균에 대한 추가 정보

26장 MACD와 MACD 히스토그램 • 256

MACD 산출 방식 • MACD선과 시그널선 교차의 의미 • MACD를 활용한 매매 기법 • MACD에 대한 추가 정보 • MACD 히스토그램 • MACD 히스토그램의 기울기와 주가 추세 • MACD 히스토그램을 활용한 매매 기법 • 신고점과 신저점 예측 • 가장 강력한 신호, 다이버전스 • MACD 히스토그램에 대한 추가 정보

27장 **방향성 시스템** • 270
방향성 시스템 구축 방법 • 방향성 시스템이 보여주는 시장 심리 • 방향성 시스템을 활용한 매매 기법

28장 **모멘텀, ROC, 평활화한 ROC** • 280
개를 산책시키는 주인의 발자국 • 다이버전스의 유형 • 모멘텀과 ROC • 모멘텀과 ROC가 보여주는 시장 심리 • 모멘텀과 ROC를 활용한 매매 기법 • 평활화한 ROC • 평활화한 ROC가 보여주는 시장 심리 • 평활화한 ROC를 활용한 매매 기법

29장 **윌리엄스%R** • 296
윌리엄스%R 산출 방식 • 윌리엄스%R이 보여주는 시장 심리 • 윌리엄스%R을 활용한 매매 기법

30장 **스토캐스틱** • 304
스토캐스틱 산출 방식 • 스토캐스틱이 보여주는 시장 심리 • 스토캐스틱을 활용한 매매 기법 • 스토캐스틱에 대한 추가 정보

31장 **상대강도 지수** • 314
상대강도 지수 산출 방식 • 상대강도 지수가 보여주는 시장 심리 • 상대강도 지수를 활용한 매매 기법 • 상대강도 지수에 대한 추가 정보

제5부 간과하기 쉬운 기본 지표들

32장 거래량 • 324

거래량 측정 방법 • 거래량이 보여주는 시장 심리 • 거래량을 활용한 매매 기법 • 거래량에 대한 추가 정보

33장 거래량 지표: OBV, 매집/분산 지표 • 334

거래량 균형(OBV) • OBV가 보여주는 시장 심리 • OBV를 활용한 매매 기법 • OBV에 대한 추가 정보 • 매집/분산 지표 • 매집/분산 지표가 보여주는 시장 심리 • 매집/분산 지표를 활용한 매매 기법 • 매집/분산 지표에 대한 추가 정보

34장 미결제약정 • 344

미결제약정의 증감 • 미결제약정이 보여주는 시장 심리 • 미결제약정을 활용한 매매 기법 • 미결제약정에 대한 추가 정보

35장 헤릭정산 지수 • 354

헤릭정산 지수 산출 방식 • 헤릭정산 지수가 보여주는 시장 심리 • 헤릭정산 지수를 활용한 매매 기법

36장 시간과 사이클 • 361

사이클 • 금융시장 지표에 적용한 계절 개념 • 시간상의 되돌림 • 5의 법칙

제6부 주식시장의 중요한 지표들

37장 신고점/신저점 지수 • 374
신고점/신저점 지수 산출 방식 • 신고점/신저점 지수가 보여주는 시장 심리 • 신고점/신저점 지수를 활용한 매매 기법 • 신고점/신저점 지수에 대한 추가 정보

38장 기타 시장 지표 • 385
트레이더 지수(TRIN) • 트레이더 지수 산출 방식 • 트레이더 지수가 보여주는 시장 심리 • 트레이더 지수를 활용한 매매 기법 • 일일 등락주선(ADL) • 큰손 지표, MAS • 기타 주식시장 지표들

제7부 시장 심리를 보여주는 지표들

39장 합의 지표 • 400
전문가 집단의 합의가 주는 신호 • 언론이 보내는 신호 • 광고가 주는 신호

40장 시장 참여 지표 • 410
트레이더들의 동향 • 내부자 거래 • 증권거래소 회원들의 거래 • 단주 거래

제8부 시장의 주도세력을 알려주는 새로운 지표들

41장 엘더-레이 • 420

엘더-레이 지표 산출 방식 • 엘더-레이가 보여주는 시장 심리 • 엘더-레이를 활용한 매매 기법

42장 강도 지수 • 431

강도 지수 산출 방식 • 강도 지수가 보여주는 시장 심리 • 강도 지수를 활용한 매매 기법

제9부 트레이딩 시스템

43장 삼중 스크린 매매 시스템 • 444

추세추종 지표와 오실레이터 • 시간단위 선택: '5'의 법칙 • 첫 번째 스크린: 시장의 조수 판단 • 두 번째 스크린: 시장의 조수에 반하는 파도 찾아내기 • 세 번째 스크린: 일중 돌파에 맞춰 시장에 진입하기 • 삼중 스크린 매매 시스템의 손실제한

44장 파라볼릭 트레이딩 시스템 • 460

파라볼릭 구축 방법 • 파라볼릭 트레이딩 시스템이 보여주는 시장 심리 • 파라볼릭 트레이딩 시스템을 활용한 매매 기법

45장 채널 트레이딩 시스템 • 467

대표적인 채널 구축 방법 • 이동평균 채널 • 이동평균 채널이 보여

주는 시장 심리 • 이동평균 채널을 활용한 매매 기법 • 표준편차 채널(볼린저 밴드) • 채널에 대한 추가 정보

제10부 위험관리

46장 심리와 확률 • 480

조니가 팔지 못하는 이유 • 확률과 수맹 • 도박꾼의 승률, 긍정적 기대치

47장 자금관리, 원칙과 방법 • 488

첫 번째 목표는 살아남는 것 • 차근차근 부자가 되라 • 어느 정도의 위험을 감수할 것인가 • 마틴게일 시스템 • 옵티멀 f • 수익을 재투자하는 문제

48장 청산 • 500

돈보다 트레이딩의 질이 우선이다 • 지표의 신호 • 수익 목표, 엘리어트, 피보나치 • 손실제한 설정 • 트레이딩이 끝난 후

에필로그 • 512
감사의 글 • 515
참고문헌 • 519
저자 소개 • 526

TRADING for a LIVING

프롤로그

01

마지막 미개척지, 주식시장

　당신은 자유를 만끽할 수 있다. 전 세계 어디든 원하는 곳에서 살고 일할 수 있다. 판에 박힌 일을 하지 않아도 되고 누구 눈치 볼 일도 없다. 이것이 성공한 트레이더의 인생이다.

　누구나 성공을 꿈꾸지만 극소수만이 그 꿈을 이룬다. 시황판을 쳐다보는 아마추어의 눈앞에는 수백만 달러가 왔다갔다한다. 아마추어는 돈을 잡으려고 손을 뻗지만 도리어 자기 돈을 잃고 나온다. 다시 시도해보지만 이번엔 더 크게 잃는다. 아마추어가 돈을 잃는 이유는 딱 세 가지다. 게임이 어려워서, 무지해서, 그리고 자제력이 부족해서. 이런 문제로 골머리가 아프다면 반드시 이 책을 읽기 바란다.

🔜 나와 주식시장의 인연

1976년 여름 나는 뉴욕에서 캘리포니아 주로 여행을 떠난 적이 있다. 심리학 책 몇 권(당시 난 정신과 레지던트 1년차였다), 역사책 몇 권 그리고 엥겔Louis C. Engel의 『주식 사는 법How to Buy Stocks』을 낡은 닷지 트렁크에 실었다. 『주식 사는 법』은 변호사인 친구에게 빌린 책이었는데 너덜너덜했다. 손대는 것마다 황금으로 바꿔놓는 미다스의 손이 있다지만 그 친구는 정반대로 손을 대는 족족 실패했다. 그런데 이 책이 내 인생을 바꿔놓을 줄은 몰랐다.

미국을 횡단하며 캠핑장에 들를 때마다 엥겔의 책을 읽어 내려가 태평양 연안 라졸라 해변에 이를 무렵엔 마지막 페이지를 읽었다. 주식엔 까막눈이었지만 머리만 잘 굴리면 돈을 벌 수 있으리라는 생각에 이런 게 있구나 싶었다.

나는 구 소련에서 자랐다. 전직 미 대통령이 소련을 '악의 제국'이라 부르던 시절이었다. 소련체제가 싫었고 떠나고 싶었지만 이민은 금지되어 있었다. 열여섯 살에 대학에 들어가 스물두 살에 의대를 졸업하고 수련의 과정을 마친 다음 선의가 되어 배에서 근무하게 됐다. 드디어 나라 밖으로 갈 수 있는 기회가 온 것이다.

어느 날 내가 탄 배가 아프리카 코트디부아르의 수도 아비장에 정박하자마자 배에서 탈출했다. 먼지 풀풀 날리는 거리를 내달려 미 대사관으로 뛰어들 때까지 같은 배에서 근무하던 선원들이 쫓아왔다. 구사일생으로 그들을 따돌렸지만 대사관 직원의 실수로 소련으로 송환될 뻔했다. 소련으로 돌아가지 않겠다고 버티자 대사관에서

안가安家를 마련해주었고 뉴욕행 비행기표까지 구해줬다. 그리고 마침내 1974년 2월 뉴욕 케네디 공항에 도착했다. 아프리카에서 입던 여름옷을 그대로 걸치고 있었고 주머니엔 달랑 25달러뿐이었다. 영어는 조금 할 줄 알았지만 일가붙이, 아는 이 하나 없는 신세였다.

당시 나는 주식이니 채권이니 하는 건 전혀 몰랐고 선물, 옵션은 더구나 알 턱이 없었다. 지갑에 미국 달러가 들어 있는 것만 봐도 어질어질할 정도였으니 일러 무엇하리오. 옛날 같으면 시베리아에서 3년치 임금이 몇 달러였으니 말이다.

그런 나에게 신천지를 열어준 것이 바로 『주식 사는 법』이었다. 뉴욕에 와서 처음 산 주식은 킨더케어KinderCare 사 주식이었다. 이후로 주식시장에 대해 열심히 공부했고 주식과 옵션에 투자했다. 지금은 주로 선물에 투자하고 있다. 주식을 업으로 한 건 아니었고 직장은 따로 있었다. 큰 대학병원에서 정신과 전문의 레지던트 과정을 마치고 뉴욕정신분석연구원에서 근무하다 미국 최다 부수의 정신의학 전문지 《사이키애트릭 타임즈Psychiatric Times》 에디터로 일하고 있다. 요즘엔 트레이딩 때문에 바빠서 사무실에는 일주일에 몇 번, 그것도 장이 끝난 오후에만 출근한다. 정신과 의사로 일하는 것도 좋긴 하지만 대부분의 시간을 시장에서 보내고 있다.

트레이딩을 제대로 익힐 때까지 우여곡절이 많았다. 좋을 땐 하늘 높은 줄 모르고 붕 떴다가 나쁠 땐 하염없이 추락했다. 한 발짝 한 발짝 투자를 익혀나가는 과정에서 자책감으로 수없이 벽에 머리를 찧고 매매일지를 내던지곤 했다. 그럴 때면 병원으로 돌아가서 정신을 차리고 읽고 생각하고 테스트한 다음 다시 트레이딩을 했다.

그럼으로써 실력이 서서히 향상되었지만 결정적인 돌파구는 따로 있었다. 바로 승리의 열쇠는 컴퓨터가 아니라 내 머릿속에 있다는 깨달음이었다. 정신과 의사로 쌓은 소양 덕분에 트레이딩을 통찰할 수 있는 눈을 갖게 되었고 이것을 독자들과 함께 나누고자 이 책을 쓴다.

성공을 간절히 원하는가?

17년 동안 사귄 친구가 있는데 그의 부인은 기품이 있었지만 좀 뚱뚱한 편이라 쭉 다이어트를 해왔다. 늘 살을 빼고 싶다고 입버릇처럼 말했으며 모임 같은 데서는 케이크나 감자를 입에 대지도 않았다. 그런데 그 집 부엌에서 커다란 포크로 케이크를 먹는 부인의 모습을 종종 보곤 했다. 그녀는 날씬해지고 싶다고 말하지만 여전히 뚱뚱하다. 왜 그럴까? 음식을 먹으면서 지금 당장 느낄 수 있는 쾌락의 유혹이 나중에 체중이 줄었을 때 오는 즐거움보다 더 강하기 때문이다.

성공하고 싶다고 말하지만 순간적인 짜릿함을 맛보기 위해 시장에서 도박을 하는 충동적인 투자자 역시 마찬가지다. 사람들은 자신을 속이고 스스로를 상대로 게임을 한다. 남을 속이는 것도 나쁘지만 스스로를 속이는 건 아예 가망이 없다. 서점에는 다이어트에 좋은 책이 널려 있건만 과체중으로 고생하는 사람이 얼마나 많은가.

이 책을 통해 당신에게 시장을 분석하는 법, 트레이딩을 하는 법, 마음을 다스리는 법을 전수하고자 한다. 하지만 내가 당신에게 전달하는 것은 지식이다. 성공을 갈구하는 열망은 독자 당신의 몫이다.

문제는 심리다

    투자나 트레이딩을 할 때 기본적 분석을 믿고 할 수도 있고 기술적 분석을 믿고 할 수도 있다. 아니면 경제나 정치 돌아가는 상황을 보니 '감'이 딱 와서, 기가 막힌 내부 정보를 입수해서, 또는 잘 되겠지 하는 막연한 기대를 품고 진입할 수도 있다.

    당신의 경우, 최근에 주문을 냈을 때 기분이 어땠는지 떠올려보라. 수화기를 들고 망설였는가? 어서 빨리 뛰어들고 싶어 조바심이 났는가, 아니면 돈을 잃으면 어떡하나 겁이 났는가? 매매를 끝내고 나니 뿌듯했는가, 아니면 창피했는가? 당신과 유사한 과정을 거칠 트레이더들의 심리가 모여 거대한 파도를 일으키며 시장을 움직인다.

▶ 롤러코스터에서 뛰어내려라

수많은 투자자들이 절호의 기회를 찾느라 시간을 보낸다. 그런데 일단 매매에 들어가면 이성을 잃고 고통에 몸부림치거나 좋아서 입이 귀에 걸린다. 그런데 이렇게 롤러코스터처럼 기분이 오르락내리락하는 사이 승리의 필수 요소인 감정을 다스리는 일에 실패하게 된다. 스스로를 통제하지 못하면 자금관리가 제대로 되지 않아 계좌의 돈은 점차 바닥을 드러낸다. 자신의 마음을 시장에 맞춰 나가지 못하거나 집단의 심리적 변화를 무시한다면 결코 트레이딩으로 돈을 벌 수 없다. 성공하는 프로들은 트레이딩에서 심리가 얼마나 중요한 요소인지 꿰뚫고 있지만 아마추어들은 그렇지 못하다.

내가 정신과 전문의라는 것을 아는 친구와 고객들은 이런 경력이 트레이딩에 도움이 되는지를 묻곤 한다. 훌륭한 정신의학과 훌륭한 트레이딩에는 공통되는 한 가지 중요한 원칙이 있다. 현실에 초점을 맞추고 세상을 있는 그대로 본다는 것이다. 건강하게 살려면 눈을 똑바로 뜨고 살아야 한다. 훌륭한 투자자가 되려면 눈을 크게 뜨고 현실의 추세와 흐름의 변화를 인지해야 하며 쓸데없는 자책이나 허황된 꿈에 시간과 에너지를 낭비하지 말아야 한다.

▶ 위험을 줄여야 게임을 통제할 수 있다

거래소 기록을 보면 트레이더 대부분이 남성이다. 내가 운영하고 있는 트레이딩 교육기관인 파이낸셜 트레이딩 세미나Financial Trading Seminars, Inc. 자료를 보더라도 트레이더의 약 95퍼센트가 남자다. 그래서 이 책에서는 일화나 사례를 들어 설명할 때 남성 대명사 '그he'를 사용하려 한다. 하지만 성공한 여성 트레이더들을 무시할 생각은 전혀 없다. 은행, 증권회사 등 기관 투자자의 여성 비율은 조금 더 높다. 내 경험에 비추어 볼 때 트레이딩에 종사하는 여성의 수는 극히 적지만 남성보다 성공 확률은 높다.

여자들은 남자들이 우글대는 이곳에 뛰어들어야 한다. 트레이딩은 스카이다이빙이나 암벽등반, 스쿠버다이빙 같은 스릴 넘치고 위험한 스포츠와 비슷하다. 이런 스포츠는 대체로 남자들이 즐기며 행글라이더 중 여성의 비율은 1퍼센트도 되지 않는다.

규제나 규율이 강화되는 사회로 갈수록 사람들은 위험한 스포츠에 매료된다. 미국 미시간 대학교 사회학자 데이비드 클라인David Klein은 《뉴욕 타임스》에서 이렇게 말했다. "틀에 박힌 일을 하는 사람일수록 성취감을 느낄 수 있는 여가활동에 몰두하는 경향이 있다. 안전하고 판에 박힌 일을 할수록 개성을 드러내줄 수 있는 활동에 끌리기 쉽고 모험과 스릴을 중요시 여기게 된다."

이런 스포츠는 짜릿하긴 하지만 취약점이 있는데 위험을 무시하고 무모하게 행동하기 십상이라서 그렇다. 오리건 주의 정형외과 의사인 존 텅John Tongue 박사는 행글라이딩에서 발생하는 사고를 분석한 결과 경험이 많은 행글라이더의 사망률이 높다는 것을 발견했다. 경험이 많을수록 더 큰 위험을 추구하기 때문이다. 위험한 스포츠를 즐기려면 안전 규칙을 준수해야 한다. 위험을 줄여야 성취감도 느끼고 게임을 통제할 수 있다.

트레이딩 역시 마찬가지로 진지한 지적 작업으로 취급해야만 성공할 수 있다. 감정적인 트레이딩은 치명타가 된다. 성공을 보장받는 길은 방어적으로 자금을 관리하는 것이다. 훌륭한 트레이더는 마치 전문 스쿠버 다이버가 산소공급기를 늘 주시하듯 자본을 신중하게 살핀다.

▶ 이 책의 구성

성공적인 트레이딩을 하려면 세 가지 버팀목이 필요하다. 심리, 시장 분석 및 트레이딩 시스템, 그리고 자금관리다. 이 책에서는 당신을 위해 이 세 가지를 모두 다루고자 한다.

1부에서는 트레이더로서 감정을 제어하는 새로운 방식을 소개할 것이다. 정신과 의사로 일하면서 발견한 방법이다. 내 경우 이 방법으로 트레이딩 실적이 크게 향상되었으므로 당신에게도 도움이 되리라 생각한다.

2부에서는 시장의 군중심리를 설명한다. 집단행동은 개인행동보다 더 원초적이다. 집단행동의 양상을 이해하면 떠올랐다 가라앉았다 부침을 반복하는 군중심리를 이용해 수익을 올릴 수 있으며 군중심리에 휩쓸리지 않게 된다.

3부는 차트 패턴으로 집단행동을 살피는 법을 설명하는 파트다. 전통적인 기술적 분석은 여론조사 같은 사회심리학을 응용했는데 추세선, 갭을 비롯한 각종 차트 패턴이 실제적으로 집단행동을 반영한다.

4부에서는 컴퓨터를 활용한 모델로 기술적 분석 방식을 설명할 것이다. 지표를 활용하면 전통적인 기술적 분석보다 더 깊숙이 군중심리를 꿰뚫어볼 수 있다. 추세추종 지표는 시장의 추세를 확인해주고 오실레이터는 추세 반전 시점을 알려준다.

거래량과 미결제약정open interest* 역시 집단행동을 반영하는 중요한 지표다. 5부는 거래량과 미결제약정, 그리고 시장에서 시간의 흐름을 함께 다룰 것이다. 대중이 집중하는 시간 범위는 아주 짧기 때문에 주가 변화를 시간과 연계시키면 경쟁우위에 서게 된다.

6부는 주식시장을 분석하는 최고의 기법을 다룬다. 이 기법들은 특히 주가지수선물과 옵션 트레이더들에게 유용하다.

7부에서는 투자자와 트레이더의 여론을 측정하는 심리 지표를 설명하겠다. 군중은 추세를 따라가므로 때때로 이 흐름에 합류함으로써 수익을 낼 수 있다. 하지만 군중은 중요한 반전이 임박했을 때 낌새를 알아채지 못한다. 이럴 때 필요한 것이 심리 지표다. 언제 군중을 버려야 할지 알려주므로 한 발 앞서 빠져나올 수 있다.

8부는 내가 개발한 지수 두 가지를 소개한다. 그중 하나인 엘더-레이Elder-Ray는 주가를 토대로 시장 이면에 흐르는 매수세와 매도세의 힘을 측정하는 지표다. 그리고 강도 지수Force Index는 주가와 거래량을 측정한다. 이 지표는 시장 지배세력이 점점 힘을 얻어 강해지

---

* 종결되지 않고 미청산인 상태로 남아 있는 계약 총계 - 옮긴이

고 있는지, 아니면 힘을 잃고 약해지고 있는지를 보여준다.

9부는 몇 가지 트레이딩 시스템을 소개한다. 나는 몇 년째 삼중 스크린Triple Screen 매매 시스템을 이용하고 있다. 이 시스템을 비롯해 9부에서 소개하는 각종 시스템은 종목을 고르고 진입시점과 청산시점을 선택하는 방식을 알려줄 것이다.

10부는 자금관리를 중점적으로 다룬다. 트레이딩에 성공하려면 꼭 필요한 부분이 자금관리인데 아마추어일수록 소홀히 하는 경향이 있다. 아무리 탁월한 시스템을 보유하고 있어도 자금관리가 부실하면 야금야금 손실을 보다가 깡통 계좌만 남게 된다. 제대로 자금관리를 하지 않고 트레이딩을 한다는 건 맨발로 사막을 건너는 것과 마찬가지다.

이 책을 읽는 데 시간이 꽤 걸릴 것이다. 읽는 도중 괜찮다 싶은 아이디어를 발견하면 직접 시험해보기 바란다. 스스로 경험해보지 않으면 결코 알 수 없다. 스스로 의문을 던지고 검증할 때만이 이 책의 지식을 당신의 것으로 만들 수 있다.

03
미리 알아두어야 할
몇 가지 걸림돌

    왜 트레이더 대부분이 빈털터리가 되어 시장에서 퇴출되는 것일까? 감정적이고 생각 없는 매매도 한몫하지만 한 가지 이유가 더 있다. 시장의 구조가 원래 트레이더 대부분이 돈을 잃을 수밖에 없도록 되어 있기 때문이다.

    금융투자 업계는 수수료와 체결오차로 투자자의 숨통을 끊어놓는다. 중세 때 농부들이 눈에 보이지도 않는 병균 때문에 죽을 수도 있다는 게 말도 안 된다고 생각했던 것처럼 아마추어들도 대개 이 사실을 믿지 않는다. 체결오차를 무시하거나 비싼 수수료를 요구하는 중개인과 거래한다면 콜레라가 창궐하는데 공동우물에서 물을 길어 마시는 농부나 진배없다.

수수료는 시장에 진입할 때와 나갈 때 모든 트레이더들이 지불해야 하는 돈이다. 중개인에 따라 그리고 트레이딩 빈도에 따라 차이는 있을지언정 어쨌거나 반드시 지불해야 하는 비용이다. 반면 체결오차는 성격이 좀 다르다. 체결오차란 주문을 낼 때의 가격과 주문이 체결될 때의 가격 차이를 말한다. 시장에 당장 진입하거나 청산하고 싶은 마음에 시장가로 주문을 내면 주문 당시보다 불리한 가격에 체결되는 경우가 많다. 이를 방지하여 불필요한 비용을 지불하지 않으려면 지정가주문limit order*을 내면 된다. 주문이 즉시 체결되지 않을 수 있기 때문에 반드시 진입 또는 퇴장해야 할 시점이라면 문제가 되겠지만 시장가보다는 지정가로 주문을 내는 습관을 들이는 것이 유리하다.

금융투자 업계는 시장에서 어마어마한 돈을 빨아들인다. 수많은 트레이더들이 줄줄이 시장에서 밀려나는데도 거래소, 금융규제당국, 중개인과 애널리스트는 시장을 뜯어먹고 산다. 이집트 왕조가 피라미드를 건설하면서 죽어가는 노예를 대체하기 위해 계속 새로운 노예가 필요했던 것처럼 시장에도 새로운 패자들이 계속 들어와야 한다. 패자가 시장에 자금을 공급해야 금융투자 업계가 먹고살 수 있을 테니까.

---

* 특정한 가격 또는 그보다 유리한 가격으로 체결할 것을 요청하는 주문 — 옮긴이

▶ 트레이딩은 마이너스섬 게임이다

　중개인, 거래소, 애널리스트는 더 많은 패자를 시장에 끌어들이기 위해 판촉도 하고 호객행위도 한다. 그중 하나가 트레이딩이 제로섬 게임이라는 선전이다. 사람들은 대개 스스로가 똑똑하다고 생각하고 제로섬 게임에서 이기리라는 기대를 갖고 계좌를 개설한다.

　제로섬 게임에서 승자는 패자가 잃는 만큼 취한다. 다우지수가 100포인트 상승할 것이냐 하락할 것이냐를 두고 두 사람이 10달러를 걸고 내기를 한다고 치자. 그러면 한 사람은 10달러를 벌고 한 사람은 10달러를 잃는다. 시간이 지날수록 영리한 쪽이 승자가 된다.

　하지만 금융시장에서 승자가 딴 돈은 패자가 잃은 돈보다 항상 적다. 업계에서 빼내가는 돈이 있기 때문이다. 카지노의 룰렛 게임에서 카지노가 총 베팅 금액의 3~6퍼센트를 가져가는 것과 마찬가지다. 트레이딩은 제로섬이 아니라 마이너스섬 게임이다. 앞서 예로 든 두 사람의 내기에서도 중개인을 끼고 하면 마이너스섬 게임이 된다. 예컨대 패자는 13달러를 잃고 승자는 7달러밖에 손에 쥐지 못하는 것이다. 그 중간에서 중개인들은 기분 좋게 6달러를 챙긴다.

　트레이더에게 수수료와 체결오차는 인간이라면 피할 수 없는 세금 또는 죽음과 같다. 이것들은 인생의 즐거움을 앗아가다가 결국에는 인생을 끝장낸다. 트레이더가 한 푼이라도 벌려면 우선 중개인과 거래 시스템을 유지하기 위한 돈을 지불해야 한다. 따라서 그저 '평균 이상'으로는 부족하다. 마이너스섬 게임에서 이기려면 군중의 머리 위에서 놀아야 한다.

▶ 수수료 때문에 파산할 수도 있다

선물 거래를 할 때마다 12~100달러까지 쌍방향 거래 수수료를 내야 하는데, 할인증권사를 이용하는 대자본 트레이더는 수수료 부담이 적은 반면 중개인을 이용해야 하는 소액 트레이더는 수수료 부담이 크다. 그럼에도 아마추어는 두둑한 수익을 꿈꾸며 수수료 따위는 무시한다. 선물 계약의 가치에 비하면 수수료는 새 발의 피라고 떠벌리는 중개인들에게 쉽게 속아 넘어가는 것이다.

수수료가 얼마나 중요한지 이해하려면 수수료를 계약의 가치가 아니라 증거금과 비교해야 한다. 옥수수 1계약(5,000부셸, 약 10,000달러)을 체결하려면 600달러의 증거금을 납부해야 하고 수수료는 30달러가 든다. 중개인은 당신에게 10,000달러의 계약에 드는 수수료가 30달러이므로 0.3퍼센트에 불과하다고 얘기할 것이다. 하지만 30달러는 증거금 600달러의 5퍼센트에 해당한다. 즉, 본전만 건지려고 해도 이 거래에 투입한 자본의 5퍼센트에 해당하는 수익을 올려야 한다. 1년에 네 번 옥수수를 거래한다고 할 때 손해를 보지 않으려면 연간 20퍼센트의 수익을 올려야 한다! 하지만 연간 20퍼센트 수익을 올릴 수 있는 사람은 극소수다. 연수익 20퍼센트를 올릴 수만 있다면 조상대대로 내려온 가보라도 내놓겠다는 매니저들이 수두룩할 것이다. 수수료란 결코 그저 성가시기만 한 존재가 아니다. 성공을 가로막는 거대한 장벽이다!

수많은 아마추어들이 1년에 계좌에서 50퍼센트 이상을 수수료로 지불한다(1년씩이나 버티면 그나마 다행이다). 혹여 수수료를 할인받는다 해도 성공을 가로막는 높은 장벽임에는 변함이 없다. 나는 중개인들이 시장이라는 투기판에서 쫓겨나지 않으려고 머리를 쥐어짜는 고객들을 비웃으면서 키득거리는 것을 본 적이 있다.

수수료를 적게 낼 방법을 찾아다녀라. 수수료율을 낮추기 위해 협상하는 것을 부끄러워하지 말라. 수수료가 낮아야 시장에 오래 남아 고객 노릇을 할 수 있으므로 그편이 중개인에게도 이익이라고 설득하라. 고객이 없다고 투덜대는 중개인은 있어도 중개인이 없다고 투덜대는 고객은 없다. 그리고 또 하나, 매매 횟수를 줄여주는 트레이딩 시스템을 고안하라.

▶ 진입하거나 퇴장할 때 발생하는 체결오차 문제

시장에 진입하거나 시장에서 나올 때마다 체결오차는 야금야금, 또는 뭉텅뭉텅 계좌를 갉아먹는다. 체결오차란 주문한 시점의 가격과 다른 가격으로 주문이 체결되는 것을 뜻한다. 가게에서 사과를 사는데 가격표는 29센트였지만 실제 30센트를 지불하는 것과 같다. 체결오차에는 일반적인 오차, 변동성에 의한 오차, 범법행위에 따른 오차 세 가지 종류가 있다.

일반적인 체결오차는 매수호가bid와 매도호가ask의 차이, 즉 스프레드spread 때문에 발생한다. 장내 트레이더floor trader*는 시장에서

---

* 자기계정으로 매매하는 트레이더들. 매수호가와 매도호가의 차이 등을 이용한 단기차익 거래에 치중한다 – 옮긴이

매수호가와 매도호가의 차이를 유지시키려고 한다.

이를테면 S&P500 6월물이 390.45일 때 이를 거래하고자 중개인을 통해 주문을 냈다고 하자. 만약 당신이 매수를 원한다면 최소한 390.50을 지불해야 하고 매도하길 원한다면 390.40 이하에서 거래될 것이다. 거래가 성사되면 당신이 주문을 냈던 가격과 체결 가격과의 포인트 차이만큼 수십 달러(1포인트는 5달러에 해당)가 장내 트레이더 몫이 된다. 시장에 들어가거나 나가는 특혜에 대한 대가를 요구하는 것이다.

이와 같은 매수, 매도 스프레드는 합법적이다. S&P500이나 채권시장처럼 유동성이 풍부하고 큰 시장에서는 스프레드가 좁고 오렌지주스나 코코아처럼 거래량이 적은 시장에서는 넓다. 거래소는 원하는 시점에 거래를 하려면 대가, 즉 스프레드를 지불해야 한다고 주장한다. 앞으로 전자 거래가 발전할수록 이와 같은 체결오차는 줄어들 것이다.

또 시장의 변동성이 커지면 체결오차도 커진다. 시장이 급박하게 움직이면 체결오차 역시 치솟아 장내 트레이더들의 수익도 커진다. S&P500이 급등하거나 급락하면 20~30포인트, 때로는 100포인트가 넘는 체결오차 '폭탄'을 맞을 수도 있다.

세 번째 체결오차는 장내 트레이더의 범법행위에 의해 발생한다. 장내 트레이더들이 고객의 돈을 훔치는 방법은 여러 가지다. 손실이 난 거래를 고객의 계좌에 넣고 이익이 나는 거래는 본인 계좌에 넣는다. 데이비드 그레싱David Greising과 로리 모스Laurie Morse가 공저한 『중개인, 협잡꾼들의 다른 이름Brokers, Bagman and Moles』에 이런 갖가지 범죄 수법이 적나라하게 묘사되어 있다.

수백 명이 좁은 객장에 모여 어깨를 부대끼며 생활하다 보면 배타적인 '동지의식'이 생기게 마련이다. 장내 트레이더들은 외부인들을 '어음'이라는 별명으로 부른다. "오늘 어음 좀 들어왔어?"라는 식으로. 그들이 우리를 인간 이하로 생각한다는 증거다. 우리는 스스로를 지키기 위해 무장을 단단히 해야 한다.

체결오차를 줄이려면 유동성이 풍부한 시장에서 거래하고 거래량이 적거나 변동성이 큰 시장을 피해야 한다. 시장이 고요할 때 진입하고, 정확한 가격을 정해 매수 혹은 매도하는 지정가주문을 이용하라. 주문을 낸 시점의 주가를 기록해두고, 필요하다면 중개인에게 장내 트레이더에 맞서 싸울 것을 요구하라.

⇨ 거래 비용을 총체적으로 살펴보자

트레이딩을 한다는 것은 상어가 우글거리는 바다에서 헤엄치는 것과 비슷하다. 이미 살펴봤듯이 체결오차와 수수료가 주된 이유다. 중개인의 판촉구호를 통해 실상을 살펴보자.

기본 골격은 이렇게 진행된다. 금선물의 계약단위는 100온스, 즉 금선물 1계약은 금 100온스를 거래하는 것이다. 다섯 명의 트레이더가 금을 매도short*하는 한 사람에게 각자 1계약씩을 매수했다고 하자. 이후 금 가격이 하락하자 매수자들은 포지션을 처분하려고 한다. 온스당 4달러가 하락했다면 1계약당 400달러를 손해 보게 된다.

5계약을 매도한 영리한 트레이더는 포지션을 정리하면서 계약당 400달러의 수익, 총 2,000달러를 벌어들인다.

하지만 현실에서는 손실을 본 사람은 각자 400달러보다 더 많이 잃는다. 포지션 진입 및 청산 수수료로 적어도 25달러를 지불했고 아마도 진입과 청산 과정에서 각각 20달러의 체결오차가 생겼을 것이다. 따라서 각자 계약당 465달러의 손실이 발생했고 전체로 따지면 2,325달러를 잃은 셈이다. 5계약을 매도한 사람은 아마도 청산 수수료로 15달러 정도를 지불하고 진입 및 청산에 따른 체결오차가 각각 10달러 정도 발생했을 것이다. 따라서 계약당 수익에서 35달러가 차감되어 5계약에서 총 175달러가 줄어든다. 이 트레이더의 수익은 1,825달러가 된다.

다시 정리해보면 모두 합쳐 500달러(2,325달러-1,825달러)가 증발했다. 그 돈은 어디로 갔을까? 하이에나 같은 장내 트레이더와 중개인이 빼앗아간 것이다. 카지노나 경마장도 이렇게 많이 뜯어가지는 않는다! 트레이더의 돈을 빼가는 비용은 또 있다. 컴퓨터와 프로그램, 데이터, 투자자문 서비스, 책 등 이 모든 것이 트레이딩 비용이다.

수수료가 가장 싼 중개인을 찾고, 거래 시에는 늘 매의 눈으로 감시하라. 비교적 매매신호가 적게 발효되고 시장이 고요할 때 진입할 수 있도록 트레이딩 시스템을 설계하라.

---

* 원서에서 저자는 'short'을 'sell', 'long'과 구분하여 다음과 같이 사용하였다. 즉, 주식시장의 경우 주식 기보유자의 매도에 대비되는 공매도 거래, 선물시장에서는 롱 포지션 진입과 대비되는 숏 포지션 진입의 의미이다. 본문에서는 이를 주식시장에 중점을 두어 주로 공매도 거래라고 번역했으나 시장에 따라 '숏 포지션 진입'의 의미를 가짐을 참고하기 바란다. -편집자 주

TRADING for a LIVING

제1부
개인 심리

04
왜 트레이딩을 하는가?

언뜻 보기에 트레이딩은 쉬워 보인다. 시장에 막 발을 디딘 아마추어는 수익이라도 한번 내고 나면 엄청 똑똑한 사람이 된 듯한 기분에 도취된다. 하지만 분에 넘치는 모험을 감행하다 결국 빈털터리가 되고 만다.

트레이딩이 단기간에 큰돈을 벌 기회가 된다는 것은 맞는 말이다. 그래서 사람들은 여러 가지 이유로 트레이딩에 뛰어든다. 그럴 듯한 이유도 있고 얼토당토 않는 이유도 있다. 많은 이들은 돈이 있으면 자유를 얻을 수 있다고 생각한다. 막상 자유를 얻으면 뭘 할지 딱히 정한 건 없어도 말이다.

트레이딩하는 방법을 안다면 시간을 마음대로 쓸 수 있고 어디든 원하는 곳에서 살고 일할 수 있으며 상사의 지시 따위는 받지 않아도 된다. 트레이딩은 체스, 포커, 낱말 맞추기를 하나로 합쳐놓은 것 같은 환상적인 두뇌 게임이다. 퍼즐이나 난해한 문제를 풀기 좋아하는 사람들이 그래서 트레이딩에 끌리는 것이다. 모험을 좋아하는 사람 역시 트레이딩에 끌리며 모험을 피하는 사람은 트레이딩에 뛰어들지 않는다.

사람들은 보통 아침에 일어나 출근하고 점심을 먹고 퇴근하고 집에 와 저녁을 먹고 맥주 한 잔 마시며 TV를 보다 잠이 든다. 여윳돈이 생기면 은행에 저축한다. 트레이더는 내키는 대로 일어나고 자며 자금을 위험자산에 투자한다. 트레이더들은 현재의 확실성을 포기하고 불확실성에 뛰어드는 고독한 자들이다.

▶ 트레이더는 저마다 다른 목표가 있다

사람은 누구나 최선의 성과를 내고 능력을 최대한 개발하려는 욕구를 갖고 있다. 게임이 주는 짜릿한 쾌락과 돈의 유혹 외에도 이러한 욕구 때문에 트레이더는 시장에 도전한다.

훌륭한 트레이더는 지칠 줄 모르고 일하며 빈틈없는 사람들이다. 언제든 새로운 발상을 받아들인다. 이들의 목표는 돈을 버는 게 아니라 트레이딩을 잘 하는 것이다. 트레이딩을 제대로 하면 돈은 저절로 따라온다. 성공한 트레이더는 기량을 연마하길 게을리하지 않는다. 최고의 능력을 발휘하는 것이 돈을 버는 것보다 더 중요하다고 생각한다.

뉴욕의 한 성공한 트레이더는 내게 이렇게 말했다. "해마다 0.5퍼센트씩만 똑똑해져도 죽을 때쯤이면 천재가 되어 있을 텐데." 그에게 성공한 트레이더란 계속 발전하는 사람이 되는 것이었다.

텍사스 출신의 한 전문 트레이더 사무실에 초대받아 갔을 때는 이런 이야길 들었다. "건너편에 앉아서 내가 트레이딩하는 모습을 지켜보세요. 내 얼굴을 아무리 살펴도 내가 그날 2,000달러를 잃었는지 벌었는지 감을 잡을 수 없을 겁니다." 그는 돈을 벌었다고 희희낙락하고 잃었다고 풀이 죽는 수준을 넘어선 것이다. 그의 관심사는 오로지 트레이딩을 제대로 해 기량을 향상시키는 것이었다.

자아실현으로 가는 길에는 걸림돌이 있다. 많은 사람들이 자기파괴적인 성향을 갖고 있다는 사실이다. 사고를 잘 내는 운전자가 계속 차를 망가뜨리듯이 사고를 잘 내는 성향을 지닌 트레이더는 계좌를 엉망으로 만든다(7장 참고). 시장은 자아실현의 무한한 기회를 제공하기도 하지만 자멸의 기회도 무한정 제공한다. 내면의 갈등을 시장에서 분출해서는 혹독한 대가를 치르게 될 것이다.

스스로에게 만족하지 못하는 트레이더는 서로 모순된 소망들을 시장에서 실현하고자 한다. 어디로 가는지 모르고 길을 간다면 결코 가고 싶지 않았던 곳에 이를 것이다.

05

환상과 현실

　농사를 지어본 적이 없는 친구가 300평 정도의 땅에 작물을 길러 먹고살겠다고 한다면 당신은 뭐라고 할 것인가? 아마 굶어죽기 십상이라는 생각이 제일 먼저 들 것이다. 전원에 대한 환상과 농사로 먹고사는 것에는 큰 차이가 있음을 알기 때문이다. 그런데 대부분의 성인들이 환상을 품는 곳이 하나 있으니 바로 트레이딩의 세계다.
　얼마 전 한 친구는 6,000달러를 트레이딩으로 굴려서 생활하겠다고 했다. 얼마나 부질없는 짓인지 설명하려고 했지만 들은 척도 하지 않았다. 그는 똑똑한 애널리스트지만 '집약 농업'이 자살행위나 마찬가지라는 사실을 받아들이지 않았다. 그런 자세라면 성공하려고 발버둥치면서 포지션을 크게 취할 것이고 시장이 조금만 움직여도 퇴출되고 말 것이다.

성공한 트레이더는 현실주의자다. 자신의 능력과 한계를 잘 알고 있으며 시장에서 어떤 일이 벌어지는지 똑똑히 보고 어떻게 대처할지를 알고 있다. 지름길로 서둘러 가지 않고 시장을 분석하며 자신이 어떻게 대응했는지 살펴보고 현실적인 계획을 짠다. 프로는 신기루 따위는 거들떠보지 않는다.

잘난 척하던 아마추어는 추가증거금납부요구margin call*를 몇 번 받으면 두려움에 휩싸여 시장에 대한 기이한 환상을 품게 된다. 비현실적인 기대로 사고팔기를 반복하거나 적절한 매매기회를 놓친다. 귀신이 나올까 봐 공동묘지를 지나가지 못하거나 밤에 침대 밑을 못 보는 어린아이처럼 행동하는 것이다. 시장 환경은 일정한 법칙이나 체계가 없이 움직이므로 이런 환상을 더욱 키우게 된다.

서구 문명권에서 자란 사람은 대개 몇 가지 비슷한 환상을 품고 있다. 이런 환상이 얼마나 널리 퍼져 있는지 뉴욕정신분석연구원에서 공부할 때 '보편적 환상'이라는 강좌까지 개설되어 있는 걸 보고 실감했다. 이를테면 어린 시절에는 대개 부모가 친부모가 아니라 양부모라는 환상을 품는다. 아이는 세상이 쌀쌀맞고 매정하다고 느낄 때면 친부모가 아니라서 그렇다고 생각한다. 이렇게 공상의 나래를 펼치면 위안이 될지는 모르지만 현실을 똑바로 보지 못하게 된다.

---

* 증권사가 손실액이 일정 수준을 초과한 고객에게 증거금을 충당하도록 요구하는 것 – 옮긴이

그리고 그러한 공상은 부지불식간에 우리 행동에 영향을 미친다.

수많은 트레이더와 얘기를 나눠본 결과 다음에 분류한 것과 같은 몇 가지 공통된 환상을 품고 있음을 알았다. 그런 환상들은 현실을 왜곡하고 트레이딩의 성공을 가로막는다. 트레이딩에 성공하려면 자신이 어떤 환상을 품고 있는지 알고 되도록 빨리 깨어나야 한다.

비법을 몰라서 실패했다?

'머리가 좋아야 성공한다'는 통념에 사로잡힌 패자들은 이렇게 말한다. "내가 돈을 잃은 건 트레이딩 비법을 몰랐기 때문이야!" 수많은 패자들은 성공한 트레이더에게는 무언가 비밀스러운 지식이 있다고 착각한다. 이런 착각을 하는 투자자들 덕분에 투자자문 서비스 시장이 돈이 되고 트레이딩 시스템을 파는 사람도 먹고산다.

이런 착각에 빠진 트레이더는 수표책을 꺼내들고 '트레이딩 비법'을 쇼핑하러 나선다. '절대 놓치면 안 되는' 검증되고 전산화된 트레이딩 시스템이 있다는 허풍선이에게 3,000달러를 지불할지도 모른다. 이것이 실패하면 달, 토성, 천왕성을 살펴서 돈을 잃지 않고 버는 법을 설명하는 '과학적' 지침서에 또 다시 돈을 쓴다.

패자들은 트레이딩이 머리를 쓴다는 점에선 꽤 단순한 게임이라는 사실을 모른다. 맹장을 떼어내거나 다리를 놓거나 법정에서 변론을 하는 것보다 훨씬 쉽다. 성공한 투자자들 중에도 영민한 사람들이 꽤 있지만 모두 지식인인 것은 아니다. 많은 수가 대학 문턱에도

가보지 못한 사람들이며 일부는 고등학교 중퇴자들이다.

　자기 분야에서 성공한 사람들, 머리 좋고 열심히 일하는 인재들이 종종 트레이딩에 매력을 느낀다. 증권사 고객의 평균 나이는 50세로 기혼에 대학 졸업자였다. 석사나 박사학위를 가지고 있는 사람도 있고 자기 사업을 경영하는 사람도 많다. 그러나 트레이더 중 가장 많은 직업군은 엔지니어와 농부다.

　머리도 좋고 부지런한 사람들이 실패하는 이유는 뭘까? 승자와 패자를 가르는 건 지능도, 비법도 아니다. 교육 수준은 더더군다나 아니다.

▶ 자본금이 적어서 실패했다?

　주식투자에 실패한 많은 사람들은 자본금이 적어서 실패했다고 생각한다. 패자들은 실패를 거듭하다 게임에서 퇴출되기도 하고 단 한 번의 엄청난 실수로 퇴출되기도 한다. 아마추어들이 맨손으로 퇴출되고 나면 시장은 방향을 바꿔 그가 원했던 방향으로 움직인다. 자신이 빈털터리가 되고 나서야 시장이 원하던 방향대로 움직이면 패자는 자기 발등을 찍고 중개인을 한 대 패주고 싶어진다. 일주일만 더 견뎠으면 돈을 벌 수 있었을 텐데!

　패자는 철석같이 믿는다. 시장이 반전한 걸 보면 자신의 방식이 옳았다는 증거라고. 그러고는 열심히 벌어 투자금을 마련하거나 돈을 빌려 다시 적은 액수로 계좌를 개설한다. 그런데 다음에도 똑같은 일이 벌어진다. 패자가 돈을 몽땅 잃고 나서야 시장은 반전해 그가 옳았다는 걸 '증명'한다. 단지 너무 늦을 뿐이다. 패자는 또 다시 빈털터리가 된다. 이때 패자는 이런 환상을 품는다. "계좌에 돈만 조금 더 있었더라면 시장에서 조금 더 오래 버텼을 테고 돈을 벌었을 텐데…."

패자들 중 일부는 과거의 실적을 보여주며 친구와 친척들에게 돈을 끌어 모은다. 과거의 실적을 보면 자본금만 좀 넉넉했으면 크게 한몫 잡을 수 있었다는 말이 정말인 것 같다. 그러나 자본금을 더 많이 마련해도 역시 돈을 몽땅 잃는다. 마치 시장이 그들을 비웃기라도 하는 것처럼!

패자는 자본금이 적어서 돈을 잃은 게 아니라 현명하지 못해서 돈을 잃은 것이다. 자본금이 적어서 순식간에 돈을 잃었다지만 자본금이 많아도 역시 순식간에 잃을 것이다. 패자는 매매할 때 무리수를 두며 자금관리는 대충 되는 대로 한다. 계좌에 얼마가 있든 아랑곳하지 않고 큰 위험을 감수한다. 트레이딩 시스템이 아무리 훌륭하다고 해도 잘못된 매매를 계속하다 보면 빈털터리로 쫓겨나기 마련이다.

나는 종종 이런 질문을 받는다. 트레이딩을 시작하려면 자본금이 얼마나 있어야 하냐고. 돈을 잃어도 버틸 수 있으려면 얼마나 있어야 하는지 묻는 것이다. 땡전 한 푼 벌기 전에 거금을 잃을 생각을 하다니! 무너질 다리를 여러 개 놓은 다음에 멋지고 튼튼한 다리를 놓겠다는 기술자와 다를 게 없다. 아니면 맹장수술의 명의가 되겠다고 환자 몇을 죽이는 외과의라고나 할까.

시장에서 돈을 벌고 살아남으려면 손실관리를 철저히 해야 한다.

비결은 한 번의 거래 규모를 자본금의 극히 일부로 제한하는 것이다(10부 참고). 몇 해 동안 꾸준히 매매 기법을 연구하라. 처음엔 2만 달러 이하로 시작하고 트레이딩 한 번에 자본금의 2퍼센트가 넘는 손실은 절대 보지 말라. 소규모로 자본을 운용하고, 실수를 해도 아주 적게 잃으면서 교훈을 얻으라.

아마추어는 돈을 잃을 수도 있다는 걸 부인할 뿐 아니라 그럴 각오도 되어 있지 않은 사람들이다. 자본금 운운하는 것은 괴로운 진실을 회피하기 위한 핑계일 뿐이다. 자본금이 적은 게 문제가 아니라 트레이딩 훈련이 부족하다는 것, 그리고 현실적인 자금관리 계획이 없다는 것이 문제다.

자본금이 많으면 한 가지 장점이 있다. 비율로 따질 때 각종 장비와 서비스 이용에 드는 돈이 전체 자본금의 몇 퍼센트밖에 되지 않는다는 것이다. 자본금 100만 달러를 굴리는 펀드매니저가 컴퓨터와 세미나 참가비로 1만 달러를 썼다고 가정하면 이 사람은 전체 자본금의 1퍼센트를 운영비로 쓴 셈이다. 그러나 자본금이 2만 달러라면 50퍼센트가 운영비로 날아간다.

➡ 자동 트레이딩 시스템이 없어서 실패했다?

차고에 차를 대려고 하는데 낯선 사람이 다가와 자동 운전장치를 사라고 한다면 어떨까. 몇 백 달러짜리 컴퓨터 칩 하나를 차에 장착시키기만 하면 운전하느라 에너지를 낭비할 필요가 없단다. 운전석에 앉아 한숨 자고 나면 직장까지 데려다준다나. 이쯤 되면 코웃음을 치며 영업사원을 내쫓을 것이다. 한데 자동 트레이딩 시스템을 판다고 해도 코웃음을 칠 수 있을까?

자동 트레이딩 시스템이 있으면 성공한다고 굳게 믿는 트레이더는 부를 축적하는 과정이 자동화될 수 있다고 생각한다. 그래서 자동 트레이딩 시스템을 개발하려는 사람도 있고 전문가에게 그런 시스템을 구매하려는 사람도 있다. 변호사, 의사, 사업가 등 자신의 전문 분야에서 오랫동안 기술을 갈고 닦은 사람들이 '통조림'으로 만들어놓은 '트레이딩 능력'을 사려고 수천 달러를 흔쾌히 내놓는다. 바로 탐욕과 게으름, 수학적인 무지 때문이다.

예전엔 종이에 기록된 시스템이 판매됐지만 요즘은 컴퓨터 프로그램으로 나온다. 조잡한 것도 있고 최적화 방법이나 자금관리 규칙이 내장된 정교한 프로그램도 있다. 수많은 트레이더들이 끝없이 돈을 벌어다줄 마법 같은 컴퓨터 부호를 찾느라 수천 달러를 허비한다. 자동 트레이딩 시스템에 돈을 쓰는 사람은 광물을 금으로 바꾸는 비결을 가르쳐달라고 연금술사에게 돈을 지불하는 중세 기사나 다름없다.

복잡한 인간의 행위는 자동화를 허락하지 않는다. 전산화된 학습 시스템은 교사를 대신하지 못했고 세금계산 프로그램 때문에 회계사가 직장을 잃진 않았다. 대부분의 인간 활동은 판단 행위를 수반하기 때문에 기계나 컴퓨터 시스템이 인간을 대체할 순 없다.

자동 트레이딩 시스템만 성공한다면야 타히티 섬에 가서 편안히 쉬면서 중개인이 속속 보내주는 돈만 받아 쓰면 될 것이다. 하지만 지금까지 트레이딩 시스템으로 돈을 번 사람은 시스템 판매자뿐이다. 트레이딩 시스템 개발 시장은 규모는 작지만 꽤 짭짤한 '가내공업'이다. 시스템이 시장에서 통한다면 왜 그걸 팔려고 하겠는가? 타히티 섬에 가서 중개인이 보내주는 돈이나 받지! 시스템 판매자들은 각자의 직업이 따로 있다. 자동 시스템으로 돈을 척척 벌 수 있다면 왜 따로 직업을 갖겠는가. 또 시스템 개발자들은 트레이딩보다 프로그래밍 자체를 더 좋아한다고도 하고, 트레이딩할 자본금을 마련하기 위해 자신이 개발한 시스템을 판다는 말도 있다.

시장은 언제나 변하며 이러한 시장을 따라잡을 수 있는 자동 트레이딩 시스템은 없다. 어제의 철칙이 오늘은 적중하지 않고 내일이면 아무짝에도 소용이 없게 된다. 유능한 트레이더는 문제가 생길 때마다 트레이딩 방식을 조정하지만 자동 시스템은 이런 적응력이 없기 때문에 자멸하고 만다.

비행기도 자동 조종장치가 있지만 항공사는 높은 연봉을 주고 조종사를 고용한다. 예기치 못한 사건이 발생할 때 해결할 수 있는 것은 기계가 아니라 사람이기 때문이다. 태평양 상공에서 비행기 천정이 날아가거나 캐나다 초원 위에서 연료가 떨어지면 사람만이 이런 위기를 넘길 수 있다. 이런 비상 상황에 관한 언론 보도를 보면 노련한 조종사가 기지를 발휘해 무사히 비상 착륙에 성공했다는 얘기가 꼭 나온다. 자동 조종장치로는 불가능한 일이다. 자동 시스템에 돈을 맡기는 것은 자동 조종장치에 목숨을 맡기는 짓이다. 예기치 않은 사건이 단 한 차례만 일어나도 계좌는 폭탄을 맞은 꼴이 된다.

괜찮은 트레이딩 시스템도 있긴 하다. 하지만 트레이더가 상황에 따라 판단해야 하고 감시하고 조정해야 한다. 늘 긴장하고 깨어 있어야 하며 책임을 트레이딩 시스템에 맡겨서는 안 된다.

'자동 조종장치'에 대한 환상은 일종의 유아퇴행 현상이다. 어릴 때는 엄마가 음식과 안락한 보금자리와 따뜻한 잠자리에 대한 욕구를 채워줬다. 그랬던 것처럼 다 커서도 손 하나 까딱 않고 느긋하게 누워서 이익이 굴러 들어오리라 기대하는 것이다. 어릴 때 공짜로 줄기차게 먹었던 엄마 젖처럼 말이다.

시장은 엄마가 아니다. 거기엔 당신 입속에 젖병을 물려줄 사람이 없다. 대신 어떻게 하면 당신 주머니에서 돈을 빼갈까 궁리하는 거친 남녀들이 우글거린다.

▶ 맹목적으로 '지도자'를 쫓아가는 군중

사람들은 대개 자유와 독립이 그립다고 말한다. 하지만 그냥 입바른 소리일 뿐이다. 일이 좀 꼬이고 힘들어지면 자유고 독립이고 다 포기하고 '강력한 지도자'를 찾아 나선다. 힘든 상태에 있는 트레이더들은 종종 여러 '지도자'들에게 조언을 구한다.

내 어린 시절, 그러니까 구 소련에선 아이들에게 스탈린을 위대한 지도자로 가르쳤다. 나중에서야 스탈린의 실체를 알게 되었지만 스탈린 생전에 군중들은 기꺼이 이 지도자를 따랐다. 스탈린은 그들에게 스스로 생각해야 하는 짐을 덜어준 것이다.

경제, 생물학, 건축 등등 사회 모든 분야에 '작은 스탈린들'이 배치

되어 있다. 미국에 와서 트레이딩을 시작할 무렵 얼마나 많은 트레이더들이 지도자, 즉 시장의 '작은 스탈린들'을 찾는지를 알고 무척 놀랐다. 누군가가 날 부자로 만들어줄 거라는 환상에 대해선 뒤에서 다시 논의하겠다.

▶ 의자가 넘어지지 않으려면 세 개의 다리가 필요하다

승자가 되려면 트레이딩의 세 가지 기본 요소를 정복해야 한다. 바로 건전하고 독립적인 심리, 논리적인 트레이딩 시스템, 적절한 자금관리 계획이다. 이 요소들은 동그란 의자를 받치는 세 개의 다리와 같아서 하나를 빼면 의자가 쓰러지고 의자에 앉은 사람도 넘어진다. 트레이딩 시스템에만 골몰하는 패자는 다리 하나, 혹은 둘로 의자를 만들려는 사람들이다.

반드시 확정된 규칙에 의거하여 매매하라. 트레이딩할 때 내 감정을 분석해서 내가 내린 결정이 지적으로 건전한지 확인하라. 몇 차례의 연속된 손실로 게임에서 퇴출되지 않도록 자금을 체계적으로 관리하라.

06
시장의 지도자들

군중이 시장에 진입한 이후로 늘 지도자가 있었다. 1841년 시장의 병적인 현상에 관해 다룬 고전 『군중의 미망과 광기Extraordinary Popular Delusions and the Madness of Crowds』라는 책이 영국에서 발간되었다. 지금도 발행되고 있는 이 책에서 저자 찰스 맥케이Charles Mackay는 네덜란드 튤립 투자 광풍, 영국의 남해회사 투자 거품 등에 대해 설명하고 있다. 인간의 본성은 잘 변하지 않는 법. 오늘날에는 지도자 광풍 등 각종 새로운 광풍들이 세상을 휩쓸고 있다.

통신장비의 발달로 지도자를 맹신하는 풍조는 100년 전보다 오히려 훨씬 빨리 확산되고 있다. 고등교육을 받은 지적인 투자자들과 트레이더들도 마치 거짓 메시아를 숭배했던 중세인들처럼 지도자를 추종한다.

금융시장의 지도자는 세 가지 부류다. 시장 사이클을 주창하는 지도자, 마술 같은 투자 기법을 주창하는 지도자, 죽은 지도자들이다. 즉, 시장의 중요한 전환점을 '예언하는' 지도자, 부를 향해 뻥 뚫린 고속도로라는 '독특한 기법'을 선전하는 지도자, 이 세상을 하직하는 간단한 방법을 통해 비난을 피하고 숭배자들을 얻은 지도자 등 세 부류로 나뉜다.

▶ 시장 사이클 지도자

수십 년 동안 미국의 주식시장은 대체로 4년 주기로 움직였다. 1962, 1966, 1970, 1974, 1978, 1982년에는 시장이 약세를 보였다. 주식시장은 대체로 2.5년 혹은 3년 주기로 상승했다가 1년 혹은 1년 반 주기로 하락했다.

시장이 주요 주기를 보일 때마다, 즉 4년마다 새로운 시장 사이클을 주창하는 새로운 지도자들이 부상한다. 이들의 명성은 대개 2~3년 지속되는데 통치 기간은 미국의 주식시장이 강세를 보이는 시기와 일치한다.

시장 사이클 지도자는 모든 주요한 상승과 하락을 예언한다. 정확하게 예측할 때마다 명성은 높아지고 다음 번 예측을 할 때는 더 많은 사람들이 그의 예측에 따라 매수하거나 매도한다. 점점 많은 사람들이 주목하게 되면 그의 말은 점점 자기달성예언self-fulfilling prophecy*이 되어간다. 이들 새롭게 급부상하는 지도자를 추종한다면 반드시 대가를 치르게 되어 있다.

세상에는 수많은 애널리스트가 있고 일정 기간에 갑자기 잘나가는 지도자들이 있다. 고장 난 시계도 하루에 두 번은 시간을 맞추듯이 애널리스트 대부분도 잠깐 반짝할 때가 있다. 그러나 반짝할 때의 기쁨을 맛본 자들은 호시절이 끝나면 자책하며 시장에서 사라진다. 반면 한 번씩 찾아오는 반짝 호시절을 즐기면서 호시절이 끝나도 여전히 애널리스트로 활동하는 교활한 여우들도 있다.

지도자의 성공은 단기간의 운만으로 결정되지는 않는다. 지도자는 시장에 대한 지론을 갖고 있다. 사이클이든, 거래량이든, 엘리어트 파동 또는 어떤 이론이든 몇 년 동안 개발한 이론을 갖고 스타덤에 오른다. 처음엔 시장은 야심찬 지도자의 지론을 따라주지 않는다. 그런데 시장이 변하면서 몇 년 동안은 이론에 맞게 움직인다. 이때가 되면 지도자들이 시장의 스타로 떠오른다.

군중의 취향이 변하면서 패션모델에게 어떤 일이 닥치는지 생각해보면 알 것이다. 금발이 유행하다가 해가 바뀌면 빨강머리가 대세가 된다. 이렇게 되면 금발은 유수의 여성지 표지모델로 쓸모가 없게 된다. 또는 모두가 흑발을 원하거나 얼굴에 점이 있는 모델을 원한다. 모델은 바뀌지 않는다. 군중의 취향이 바뀔 뿐이다.

---

* 심리학 용어 중 하나로 자기암시를 통해 믿는 바와 행동을 일치시킴으로써 바라는 바를 이루게 된다는 의미로 쓰임—옮긴이

지도자들은 언제나 재야의 비쥬류에서 나온다. 이들은 기존 애널리스트가 아니다. 기관에 속한 직원들은 '안전제일주의'로 일하고 모두 비슷한 기법을 이용하기 때문에 탁월한 결과를 얻지 못한다. 시장 사이클을 주창하는 지도자는 독특한 이론으로 무장한 '아웃사이더'다.

지도자는 대개 소식지를 발행해 돈을 버는데 투자자문 서비스를 유료로 제공하여 큰돈을 벌기도 한다. 수백 명이던 연간 구독자가 수십만 명으로 늘어날 수도 있다. 최근 어느 시장 사이클 지도자는 사무실로 쏟아져 들어오는 돈 봉투를 여는 직원만 셋을 고용했다고 한다.

투자설명회에 가보면 지도자는 추종자들을 몰고 다닌다. 시험 삼아 추종자 무리에 끼여 있어보면 그 사람의 이론에 대해 묻는 사람은 없다는 걸 알게 될 것이다. 숭배자들은 지도자의 목소리를 들으며 술을 마신다는 것만으로 흡족해한다. 그리고 그 사람을 만난 것을 친구들에게 자랑한다.

시장이 지도자의 이론에 따라 움직이는 동안은 유명세가 유지된다. 이 기간은 대개 한 번의 4년 사이클이 지속되는 기간보다 짧다. 어느 순간 시장은 변화를 보이며 다른 행보를 보이기 시작한다. 과거에 척척 잘 들어맞던 낡은 기법을 지도자가 여전히 사용하면서 추종자들은 급속히 떨어져나간다. 지도자의 예측이 들어맞지 않으면 군중의 숭배는 증오로 바뀐다. 한번 명성을 잃은 시장 사이클 지도자가 다시 스타덤에 오르는 건 불가능하다.

1970년대 초를 지배한 지도자는 에드슨 굴드Edson Gould였다. 굴드는 할인율로 대변되는 연방준비위원회의 정책 변화를 근거로 시장을 예측했다. '3단계 후 실책three steps and a stumble'이라는 굴드의 유명한 법칙을 설명하자면 다음과 같다. 연방준비위원회의 할인율 인상이 3단계가 지나면 통화 긴축에 의해 시장의 약세로 이어지고, 3단계에 걸쳐 할인율을 낮추면 통화 팽창으로 시장의 강세로 이어진다는 것이다. 굴드는 스피드라인Speedline이라는 차팅 기법도 개발했다. 추세의 속도와 시장의 반응 강도에 따라 각도가 결정되는 완만한 추세선을 그려 스피드라인을 얻었다.

1973~1974년 약세장에서 굴드는 아주 잘나갔다. 특히 1974년 12월 다우존스공업평균이 500 부근까지 하락하는 시장의 바닥을 정확히 예측하면서 유명인사가 됐다. 이어서 시장이 급등했는데 스피드라인을 활용해 중요한 시장 전환점을 정확하게 짚어내면서 굴드의 명성은 치솟았다. 그러나 곧 미국은 유동성 증가, 인플레이션 심화 상태로 돌입했고, 재정환경이 달라지자 굴드의 기법은 더 이상 통하지 않았다. 1976년이 되자 그의 추종자들은 대부분 썰물처럼 떠났고 요즘에는 굴드의 이름을 기억하는 사람조차 드물다.

1978년 시장 사이클을 주창하는 새로운 지도자가 부상했다. 조셉 그랜빌Joseph Granville은 거래량이 주가 변화에 선행한다는 것을 천명하고 이렇게 멋지게 표현했다. "거래량은 기차를 움직이는 증기다." 그랜빌은 월스트리트에 있는 유명 증권사에서 근무하면서 이 이론을 개발했다. 화장실에 앉아서 바닥 타일의 디자인을 유심히 보다가 이 아이디어가 떠올랐다고 자서전에서 밝혔다. 화장실에서 얻은 아이디어를 적용시켰지만 시장은 그의 예상을 빗나갔다. 결국 그는 파산했고 이혼까지 당해 친구네 사무실 바닥에서 자는 신세가 됐다.

그런데 1970년대 후반 시장이 그랜빌의 각본대로 움직이기 시작하자 사람들이 그를 주목했다. 그 이전에도 이후에도 이런 일은 없었지만 말이다. 그랜빌이 미국 순회강연에 나서자 군중이 구름떼처럼 몰려들었다. 그랜빌은 마차를 타고 무대에 올라 예언을 했고 자신의 이론을 알아보지 못하는 '봉bagholder*'들을 꾸짖었다. 그랜빌은 피아노를 치고 노래를 부르고 때로는 요점을 강조하기 위해 바지를 벗기도 했다. 그의 예상은 신통하게도 맞아 떨어졌고 사람들의 이목이 집중되기 시작하자 금융 관련 언론도 그의 말을 자주 인용 보도했다. 이제 그랜빌은 시장을 좌우할 정도로 유력 인사가 됐다. 그가 약세를 선언하자 다우지수가 하루 만에 40포인트나 폭락했다. 당시로서는 엄청난 낙폭이었다.

그랜빌은 성공에 도취되었다. 1982년 시장은 큰 폭으로 상승했지만 그랜빌은 여전히 약세를 예측하면서 점차 줄어들고 있는 추종자들에게 계속 공매도를 권했다. 1983년에 시장이 치솟자 마침내 그랜빌은 두손 두발 다 들고 말았다. 그제야 매수 권유 발언을 했지만 때는 이미 다우지수가 두 배로 뛰고 난 뒤였다. 그랜빌은 한때 잘나갔던 유명세를 이용해 계속 소식지를 발간했다.

1984년 새로운 지도자가 조명을 받기 시작했다. 엘리어트 파동 이론가로 이름을 날린 로버트 프레처Robert Prechter였다. 엘리어트는 1930년대에 시장에 관한 이론을 개발한 가난한 회계사로, 시장이

---

* 쓰레기 주식만 남은 주주를 가리키는 미국 금융시장의 은어-옮긴이

크게 다섯 개의 상승파동과 세 개의 하락파동으로 이루어지며 이 파동들은 다시 작은 파동들로 나누어진다고 보았다.

이전에 등장한 지도자들과 마찬가지로 프레처 역시 몇 년 동안 투자자문 소식지를 쓰며 조금씩 이름을 알리고 있었다. 강세장이 거듭되며 마침내 다우지수가 1000포인트를 돌파하자 사람들은 다우가 3000까지 갈 거라고 계속 예언한 이 젊은 애널리스트를 주목했다. 강세장이 거듭될수록 프레처의 명성은 치솟았다.

1980년대 강세장으로 주가가 고공행진을 거듭하자 프레처의 명성은 소식지나 투자 설명회 수준에 머물지 않았다. 국영 텔레비전에 프레처의 얼굴이 등장하고 유수의 잡지에 인터뷰가 실렸다. 그러다가 1987년 10월에 이르러 이 지도자는 처음엔 매도 사인을 내더니 다시 매수에 나서라고 하면서 흔들리는 모습을 보였다. 이후 다우가 500포인트나 폭락하자 알랑대던 군중은 조롱과 증오를 퍼부었다. 시장의 폭락을 프레처 탓으로 돌리는 사람도 있었고 시장이 프레처가 예측한 대로 3000포인트까지 오르지 않았다며 분통을 터뜨리는 사람도 있었다. 프레처는 추락했고 이 일에서 손을 떼는 지경에 이르렀다.

시장 사이클을 외친 지도자들은 모두 몇 가지 공통점이 있다. 이들은 스타덤에 오르기 전에 여러 해 동안 시장을 예측하는 일을 활발히 했다. 모두들 독특한 논리와 일단의 추종자들을 보유하고 있었으며 자문서비스 산업을 먹여 살렸다. 추종자들은 지도자의 이론이 몇 년 동안 통하지 않았다는 사실을 무시한다. 이론이 통할 시기가 되면 언론까지도 주목하며, 맞지 않는 시절이 되면 지도자에 대한 군중의 환호는 증오로 바뀐다.

새로운 지도자가 뜨면 일단 시류에 편승하는 게 유리하다. 하지만 지도자의 예측 적중률이 절정에 달할 때가 언제인지를 반드시 알아내야 한다. 지도자는 누구나 추락한다. 명성이 절정에 달하는 순간 추락하게 되어 있다. 언론이 지도자의 이론을 수용하기 시작하면 지도자는 올라갈 데까지 올라간 것이다. 주류 언론은 아웃사이더를 경계한다. 몇몇 주류 잡지에서 한창 뜨고 있는 지도자에 지면을 할애하면 그가 곧 지는 해가 되리라고 봐도 무방하다.

예컨대 미국 최고의 경제 주간지《바론즈Barron's》에 인터뷰가 실리면 그 지도자의 유명세가 절정에 달했다는 사실을 알리는 경고신호다. 해마다 1월이면《바론즈》지는 저명한 애널리스트들을 패널로 초청해 신년 예측을 듣는다. 패널은 대개 주가수익률PER, 떠오르는 성장산업 등등에 초점을 맞추는 '안전한' 애널리스트들로 구성된다. 색다른 이론을 피력하는 한창 뜨는 지도자를 1월 패널로 초청하는 건 극히 이례적인 일이다. 군중이 그 지도자에 열광하고 있어서 그를 패널에서 제외하면《바론즈》의 명성에 금이 갈 때라야 초청한다. 그랜빌과 프레처 모두 명성이 절정에 달했을 때 1월 패널로 초청받았다. 두 사람 모두 패널에 등장하고 몇 달 지나지 않아 추락했다. 지도자가《바론즈》의 1월 패널로 등장하면 그가 발행하는 소식지 구독 기간을 갱신하지 말라.

군중심리의 본질상 새로운 지도자는 언제나 부상하기 마련이다. 그런데 한번 무너진 사이클 지도자는 결코 명성을 회복하지 못한다. 일단 그가 휘청거리면 아첨하고 빌붙던 군중은 조롱과 증오를 퍼붓는다. 비싼 도자기일수록 한번 깨지면 결코 옛 명성을 회복할 수 없는 것과 마찬가지다.

➡ 마법의 기법 지도자

시장 사이클 지도자는 주식시장에서 나왔지만 요술지팡이 지도자는 파생시장, 특히 선물시장에서 명성을 떨치고 있다. 새로운 분석 기법이나 매매 기법이 발견되면 요술지팡이 같은 기법을 파는 '기법 지도자'들이 금융시장에 모습을 드러낸다.

트레이더들은 항상 다른 트레이더보다 우위를 점할 수 있는 방편을 찾아다닌다. 기사가 무기를 찾으러 다니는 것처럼 트레이더들도 트레이딩 툴에 거금을 쾌척한다. 돈줄이 될 툴만 있다면 아무리 비싸도 마다하지 않는다.

요술지팡이 지도자는 수익이라는 금고를 열 수 있는 새로운 '열쇠'를 판다. 하지만 많은 사람들이 새로운 기법을 알게 되고 시장에서 활용하다 보면 이 열쇠는 빛을 잃고 인기가 시들해진다. 시장은 끊임없이 변하고 어제 통했던 기법이 오늘은 통하지 않기가 일쑤며 1년 뒤에는 더더욱 통할 확률이 낮아진다.

1970년대 초반 시카고에서 소식지 기고가로 활동하던 제이크 번스타인Jake Bernstein은 시장 사이클을 활용해 천정과 바닥을 예측했다. 그의 기법은 적중했고 명성은 널리 퍼졌다. 번스타인은 소식지 구독료를 올리고 설명회를 개최하고 펀드를 운용하고 쉴 새 없이 책을 펴냈다. 늘 그렇듯 시장은 변했고 1980년대에 접어들자 시장은 사이클을 보이지 않았다.

피터 스테이들마이어Peter Steidlmayer 역시 시카고에서 잘나가던 기법 지도자였다. 그는 추종자들에게 낡은 매매 기법을 버리고 자신이 개발한 '마켓 프로파일Market Profile'을 쓰라고 권유했다. 마켓 프로파일 기법은 수요와 공급, 즉 매수세와 매도세의 비밀을 밝혀내므로 진실한 '신도'는 바닥에서 매수하고 천정에서 매도하게 된다는 것이었다. 스테이들마이어는 사업가 케빈 코이Kevin Koy와 손을 잡고 설명회를 빈번하게 개최했다. 나흘 동안 개최되는 설명회는 참가비가 1,600달러였는데 많을 때는 50명도 몰려왔다. 마켓 프로파일 신봉자들 중에 큰 성공을 거둔 사람은 없었고 창시자들은 초라한 말년을 보내게 되었다. 스테이들마이어는 증권사에 취직했고 코이와 함께 가끔 설명회를 개최했다.

그런데 이상한 일이다. 지구촌이 점점 좁아지고 있는데도 명성은 그렇지가 않다. 고향에서 명성이 추락한 지도자는 외국에 자신의 이론을 팔아서 돈을 번다. 한 지도자는 이런 현상을 '한물간' 미국 가수나 영화배우가 아시아에서는 여전히 인기를 누리는 현상에 비유했다. 미국에서는 더 이상 군중에게 어필하지 못하지만 외국에서 또 한 번의 호시절을 구가한다.

🔸 죽은 지도자

시장 지도자의 세 번째 유형은 죽은 지도자다. 책이 다시 발간되고 새로운 세대가 그를 다시 연구하고 이제는 고인이 된 애널리스트의 자산이 늘어난다. 그러나 이 지도자는 이미 세상 사람이 아니므로 명성을 날려도 자기가 돈을 버는 건 아니다. 다른 흥행사들이 그의 명성과 기간이 만료된 판권을 이용해 돈을 번다. R. N. 엘리어트R. N. Elliott 역시 이런 지도자에 속하지만 가장 전형적인 예는 W. D. 갠 W. D. Gann이다.

온갖 기회주의자들이 '갠 코스'와 '갠 소프트웨어'를 팔고 있다. 이 기회주의자들은 갠이 역대 최고의 트레이더라는 둥, 5,000만 달러의 자산을 남겼다는 둥 떠벌린다. 나는 보스턴 은행에서 애널리스트로 일하는 갠의 아들을 만났다. 그는 말하길 아버지는 유명했지만 트레이딩으로는 가족을 부양할 수 없어서 교습 코스를 써서 팔아 생계를 유지했다고 한다. 1950년대 갠이 사망할 당시 집을 비롯해 그가 남긴 부동산은 10만 달러를 조금 넘었다. 트레이딩계의 거두 갠의 전설은 그의 코스와 툴을 순진한 소비자들에게 파는 장사꾼들이 부풀린 것이다.

🔸 지도자를 추종하는 사람들

지도자들의 캐릭터는 다양하다. 죽은 사람들도 있지만 살아 있는 사람들 중엔 진지한 학자 타입도 있고 쇼맨십이 훌륭한 사람도 있다. 이들은 몇 년 동안 열심히 연구해서 시장이 예측한 방향대로 움직이면 대박을 터뜨린다.

지도자를 둘러싼 갖가지 스캔들에 관한 책으로는 윌리엄 갤러처William Gallacher가 쓴『승자 독식Winner takes it all』과 브루스 밥콕Bruce Babcock이 지은『트레이딩 시스템에 관한 다우존스 가이드The Dow Jones Guide to Trading Systems』가 있다. 이 장에서는 지도자를 둘러싼 현상을 분석하려는 것일 뿐이다.

사람들은 지도자에게 들인 돈보다 그들을 추종함으로써 트레이딩으로 더 많이 뽑겠지 기대한다. 마치 거리 모퉁이에서 쓰리 카드Three Card 판을 벌여놓은 야바위꾼에게 푼돈을 거는 사람들처럼. 본인이 건 돈보다 더 많은 돈을 벌 거라고 기대하는 것이다. 이런 미끼를 덥석 무는 이들은 무지한 자나 탐욕스러운 자들뿐이다.

강력한 지도자를 찾아 지도자에게 의지하는 사람들도 있다. 이들은 전능한 부모처럼 모든 것을 알아서 해주는 사람을 찾는다. 한번은 내 친구가 이런 말을 했다. "탯줄을 손에 쥐고 걸어 다니면서 탯줄을 연결할 데를 찾는 거지." 약삭빠른 사람들은 이런 사람들에게 탯줄 꽂을 콘센트를 제공해주고 돈을 받아 챙긴다.

군중이란 항상 지도자를 원하기 때문에 새로운 지도자가 나타나기 마련이다. 하지만 이성적인 트레이더라면 나를 부자로 만들어줄 지도자는 없다는 사실을 알아야 한다. 부자가 되려면 자기 힘으로 노력해야 한다.

07
트레이더 스스로를 망치는 행위

트레이딩은 무척 어려운 게임이다. 마지막에 웃는 승자가 되려면 행동 하나하나에 신중해야 한다. 트레이더는 순진을 떨고 있을 여유가 없으며 자신만의 은밀한 심리적 욕구를 해소하기 위한 수단으로 삼아서도 안 된다.

안타깝게도 충동적인 사람, 도박사, 이젠 세상이 날 먹여 살려야 마땅하다고 생각하는 사람들이 트레이딩에 끌리는 경우가 종종 있다. 짜릿한 흥분을 맛보려고 트레이딩을 하면 승률이 낮은 트레이딩을 감행해 불필요한 위험을 감수할 가능성이 크다. 시장은 인정사정 봐주지 않는 법. 감정적인 트레이딩은 항상 손실로 귀결된다.

▶ 도박 성향

도박은 확률에 무언가를 거는 게임이다. 어느 사회에나 도박이 있고 사람은 대개 일생에 몇 번은 도박을 한다.

프로이드는 도박이 자위 대체 수단이므로 많은 사람들이 도박에 끌린다고 믿었다. 흥분상태에서 계속 손을 움직이는 행위, 거부할 수 없는 충동, 멈추려는 결심, 중독성 강한 쾌락, 죄의식. 이런 모든 측면에서 도박은 자위행위와 비슷하다.

저명한 캘리포니아 주 정신분석의인 랄프 그린슨 박사Dr. Ralph Greenson는 도박꾼들을 세 부류로 나누었다. 첫째는 오락이나 기분전환 삼아 도박을 하는 정상인으로 원할 때는 언제든 멈출 수 있는 사람, 둘째는 생계수단으로 도박을 하는 전문 도박사, 셋째는 무의식적 욕구에 떠밀려 도박을 하는 신경증 도박꾼으로 멈출 수 없는 사람이다.

신경증적 도박꾼은 운이 좋을 것 같다는 예감에 사로잡히기 쉽고 그 운을 시험하고 싶어한다. 이기면 자신이 대단한 사람이 된 듯한 기분이 들고 엄마 품에서 젖을 먹는 아기처럼 기분이 좋아진다. 이들은 현실적이고 장기적인 게임 목표에 집중하지 않고 무엇이든 할 수 있을 것 같은 희열을 다시 맛보려고 하기 때문에 질 수밖에 없다.

뉴욕 사우스오크 병원에서 강박장애 도박의 치료 프로그램을 이끌고 있는 쉴러 블룸 박사Dr. Sheila Blume는 도박을 '약도 없는 중독증'이라고 부른다. 도박꾼들은 대개 도박이 좋아서 하는 사람들인데 여자들의 경우는 도피의 방편으로 도박을 하는 경향이 있다. 패자들은 대개 손실을 감추고 승자처럼 보이고 싶어하고 승자처럼 행동하려고 애쓰지만 마음은 이미 자신에 대한 의구심으로 병들어 있다.

트레이더 역시 주식, 선물, 옵션을 통해 도박꾼이 느끼는 희열을 맛볼 수 있다. 이러는 쪽이 경마장에서 말에 베팅하는 것보다는 좀 품위 있어 보인다. 게다가 금융시장의 도박은 어딘지 세련돼 보이고 마권업자와 숫자놀음을 하는 것보다는 지적인 오락처럼 느껴진다.

트레이딩이 유리하게 돌아가면 도박꾼들은 행복에 겨워하는 반면, 잃으면 비참한 기분에 시달린다. 하지만 성공한 프로들은 장기 계획에 집중하고 트레이딩 과정에 일희일비하지 않는다.

중개인들은 많은 고객이 도박꾼이라는 사실을 꿰뚫고 있다. 그래서 아내가 있는 트레이더에게는 전화 메시지를 남기지 않으려고 한다. 트레이딩해도 좋으냐는 확인 메시지도 남기지 않는다. 그런데 도박은 아마추어만 하는 게 아니다. 프로들 중 상당수도 도박을 한다. 소니 클라인필드Sonny Kleinfield는 저서 『트레이더들The Traders』에서 스포츠 경기를 놓고 너도나도 도박을 벌이는 거래소 모습을 묘사하기도 했다.

도박에 빠질 때 나타나는 핵심 신호는 내기를 하고 싶은 충동을 억제하지 못한다는 것이다. 트레이딩을 지나치게 한다는 생각이 들고 결과가 좋지 않으면 트레이딩을 한 달만 쉬라. 쉬는 동안 자신의 트레이딩 습관을 되돌아보아야 한다. 트레이딩을 하고 싶은 욕구를 억제할 수 없어 한 달 동안 트레이딩을 멀리하기가 힘들다면 근처에 있는 도박 중독자들의 모임GA 지부를 방문하거나 알코올 중독자들의 모임AA 행동강령들을 실천해보라. AA의 행동강령은 본 장 뒷부분에서 설명하겠다.

⮕ 자기파괴적 행동패턴

여러 해 동안 정신의학을 연구하면서 인생의 실패 대부분은 자기파괴에 기인한다는 것을 확신하게 되었다. 직업, 대인관계, 사업에 실패하는 건 멍청하거나 무능해서가 아니라 실패하고 싶은 무의식적 욕구 때문이다.

내 친구 중에 아주 똑똑하고 재기 넘치는 친구가 있었는데 평생 동안 성공했나 싶으면 요절이 나고 성공했나 싶으면 또 요절이 났다. 공산품 세일즈맨으로 잘나가더니 해고당한 적이 있고, 중개인 교육을 받은 후 회사에서 최고 언저리까지 오르는가 싶더니 고소당했다. 그러곤 유명한 트레이더가 되었지만 과거의 재난에서 빠져나오려고 발버둥치는 사이 파산하고 말았다. 그는 자신의 실패를 전부 시기심 많은 상사, 무능한 규제당국, 내조를 하지 않는 아내 탓으로 돌렸다.

끝내 그는 바닥까지 추락해 직장도, 돈도 없는 신세가 됐다. 그는 몇 사람을 통해 자본금을 끌어 모으고 파산한 트레이더에게 주문용 단말기를 빌렸다. 사람들은 그가 한때는 유능한 트레이더였다는 말을 듣고 투자를 했다. 소문이 퍼지자 돈을 들고 오는 투자자들이 많아졌고 내 친구는 다시 잘나가게 됐다. 그 무렵 그는 아시아로 순회 강연을 떠났는데 강연을 다니면서도 계속 트레이딩을 하고 있었다. 큰 액수의 포지션을 취한 상태였는데 손실제한주문 stop order*도 걸어놓지 않았다. 그런데 그가 자신의 일터로 돌아올 무렵 시장이 크게 요동쳤고 자본금이 모두 날아갔다. 그는 자신에게 어떤 문제가 있는지 알아냈을까? 변하려고 노력했을까? 천만에! 그는 중개인을 탓했다.

자신을 들여다보며 실패의 원인을 찾는 건 괴로운 일이다. 트레이더들은 일이 잘못되면 남을 탓하거나 운이 나빴다고 투덜댄다.

유명한 트레이더가 나에게 자문을 구했다. 그는 미 달러시장에서 큰 규모로 숏 포지션을 취하고 있었는데 미 달러가 폭등하는 바람에 돈을 모두 날리고 말았다. 그는 지나치게 가부장적인 아버지와 내내 싸우면서 자랐다. 시장은 그에게 아버지였다. 그는 기존 추세의 반대로 대규모 포지션을 취해 명성을 얻었으며 포지션을 계속 늘려갔다. 아버지로 상징되는 시장이 자신보다 강력한 존재라는 걸 인정하기 싫었기 때문이다.

이제까지 살펴본 것은 인간이 가진 자기파괴 성향을 보여주는 두 가지 예에 불과하다. 우리 역시 성인이 아니기 때문에 충동적인 어린애처럼 행동해서 파멸에 이른다. 우리 인간은 자신을 망가뜨리는 행동패턴을 고집한다. 고칠 수 있는데도 말이다. 강조하지만, 실패는 불치병이 아니다.

어린 시절을 짓눌렀던 마음의 짐이 시장에서 성공하는 데 걸림돌이 되기도 한다. 변하려면 자신의 약점이 무엇인지 알아야 한다. 매매일지를 기록하라. 트레이딩에 진입하거나 청산할 때마다 이유를 기록하라.

---

* 주가 하락 시 현재가 아래의 어떤 가격을 지정하여 이에 도달하면 매도 체결이 되게 하거나, 주가가 오르고 있을 때 현재가보다 높은 어떤 가격에 도달하면 매수 체결이 되도록 미리 내는 주문. 현재의 추세를 계속 누리면서 수익을 보호하거나 손실을 방어하기 위한 것으로 가격역지정주문이라고도 한다 – 옮긴이

그리고 성공할 때와 실패할 때 반복해서 나타나는 스스로의 행동패턴을 살펴라.

▶ 안전망을 마련하라

거의 모든 직업이나 사업은 그 일을 하는 사람을 위한 안전망을 갖추고 있다. 위험한 행위나 자멸행위를 할라치면 상사나 동료, 또는 고객이 경고를 준다. 하지만 트레이딩에는 이렇게 받쳐주는 장치들이 없기 때문에 무엇보다 위험한 행위다. 더욱이 안전망도 없는데 시장은 자멸할 기회를 계속 제공한다.

내가 실수를 해도 사회의 모든 구성원들은 서로를 보호하기 위해 어느 정도 아량을 베푼다. 운전을 할 때면 나는 다른 차를 치지 않으려고 애쓰고 다른 차들도 내 차를 치지 않으려고 한다. 내가 운전해 가고 있는 앞쪽에서 누군가 주차된 차문을 벌컥 열면 피해서 간다. 고속도로에서 누가 끼어들더라도 욕은 할지언정 속도를 늦춘다. 만약 들이받기라도 하는 날엔 양쪽 모두 치러야 할 대가가 너무 크기 때문이다.

하지만 시장에서는 이처럼 서로를 돕지 않는다. 트레이더는 누구나 다른 사람을 치고 싶어하며 누구든 다른 사람에게 치인다. '트레이딩 고속도로'에는 자동차 파편이 여기저기 나뒹군다. 트레이딩은 전쟁 다음으로 위험한 도전이다.

일중 고가에서 매수하는 건 차가 쌩쌩 달리는 도로에서 차문을 활짝 열어젖히는 행위나 마찬가지다. 거래소에 매수주문을 하면 매도하려는 트레이더들이 떼를 지어 몰려든다. 차의 문짝뿐 아니라 팔까지 뜯어가려는 것이다. 내가 실패하기만을 바라는 트레이더들도 있다. 내가 잃은 돈을 채가려는 것이다.

자멸행위를 억제하려면 자기파괴 성향을 통제해야 한다. 대부분의 사람은 스무살 때 저지른 실수를 예순에도 저지른다. 한 분야에서 성공하지만 다른 분야에서 내적 갈등을 폭발시키면서 사는 사람도 있다. 나이를 먹으면서 문제를 극복하는 사람도 있겠지만 그다지 많지 않다.

스스로에게 자멸로 향해 가는 성향이 있다는 사실을 인정해야 한다. 손실이 발생하면 운이나 다른 사람 탓으로 돌리지 말라. 일지를 기록하라. 매매를 할 때마다 진입하고 청산한 이유를 기록하라. 성공할 때와 실패할 때 반복적으로 나타나는 패턴을 살펴라. 과거에서 배우지 못하는 사람은 실수를 반복하게 마련이다.

등반가들에게 생존에 필요한 구명장비가 필요하듯 트레이더에게도 심리적 안전망이 필요하다. 앞으로 설명할 AA(알코올 중독자들의 모임)의 행동강령이 크게 도움이 될 것이다. 엄격한 자금관리 규칙 역시 안전망이 된다.

문제에 맞는 치료법을 구한다면 트레이딩에 대해 잘 아는 유능한 의사를 택하라. 어떤 치료법을 택하든 모두 자신의 책임이며 따라서 진행상황을 모니터해야 한다. 나는 대체로 환자들에게 한 달 동안 뚜렷한 차도가 없으면 치료법에 문제가 있는 거라고 말한다. 두 달째 아무 차도가 없다면 다른 의사를 만나봐야 한다.

트레이딩 심리

계좌의 잔고는 감정에 즉각 영향을 받는다. 아무리 뛰어난 트레이딩 시스템을 확보하고 있어도 겁을 먹거나 화를 내거나 자만심이 지나치면 잔고는 점점 줄어든다. 도박꾼이 느끼는 희열이나 두려움이 마음을 구름처럼 뒤덮고 있다면 트레이딩을 멈춰라. 트레이더로서 성공 여부는 감정을 어떻게 제어하느냐에 달려 있다.

트레이딩을 하면 이 세상에서 가장 영민한 사람들과 경쟁하게 된다. 경기장은 이미 내가 실패하는 방향으로 설계되어 있다. 축구 경기장이 있는데 내 진영 쪽으로 기울어져 있으면 아무리 상대 진영으로 공을 몰고 가려고 해도 오르막이 되어 갈 수가 없는 것과 마찬가지다.

모든 트레이딩은 자신의 책임이다. 내가 시장에 진입하겠다고 결심해야 트레이딩이 시작되고 내가 빠져나오겠다고 마음먹어야 끝난다. 괜찮은 트레이딩 시스템을 갖는 것만으로는 부족하다. 트레이더 대부분이 좋은 시스템을 갖고도 빈손으로 시장에서 퇴출된다. 심리적으로 이길 자세를 갖추지 못했기 때문이다.

▣ 규칙 파기의 유혹

시장은 구중궁궐에서 아리따운 여인들을 거느리고 살게 해줄 것처럼 유혹하며, 더 많은 것을 얻고 싶어하도록 부추기고 가진 것을 잃을까 두려움에 떨게 만든다. 이런 감정들은 눈앞에 놓인 기회와 위험을 감지하지 못하게 막는다.

계속 돈을 벌면 아마추어들은 대개 천재가 된 듯한 착각에 들뜬다. 너무 잘나서 규칙을 마음대로 깨도 성공할 수 있으리라는 생각에 더욱 신이 난다. 바로 이때가 트레이더들이 규칙에서 벗어나 자멸로 빠지는 순간이다.

겨우 지식을 얻어서 이기고 나면 감정이 끼어들어 자멸로 향한다. 트레이더 대부분은 '사냥한 전리품'을 시장에 금세 빼앗긴다. 시장에는 빈털터리에서 갑부가 되었다가 다시 빈털터리가 된 사람들에 관한 얘기가 끝도 없이 떠돈다. 성공한 트레이더의 유일한 증표는 계좌를 불릴 수 있는 능력이다.

최대한 트레이딩을 객관적으로 바라보아야 한다. '(자신의 트레이딩) 이전과 이후' 차트와 함께 매 트레이딩의 일지를 기록하고 수수료와 체결오차를 포함해 모든 데이터를 스프레드 시트로 관리하라. 그리고 엄격한 자금관리 규칙을 견지해야 한다. 시장을 분석하는 데 투입하는 에너지만큼 자신을 분석하는 데도 에너지를 투입해야 할지도 모른다.

나는 트레이딩 기법을 배우면서 트레이딩 심리에 관한 책은 모두 구해서 읽었다. 많은 필자들이 일리 있는 조언을 제시했다. 어떤 이들은 확고한 규칙을 강조했다. "시장에 휘둘리지 말라. 트레이딩 시간에 의사결정을 하지 말고 미리 계획하고 계획한 대로 트레이딩하라." 어떤 이들은 융통성을 강조했다. "어떤 선입견도 갖지 말고 시장에 진입하라. 시장이 바뀌면 계획을 바꿔라." 어떤 전문가들은 고립되라고 권고한다. "경제 뉴스도, 《월스트리트 저널》도 보지 말고 다른 트레이더들의 말도 듣지 말고 자신과 시장만 생각하라." 혹자는 열린 마음을 가지라고 충고한다. 다른 트레이더들과 계속 교류하고 새로운 발상을 받아들이라고 충고한다.

다들 나름대로 일리가 있지만, 보다시피 모두 받아들이기에는 너무나 상반된 주장들이 아닌가.

나는 계속 책을 읽는 한편 트레이딩을 하고 시스템 개발에 몰두했다. 물론 정신과 의사로도 일했지만 트레이딩과 정신분석이 연관이 있으리라는 생각은 전혀 못했다. 그러던 어느 날 갑자기 깨달음을 얻었다.

나의 트레이딩 방식을 바꾼 발상은 정신의학에서 나왔다.

▶ 나의 트레이딩 방식을 바꾸어놓은 통찰

정신과 의사가 으레 그렇듯 나 역시 알코올 중독 환자들을 적잖이 치료해왔다. 약물 중독 재활 프로그램에 고문으로 일하기도 했다. 나는 얼마 지나지 않아 알코올 중독과 약물 중독자들은 전통적인 정신과 치료보다 그들 집단에 있을 때 회복할 가능성이 더 높다는 것을 깨닫게 되었다.

심리치료, 약물요법, 클리닉 등 비싼 병원비를 들여서는 알코올 중독자를 잠깐 제정신이 들게 만들 수는 있지만 늘 깨어 있게 만들 수는 없다. 중독자 대부분은 이내 다시 술이나 약물, 도박에 빠진다. 예컨대 알코올 중독자들의 모임AA 같은 스스로 재활하고자 하는 의지를 가진 집단에 있을 때 회복될 확률이 훨씬 높다.

AA 회원들이 술을 끊고 재활에 성공할 확률이 높다는 것을 알게 되자 나는 그 모임의 열렬한 팬이 되었다. 환자들 중 음주와 관련하여 문제를 안고 있는 이들이 있으면 AA나 ACOA(알코올 중독자를 부모로 둔 성인 자녀 모임)에 보내기 시작했다. 이젠 알코올 중독자들이 찾아오면 AA에 가보라고 권한다. 이것저것 해봐야 시간 낭비에 돈 낭비라고 말하면서.

몇 해 전 어느 날 저녁. 정신과 의사 파티에 가는 길에 친구 사무실에 들렀다. 파티가 시작되려면 두 시간이 남았던 터라 내 친구가 물었다. "영화 한 편 볼래, 아니면 AA 모임에 갈래?" 내 친구는 당시 알코올 중독 치료 중이었다. 환자들을 AA에 가라고 보낸 적은 있지만 나 자신은 알코올 문제로 어려움을 겪지 않았기 때문에 모임에

제1부 개인 심리 73

가본 적이 없었다. 당장 가보자고 했다.

　AA 모임은 YMCA 지부에서 열렸다. 단출한 방에 들어가니 남자 열두어 명과 여자 몇이 접이식 의자에 앉아 있었다. 모임은 한 시간 동안 계속됐는데 이들이 하는 얘기를 듣고 있자니 너무 놀라웠다. 마치 내 트레이딩 습관에 대해 얘기하는 것 같지 않은가!

　물론 알코올에 대해 얘기하고 있었지만 '알코올'이라는 단어 대신 '손실'만 넣으면 다 나한테 해당되는 얘기였다. 당시 내 계좌는 여전히 오르락내리락하고 있었다. 나는 YMCA를 나서면서 깨달았다. AA가 알코올을 처리하듯이 손실을 처리해야 한다는 것을.

09
알코올 중독자들의 모임에서 배운 트레이딩 교훈

주정뱅이도 대개 며칠 동안은 술을 끊을 수 있다. 그러나 얼마 못 가 술을 먹고 싶은 욕구가 몰려와 억제하지 못하고 다시 술병을 집어 든다. 술 마시고 싶은 욕구를 떨쳐버릴 수 없는 것은 알코올 중독자처럼 생각하고 느끼기 때문이다. 멀쩡한 정신으로 지내느냐, 아니면 계속 술에 절어 지내느냐는 그 사람의 마음에 달려 있다.

AA(알코올 중독자들의 모임)는 음주에 대한 생각과 감정을 바꾸는 시스템을 보유하고 있다. AA 회원들은 마음을 바꾸는 12단계 프로그램을 활용한다. 『12단계와 12전통 Twelve Steps and Twelve Traditions』이라는 책에서 이 12단계는 인간의 성장을 12개의 국면으로 설명하고 있다. 치료 중인 알코올 중독자들이 모임에 참석해 같은 처지에 있는 다른 사람들과 서로 경험을 이야기하고 술 끊은 상태를 유지하도록 서로 도와주고 응원해준다. 회원은 누구든 다른 회원을 후원자로 둘 수 있는데 술을 마시고 싶을 때면 후원자에게 지원을 요청한다.

AA는 1930년대 알코올 중독자 두 사람이 결성한 모임으로 한 사람은 의사, 한 사람은 여행사 영업사원이었다. 두 사람은 함께 만나 서로 상대가 술을 끊도록 도와주었는데 이들이 개발한 시스템이 효과 만점이어서 다른 사람들도 합류하기 시작했다. AA의 목적은 단 하나, 회원들이 술을 끊도록 도와주는 것이다. 기금을 강요하지도 않고 정치적 입장을 유도하거나, 회원 모집 캠페인을 벌이지도 않는다. AA는 오로지 입소문만으로 회원이 모인다. 성공 비결은 단 하나, 효과가 있기 때문이다.

AA의 12단계 프로그램은 효과가 뛰어나 알코올 외에 다른 문제가 있는 사람들도 활용하고 있다. 알코올 중독자 자녀를 위한 12단계도 있고 흡연자, 도박자를 위한 12단계 등등이 있다. 나는 AA의 핵심원리를 트레이딩에 적용하면 시장에서 돈을 잃는 걸 멈출 수 있다고 확신하게 되었다.

▶ 받아들이지 못하는 심리상태

술을 관계의 활력소로 생각하고 분위기에 맞춰 즐기는 사람은 칵테일을 마시든 와인을 마시든 맥주를 마시든 적당히 마셨다 싶으면 언제든 술잔을 놓을 수 있다. 하지만 알코올 중독자는 다르다. 알코올 중독자는 일단 술을 입에 대면 계속 마시고 싶어 결국 만취할 때까지 마신다.

주정뱅이는 술을 줄여야겠다고 입버릇처럼 말하지만 스스로가 음주습관을 통제할 수 없다는 점을 인정하지 않는다. 이들은 자신이 알코올 중독자라는 사실을 부인한다. 알코올 중독에 빠진 친척이나 친구, 직원에게 이렇게 말해보라. 음주를 통제할 수 없는 지경에 이르러 인생을 망치고 있다고. 그러면 '부인'이라는 거대한 벽에 부딪힐 것이다.

알코올 중독자는 툭하면 이렇게 말한다. "술이 덜 깬 상태로 출근한데다 지각했다고 상사가 날 해고했어. 그러자 이번에는 마누라가 다신 얼굴 볼 생각 말라면서 애들을 데리고 집을 나가버렸네. 설상가상으로 집세가 밀렸다고 집주인이 자꾸 나가라는군. 술을 줄여야겠어. 그러면 다 잘 될 거야."

이 사람은 가족도, 직장도 잃었다. 게다가 언제 살던 집에서 쫓겨나 길거리에 나앉게 될지도 모른다. 이렇게 인생이 파탄 나고 있는데도 술을 줄일 수 있다는 소리만 반복한다. 이게 바로 문제를 똑바로 받아들이지 못하는 심리상태, 부인이다.

알코올 중독자들은 인생 파탄의 순간에도 문제를 부인한다. 그들은 음주를 통제할 수 있다는 착각에 빠져 있다. 하지만 음주를 통제할 수 있다고 생각하는 한 내리막길밖에 없다. 새로 직장을 얻고, 재혼을 해서 아내도 생기고 집주인이 바뀐다 해도 변하는 것은 없다.

알코올 중독자들은 인생이 알코올에 휘둘리고 있다는 사실을 부인한다. 그들은 술을 줄이겠다고 말하지만 실은 통제할 수 없는 것을 통제하겠다는 얘기다. 마치 산길에서 폭주하는 자동차 운전자와 같다. 차가 절벽 아래로 구르기 시작하면, 다음엔 조심해서 운전하겠다고 아무리 결심해봐야 때는 늦으리라. 자신이 알코올 중독자라는 사실을 부인하는 사이 인생은 나락으로 떨어진다.

손실로 계좌가 깡통이 된 트레이더와 알코올 중독자 사이에는 놀라운 공통점이 하나 있다. 알코올 중독자가 독한 술 대신 맥주로 바꾸어 문제를 해결하려는 것처럼 트레이더는 트레이딩 전략만 계속 바꾼다. 패자는 자신이 시장에서 통제력을 상실했다는 사실을 받아들이지 않는다.

▶ 밑바닥을 때리는 고통

주정뱅이는 자신이 알코올 중독자라는 사실을 인정해야 비로소 금주를 향한 첫발을 뗄 수 있다. 인생을 뒤흔들고 있는 건 알코올이지 다른 게 아니라는 걸 직시해야 한다. 알코올 중독자 대부분은 이 고통스러운 진실을 받아들이지 못한다. 밑바닥까지 떨어져야 비로소 진실을 똑바로 보게 된다.

어떤 이에게는 목숨을 위협하는 질병이, 또 어떤 이에게는 가족에게 버림받거나 직장을 잃는 것이 밑바닥을 때리는 고통이다. 알코올 중독자는 밑바닥까지 추락해 도저히 참을 수 없는 지경까지 가야 한다. 그래야 현실을 인정하기 때문이다.

나락으로 떨어지는 고통은 견디기 힘들다. 알코올 중독자는 이런 고통을 느껴야 자신이 어느 정도까지 추락했는지 알게 된다. 참기 힘든 고통에 시달리게 되면 단단한 벽처럼 꿈쩍 않던 부인이라는 벽이 무너진다. 그리고 무너진 벽 사이로 선택은 단 두 가지라는 명명백백한 현실을 보게 된다. 돌이키든가 아니면 죽든가. 이 지경이 되어야 알코올 중독자는 비로소 회복을 향한 여정을 시작할 수 있다.

수익을 거머쥐면 트레이더들은 자신이 대단한 사람이 된 듯한 기분에 한껏 들뜬다. 다시 수익을 올리려고 무분별하게 트레이딩을 하다가 벌어들인 수익을 다시 토해낸다. 트레이더들 대부분은 연이어 막대한 손실을 보면 견디지 못한다. 나락으로 떨어져 바닥을 치면 트레이더로서 수명이 다하고 시장에서 퇴출된다. 문제는 트레이딩 기법이 아니라 '생각'에 있다는 것을 깨닫는 극소수만이 살아남는다. 이들은 변할 수 있고 트레이더로 성공한다.

▶ 제1단계가 가장 어렵다

알코올 중독에서 벗어나려면 12단계를 거쳐야 한다. 바로 성장의 12단계다. 생각하고 느끼는 방식을 바꾸어야 하며 자신과의 관계, 타인과의 관계를 맺는 방식을 바꾸어야 한다. 이것이 1단계로 가장 어려운 과정이다.

알코올 중독자가 거쳐야 하는 제1단계는 자신이 알코올 앞에 무기력한 존재라는 걸 인정하는 것이다. 자신의 인생이 통제 불가능하게 되었고 알코올이 자신보다 더 강한 존재라는 걸 인정해야 한다.

알코올 중독자는 대개 이 단계에서 실패하고 중도하차해 인생을 망친다.

알코올이 나보다 강하다면 다시는 술에 손을 대서는 안 되며 평생 한 방울도 입에 대선 안 된다. 즉, 영원히 음주를 포기해야 한다. 그런데 주정뱅이는 대개 쾌락을 포기하려고 하지 않는다. AA의 첫 단계로 들어서느니 차라리 인생을 망치는 쪽을 택한다. 나락으로 떨어지는 아픔을 겪어야 이 첫 단계를 밟을 마음이 생긴다.

자동차에 붙어 있는 스티커 중에 '한 번에 하루씩', 혹은 '천천히 여유를 갖고'라는 글들이 적힌 것을 간혹 볼 수 있다. 이는 AA의 슬로건으로 아마 차 주인이 알코올 중독 치료를 받고 있을 것이다. 알코올 없는 인생을 계획한다는 건 너무 막막해 보일지도 모른다. 그래서 AA는 한 번에 하루만 술을 끊어보라고 격려한다.

AA 회원의 목표는 오늘 하루 동안 술을 끊고 오늘 밤 말짱한 정신으로 잠자리에 드는 것이다. 그러다 보면 하루가 일주일이 되고 일주일이 한 달, 한 달이 일 년이 된다. AA 모임을 비롯한 각종 활동은 서로 한 번에 하루씩 술을 끊도록 격려하는 것이다.

▶ AA 모임에 참여해보라

치료 중인 알코올 중독자는 AA 모임에서 값진 도움과 동지애를 주고받는다. AA 모임은 세계 전역에서 언제나 열리는데 트레이더라면 이 모임에서 배울 점이 많다.

트레이더가 할 수 있는 최선의 행위 중 하나는 AA 모임에 가는 것이다. 특히 연달아 손실을 보고 있는 트레이더에게 권하고 싶다. AA에 전화해서 거주지 가까이에 다음 공개 모임이나 초보자 모임이 있는지 물어보라.

모임은 한 시간 정도 열리는데 뒤쪽에 앉아서 귀를 기울이면 된다. 억지로 말을 시키는 사람도 없고 이름을 묻는 사람도 없다.

모임은 장기 출석 회원이 일어나 알코올 중독에서 벗어나기 위한 싸움에 대해 이야기하는 것으로 시작된다. 몇 사람이 더 발언한다. 비용을 충당하기 위해 모금을 하기도 하는데 대개 1달러를 낸다. 그냥 가서 유심히 듣고 있다가 '알코올'이라는 말이 나오면 '손실'을 대입시키면 된다. 그러면 모임에 있는 사람들이 나의 트레이딩에 대해 얘기하는 듯한 착각이 들 것이다.

10
패자들의 모임

사교의 수단으로 술을 즐기는 사람은 때때로 일이 있을 때만 마시지만 알코올 중독자는 알코올 자체를 갈구한다. 그는 알코올이 인생을 좌지우지하고 망치고 있다는 걸 부인하다가 위기가 닥쳐야 비로소 인정한다. 개인에 따라 생명을 위협하는 질병, 실업, 혹은 가족에게 버림받는 일 등 참을 수 없이 고통스러운 사건이 위기가 된다. AA는 이런 위기를 '밑바닥'이라고 표현한다.

밑바닥을 때리는 고통을 겪으면 끝없이 부인하던 철벽에도 구멍이 난다. 알코올 중독자는 비로소 자신이 선택의 기로에 섰음을 알게 된다. 가라앉아 익사하고 말 것이냐, 아니면 헤엄쳐 올라와 살 것이냐. 알코올 중독에서 회복하는 첫 걸음은 알코올 앞에 무기력하다는 사실을 인정하는 것이다. 그리고 알코올 중독에서 회복하려면 다시는 술을 입에 대서는 안 된다.

패자에게 손실은 알코올 중독자의 알코올과 마찬가지다. 적은 손실은 술 한 잔이며 큰 손실은 말술이다. 계속되는 손실은 술독에 빠져 흥청망청 하는 것과 같다. 패자는 이 시장에서 저 시장으로 옮겨 다니고, 이 사람 저 사람 '지도자'를 찾아다니고, 트레이딩 시스템을 찾아 헤맨다. 돈을 벌 때의 쾌락을 다시 맛보려고 그렇게 몸부림치는 동안 계좌의 잔고는 점점 줄어든다.

패자들은 혀 꼬부라진 소리를 하지 않을 뿐 알코올 중독자처럼 사고하고 행동한다. 두 집단은 공통분모가 많으므로 알코올 중독자 모델을 보면 패자가 어떤 행동을 할지 예측할 수 있다.

알코올 중독은 치료가 가능한 질병이다. 트레이딩으로 돈을 잃는 습관도 마찬가지다. AA의 행동수칙을 활용하면 패자들도 변할 수 있다.

▶ 억제할 수 없는 매매 충동

성공하는 트레이더들은 사교수단으로 술을 즐기는 사람과 같다. 어울리기 위해 술을 즐기는 사람이 알코올을 섭취하고 적당할 때 멈추듯 성공한 트레이더도 얼마간 손실을 보면 멈춘다. 연속해서 손실을 보면 무언가 잘못되었다는 신호로 받아들이고 트레이딩을 멈춘다. 그리고 분석 기법이나 트레이딩 기법을 재고한다. 그러나 패자들은 멈추지 못하고 계속 트레이딩에 몰두한다. 게임이 주는 짜릿한 흥분과 대박에 대한 기대감에 중독되었기 때문이다.

어느 저명한 투자자문은 트레이딩의 쾌락이 섹스나 제트기 조종보다 크다고 했다. 처음에는 사교수단으로 술을 마시다가 주정뱅이가 되는 알코올 중독자처럼 패자들도 점점 더 큰 위험을 감수한다. 즉 선을 넘는 것이다. 사업상 위험을 넘어서 도박으로 나아간다. 실상 많은 패자들은 사업상 위험과 도박 사이에 경계선이 존재한다는 것조차 모른다.

알코올 중독자가 술을 갈구하듯 패자들도 트레이딩을 갈구한다. 패자는 충동적으로 그리고 쉴 새 없이 트레이딩을 하고 그럼으로써 수렁에서 빠져나오려고 발버둥친다. 그런 후 계좌에서 돈이 몽땅 빠져나가 파산하면 패자 대부분은 손을 턴다. 하지만 일부는 자기 돈을 잃은 다음 다른 사람의 돈을 관리하는 매니저가 된다. 일부는 투자자문 서비스를 팔아먹는다. 빈털터리가 된 주정뱅이가 술집에서 접시닦이로 연명하듯 말이다.

패자들은 대개 돈을 잃었다는 걸 스스로에게도 감추고 다른 사람에게도 감춘다. 이리저리 돈을 굴리다가 결국 실적이 나빠지면 주문서조차 간수하지 않고 내다버린다. 패자는 술을 몇 병이나 마셨는지 따위는 알려고 하지 않는 주정뱅이와 같다.

▶ 점점 더 깊은 늪 속으로

　패자는 자신이 왜 돈을 잃었는지 모른다. 만약 이유를 알면 조치를 취하고 승자가 될 수도 있을 것이다. 하지만 앞이 보이지 않는 뿌연 안개 속에서 무모하게 트레이딩을 계속한다.

　패자는 트레이딩을 함으로써 수렁에서 빠져나오려고 한다. 그러나 몸부림칠수록 점점 더 깊은 늪으로 빠진다. 그러면 이번에는 트레이딩 시스템을 바꾸고 소프트웨어를 새로 구입하고 새로운 현자를 찾아가 조언을 구한다. 산타클로스가 나타나 구원해줄 거라는 허황된 환상을 믿고 부지런을 떠는 것이다. 마법 같은 해결책이 있으리라고 철석같이 믿는 이런 패자들 덕분에 투자자문사들이 서비스를 제공하고 돈을 번다.

　손실이 커지고 계좌 잔고가 점점 줄어들면 패자는 직장에서 해고당하고 집주인에게 들볶이는 처지의 알코올 중독자와 똑같이 행동한다. 헤지hedge* 없이 하나의 상품에만 투자했다가, 스프레드 거래**로 바꾸기도 했다가, 손실을 보고 있는 포지션을 두 배로 늘리거나 반대 포지션을 취하는 등 온갖 짓을 다한다. 알코올 중독자가 독한 술 대신 포도주로 바꾼다고 달라지는 게 없듯이 패자가 이렇게 발버둥 쳐봐야 별무소득이다.

---

* 가격 변동에 따른 손실을 막기 위한 투자 행위 – 옮긴이
** 다른 결제월 종목 혹은 다른 기초자산을 가진 상품 간의 가격 차이(스프레드)가 지금보다 벌어질 것인지, 아니면 좁혀질 것인지에 베팅하는 거래 – 옮긴이

패자는 자신이 제어할 수 없는 것을 제어하려고 몸부림치다 나락으로 떨어진다. 마치 배 위에서 살려고 버둥대면 배가 기우뚱해서 물속으로 빠지는 형국이다. 알코올 중독자는 단명하고 트레이더들 역시 대개 시장에서 빈털터리로 퇴출돼 다시는 돌아오지 못한다. 스스로를 통제하지 못하면 새로운 트레이딩 기법, 따끈한 정보, 업그레이드된 소프트웨어도 소용이 없다. 돈 잃는 걸 멈추고 트레이더로서 회복하려면 사고방식을 바꿔야 한다.

패자들은 손실에 취해 있다. 손실에 중독된 것이다. 물론 수익을 더 좋아하지만 잃는 것도 꽤 흥분되기 때문에 어떤 결과든 트레이딩의 쾌락은 상당하다. 일부러 돈을 잃으려는 패자는 없다. 어떤 알코올 중독자가 처음부터 시궁창에서 인생을 마감하려고 작심하고 술을 마시겠는가.

패자가 짜릿한 쾌감을 맛보려고 계속 트레이딩에 몰두하는 사이 계좌의 잔고는 자꾸 줄어든다. 주정뱅이에게 술병을 뺏으려고 해도 소용없듯 패자에게 당신은 패자라고 얘기해봐야 우이독경이다. 패자 역시 나락으로 떨어져야 치료를 시작할 수 있다.

▶ 나락으로 떨어지는 트레이더

나락으로 떨어지는 건 끔찍한 일이다. 괴롭고 수치스럽다. 결코 잃어서는 안 되는 돈을 잃을 때, 모아둔 돈을 도박으로 몽땅 날려버릴 때, 똑똑하다고 으스대며 다니다가 친구들에게 돈을 빌려달라고 손을 내미는 처지가 됐을 때, 이때가 나락이다. 시장이 으르렁거리며 나를 향해 소리친다. "멍청이!" 이 순간이 바로 나락이다.

트레이딩을 시작하고 불과 몇 주 만에 나락으로 떨어지는 사람도 있다. '최후 심판의 날'을 늦추기 위해 계좌에 계속 돈을 집어넣는 사람도 있다. 거울에 비친 자신의 모습, 즉 패자를 보는 건 고통스럽기 때문이다. 인간은 자긍심을 쌓기 위해 평생을 노력한다. 그리고 누구나 자부심이 강하다. 성공적인 인생을 살아온 영리한 사람이 나락으로 떨어지면 고통으로 몸부림친다. 쥐구멍이라도 있으면 숨고 싶다. 그러나 명심하라. 나 혼자가 아님을. 트레이더라면 누구나 한번쯤 겪는 일이다.

나락에 떨어지면 대개는 트레이더로서 수명을 다한다. 시장에서 사라져 다시는 시장을 돌아보지 않는다. 증권사 위탁매매 기록을 보면 트레이더 100명 중 90명이 1년 뒤 시장에서 사라진다. 밑바닥을 때리고 산산이 부서진 채 떠나는 것이다. 그들은 한바탕 악몽을 꿨다고 생각하고 트레이딩을 잊어버리려고 애쓴다.

패자들 중 일부는 상처를 핥으면서 고통이 가라앉길 기다리며 와신상담한다. 그런 다음 별로 배운 것도 없이 다시 시장으로 돌아온다. 그들은 다시 실패할까 두려워하는데 그 두려움이 트레이딩을 더욱 망친다.

변화와 성장을 향한 여정을 시작하는 트레이더는 극소수다. 이 극소수에게 나락으로 떨어지는 고통은 악순환을 끊어줄 계기가 된다. 트레이더에게 악순환이란 바로 승리를 맛보고 높이 솟구쳤다가 바닥으로 추락해 모든 것을 잃는 것이다. 돈을 잃게 만드는 문제가 자신에게 있다는 것을 인정하면 새로운 트레이딩 인생을 시작할 수 있다. 그 다음 비로소 승자의 규율과 자제를 체득해나갈 수 있다.

▶ 자활의 첫 걸음

알코올 중독자는 자신이 음주를 통제할 수 없다는 사실을 인정해야 한다. 트레이더는 자신이 손실을 통제할 수 없다는 사실을 인정해야 한다. 손실을 보는 데에는 심리적 문제가 있으며 그것이 계좌를 망치고 있다는 사실을 인정해야 한다. AA 회원이 밟아야 할 첫 번째 관문은 이렇게 말하는 것이다. "나는 알코올 중독자이며 알코올 앞에 무기력하다." 트레이더로서 첫 단계는 이렇게 말하는 것이다. "나는 패자이고 손실 앞에 무기력하다."

AA의 원칙을 활용하면 트레이더는 다시 일어설 수 있다. 알코올 중독을 치료하려는 AA 회원은 한 번에 하루씩 술을 끊으려고 애쓴다. 우리는 한 번에 하루씩 손실 없이 트레이딩하도록 애써야 한다.

불가능한 일이라고 생각할지도 모르겠다. 매수했는데 시장이 금방 하락세로 돌아서면? 공매도를 했는데 그때부터 시장이 반등하면?

최고의 고수들도 이따금 트레이딩으로 돈을 잃는다. 해답은 사업상의 위험과 손실 사이에 선을 긋는 것이다. 트레이더는 사업상의 위험은 감수해야 하지만 자신이 미리 설정한 위험보다 더 큰 손실을 보면 안 된다.

가게 주인은 물건을 새로 들여놓을 때마다 위험을 감수한다. 물건이 안 팔리면 그만큼 손해를 보기 때문이다. 영리한 사업가는 몇 번 실수를 연속으로 범해도 사업을 접지 않을 정도의 위험만 감수한다. 두 상자 분량의 물건을 들여오는 건 사리에 맞는 사업상의 위험이지만 한 트럭씩 들여오는 건 도박이다.

트레이더는 '트레이딩 업계'에 있는 것이다. 그러므로 사업상의 위험, 즉 한 번의 트레이딩으로 감수할 수 있는 최대의 손실이 얼마인지 설정해두어야 한다. 사업에 딱히 '표준'이 없듯이 손실에도 '표준'은 없다. 우선 무난한 사업상의 위험은 계좌의 자본금에 따라 달라진다. 또한 트레이딩 기법과 어느 정도의 손실까지 견딜 수 있는지에 따라 달라진다.

무난한 사업상의 위험이 어느 정도인지는 자금관리 방식에 따라 달라진다(10부 참고). 현명한 트레이더는 한 번의 트레이딩으로 계좌의 2퍼센트가 넘는 손실을 감수하지 않는다. 이를테면 계좌에 3만 달러가 있으면 트레이딩당 600달러가 넘는 위험을 감수하면 안 된다. 계좌에 1만 달러가 있으면 200달러가 넘는 위험을 감수하면 안 된다. 계좌에 돈이 얼마 없다면 그다지 비싸지 않은 시장에 투자하거나 계약 규모를 최소한으로 줄여야 한다. 구미가 당기는 투자처가 보이더라도 2퍼센트 이상의 손실을 감수해야 하는 가격에 손실제한을 설정해야 한다면 투자하지 말라. 알코올 중독을 치료 중인 사람이 술집을 피하듯 트레이딩 1회당 2퍼센트 이상의 손실을 감수하면 안 된다. 어느 정도의 손실을 감수해야 할지 확신이 안 선다면 무모하게 덤비기보다는 차라리 조심이 지나쳐 실수하는 쪽을 택하라.

또, 과도한 수수료를 중개인 탓으로 돌리고 체결오차를 장내 트레이더에게 돌린다면 자신의 트레이딩에 대한 통제를 포기하는 것이다. 수수료와 체결오차를 낮추려고 노력할 것이며 어느 경우에도 책임은 본인 몫임을 알라. 수수료와 체결오차를 포함해 사업상의 위험보다 단돈 1달러라도 더 잃는다면 당신은 패자다.

매매일지를 꼼꼼히 기록하고 있는가? 일지를 제대로 기록하지 않는다면 도박꾼이요 패자라는 증거다. 훌륭한 사업가는 사업일지를 철저히 기록한다. 진입하고 청산한 날짜와 가격, 체결오차, 수수료, 손실제한 가격, 조정한 손실제한 가격들, 진입 이유, 청산 목표가, 최대한의 평가이익paper profit*, 최대한의 평가손실paper loss** 등 기타 필요한 데이터를 모두 일지에 꼼꼼히 기록해야 한다.

사업상의 위험 내에서 손실을 보고 트레이딩에서 빠져나온다면 정상적인 사업이다. 여기엔 어떠한 타협도 필요 없다. 가격 변화를 한 번이라도 더 기다릴 필요도 없고 변화를 바라서도 안 된다. 미리 설정해둔 사업상의 위험보다 단돈 1달러라도 더 잃는다면, 취해서 시비에 휘말리고 쓰린 속을 움켜쥐고 집에 가다가 이튿날 아침 머리가 깨질 듯한 두통에 시달리며 시궁창에서 일어나는 주정뱅이와 마찬가지다. 그런 일이 일어나길 바라지는 않을 것이다.

---

* 아직 실현되지 않은 장부상의 수익 — 옮긴이
** 아직 실현되지 않은 장부상의 손실 — 옮긴이

⇒ 트레이더의 자활 조직, '패자들의 모임'

　AA 모임에서는 여러 해 동안 술을 입에 대지 않은 사람들이 일어나서 이렇게 말한다. "안녕하세요. 제 이름은 ○○○입니다. 나는 알코올 중독자입니다." 몇 년 동안 술을 끊었는데 왜 자신을 알코올 중독자라고 소개하는 걸까? 알코올 중독을 극복했다고 생각하면 다시 술을 입에 대기 때문이다. 자신이 알코올 중독자가 아니라고 생각하면 한 잔 또 한 잔 부담 없이 홀짝이게 되고 결국 다시 시궁창에 드러눕게 된다. 술이 깬 채 말짱한 정신으로 있고 싶으면 남은 인생 동안 자신이 알코올 중독자라는 사실을 끊임없이 상기해야 한다.

　트레이더 역시 나름의 자활 조직에서 도움을 받을 수 있을 것이다. 나는 이 모임을 '패자들의 모임'이라고 부르고 싶다. '트레이더들의 모임'이라고 하지 않는 이유는 가혹한 명칭을 써야 자기파괴 성향을 상기할 수 있기 때문이다. AA도 '음주자들의 모임'이라고 부르지 않고 '알코올 중독자'라는 단어를 쓴다. 스스로를 '패자'라고 부르는 동안은 손실을 피하는 데 집중할 수 있다.

　몇몇 트레이더들은 '패자들의 모임'이 부정적 사고를 조장한다며 반대하기도 했다. 텍사스 출신의 은퇴한 여성으로 크게 성공한 트레이더가 내게 자신만의 해법을 설명해줬다. 그녀는 독실한 신자로 돈을 잃으면 하느님이 기뻐하지 않으실 거라고 생각한다. 이런 생각 때문에 손실을 재빨리 정리했다. 나는 우리 방식도 비슷하다고 생각한다. 객관적인 외부 원칙에 따라 손실을 멈추는 것이다.

　사업상의 위험 내에서 트레이딩하는 것은 알코올을 끊고 사는 것과 같다. 주정뱅이가 자신이 알코올 중독자라는 것을 인정해야 하듯 트레이더는 자신이 패자라는 것을 인정해야 한다. 그런 다음에야 비로소 회복을 향한 여정을 시작할 수 있다.

그래서 나는 매일 아침 내 사무실 주문창 앞에 앉아 이렇게 말한다. "안녕, 내 이름은 알렉스예요. 패자죠. 내 속에는 계좌에 심각한 손실을 입히려는 녀석이 똬리를 틀고 있죠." AA 모임에서 하는 것과 같은데 이는 첫 번째 원칙, 즉 내가 패자라는 사실에 정신을 집중하게 해준다. 하루 동안 시장에서 수천 달러를 벌어도 이튿날이면 똑같이 말한다. "안녕, 내 이름은 알렉스예요. 패자죠."

내 친구가 이렇게 우스갯소리를 했다. "난 아침이면 시황판 앞에 앉아서 이렇게 말하지. '내 이름은 존이야. 네 놈 숨통을 끊어놓을 거야'라고." 이런 생각은 사람을 긴장하게 만들겠지만 '패자들의 모임'의 사고는 사람을 평온하게 만든다. 마음이 평온하고 느긋한 트레이더는 가장 안전한 최선의 매매기회를 찾는 데 집중할 수 있다. 경직된 트레이더는 운전석에 앉아 얼어버린 운전자와 같다. 정신이 말짱한 사람과 취한 사람이 달리기 시합을 하면 누가 이길 확률이 높은지 뻔하다. 운이 좋아서 술 취한 사람이 가끔 이길 수도 있지만 베팅을 한다면 정신이 말짱한 쪽에 돈을 걸어야 한다. 때문에 우리도 말짱한 정신으로 경주에 임해야 한다.

11

승자와 패자

　시장에 모이는 사람들은 제각기 걸어온 인생길과 그동안의 경험이 만들어놓은 독특한 정신세계를 지니고 있다. 그런데 대개 일상생활에서 하던 식으로 시장에서 행동하면 돈을 잃게 된다.
　시장에서의 승패를 좌우하는 것은 생각과 감정이다. 이익과 위험, 두려움과 탐욕에 어떻게 대응하느냐에 따라, 그리고 트레이딩과 위험의 짜릿한 흥분을 어떻게 다루느냐에 따라 성공과 실패가 갈린다. 무엇보다 중요한 것은 기분 내키는 대로 행동하지 않고 이성을 얼마나 잘 활용하느냐. 돈을 벌면 기뻐 날뛰고 잃으면 낙담하며 감정을 통제하지 못하는 사람은 계좌를 불릴 수 없다. 시장에 휘둘려 기분이 오르락내리락하면 돈을 잃는다.

　시장에서 승자가 되려면 자신을 잘 알아야 하고 냉철하고 책임감 있게 행동해야 한다. 돈을 잃으면 속이 쓰리고 놀란 나머지 마술 같은 기법을 찾아 헤매는 이들이 많은데, 이런 사람들은 직장이나 사업을 하면서 배운 유용한 지식과 경험을 버리는 것이다.

▶ 시장은 바다와 같다

　시장은 바다와 같다. 내 소망은 아랑곳하지 않고 제멋대로 오르내린다. 주식을 매수했는데 상승하면 기분이 좋아진다. 공매도를 했는데 시장이 강세를 보여 틱tick*이 상승할 때마다 계좌에서 돈이 빠져나가는 소리가 들리면 공포심으로 머릿속이 하얗게 된다.

　하지만 시장은 내가 어떤 감정 상태인지 상관하지 않는다. 그저 나 혼자 이랬다저랬다 하는 것일 뿐 시장은 나에게 눈곱만큼도 관심이 없다. 시장은 나라는 존재가 있다는 것조차 모른다. 누구도 시장을 어찌할 순 없으며 다만 자신의 행동을 통제할 수 있을 뿐이다.

　바다는 나의 안전 따위는 안중에도 없지만 그렇다고 일부러 나를 해치지도 않는다. 날씨도 화창하고 순풍이 불어 돛단배를 목적지까지 무사히 인도한다면 기분이 좋을 것이다. 폭풍우가 몰아치고 암초에 좌초될 상황이 되면 공포에 떨게 된다. 하지만 이런 기분은 내 마

＊ 최소 가격 변동폭 – 옮긴이

음속에서 일어나는 것일 뿐이다. 이성이 아니라 감정이 행동을 좌지우지하도록 방치하면 생명이 위험에 빠진다.

선원은 바다를 통제하지 못한다. 다만 스스로를 통제할 수 있을 뿐이다. 선원은 해류와 기상 패턴을 연구하고 안전한 항해술을 배우고 경험을 쌓는다. 그리고 바다로 나갈 때가 언제인지, 항구에 정박해야 할 때가 언제인지 알고 있다. 훌륭한 선원은 이성을 활용한다.

바다는 고기를 낚아올릴 수도 있고 파도를 타고 다른 섬으로 이동할 수도 있으므로 이로운 공간인 한편 자칫 익사할 수도 있는 위험한 공간이기도 하다. 이성적이고 합리적으로 접근할수록 원하는 곳에 도달할 확률이 높아진다. 그러나 기분 내키는 대로 행동하면 바다의 움직임에 집중할 수 없다.

선원이 바다를 연구하듯 트레이더도 시장의 추세trend와 반전reversal을 연구해야 한다. 시장에서 스스로를 통제하는 법을 배우는 동안에는 소규모로 매매해야 한다. 그렇게 하면 시장을 통제할 순 없지만 자신을 통제하는 법은 터득할 수 있다.

아마추어는 연속해서 수익을 올리면 물 위라도 걸을 수 있을 것 같다는 착각에 빠진다. 그래서 무모하게 위험을 감수하고 결국 계좌의 돈을 모두 날려버린다. 반면 연달아 손실을 본 아마추어는 기가 죽어서 시스템에서 강한 매수 혹은 매도신호를 발효시켜도 선뜻 주문을 내지 못한다. 트레이딩으로 기분이 붕 뜨거나 겁에 질려 위축된다면 이성이 제대로 힘을 쓰지 못한다. 좋아서 기뻐 날뛴다면 비이성적인 매매를 해서 돈을 잃게 되며 두려움에 사로잡히면 수익이 보장된 매매를 놓치게 된다.

프로 트레이더는 가슴이 아닌 머리로 움직이며 평정심을 유지한다. 결과에 따라 흥분했다, 의기소침했다 하는 건 아마추어다. 시장은 감정적인 반응을 용납하지 않는다.

▶ 감정은 돈을 버는 데 치명적 장애다

인간은 대개 짜릿한 쾌감과 오락을 열망한다. 가수, 배우, 프로 운동선수는 내과의사나 항공기 조종사, 대학교수 같은 직업을 가진 사람들보다 훨씬 높은 수익을 올린다. 사람들은 말초신경을 자극하는 무언가를 원한다. 복권을 사고 라스베이거스 카지노로 날아가고 교통사고 현장을 구경하려고 달리던 차의 속도를 늦춘다. 트레이딩은 짜릿한 흥분을 선사하는 경험으로 중독성이 강하다. 패자는 시장에 돈을 투자한 대가로 엄청난 쾌락을 누리는 셈이다.

시장은 지구상에서 손꼽히는 오락의 장이다. 관중이 직접 시합에 참여할 수 있는 스포츠라고 할 수 있다. 메이저리그 야구장에서 관중이 외야석에 앉아 있다가 수백 달러를 내고 경기장에 들어가 경기에 참가하는 셈이다. 시장은 방망이 중심에 공을 제대로 맞추기만 하면 프로 선수들처럼 돈을 벌 수 있는 그런 경기장이다.

처음 몇 번은 경기장에 뛰어들기 전에 곰곰 생각해볼 것이다. 이런 신중한 태도 덕분에 도박판에서 말하는 '초보자의 운'이라는 말이 나온 것이다. 초보자가 몇 번 안타를 쳐서 돈을 벌어들이면 자신이 프로보다 낫고 이걸로 충분히 생계를 꾸려갈 수 있다고 생각하게 된다. 욕심이 난 아마추어는 경기장 상황이 여의치 않은데도 툭하면 경기장에 뛰어든다. 그러고는 어찌된 영문인지도 모르고 몇 번 실패를 거듭하다가 선수 경력을 망치고 경기장에서 퇴출된다.

시장에서 감정적인 결정은 치명적이다. 경마장에 가면 감정적인 매매가 어떤 건지 실감할 수 있다. 경마장에 가서 경주마를 보지 말고 주위 사람들을 둘러보라. 도박꾼들은 발을 구르고 방방 뛰며 말과 기수를 향해 고래고래 소리를 지른다. 수많은 사람들이 감정을 분출한다. 승자는 서로 얼싸안고 기뻐하고 패자는 속이 상해 마권을 북북 찢어버린다. 환희와 고통, 돈을 벌 거라는 기대에 들뜬 이런 모습들은 마치 시장을 한 컷의 풍자만화로 옮겨놓은 듯하다. 경마장에서 먹고살려는 경마꾼은 흥분하지도, 소리치지도 않으며 한 번의 레이스에 있는 돈을 몽땅 걸지도 않는다.

카지노는 술 취한 손님을 쌍수 들어 환영한다. 카지노에선 도박꾼들에게 무료로 술을 제공하는데 그 이유는 술에 취하면 감정적이 되고 더 자주 베팅하기 때문이다. 카지노는 똑똑한 카드-카운터card-counters*를 내쫓고 싶어한다. 월스트리트는 카지노처럼 공짜 술은 안 주지만 트레이딩을 잘한다고 쫓아내지는 않는다.

＊ 확률과 통계가 적용되는 블랙잭 게임에서 카드통에 남아 있는 카드를 추적하는 카드-카운팅 기술을 가진 사람. 수백 장의 카드를 기억해 자신이 원하는 카드가 나올 확률을 계산해낸다 – 옮긴이

▶ 트레이더가 통제할 수 있는 것은 자신뿐이다

원숭이는 나무 등걸에 부딪혀 발을 다치면 화가 나서 펄쩍펄쩍 뛰며 나무를 걷어찬다. 이런 원숭이를 보고 비웃을 테지만 자신이 원숭이처럼 행동할 때도 이렇게 스스로를 비웃는가? 롱 포지션(매수 포지션)을 취하고 있는데 주가가 폭락하면 손실이 난 포지션을 두 배로 늘리기도 하고, 아니면 본전이라도 건지려고 포지션을 바꿔 숏 포지션(공매도 포지션)을 취한다. 머리를 쓰지 않고 감정과 기분에 따라 행동하는 것이다. 시장에 맞서 싸우려는 트레이더는 나무 등걸을 걷어차는 원숭이와 다를 게 없다. 분노, 두려움, 의기양양한 기분에 사로잡혀 행동하면 성공의 기회를 망친다. 감정대로 행동하지 말고 시장에서의 자기 행동을 분석해야 한다.

우리는 시장을 향해 분노를 터뜨리기도 하고 두려워하기도 하면서 시장에 대한 미신을 스스로 만든다. 그러거나 말거나 시장은 폭풍우가 몰아쳤다 어느새 잠잠해지는 바다처럼 상승과 하락을 반복한다. 마크 더글러스Mark Douglas는 『훈련된 트레이더The Disciplined Trader』에서 시장에 대해 이렇게 말했다. "시장에는 시작도, 중간도, 끝도 없다. 이런 개념은 우리가 머릿속에서 만들어낸 것에 불과하다. 그리고 감정 분출이 전적으로 자유로운 영역, 즉 어떤 외부의 제재나 제한도 없는 영역에서 자신을 통제하는 법을 배우면서 자란 사람은 극히 드물다."

우리는 시장을 구워삶거나 마음대로 조종하려고 한다. 마치 배를 가라앉히려는 듯 사나운 바다에 대고 채찍질을 하라고 병사들에게 명령했던 고대의 제왕 크세르크세스처럼 말이다. 우리는 자신이 얼마나 시장을 조종하고 싶어하며 시장과 흥정하려 하며 시장에서 얼마나 감정을 분출하고 있는지 모르고 있다. 그리고 자기가 우주의 중심이라고 여기며 모든 개인이나 집단의 좋고 나쁨을 자신을 기준으로 판단한다. 그러나 시장은 인격체가 아니므로 이런 기대가 통하지 않는다.

하버드 대학교 정신과 의사인 레스턴 헤이븐스Leston Havens는 이렇게 적었다. "식인食人 풍습과 노예제는 인간의 포식 성향과 굴종 성향을 보여주는 가장 오래된 관습일 것이다. 지금은 식인이나 노예제를 금지하고 있지만 문명사회에도 이것들은 여전히 심리적인 형태로 존재하고 있다. 문명은 똑같은 목적을 거두되 구체적이고 물리적인 형태에서 추상적이고 심리적인 형태로 전환하는 데 대성공을 거두었다."

부모는 자녀를 위협하고 골목대장은 아이들을 때리고 학교에서 선생들은 아이들의 기를 꺾어놓는다. 인간이 성장하면서 단단한 보호막을 치고 그 속에 숨어버리거나 자기방어를 위해 타인을 조종하는 법을 터득하는 것도 어찌 보면 당연한 일이다. 따라서 독립적으로 행동하는 것이 자연스럽지가 않다. 그러나 독립적으로 행동하는 자만이 시장에서 살아남는다.

더글러스는 경고한다. "시장의 행위가 종잡을 수 없는 것처럼 보인다면 그건 내 행위가 종잡을 수 없고 통제불능이기 때문이다. 내가 앞으로 어떤 행동을 할지 알 수 없으면 시장이 어떻게 움직일지 판단할 수 없다." 결론은 "내가 통제할 수 있는 단 한 가지는 나 자신이다. 트레이더로서 내가 가진 권한은 돈을 벌거나 다른 트레이더에게 돈을 뺏기는 것, 단 두 가지뿐이다." 더글러스는 이렇게 덧붙인다. "꾸준히 수익을 올리는 트레이더는 트레이딩을 '정신 수양'이라는 관점에서 접근한다."

성공적인 프로가 되려면 마음속에 있는 악귀를 물리쳐야 한다. 여기 나 자신의 경우를 소개한다. 멋모르고 날뛰는 아마추어에서 변덕스러운 준전문가, 그리고 마침내 전문가가 되기까지 나를 받쳐준 몇 가지 원칙들이 있다. 각자 자신의 개성에 맞게 내용을 바꿔보라.

1. 시장에서 오래 살아남겠다고 다짐하라. 즉, 앞으로 20년은 트레이더로 남아 있을 것이라고 결심하라.
2. 가능한 많이 배우라. 전문가들이 쓴 책을 읽고 그들의 말에 귀를 기울이되 건전한 관점에서 모든 말에 의문을 품으라. 전문가의 말이라고 곧이곧대로 받아들이지 말고 의문을 던지라.
3. 탐욕으로 트레이딩에 성급하게 뛰어들지 말라. 시간을 갖고 천천히 배워나가라. 앞으로 몇 달, 몇 년이 지나면 시장은 더 많은 기회를 품은 채 기다리고 있을 것이다.
4. 시장을 분석하는 기법을 개발하라. 즉 "A가 일어나면 B가 뒤따를 확률이 높다"는 식으로. 시장은 다양한 측면을 가지고 있으므로 트레이딩을 확증할 수 있는 몇 가지 분석 기법을 활용하라. 과거의 자료로 모든 것을 시험해보고 난 다음 시장에서 진짜 돈으로 시험하라. 시장은 끊임없이 변한다.

강세장, 약세장, 전환기를 구별하는 도구를 보유해야 할 뿐 아니라 각 장세별로 트레이딩하는 다양한 도구가 있어야 한다(기술적 분석에 관한 장들 참고).

5. 자금관리 계획을 세워라. 첫 번째 목표는 오래 살아남는 것이고 두 번째 목표는 꾸준히 자본을 늘리는 것이며 그다음 세 번째 목표가 높은 수익을 올리는 것이다. 트레이더들은 대개 세 번째 목표를 처음으로 내세우며 첫 번째, 두 번째 목표가 있는지도 모른다(10부 참고).

6. 어떤 트레이딩 시스템이든 트레이더 자신이 가장 취약한 부분이라는 것을 인식하라. AA(알코올 중독자들의 모임)에 가서 손실을 피하는 법을 배우든지 충동적인 트레이딩을 중단할 수 있는 자신만의 방법을 개발하라.

7. 승자와 패자는 생각하고 느끼고 행동하는 방식이 다르다. 자신의 내면을 들여다보고 환상을 버리고 낡은 사고방식과 행동방식, 낡은 자아를 완전히 바꾸고 거듭나야 한다. 변하는 건 힘들다. 그래도 프로가 되고자 한다면 성격까지 환골탈태해야 한다.

TRADING for a LIVING

제2부
집단 심리

12
가격이란 무엇인가

 월스트리트는 미국 뉴욕 주 맨해튼 끝자락 마을에서 농장의 가축들이 달아나지 못하도록 쳐놓은 울타리에서 유래한 이름이다. 오늘날 트레이더들이 쓰는 은어에도 농장이 있던 시절의 잔재가 남아 있다. 월스트리트에서는 특히 네 가지 동물이 자주 언급된다. 황소와 곰, 돼지와 양이다. 트레이더들은 말한다. "황소는 돈을 벌고 곰도 돈을 벌지만 돼지는 도살당한다."
 황소bull는 뿔을 위로 치받으며 싸운다. 황소는 매수자로 상승 쪽에 베팅해 주가가 상승할 때 수익을 거둔다. 곰bear은 앞발로 내리쳐서 싸운다. 따라서 곰은 매도하는 사람, 즉 하락 쪽에 베팅해 주가가 하락하면 수익을 거둔다.

돼지는 탐욕스러운 트레이더들이다. 욕심을 채우려고 트레이딩하며 그 순간 도살된다. 어떤 돼지는 분수에 맞지 않게 큰 규모로 매수 포지션 혹은 매도 포지션을 취하는 바람에 시장이 조금만 불리한 쪽으로 움직여도 몰락하고 만다. 어떤 돼지는 포지션을 너무 오래 끌고 간다. 수익이 더 불어나리라 기대하고 마냥 기다리다가 추세가 반전한 뒤에도 꾸물거리는 것이다. 양떼는 추세나 정보, 지도자들을 추종하는 수동적이고 겁이 많은 부류다. 이따금 황소 뿔도 달아보고 곰 가죽도 뒤집어쓰며 으스대기도 한다. 하지만 변동성이 커지면서 시장이 요동치면 여기저기서 "매애~ 매애~" 우는 소리가 들리는데 이들이 바로 황소나 곰으로 위장한 양들이다.

장이 열리면 황소는 매수하고 곰은 매도하며 돼지와 양은 무참히 짓밟힌다. 옆으로 비껴 서서 관망하는 트레이더들은 결정을 유보한 이들이다. 전 세계에서 시황판은 끊임없이 최종 거래된 가격을 보여준다. 사람들이 트레이딩 결정을 내리는 동안에도 수많은 눈들이 시황판을 주시하고 있다.

➡️ 가격에 대한 논쟁

세미나에서 트레이더들에게 "가격이란 무엇입니까?" 하고 물으면 대답이 각양각색이다. 일부는 "가격은 인지된 가치"라고 대답한다. "가격이란 한 사람이 특정한 시점에 상품을 사기 위해 다른 사람에게 지불하는 돈"이라고 대답하는 사람도 있다. "가격은 마지막 사람이 지불한 돈입니다. 그것이 현 시점의 가격입니다." "아니, 가격은 다음 사람이 지불할 돈이죠."

가격이 무엇인지 명확하게 정의하지 못하는 트레이더는 분석 대상 자체를 모르고 있는 것이다. 가격을 다루는 솜씨에 따라 트레이더로서 성공과 실패가 좌우된다. 그러므로 가격이 무엇인지 알아야 한다! 세미나 참석자들은 뻔해 보이는 질문의 해답을 찾기 위해 웅성거렸다. 그때 오간 얘기들을 얼마간 소개해보겠다.

- 최악의 예를 들어보죠. 1929년 대공황 때 얘깁니다. 싱어 Singer 사 주식은 100달러에 팔리고 있었는데 어느 날 갑자기 매수세가 완전히 사라졌어요. 도무지 사자는 주문이 없었죠. 그때 누군가가 와서 말했어요. "주식을 팔아야 하는데 호가를 얼마로 하죠?" 그러자 거래소 직원이 대꾸했습니다. "1달러요." 그리고 직원이 그 주식을 샀습니다.
- 가격이란 더 멍청한 쪽이 지불하는 돈이죠.
- 1987년 시장을 예로 들어봅시다. 갑자기 500포인트나 폭락한 뒤에도 주식의 가치 자체는 폭락 이전과 달라지지 않았어요. 따라서 가격이란 다음에 주식을 살 사람의 인식과 의지의 차이라고 할 수 있죠.
- 한 걸음 더 나아가봅시다. 우리가 돈을 내고 구입하는 것은 아무 가치도 없습니다. 그저 종이 한 장에 불과하죠. 주식이 보유한 유일한 가치는 그 시점의 정부 발행 국채와 비교한

내재 배당가치intrinsic dividend value뿐입니다.

- 하지만 누군가 가격에 상관없이 돈을 지불하고 사려고 하는 한 그건 가치가 있는 거죠. 아무도 돈을 주고 사려고 하지 않는다면 아무 가치가 없겠죠.
- 이익배당을 해주니까 값어치를 하는 거잖아요.
- 콩을 매매한다면 어떨까요? 종잇장이 아니고 실제 먹을 수도 있잖아요.
- 배당이 없는 주식은 어떻습니까?
- 배당이 없다 해도 자산은 갖고 있는 거 아닙니까?
- 주식을 발행한 회사가 가치, 현금을 보유하고 있는 거죠.
- 당신에게 IBM 주식 한 주를 주겠소. 사려는 사람이 없으면 담배라도 말아 피울 수 있을 겁니다.
- IBM 주식을 살 사람이 없다니 말이 안 되죠. 항상 사자, 팔자 주문이 있습니다.
- 유나이티드 에어라인United Airlines을 한번 봅시다. 하루는 주가가 300달러였는데 이튿날이면 150달러가 되죠. 하지만 회사엔 아무런 변화가 없었단 말입니다. 현금 흐름도 똑같고 장부가치도 같고, 자산도 같았어요. 도대체 뭣 때문에 주가가 널뛰기를 하는 걸까요?
- 주가는 회사와 별로 관계가 없습니다. IBM의 주가가 IBM과 관계가 없다는 말이죠. 시각적으로 설명을 해보죠. 주가는 말하자면 회사와 한 가닥의 고무줄로 연결되어 있습니다. 그것도 몇 킬로미터나 되는 긴 고무줄이죠. IBM은 꾸준히

전진하지만 저 멀리 고무줄 끝에 연결된 주식의 가격은 얼마든지 솟았다 가라앉았다 팔랑거릴 수 있는 거죠. 그만큼 둘은 아주 먼 거리를 두고 간신히 연결되어 있다는 말입니다.

- 가격은 수요곡선과 공급곡선이 만나는 지점을 말합니다.

흥정은 어떻게 이루어지는가

시장에는 세 부류의 트레이더가 있다. 매수자, 매도자, 관망자. '매도호가'는 매도자가 자신의 상품에 대해 요구하는 값이다. '매수호가'는 매수자가 그 상품에 대해 제시하는 값이다.

매수자와 매도자는 늘 충돌하게 마련이다. 사려는 사람은 되도록 싸게 사려고 하고 팔려는 사람은 되도록 후하게 받으려고 한다. 양쪽 다 고집을 꺾지 않으면 어떤 거래도 성사되지 못한다. 매매가 없다는 것은 결정된 가격이 없다는 뜻이다. 단지 매수자와 매도자가 제시하는 호가만 있을 뿐이다.

이때 매도자는 선택의 기로에 있는 셈이다. 가격이 오를 때까지 기다리든지 아니면 더 낮은 가격이라도 받아들일 것인지 선택해야 한다. 매수자 역시 선택의 기로에 있다. 가격이 내릴 때까지 기다리든지 아니면 매도자에게 더 높은 가격을 제시해야 한다.

두 사람의 마음이 일치하는 순간 트레이딩, 즉 매매가 성사된다. 어떡하든 사려는 사람이 매도자의 조건에 동의하고 값을 지불하거나 어떡하든 팔려는 사람이 매수자의 조건에 동의하고 좀 싸게 팔면 매매가 성사된다. 그런데 결정을 미룬 채 관망하는 트레이더가 있다는 사실은 매수자나 매도자 양쪽 모두에게 부담으로 작용한다. 매수자와 매도자가 개인적으로 만나 일대일로 거래한다면 좀더 느긋하게 흥정할 수 있을 것이다. 하지만 거래소에서 흥정할 때는 훨씬 발 빠르게 움직여야 한다. 언제 어느 순간 흥정에 끼어들지 모르는 트레이더들이 사방에 깔려 있기 때문이다.

매수자가 생각하느라 너무 오래 지체하면 다른 트레이더가 끼어들어 물건을 채갈지도 모른다. 매수자는 중간에 끼어들어 '손님'을 채가려는 트레이더들이 있다는 사실을 알고 있다. 매도자 역시 가격을 더 받으려고 꾸물대다간 다른 트레이더가 끼어들어 더 낮은 가격에 팔아버린다는 걸 알고 있다. 결정을 미루고 관망하는 트레이더들이 있기 때문에 매수자와 매도자는 상대의 요구에 맞춰주며 타협하게 된다. 결국 두 사람이 의기투합하면 매매가 성사된다.

▶ 시장 참여자의 순간적 의견 조율의 결과

시황판에 보이는 틱은 매수자와 매도자 사이에 합의된 가격을 나타낸다. 매수자는 가격이 오르리라 예상해 매수하고 매도자는 가격이 내리리라 예상해 매도한다. 관망하는 수많은 트레이더들이 둘러싸고 있는 가운데 매수자와 매도자는 거래에 임한다.

관망하는 트레이더는 가격이 바뀌거나 시간이 지나면 매수자 혹은 매도자가 될 수 있다. 매수세는 주가를 밀어올리고 매도세는 주가를 끌어내리며 관망세는 이들을 재촉해 매매를 앞당긴다.

전 세계 구석구석에서 트레이더들이 시장으로 모여든다. 거래소에서 직접 매매하기도 하고 컴퓨터로 매매하기도 하며 중개인을 통하기도 한다. 누구나 매수 또는 매도할 기회를 가질 수 있다. 이러한 시장에서 가격은 모든 참여자가 순간적으로 합의한 가치가 행위로 표출된 것이다. 심리적인 사건, 즉 매수세와 매도세 사이의 순간적인 의견 조율의 결과다. 가격은 또한 트레이더 집단인 매수자, 매도자, 관망자에 의해 형성된다. 이런 점에서 가격과 거래량 패턴은 시장의 집단 심리를 반영한다.

▶ 군중의 행동양식

직접 매매하든 아니면 중개인을 통해서 매매하든 수많은 사람들이 주식, 상품, 옵션을 거래하기 위해 시장에 몰려온다. 많은 돈, 적은 돈, 스마트 머니smart money*, 덤 머니dumb money**, 기관 자금, 개인 자금, 이 모든 것이 거래소에서 만난다. 가격은 매수자, 매도자, 관망자가 거래 시점에 일시적으로 합의를 본 가치를 의미한다. 따라서 차트의 모든 패턴 이면에는 수많은 트레이더들이 있다.

---

* 장세 변화에 따라 신속하게 움직이는 자금으로 시장정보에 민감한 기관들이 보유한 현금 등을 가리킨다-옮긴이
** 움직이는 속도가 스마트 머니에 비해 떨어지는 자금, 정크 머니(junk money)라고도 한다-옮긴이

군중의 합의는 순간순간 변한다. 때로는 시장이 아주 차분하게 가라앉아 있는 상태에서 합의를 보기도 하고 때로는 장세가 마구 요동치는 가운데 합의하기도 한다. 시장이 조용할 때는 가격이 조금씩 상승한다. 군중이 겁을 집어먹거나 아니면 반대로 신이 나서 우쭐대면 가격이 날뛰기 시작한다. 침몰하고 있는 배 위에서 구명조끼를 판다고 상상해보자. 이와 비슷한 심리상태에서 수많은 트레이더들이 추세를 보고 감정에 휩쓸리면 가격이 폭등한다. 영리한 트레이더는 조용할 때 시장에 진입해 시장이 격변할 때 수익을 거둔다.

기술적 분석가는 금융시장에서 집단적인 심리의 움직임을 연구한다. 트레이딩은 주가가 오르면 돈을 벌려는 매수세와 주가가 내리면 돈을 벌려는 매도세가 싸우는 전쟁터다. 기술적 분석가의 목표는 매수세와 매도세 사이의 힘의 균형을 판단해 이기는 쪽에 돈을 거는 것이다. 매수세가 훨씬 강하면 매수 후 보유해야 한다. 매도세가 훨씬 강하다면 롱 포지션을 청산하고 숏 포지션으로 진입해야 한다. 양 진영의 힘이 팽팽하면 현명한 트레이더는 물러서서 관망한다. 그는 양 진영이 격렬하게 싸우도록 놔둔 뒤 누가 이길지 충분히 확신이 설 때에만 트레이딩에 임한다.

주가, 거래량, 미결제약정은 군중의 행위를 반영한다. 여기에 토대를 둔 지표 역시 마찬가지다. 따라서 기술적 분석은 여론조사와 유사하다. 기술적 분석과 여론조사는 모두 과학과 예술의 조합이다. 통계학적 기법과 컴퓨터를 사용한다는 점에서 과학이며, 개인적 판단을 통해 자료를 해석한다는 점에서 예술이다.

13
시장이란 무엇인가

　시장의 각종 부호와 가격, 숫자, 그래프 뒤에 있는 실체는 무엇일까? 신문에서 가격을 체크하거나 시황판을 보거나 차트에 지표를 그릴 때 내가 보고 있는 건 정확히 무엇인가? 내가 분석하고 매매하고자 하는 시장은 무엇인가?

　아마추어는 트레이딩을 하나의 즉흥적이고 우발적인 사건으로 생각한다. 이를테면 프로들이 뛰고 있는 시합에 뛰어들어 아마추어도 돈을 벌 수 있는 야구경기쯤으로 생각한다. 과학이나 공학을 공부한 사람들은 종종 시장을 하나의 물리적 현상처럼 다룬다. 그들은 시장에 신호처리라거나 노이즈 제거 원칙 등을 적용하려 한다. 하지만 프로 트레이더들은 시장이 무엇인지 정확히 알고 있다. 시장은 거대한 사람들의 집합이다.

트레이더는 누구나 시장의 방향을 남보다 먼저 예측해서 다른 트레이더들의 돈을 취하려고 한다. 오대양 육대주에서 군중들이 시장에 몰려온다. 현대의 통신기술 덕분에 남의 돈으로 수익을 취하려는 사람들이 전 세계에서 몰려오는 것이다. 시장은 거대한 군중의 집합이다. 시장의 구성원은 누구나 남보다 한 발 앞서 다른 구성원의 돈을 취하려고 한다. 시장은 모두가 나를 대적하고 나 또한 모두를 대적하는 가혹한 전쟁터다.

시장은 가혹할 뿐 아니라 이곳에 진입하고 퇴장하는 데에도 높은 대가를 지불해야 한다. 한 푼이라도 모으려면 수수료와 체결오차라는 높은 장벽을 뛰어넘어야 한다. 주문을 내는 순간 중개인에게 수수료를 내야 하므로 게임을 시작하기도 전에 한 수 접고 들어가는 셈이다. 주문이 객장에 도달하면 이번에는 장내 트레이더들이 체결오차로 돈을 뜯어가려고 한다. 포지션을 정리하고 시장에서 나가려고 할 때도 계좌에서 돈을 뜯어간다. 트레이딩 세계에서는 세상에서 가장 영리한 사람들과 경쟁하면서 그 와중에 수수료와 체결오차를 뜯어가려는 피라냐들까지 물리쳐야 한다.

▶ 하나의 시장을 구성하는 전 세계의 군중

예전에는 시장이 작아서 트레이더들끼리 서로 알고 지냈다. 1792

년 결성된 뉴욕증권거래소는 스무 명 남짓한 중개인들이 모여 만들었다. 화창한 날에는 미루나무 아래서 거래했고 비가 오면 프런시스 태번Fraunces Tavern이라는 식당에 모여 거래했다. 뉴욕증권거래소를 구성한 후 중개인들이 처음 한 일은 고정 수수료를 부과하는 일이었고 고정 수수료는 이후 180년 동안 지속되었다.

오늘날에는 장내 트레이더들만이 서로 얼굴을 마주할 뿐이며 대부분은 전자 장비를 이용해 매매한다. 금융시장을 구성하는 구성원들은 각자 단말기를 통해 똑같은 시황판을 지켜보며 경제신문에서 똑같은 기사를 읽고 중개인들에게 비슷한 매매 제의를 받는다. 이렇게 우리는 거래소에서 수백 킬로미터 떨어져 있어도 하나의 시장 집단을 이루는 구성원으로 모이는 것이다.

첨단 통신기술 덕분에 세계는 점차 가까워지고 시장은 커지고 있다. 런던이 행복에 도취되면 뉴욕까지 행복에 빠지며 도쿄가 온통 우울하면 홍콩까지 그늘이 드리운다.

시장을 분석한다는 것은 집단행위를 분석하는 것이다. 서로 떨어진 대륙에 살고 문화도 서로 다르지만 군중은 비슷한 행동양식을 보인다. 사회심리학자들이 집단행동을 지배하는 몇 가지 법칙을 발견했는데 트레이더라면 시장에 모인 군중들이 자신의 심리에 어떤 영향을 미치는지 반드시 이해해야 한다.

개인과 군중의 힘

사람은 누구나 집단에 소속되고자 하는 강한 욕구를 가지고 있으며 '다른 사람들처럼 행동하고픈' 욕구를 갖고 있다. 이런 원초적인 욕구는 매매에 임할 때 판단을 흐려놓는다. 트레이더로 성공하려면 독립적으로 사고해야 한다. 홀로 시장을 분석하고 매매 의사결정을 내릴 만큼 강해야 한다.

열 명이 한 사람의 머리에 손을 얹고 일제히 누른다면 아무리 강한 사람도 무릎이 꺾일 수밖에 없다. 군중은 어리석을지 몰라도 나보다 강하다. 군중은 추세를 만들 수 있는 힘을 가지고 있다. 추세를 거스르지 말라. 추세가 상승곡선을 그리면 매수하거나 관망하거나 둘 중 하나를 택해야 한다. '가격이 너무 높다'고 섣불리 공매도하지 말고 군중과 다투지 말라. 군중과 함께 달릴 필요는 없지만 반대 방향으로 달려 군중에 맞서면 안 된다.

군중의 힘을 존중하되 두려워하지도 말라. 군중은 힘이 세지만 원초적이며 군중의 행동은 단순하고 반복적이다. 스스로 생각할 수 있는 트레이더는 군중의 돈을 취할 수 있다.

돈은 어디에서 오는가

트레이딩으로 돈을 벌려고 할 때 잠시 멈춰서 기대한 수익이 어디에서 나올지 생각해본 적이 있는가? 시장에 돈이 있는 이유는 뭘까?

기업의 수익이 좋아서? 아니면 금리가 낮아서. 또는 콩이 풍작이라서? 시장에 돈이 있는 이유는 딱 한 가지, 다른 트레이더들이 시장에 돈을 쏟아 붓기 때문이다. 내가 벌려고 하는 돈은 다른 사람의 것이며 그들은 나한테 돈을 줄 생각이 눈곱만큼도 없다.

트레이딩은 다른 사람이 내 돈을 갈취하려고 달려드는 와중에 내가 다른 사람의 돈을 갈취하는 것이다. 힘든 일이 아닐 수 없다. 게다가 중개인과 장내 트레이더들이 승자와 패자 모두에게 돈을 뜯어가려 하므로 이기는 것은 더더욱 어려워진다.

팀 슬레이터Tim Slater는 트레이딩을 중세의 전투에 비유했다. 중세의 무사는 무기를 들고 전쟁터에 나가 적을 죽여야 한다. 물론 상대도 나를 죽이려 한다. 승자는 패자의 무기와 가산, 아내를 취하고 자녀는 노예로 팔아버린다. 오늘날 우리는 벌판에서 싸우는 대신 거래소에서 트레이딩이라는 싸움을 한다. 내가 누군가의 돈을 빼앗았다면 그 사람의 고혈을 빨아먹은 것과 다름없다. 그는 집과 가산, 부인을 잃을 수도 있고 자녀들의 인생이 가시밭길로 변할지도 모른다. 내 친구 하나는 전쟁터에 별 준비도 없이 나오는 사람들이 많다고 낄낄거리며 이렇게 말했다. "중개인들 중 90~95퍼센트가 리서치의 기본도 몰라. 알지도 못하고 덤비지. 우린 알고 하거든. 나머지 불쌍한 인간들은 그냥 남한테 적선하는 꼴이지, 뭐." 그럴듯한 말 같지만 실은 그렇지 않다. 시장에서 '쉽게 버는 돈'은 없다.

시장에는 털을 깎이거나 도살당하기를 기다리고 있는 멍청한 양들이 수없이 많다. 양을 다루기는 쉽다. 하지만 양고기를 한 점이라도 손에 넣으려면 무시무시한 경쟁자들과 싸워야 한다. 미국 총잡이, 영국 기사, 독일 용병, 일본 사무라이 등등 온갖 무사들이 모두 가여운 양떼를 쫓고 있다. 트레이딩은 수많은 적과 벌이는 전투다. 그것도 전쟁터에 들어가고 나가려면 돈을 지불해야 하며 결과는 죽든지, 상처를 입든지, 살아나오든지 세 가지뿐이다.

▶ 내부 정보

다른 트레이더들보다 늘 한 발 앞서 정보를 입수하는 사람들이 있다. 기록에 따르면 기업 내부자들insider*이 주식시장에서 꾸준히 수익을 올린다고 한다. 이 기록은 내부자들이 미국 증권거래위원회SEC에 보고한 합법적 거래만 반영한 것으로 빙산의 일각에 지나지 않는다. 주식시장에는 불법적인 내부자 거래가 아주 빈번하다.

내부 정보를 이용해 트레이딩하는 사람들은 우리 같은 사람들의 돈을 강탈하는 것이다. 1980년대 재판을 통해 데니스 레빈Dennis Levine, 아이번 보에스키Ivan Boesky 등 악명 높은 내부자들이 수감되었다. 여피 파이브Yuppy Five, 마이클 밀켄Michael Milken 등 한동안 사흘이 멀다 하고 구속, 기소, 유죄판결이 이어졌고 심지어 코네티컷 주의 한 정신과 의사는 환자에게 기업인수가 임박했다는 정보를 입수해 트레이딩하기도 했다. 1980년대 거래 재판에서 피고들은 욕심

---

* 투자 군중이 접근할 수 없는 정보에 접근이 가능한 사람. 주로 회사 임원을 가리키나 회사와 맺은 관계를 통해 정보에 접근할 수 있는 외부인도 통칭-옮긴이

을 부리다 주의를 소홀히 해 정치적 야심이 큰 뉴욕의 연방검사에게 발각되었다. 결국 빙산의 일각은 깎여나갔지만 거대한 빙산은 그대로 남아 둥둥 떠 있다. 어느 누구의 배가 이 빙산에 부딪혀 좌초될까. 말할 것도 없이 우리의 트레이딩 계좌다.

내부자 거래를 줄이는 것은 농장에서 쥐를 없애는 것만큼 어렵다. 쥐약으로 어느 정도 마릿수를 조절할 수는 있겠지만 완전히 뿌리를 뽑을 수는 없다. 상장사 최고경영자로 일하다 은퇴한 어떤 사람은 내게 이렇게 말했다. 영리한 사람들은 내부 정보로 자기가 거래에 뛰어들지 않고 컨트리클럽에서 골프를 같이 치는 사람들에게 흘린다는 것이다. 그러면 다음엔 그 친구들이 자기네 회사의 내부 정보로 은혜(?)를 갚는다. 이런 방식으로 양쪽 모두 들키지 않고 수익을 거둔다고 한다. 이처럼 인맥을 통한 내부자 거래는 구성원들이 행동을 통일하고 너무 탐욕을 부리지만 않으면 안전하다. 단, 선물시장에서는 내부자 거래가 합법이다.

기술적 분석을 이용하면 내부자들의 매수·매도를 감지할 수 있다. 차트는 내부자를 포함해 모든 시장 참여자의 거래를 반영한다. 내부자 역시 다른 사람들처럼 차트에 흔적을 남기는데 이런 내부자들을 쫓아가며 매매해 수익을 거두는 것이 기술적 분석가로서 당신이 할 일이다.

14
트레이딩 현장의 집단들

인류는 유사 이래 거래를 해왔다. 이웃을 공격해 약탈하는 것보다는 거래가 안전했기 때문이다. 사회가 발달하면서 교환의 수단으로 화폐가 등장하였으며, 주식과 상품시장은 선진사회의 상징이 되었다. 공산주의 붕괴 이후 동유럽에서 처음 나타난 경제발전 중 하나가 주식거래소와 상품거래소 설립이었다. 중세의 이탈리아 탐험가 마르코 폴로가 이탈리아를 떠나 중국에 도착하는 데는 15년이 걸렸다. 오늘날 유럽 트레이더가 홍콩의 금을 매입하려면 주문 체결까지 1분이면 충분하다.

오늘날에는 세계 곳곳에 주식, 선물, 옵션시장이 있다. 인도에만

도 무려 14개소의 주식거래소가 있으며, 세계를 통틀어 65개소의 선물거래소와 옵션거래소가 있다. 바바라 다이아몬드Barbara Diamond와 마크 콜러Mark Kollar는 『24시간 트레이딩24-Hour Trading』이라는 그들의 저서에서 금과 양모, 호주의 AO지수All-Ordinaries Index, 비단 누에고치에 이르기까지 400계약 가까이를 운용하면서 전 세계 시장에 참여한다고 밝힌 바 있다.

모든 거래소는 세 가지 기준을 충족해야 한다. 확정된 위치, 상품 등급 기준, 명문화된 계약 규정이 그것인데 이 기준들은 고대 그리스의 아고라와 중세 서부유럽의 박람회에서 발전된 것이다.

▶ 개인 트레이더들

개인 트레이더들은 대개 사업이나 직장에서 성공적인 경력을 쌓고 시장으로 몰려온다. 미국 선물시장 개인 트레이더의 평균적인 이력을 보면 '나이 평균 50세, 기혼, 대학교육을 받은 사람'이다. 선물 트레이더들 중에는 자영업자도 많고 석사학위 이상의 고학력자도 많은데 직업군으로 보면 농부와 엔지니어가 다수를 차지한다.

사람들은 대개 합리적, 혹은 비합리적 이유로 트레이딩을 한다. 자본금을 크게 불리고 싶은 욕구 등은 합리적 이유다. 도박과 짜릿한 흥분을 쫓으려는 것은 비합리적 이유다. 트레이더는 대부분 자신의 내면에 비합리적인 동기가 도사리고 있다는 사실을 알지 못한다.

트레이딩을 배우려면 노력과 시간, 에너지, 돈을 투자해야 한다.

트레이더 중 트레이딩만으로 생계를 꾸릴 수 있을 정도로 프로의 수준까지 오르는 사람은 극소수다. 아마추어는 시장에서 내면에 쌓인 욕구와 응어리를 풀지만 프로는 쌓인 욕구와 응어리를 시장 밖에서 해소한다.

트레이더가 경제에 기여하는 부분은 주로 중개인을 먹여 살리는 것이다. 트레이더들 덕분에 중개인들은 주택담보 대출금을 갚고 자녀를 사립학교에 보낸다. 그중에서도 투기자들은 또 다른 역할을 한다. 기업이 시장에서 자금을 조달할 수 있게 하며 상품시장에서 가격위험을 떠안음으로써 생산자들이 생산에만 주력할 수 있도록 한다. 그들이 중개인에게 주문을 낼 때는 안중에도 없는 너무나 고상한 목적이지만 말이다.

기관 투자자

시장의 거래량 중 기관 투자자들이 차지하는 부분은 어마어마하게 크다. 기관 투자자는 자본금 규모가 커서 몇 가지 점에서 유리하다. 우선 낮은 기관 수수료를 지불하며 최고의 연구원과 중개인, 트레이더를 고용할 수 있다. 체결오차를 이용해 너무 많은 돈을 뜯어가는 장내 거래자들에게 보복을 할 수도 있다. 식품가공업체인 아처 대니얼스 미들랜드Archer Daniels Midland 사로부터 시작된 1990년에서 1991년 사이 시카고 장내 트레이더들의 연달은 구속 사건에는 FBI까지 나서기도 했다.

은행에서 트레이딩 부서 팀장으로 있는 내 친구 하나는 전직 CIA 요원들이 제공하는 정보를 토대로 매매 의사결정을 내린다. 요원들은 언론을 살펴 사회의 추세를 일찌감치 감지하고 내 친구에게 보고한다. 그는 이를 통해 최고의 아이디어를 얻을 수 있었다. 그들에게 상당한 보수를 지불했지만 은행이 수백만 달러로 매매하여 얻는 수익에 비하면 새 발의 피였다. 개인 투자자는 대개 이런 기회가 없다. 기관들은 손쉽게 최고의 리서치를 돈으로 산다.

내가 아는 어떤 트레이더는 월스트리트의 한 투자은행에 근무할 때는 아주 잘나갔지만 직장을 그만두고 독립한 뒤로는 고전을 면치 못했다. 맨해튼에 위치한 파크 애브뉴 아파트에 있는 실시간 주문 시스템은 다니던 투자은행 객장에 있는 스쿼크 박스squawk box*만큼 신속하게 속보를 전해주지 못했다. 은행에서 근무할 때는 미국 전역에서 중개인들이 전화를 걸어 따끈따끈한 정보를 전해줬다. 중개인도 그가 주문을 내야 돈을 벌기 때문이다. 독립한 지인은 이렇게 말했다. "집에서 트레이딩하면 그런 최신 정보를 절대 먼저 입수할 수 없어."

일부 대기업은 정보망까지 갖추고 군중에 앞서 발 빠르게 행동한다. 어느 날 북해의 유전에 화재가 나 석유선물 가격이 급등했을 때 석유회사에 근무하는 친구에게 전화를 걸었다. 시장은 미쳐 날뛰고 있었지만 그 친구는 느긋했다. 가격이 폭등하기 30분 전에 석유선물을 매수해둔 상태였다. 화재가 언론에 보도되기 전 유전 지역에 있

---

* 증권사나 투자은행에서 임박한 트레이드를 이야기할 때 사용하는 사내 스피커 – 옮긴이

는 정보원이 재빨리 알려준 것이었다. 시의적절한 정보는 값어치를 따질 수 없을 정도로 귀한데 이러한 정보망 역시 대기업만이 구비할 수 있다.

선물시장과 현물시장 양쪽에서 거래하는 회사는 두 가지 이점이 있다. 첫째는 진짜 내부 정보를 보유하고 있다는 것이고 둘째는 투기 포지션에 제한이 없다는 것이다(40장 참고). 최근 다국적 석유기업에 근무하는 한 지인을 찾아간 적이 있다. 케네디 국제공항보다 더 까다로운 보안검색을 거쳐 사방이 유리로 된 복도를 걸어 들어갔다. 직원들이 모니터에 앉아 석유상품을 매매하고 있었다. 지인에게 트레이더들이 헤징hedging을 하고 있는 건지 아니면 투기speculating를 하는 건지 물었다. 그는 내 눈을 똑바로 보더니 "맞아요"라고 대답했다. 둘 다를 하고 있다는 얘기다. 기업들은 내부 정보를 토대로 헤징과 투기 사이를 마음대로 넘나들고 있는 것이다.

기관 투자사 직원들은 심리적으로도 유리하다. 자기 돈이 걸린 게 아니기 때문에 좀더 느긋한 마음으로 트레이딩할 수 있다. 개인들은 대개 계속 돈을 잃는데도 트레이딩을 멈출 수 있는 자제심이 없지만 기관들은 트레이더에게 강제적 규율을 부과하고 있다. 두 가지 제약이 있는데 첫째 한 번의 트레이딩에 감수할 수 있는 위험 수준, 둘째 한 달 동안 잃을 수 있는 액수, 즉 손실액이 제한되어 있다.

이렇게 우위를 점하고 있는 기관에 맞서 개인 투자사가 어떻게 이길 수 있을까? 첫째 기관 투자사의 트레이딩 부서는 형편없이 운영되고 있다. 둘째 개인 투자자는 임의대로 트레이딩을 하거나 멈출 수 있지만 상당수 기관 투자자는 트레이딩을 '해야만 한다'는 점이

아킬레스건이다. 이를테면 가격이 어떻든 은행은 채권시장에서 활발히 거래해야 하고 식품가공업체는 곡물시장에서 거래가 잦을 수밖에 없다. 반면 개인 투자자는 자유롭게 최적의 매매기회를 기다릴 수 있다.

그런데도 개인 투자자는 대개 지나치게 잦은 거래로 이런 장점을 날려버린다. 개인 투자자가 거대한 기관에 맞서 승리하려면 인내심을 기르고 탐욕을 버려야 한다. 명심하라. **목표는 트레이딩을 '잘' 하는 것이지 '자주' 하는 게 아니다.**

기관 트레이더는 실적이 좋으면 연봉도 인상되고 보너스도 받는다. 트레이더 입장에선 회사에 수백만 달러를 벌어주었기 때문에 보너스를 두둑이 받아도 보잘것없어 보인다. 따라서 잘나가는 기관 트레이더는 툭하면 그만두고 독립하겠다고 말한다.

하지만 이들 중 개인 투자자로 독립해 성공하는 사람은 극소수다. 기관을 떠나 자기 돈을 베팅하게 된 투자자들은 대개 두려움과 탐욕에 사로잡히고, 우쭐대는가 하면 어느새 공포에 휩싸인다. 기관에서 성공한 사람도 개인 계좌로 트레이딩하면 실적이 지지부진한데 이런 사실은 트레이딩의 성패가 심리에 달려 있다는 것을 다시 한 번 입증한다.

▣ 트레이딩 툴을 만드는 사람들

중세 기사들이 가장 예리한 무기를 찾아다닌 것처럼 오늘날 트레이더들은 최적의 트레이딩 툴을 찾아다닌다. 데이터, 컴퓨터, 소프트웨어가 널리 보급되면서 누구에게나 공평한 경쟁의 장이 마련되었다. 하드웨어의 가격은 다달이 떨어지고 소프트웨어의 성능은 점점 향상되고 있다. 컴맹인 트레이더조차 컨설턴트를 고용해 시스템을 구축하기가 쉬워지고 있다(24장 참고).

컴퓨터 덕분에 리서치 속도가 빨라지고 시장의 움직임에 대한 여러 가지 단서를 얻을 수 있다. 그러나 컴퓨터가 트레이딩 결정을 해주지는 않는다. 컴퓨터는 더 많은 시장을 더 깊이 분석할 수 있도록 도와주지만 모든 트레이딩의 최종 책임은 트레이더에게 있다.

트레이딩 소프트웨어는 툴박스tool box, 블랙박스black box, 그레이박스gray box 등 세 가지 타입이 있다. 툴박스는 데이터를 늘어놓고 차트를 그리고 지표를 설정하고 심지어 트레이딩 시스템을 검증할 수도 있다. 옵션 트레이더를 위한 툴박스는 옵션 평가option valuation 모델도 갖추고 있다. 툴박스를 각자 필요에 따라 최적화하는 건 자동차 의자를 조정하는 것만큼 쉽다.

블랙박스의 내부 설계는 비밀이다. 데이터를 넣으면 언제 매수하고 언제 매도해야 하는지 알려준다. 고민할 필요도 없이 돈을 버니 요술상자 같을 것이다. 블랙박스의 매매 실적에 대한 기록은 놀랍기만 한데 과거 데이터에 맞게 만들었으므로 당연한 일이다! 시장은 항상 변하기 때문에 블랙박스를 만들어봐야 폐기처분할 수밖에 없지만 시장의 새로운 패자들 덕분에 새로운 블랙박스의 수요는 언제나 넘쳐난다.

그레이박스는 툴박스와 블랙박스의 중간으로 유명한 시장 전문가에 의해 출시되는데 구매자가 변수를 조정할 수 있도록 시스템의 대략적인 논리를 공개한다.

▣ 투자자문 서비스를 제공하는 사람들

투자자문 소식지는 트레이딩 현장에 알록달록 색을 입혀놓는다. 언론의 자유 덕분에 누구나 타자기 한 대를 갖추고 우표 몇 장만 들이면 투자자문 소식지를 보낼 수 있다. 소식지마다 실리는 '실적 기록'을 곧이곧대로 믿지 말라. 아마 당신은 실제 조언을 얻을 수 있는 소식지가 거의 없다는 것을 금세 알게 될 것이다.

간혹 소식지 중에는 유용한 아이디어를 제공하거나 독자들에게 매매기회를 찾을 수 있는 방향을 지시해주는 것도 있다. 하지만 대부분의 소식지는 아웃사이더에게 인사이더가 된 듯한 착각을 파는 것이다. 소외되어 있다고 생각하는 트레이더들은 소식지를 접함으로써 시장에서 일어나고 있는 일 혹은 곧 일어날 일을 아는 것 같은 환상을 갖는다.

소식지는 기분전환도 된다. 유쾌하고 흥미진진한 소식을 전해주지만 결코 답장을 요구하지는 않는 펜팔친구를 얻는 셈이다. 물론 구독 갱신 기간이 되면 돈을 보내달라고 하지만.

소식지의 등급을 매기는 서비스도 있다. 이런 서비스는 소규모 영리사업으로 운영되는데 자문서비스 사업과 불가분의 관계를 갖고 있다. 따라서 때로는 자문가를 비판하기도 하지만 대개는 크게 선전해주는 역할을 한다. 나도 한때 시황 소식지를 쓰곤 했다. 열심히 일했고 트레이딩 실적을 있는 그대로 밝혔으며 평가에서 좋은 등급을 받았다. 얼마 후 나는 트레이딩 실적이라는 것을 날조할 가능성이 얼마든지 있다는 걸 알게 되었는데 이는 투자자문 산업에서 공공연한 비밀이라고 들었다.

내가 막 소식지에 글을 쓰기 시작할 무렵 아주 저명한 자문 전문가 한 사람이 내게 리서치보다 마케팅에 시간을 쓰라고 말했다. 소식지 기고문을 쓸 때는 '예측을 해야 한다면 많이 하라'를 제1원칙으로 삼고 예측이 들어맞을 때마다 홍보용 메일을 두 배로 늘리라고도 조언해주었다.

▶ 매매 수익률대회 개최자들

매매 수익률대회에 참가하는 이들은 대개 작은 증권회사나 개인이다. 이들은 주최측에 돈을 내고 참가하며 주최측은 결과(수익률)와 승자들의 이름을 발표한다. 수익률대회는 두 가지 결함이 있는데 하나는 경미한 것이고 하나는 범죄에 가깝다. 혹시 독자 중 기자가 있다면 이 범죄현장을 캐보기 바란다.

모든 대회에선 패자에 대한 정보는 숨기고 승자가 누군지만 밝힌다. 쥐구멍에도 볕들 날이 있는 법, 패자 대부분은 적어도 한 분기에는 좋은 실적을 올린다. 계속 대회에 참가해 무모한 모험을 감행하면 한 번은 우승하는 분기가 있을 것이다. 일단 우승을 하면 그 홍보효과 덕에 자금관리를 맡기려는 고객을 끌어 모을 수 있을 것이다.

많은 투자자문들이 적은 자본을 가지고 수익률대회에 참가한다. 그 정도면 홍보비로 날려버려도 된다고 생각하는 것이다. 운이 좋으면 손실은 숨긴 채 홍보효과를 거둘 수 있다. 깡통 계좌만 남은 참가자는 주최측에서 밝히지 않기 때문이다. 실력이 형편없어서 어린애랑 사탕조차 거래할 수 없는 트레이더를 몇 명 알고 있다. 그들은 어떻게도 해볼 수 없는 패자들이지만 큰 수익률대회의 승자 명단에 이름을 올렸다. 그것도 높은 수익률로. 이걸 홍보기회로 삼아 군중에게 투자금을 끌어 모으고는 고객의 돈을 다 날려버렸다. 만약 수익률대회가 모든 참가자의 이름과 결과를 공개한다면 대회 자체가 존립할 수 없을 것이다.

수익률대회의 더욱 악질적인 병폐는 일부 주최자와 참가자 사이의 결탁이다. 많은 주최자들이 특정 참가자와 공모해 승률을 날조하여 홍보효과를 얻도록 도와준다. 그러면 참가자는 홍보효과를 이용해 대중에게 투자금을 끌어모은다.

수익률대회의 주최자 한 사람은 스타 트레이더인 승자에게 맡길 투자금을 모으고 있다고 말했다. 심판이 특정 참가자와 사업상 협력관계인데 판정이 객관적일 수 있겠는가? 그가 얼마나 많은 투자금을 모을지는 '스타'가 수익률대회에서 얼마나 좋은 성적을 거두느냐에 따라 결정될 테니까. 그런데 그 스타는 자기한테 들어온 투자금을 얼마 못가 몽땅 날려버렸다.

최악의 사기행각은 증권사가 개최하는 수익률대회에서 벌어진다. 증권사는 대회규정을 정하고 참가자를 모집한 다음 자기네 증권사를 통해 트레이딩하게 하고 수익률을 판정해 결과를 발표한다. 그러곤 급소를 찌른다. 사람들에게 투자금을 끌어모아 승자가 관리하도록 하는 것이다. 그리고 증권사는 수수료를 챙긴다. 증권사가 '스타'를 만들기는 누워서 떡 먹기다. 미리 정해둔 승자를 위해 계좌 몇 개만 개설해주면 된다. 매일 장 마감시간에 그날 가장 수익이 높은 트레이딩들을 대회용 계좌에 넣고 나머지는 다른 계좌에 넣으면 아주 훌륭한 실적 기록을 만들 수 있다. 수익률대회는 한마디로 군중을 등쳐먹는 수단이다.

15

시장의 군중과 나

    시장은 가격의 상승 또는 하락에 돈을 거는 사람들이 모이는 느슨한 군중의 집단이다. 각각의 가격은 거래 순간 군중의 합의를 나타내므로 모든 트레이더는 사실상 앞으로 군중의 심리가 어떨지에 돈을 거는 셈이다. 시장에 모인 군중은 중립에서 낙관주의 혹은 비관주의로, 그리고 희망과 공포 사이를 오간다. 그 때문에 대부분의 트레이딩이 군중의 감정과 생각, 행위에 좌우되며 자신이 세운 트레이딩 계획을 지키지 못한다.

    시장에서 황소와 곰이 전투를 벌이면 일면식도 없는 낯선 사람들의 행동에 따라 내 투자자본의 가치가 오르내린다. 시장을 통제할 수는 없다. 내가 결정할 수 있는 건 언제 진입하고 언제 빠져나오느냐뿐이다.

트레이딩에 진입할 때 트레이더 대부분은 신경쇠약 상태가 되며 시장 군중에 합류한 뒤에는 감정 때문에 판단이 흐려진다. 이처럼 군중에 휩쓸리는 감정 때문에 트레이더는 트레이딩 계획에서 이탈해 돈을 잃게 된다.

▶ 군중심리 전문가들

스코틀랜드의 변호사인 찰스 맥케이는 1841년 『군중의 미망과 광기』를 펴냈다. 지금은 고전이 된 이 책에서 맥케이는 1634년 네덜란드의 튤립 광풍과 1720년 영국의 남해회사 버블에 대해 썼다.

튤립 광풍은 튤립 구근의 값이 시장에서 강세를 보이면서 시작됐다. 튤립 구근 시장이 장기간 강세를 유지하자 부유한 네덜란드인들은 튤립이 계속 높은 값에 팔리리라 확신했다. 많은 이들이 생업을 접고 튤립 농사에 뛰어들었고 튤립 매매상이나 중개인이 되었다. 은행은 튤립을 담보로 받아주었고 투기자들은 돈을 벌었다. 결국 갑자기 투매장세가 닥치면서 광풍은 붕괴되고 말았다. 수많은 사람들이 파산하고 나라 전체가 타격을 입었다. 맥케이는 이렇게 개탄했다. "인간은 미칠 땐 집단으로 미치고 제정신으로 돌아올 때는 한 사람씩 천천히 돌아온다."

1897년 프랑스 철학자이자 정치가인 귀스타브 르 봉Gustave Le Bon

은 『군중The Crowd』이라는 책을 펴냈다. 이 책은 군중심리에 관한 최고의 저서로 손꼽힌다. 100년도 더 전에 나온 이 책을 읽으면 혹시 당신도 거울에 비친 듯한 자신의 모습을 발견할지도 모른다.

르봉은 사람들이 하나의 군중을 이루게 되었을 때 어떤 양상을 보이는지 서술했다. "군중을 구성하는 개인들은 생활방식, 직업, 성격, 지능이 얼마나 유사하거나 다른지에 상관없이 하나의 집단으로 뭉치게 되면 개인으로서 고립된 상태에서 느끼고 생각하고 행동하는 것과 사뭇 다른 방식으로 느끼고 생각하고 행동한다."

사람은 군중에 합류하게 되면 변한다. 잘 속아 넘어가고 충동적이 되며 지도자를 찾아 애타게 헤맨다. 또한 머리 대신 가슴으로 반응한다. 개인은 집단에 발을 들이면 혼자 힘으로 사고할 능력이 떨어진다.

미국 사회심리학자들은 1950년대에 실시한 실험을 통해 사람들은 혼자 있을 때와 집단 속에 있을 때 다르게 생각한다는 사실을 입증했다. 이를테면 홀로 있을 땐 종이 위에 그린 두 선 중에 긴 쪽을 쉽게 맞혔다. 하지만 개인을 무리 속에 넣고 집단의 다른 구성원들이 일부러 틀린 답을 하면 인지능력을 상실했다. 대학교육을 받은 지성인들조차 자기 눈보다 집단을 (생판 낯선 사람들로 구성되었음에도) 더 신뢰했다!

집단의 구성원들은 타인을 믿으며 특히 자기 자신보다 무리의 지도자들을 더 신뢰했다. 테오도르 아도르노Theodore Adorno와 몇몇 사회학자들이 공저한 두 권으로 구성된 『미군 병사The American Soldier』라는 책은 이렇게 기술하고 있다. 개인이 전투에서 얼마나 효율성을 발휘하느냐를 예측하는 최적의 척도는 개인과 상관의 관계다. 상관을 신뢰하는 병사는 말 그대로 죽음도 불사하고 따른다. 추세를 따르고 있다고 믿는 트레이더는 계좌가 바닥날 때까지 손실이 나는 포지션을 계속 보유하기도 한다.

지그문트 프로이트Sigmund Freud는 집단의 결속력은 지도자에 대한 충성심에서 나온다고 말했다. 집단의 지도자에 대한 감정은 어린 시절에 느낀 아버지에 대한 감정에 뿌리를 두고 있다. 어린이는 아버지를 신뢰하고 경외하며 두려워하는 한편 아버지의 인정을 갈구하고 반란을 꿈꾸기도 한다. 인간은 집단에 들어가면 사고가 유아기 수준으로 퇴행한다. 그리고 지도자가 없는 집단은 결속력이 없어 모래알처럼 흩어진다. 바로 이런 심리에서 공황매수buying panic*와 공황매도selling panic**가 나타난다. 트레이더들은 갑자기 자신이 따르던 추세가 끝났다고 느끼면 공황상태에 빠져 보유한 포지션을 싼값에 대량 처분한다.

집단의 구성원들은 추세를 몇 번은 제대로 포착할 수 있겠지만 추세가 반전되는 순간 처참하게 '몰살'당한다. 집단에 합류한다는 것은 어린아이가 부모 뒤를 졸졸 따라가는 것과 마찬가지다. 하지만 시장은 부모와 달리 나의 안전 따위는 안중에 없다. 독립적으로 사고하는 자만이 성공적인 트레이더가 될 수 있다.

---

* 투자자들이 가격이 더 오르기 전에 매수 포지션을 확보하려고 대량으로 주식을 사들이는 현상-옮긴이
** 투자자들이 가격에 상관없이 포지션을 청산하고자 투매에 나서는 현상-옮긴이

🔼 왜 집단에 소속되려고 하는가?

인류는 태초부터 안전을 위해 무리에 합류해왔다. 날카로운 이빨을 가진 호랑이를 사냥할 때 무리를 지어 나서면 생존할 확률이 높다. 사냥꾼이 혼자 호랑이와 마주친다면 살아남을 가능성이 희박하다. 홀로 다니는 사람들은 맹수 밥이 되기 십상이라 후손을 남기기도 힘들었다. 무리에 속한 사람들이 생존할 확률이 높았고 따라서 인간은 무리에 합류하려는 성향을 지니게 되었다.

현대사회에선 자유와 자유의지를 높이 사지만 문명이라는 번드르르한 껍데기를 한 겹 벗기면 내면에 도사린 원초적인 충동들이 드러난다. 사람들은 안전을 위해 무리에 소속되고자 하며 강력한 지도자가 이끌어주기를 바란다. 불확실성이 클수록 무리에 합류해 따르고자 하는 욕구는 더욱 커진다.

월스트리트에는 무시무시한 이빨을 가진 호랑이 따위는 어슬렁거리지 않지만, 과연 이 금융 전쟁터에서 살아남을 수 있을까 누구나 두려워한다. 주가 변화를 통제할 수는 없기 때문에 두려움은 점점 커진다. 낯선 사람들의 매수와 매도에 따라 내가 보유한 포지션의 가치가 오르락내리락한다. 이러한 불확실성 때문에 트레이더는 대개 행동방침을 지시해줄 지도자를 찾는 것이다.

롱 포지션을 취할지, 아니면 숏 포지션을 취할지 합리적으로 판단했다고 해도 시장에 진입하는 순간 군중이라는 소용돌이에 휩쓸린다. 자신이 이성적인 트레이더에서 부화뇌동하느라 땀을 뻘뻘 흘리는 군중으로 바뀌고 있지는 않은지 주의 깊게 살펴야 한다.

눈이 뻘게서 시황판을 노려보다가 주가가 유리하게 움직이면 우쭐해지고 불리하게 움직이면 의기소침해지지 않는가? 이런 상황이라면 독립성을 상실한 것이다. 자신보다 지도자를 더 믿고 손실이 나는 포지션을 충동적으로 늘리거나 역시 충동적으로 반대 방향으로 포지션을 취하면 곤경에 빠진다. 자신의 트레이딩 계획을 지키지 않으면 독립성을 잃는다. 이런 일이 일어나면 다시 정신을 바짝 차리고 이성을 되찾아야 한다. 평정심을 되찾을 수 없거든 포지션을 정리하는 게 낫다.

▣ 왜 주가는 나와 반대로 가는가?

사람들은 군중 속에 합류하면 원초적이 되고 행동이 앞서게 된다. 군중은 공포, 우쭐함, 대경실색, 희열 같은 단순하지만 강렬한 감정을 느낀다. 군중은 공포에서 희열로, 두려움에서 환희로 이리저리 요동한다. 과학자는 실험실에선 냉정하고 이성적이지만 트레이더가 되어 시장의 집단광기에 휩쓸리면 경솔하고 무모한 매매를 한다. 사람들로 붐비는 증권사 객장에서 트레이딩하든 외딴 산봉우리에서 트레이딩을 하든 집단은 나를 소용돌이처럼 휩쓸어간다. 이렇게 다른 사람들이 나의 트레이딩 결정에 영향을 미치도록 놔두면 성공할 기회를 잃고 말 것이다.

집단의 충성심은 부대의 생존에 필수적이다. 직장의 모임에 가입하면 근무실적이 썩 좋지 않아도 일자리를 유지하는 데 도움이 된다. 하지만 시장에서는 어떤 집단도 나를 보호해주지 못한다.

군중은 나보다 크고 강하다. 내가 아무리 똑똑해도 군중과 다툴 수는 없다. 선택은 하나뿐이다. 군중 속에 들어가든지 아니면 독립적으로 행동하든지.

많은 트레이더들이 의아해하는 점이 있다. 바로 손실이 나는 포지션을 싼값에 처분하고 나면 왜 언제나 시장이 반전하는가 하는 점이다. 왜냐하면 군중들이 하나같이 두려움에 휩싸여 모두 동시에 우르르 처분하기 때문이다. 매도 광풍이 지나가고 나면 시장은 상승할 수밖에 없다. 다시 낙관주의가 시장을 지배하고 군중은 탐욕스러워져 마구 사들이기 시작한다.

군중은 원초적이므로 트레이딩 전략은 단순해야 한다. 로켓을 만드는 과학자가 아니어도 승리하는 트레이딩 기법을 설계할 수 있다. 시황이 불리하게 돌아가면 손절매하고 물러나라. 군중에 맞서 싸워봐야 득 될 것이 없다. 언제 합류하고 언제 떠날지만 결정하고 판단하라.

인간은 중압감에 시달리면 본능적으로 독립성을 포기해버리는 경향이 있다. 트레이딩에 착수할 때면 객관적인 신호를 무시하고 타인을 모방하려는 욕구가 생긴다. 따라서 트레이딩 시스템과 자금관리 규칙을 만들고 그대로 지켜야 한다. 트레이딩 시스템과 자금관리 규칙은 트레이딩에 진입해 군중의 일원이 되기 '전에' 만든 합리적이고 개인적인 판단들이다.

🔁 시장을 이끌어가는 것은 무엇인가?

주가가 유리하게 움직이면 기분이 날아갈 듯하다. 하지만 불리하게 움직이면 화가 나고 낙담된다. 두려움에 휩싸여 시장이 또 어떤 행보를 보일지 초조하게 기다린다. 트레이더들은 스트레스를 받거나 위기감을 느끼면 군중에 합류한다. 감정에 휩쓸려 독립성을 잃고 집단의 다른 구성원들, 특히 집단의 지도자를 모방하기 시작한다.

어린아이들은 겁이 나면 부모가 어떤 행동을 할지 지시해주길 바라고 부모를 쳐다본다. 그리고 어른이 되어서는 교사, 의사, 목사, 상사, 각종 전문가들의 지시를 애타게 기다린다. 트레이더들은 지도자, 트레이딩 시스템 개발자, 신문 칼럼니스트 등등 시장의 지도자들에게 의지한다. 그러나 토니 플러머Tony Plummer가 저서 『금융시장 예측Forecasting Financial Markets』에서 영리하게 지적했듯 시장의 우두머리는 가격이다.

시장의 군중을 이끄는 것은 가격이다. 전 세계의 트레이더들이 시장의 업틱uptick*과 다운틱downtick**을 쫓는다. 가격이 트레이더들에게 이렇게 말하는 것 같다. "나를 따르라. 그러면 내가 너희를 보물섬으로 인도하리라." 트레이더들은 대개 자신이 독립적으로 사고하고 행동한다고 생각한다. 자신이 집단 지도자의 행위에 얼마나 집중하고 있는지 깨닫지 못하는 것이다.

---

* 직전 거래 가격보다 높게 거래된 가격 – 옮긴이
** 직전 거래 가격보다 낮게 거래된 가격 – 옮긴이

나에게 유리하게 움직이는 추세는 밥 먹으러 오라고 부르거나 혹은 위험이 제거되었으니 안심하고 오라고 부르는 관대하고 강한 부모를 상징한다. 나에게 불리하게 움직이는 추세는 화가 나서 벌을 주는 부모를 상징한다. 이런 감정에 휩싸이면 포지션을 정리하라고 지시하는 객관적인 신호를 무시하기 십상이다. 손실을 인정하고 손실이 나는 포지션을 정리하는 것이 합리적인 행동이다. 그러나 감정에 휘둘린 트레이더는 이런 합리적인 행동 대신 시장에 저항하기도 하고 적당히 타협하기도 하며 시장에 자비를 구걸하기도 한다.

▶ 군중의 바다에 뛰어들지 않으려면

　본 장을 마무리하면서 다시 강조하자면, 신중하게 짜놓은 트레이딩 계획에 따라 움직여야 하며 가격 변동에 성급하게 반응하고 행동해선 안 된다. 계획을 미리 적어두면 도움이 된다. 어떤 조건에서 진입하고 어떤 조건에서 청산할지를 정확히 알아야 한다. 인간은 군중에 휩쓸리기 쉬우므로 순간적인 충동으로 결정하지 말아야 한다. 개인으로 독립적으로 사고하고 행동할 때만이 트레이딩에 성공할 수 있다. 트레이딩 시스템에서 가장 취약한 부분은 트레이더 자신이다. 트레이더는 계획 없이 트레이딩하거나 계획에서 이탈해 트레이딩할 때 실패한다. 계획은 이성적인 개인이 짠 것이다. 충동적인 트레이딩은 땀내 나는 집단 구성원들이 만든다.

　트레이딩에 임할 때는 스스로를 살펴 심리상태의 변화를 감지해야 한다. 트레이딩에 진입한 이유를 적어두고 자금관리 규칙과 함께 청산 규칙도 적어두라. 포지션을 보유하고 있는 동안 결코 계획을 변경하면 안 된다.

그리스 신화에 나오는 마녀 세이렌은 아름다운 노래로 선원들을 홀려 갑판에서 바다로 뛰어들게 만들어 죽였다. 오디세우스는 이 지역을 항해하게 되었을 때 모든 부하들에게 귀를 밀랍으로 막으라고 명령했다. 그런데 자신은 세이렌의 노래를 듣고 싶었으므로 부하들에게 돛대에 묶고 절대 풀지 말라고 일러두었다. 돛대에 묶여서 뛰어들지 않았기 때문에 오디세우스는 세이렌의 매혹적인 노래를 듣고도 목숨을 건졌다. 트레이더는 화창한 날에 미리 트레이딩 계획과 자금관리 규칙이라는 돛대에다 자신의 몸을 꽁꽁 묶어야 살아남을 수 있다.

16

추세의 심리학

가격이란 모든 시장 참여자가 순간적으로 합의한 가치다. 가격은 매매 대상의 가치에 대해 시장 참여자가 가장 최근에 내린 의사결정을 반영한다. 트레이더는 누구나 매수 혹은 매도주문을 내거나 현 가격 수준에서 트레이딩하기를 거부함으로써 자기 의견을 분명히 할 수 있다.

차트 위의 막대 하나하나는 황소(매수세)와 곰(매도세)의 전투를 반영한다. 황소들은 시장이 강세라고 느낄수록 더욱 열심히 매수에 나서 장세를 끌어올린다. 곰들은 시장이 약세라고 느끼면 더욱 열심히 매도에 나서 장세를 끌어내린다.

가격은 시장에 있는 모든 트레이더들의 행동, 혹은 관망 상태를 반영한다. 차트는 군중심리를 들여다볼 수 있는 창이다. 차트를 분석한다는 것은 트레이더들의 행위를 분석하는 것이며 기술적 지표들은 객관적인 차트 분석에 도움이 된다.

기술적 분석은 일종의 응용 사회심리학이라고 할 수 있다. 기술적 분석의 목표는 집단행동의 추세와 변화를 감지해 이성적인 트레이딩 결정을 하는 것이다.

강렬한 감정

트레이더들에게 가격이 오른 이유를 물어보면 매도자보다 매수자가 많아서 주가가 상승했다는 대답을 듣게 된다. 사실은 그렇지 않다. 어떤 시장이든, 그리고 주식, 선물 등등 어떤 매매 대상이든 매수된 수와 매도된 수는 동일하다.

스위스 프랑 1계약을 매수하고 싶다면 누군가가 나에게 스위스 프랑 1계약을 팔아야 한다. S&P500 1계약을 매도하고 싶다면 누군가 나한테서 1계약을 매수해야 한다. 주식시장에서 매수된 주식 수와 매도된 주식 수는 동일하다. 더구나 선물시장에서는 롱 포지션의 수와 숏 포지션의 수는 항상 동일하다. 가격이 오르내리는 이유는 매수자의 탐욕 혹은 매도자가 느끼는 두려움의 강도가 변하기 때문이다.

추세가 상승곡선을 그리면 황소들은 장세를 낙관하면서 조금 더 높은 가격도 개의치 않고 지불한다. 곰들은 상승추세가 되면 긴장해서 더 높은 가격에서 매도에 나서고자 한다. 탐욕스럽고 장세를 낙관하는 황소들이 두려움에 빠진 방어적 곰들을 만나면 시장은 상승한다. 양 측이 느끼는 탐욕이나 공포가 클수록 시장은 더욱 가파르게 상승한다.

그러다가 황소들 다수가 열의를 잃으면 상승은 멈춘다. 가격이 하락하면 곰들은 낙관적이 되어 더 낮은 가격에도 까탈스럽지 않게 선뜻 매도한다. 황소는 두려움에 휩싸여 더 낮은 가격에서만 매수에 나서고자 한다. 곰들은 자신들이 승자라고 느끼면 더 낮은 가격에도 매도를 지속하고 이에 따라 하락추세는 계속된다. 곰들이 경계심을 느끼고 매도를 멈출 때 하락추세는 멈춘다.

▶ 상승과 하락

완벽하게 이성적으로 행동하는 트레이더가 드물기 때문에 시장에는 감정에 따른 행위가 무수히 존재한다. 시장 참여자는 대부분 "원숭이처럼 아무 생각 없이 남을 흉내낸다." 공포와 탐욕의 파도가 황소와 곰을 휩쓴다.

매수자가 탐욕을 부리고 매도자들이 두려움을 느끼면 시장은 상승한다. 황소들은 보통 싼값에 사려고 한다. 그러나 이들이 아주 공격적으로 변하면 싼값에 사는 것보다는 상승세를 놓치지 않으려고 기를 쓰게 된다. 황소들이 이렇게 탐욕을 부리는 동안은 상승이 지속된다.

얼마나 가파르게 상승하느냐는 트레이더들의 심리에 달려 있다. 매수자들의 탐욕이 매도자들의 두려움보다 조금 더 강하면 시장은 서서히 완만하게 상승하고 훨씬 더 강하면 시장은 가파르게 상승한다. 매수자들이 강렬한 감정을 느낄 때가 언제인지, 그리고 매수자들이 힘을 잃을 때가 언제인지를 밝혀내는 것이 기술적 분석가의 임무다.

시장이 상승해 매도 포지션의 수익이 날아가고 손실로 변하면 매도자들은 덫에 걸린 기분이 된다. 이들이 앞 다투어 환매에 나서면 시장은 거의 수직으로 상승한다. 공포는 탐욕보다 더 강렬한 감정이므로 숏 커버링short covering*이 주도하는 상승은 특히 더 가파르다. 반면 곰들이 탐욕을 부리고 황소들이 공포를 느끼면 시장은 하락한다. 대개 곰들은 상승의 정점에서 매도하는 편을 원하지만 하락장에서도 큰돈을 벌 수 있겠다는 예측이 되면 하락세가 이어지는 중에도 매도를 꺼리지 않는다. 두려움에 사로잡힌 매수자들은 잔뜩 움츠러들어 시장가 아래에서만 매수하려고 한다. 이를 파악한 매도자들이 매수호가에 물량을 계속 내놓으면서 시장은 하락을 지속한다.

롱 포지션(매수 포지션)을 취하고 있던 트레이더는 계좌의 수익이 날아가고 손실로 변하면 공황상태에 빠져 아무 가격에나 팔아버린다. 어떡하든 포지션을 청산하고 싶은 나머지 시장가보다도 낮게 매

---

* 공매도한 주식을 되사거나 선물 계약의 매도 포지션을 정리하기 위해 매수하는 것—옮긴이

도주문을 내는데 이런 투매장세가 몰아치면 시장은 급락한다.

⮕ 황소와 곰, 그리고 추세

충성심은 집단을 똘똘 뭉치게 하는 접착제다. 프로이트는 집단 구성원과 지도자의 관계를 자녀와 아버지의 관계에 비유했다. 집단의 구성원들은 지도자가 지시를 내려주기를 바라며 잘 하면 보상을 주고 잘못 하면 벌을 주는 신상필벌을 지도자에게 기대한다.

누가 시장의 추세를 주도하는가? 개인이 시장을 통제하려고 하면 낭패를 보게 마련이다. 이를테면 1980년대 은 가격이 올랐을 때를 보자. 당시 은 가격 강세를 주도하고 있던 사람들은 미국 텍사스 주의 헌트Hunt 형제와 아랍 동업자들이었다. 헌트 형제는 결국 파산법정에 서게 되었는데 리무진 탈 돈도 없어 지하철을 타고 법정에 갔다. 시장의 지도자들이 때때로 추세를 주도하기도 하지만 한 차례의 시장 사이클보다 오래 지속되는 법이 없다(6장 참고).

영국인 트레이더인 토니 플러머는 저서 『금융시장 예측』에서 혁신적인 발상을 소개했다. 가격 자체가 시장의 군중을 이끄는 리더 기능을 한다는 것을 보여준 것이다! 트레이더들이 늘 주시하는 것도 가격이다.

가격이 유리하게 움직이면 승자로서 보상을 받는 기분을 느끼며 가격이 불리하게 움직이면 패자로서 처벌을 받는 기분이 된다. 군중은 가격에 집중하면서 무의식중에 스스로 지도자를 만들고 있는 셈이다. 가격 변동에 최면이 걸린 트레이더들이 스스로 우상을 만들고 있는 것이다.

장세가 상승하면 황소들은 너그러운 부모에게 상을 받는 듯한 기분이 된다. 상승추세가 오래 지속될수록 황소들은 더욱 자신감을 얻게 된다. 어린아이는 행동에 대한 보상을 받으면 그 행동을 계속하는 경향이 있다. 돈을 번 황소들은 포지션의 규모를 더욱 크게 키우고 새로운 황소들이 시장에 유입된다. 이때 매도 포지션을 취했던 곰들은 벌을 받는 듯한 기분이 된다. 많은 곰들이 숏 포지션을 청산하고 롱 포지션을 취해 황소 무리에 합류한다.

행복에 겨운 황소들이 사들이고 공포에 빠진 곰들이 숏 포지션을 커버하면 상승추세는 더욱 가파르게 진행된다. 매수한 사람들은 보상을 받는 듯한 기분이 들고 매도한 사람들은 벌을 받는 듯한 기분이 든다. 양쪽 모두 감정에 휩쓸리지만 자신들이 스스로 상승추세와 지도자를 만들어내고 있다는 사실을 깨닫지 못한다.

결국 가격 쇼크가 도래한다. 대량 매물이 시장을 강타하면서 이를 흡수해줄 매수자가 없게 되며 상승추세는 급전직하한다. 황소들은 밥을 먹다가 아버지에게 회초리를 맞은 어린아이처럼 학대받는 기분이 되고 곰들은 아버지에게 칭찬을 듣는 듯한 기분이 된다.

가격 쇼크는 상승추세의 반전 가능성이라는 씨앗을 심어놓는다. 시장이 회복해 다시 신고점에 도달해도 황소들은 겁을 내고 곰들은 더 대담해진다. 장 주도세력이었던 황소 무리의 응집력 부족과 적수인 곰 무리의 낙관주의 때문에 상승추세는 언제든 반전될 수 있다. 몇 가지 기술적 지표는 약세 다이버전스 bearish divergence(28장 참고)라는 패턴을 추적해 천정을 짚어낸다. 약세 다이버전스란 가격이 이전

고점보다 높아졌지만 지표의 고점은 이전 상승의 고점보다 낮은 경우를 가리킨다. 이런 현상이 나타나면 숏 포지션을 취할 절호의 기회가 된다.

추세가 하락하면 곰들은 똑똑하고 착한 어린이라고 칭찬과 상을 받는 듯한 기분이 된다. 점점 자신감을 얻은 곰들이 포지션을 늘리면 하락추세는 지속된다. 그리고 새로운 곰들이 시장에 유입된다. 사람들이 승자를 추켜세우고 경제신문이나 관련 매체는 약세장에서 활약하는 곰들을 인터뷰한다.

하락추세에서 돈을 잃은 황소들은 기분이 나빠진다. 싼값에 물량을 털어 포지션을 처분해버리고 많은 황소들이 곰 무리에 합류한다. 이들까지 매도에 나서면서 시장은 더욱 하락한다.

한동안 곰들은 자신감에 차 있고 황소들은 풀이 죽는다. 그런데 갑자기 가격 쇼크가 밀어닥친다. 매수주문이 대량으로 들어와 매도주문을 다 빨아들이면서 장세를 끌어올린다. 곰들은 맛있게 밥을 먹다가 아버지한테 야단맞고 쫓겨난 어린아이의 심정이 된다.

가격 쇼크는 하락추세의 반전 가능성이라는 씨앗을 심어놓는다. 왜냐하면 곰들은 겁이 많아지고 황소들은 대담해지기 때문이다. 어린아이가 한 번 산타클로스를 의심하기 시작하면 다시는 산타를 믿지 않는다. 곰들이 다시 회복되어 가격이 신저점으로 떨어져도 기술적 지표는 강세 다이버전스bullish divergence라는 패턴을 추적해 곰들의 약세를 짚어낸다. 강세 다이버전스란 가격은 신저점으로 떨어지지만 지표는 앞선 하락세 동안의 저점보다 저점을 높이는 현상을 말한다. 강세 다이버전스가 나타나면 절호의 매수기회다.

🔁 군중심리의 움직임을 반영하는 지표

개인은 자유의지를 갖고 있으므로 그 행동을 예측하기 힘들다. 반면 집단의 행동은 더 원초적이므로 예측하기가 쉽다. 시장을 분석한다는 것은 집단행동을 분석한다는 것이다. 집단이 어느 방향으로 뛰어가는지, 또 어느 쪽으로 방향을 트는지 알아내야 한다.

집단은 개인을 끌어들이며 판단을 흐려놓는다. 분석가 대부분이 마주치는 문제는 자신들마저 군중심리에 휩쓸려 들어간다는 것이다. 상승이 오래 지속될수록 점점 더 많은 기술적 분석가들이 강세심리의 포로가 되어 위험신호를 무시하는 바람에 반전흐름을 놓친다. 하락세가 지속될수록 점점 더 많은 기술적 분석가들이 우울한 약세심리의 포로가 되어 강세신호를 놓치고 만다. 바로 이렇기 때문에 시장 분석을 위한 계획을 적어두면 도움이 된다. 어떤 지표를 관찰하고 지표를 어떻게 해석할지를 미리 결정해야 한다.

장내 트레이더는 몇 가지 도구를 활용해 군중심리의 성격과 강도를 추적한다. 이들은 군중이 최근의 지지선과 저항선을 뚫고 이탈할 능력이 있는지 관찰한다. 그리고 '어음(고객을 가리키는 장내 트레이더들의 은어)'의 흐름을 주시한다. 그들은 가격 변화에 반응해 객장으로 주문을 내러 오는 고객의 동향에 귀를 바짝 기울이고 거래소에서 울려 퍼지는 소음의 높낮이와 울림의 크기가 어떻게 변하는지 살핀다.

이들과 달리 거래소 밖에서 트레이딩을 하는 이들에게는 집단행동을 분석할 다른 도구가 필요할 것이다. 바로 차트와 지표다. 기술적 분석가는 컴퓨터로 무장한 응용 사회심리학자다.

17
관리냐 예측이냐

　세미나에서 아주 뚱뚱한 외과의사를 만난 적이 있다. 그 의사는 3년 동안 주식과 옵션으로 25만 달러를 잃었다고 말했다. 트레이딩 결정을 어떻게 하느냐고 묻자 그는 수줍은 표정으로 풍만한 배를 가리켰다. 그는 육감에 의지해 도박을 했고 병원에서 번 수입을 도박에 쓴 것이다. 트레이더가 육감 대신 사용해야 할 두 가지가 있다. 하나는 기본적 분석이고 하나는 기술적 분석이다.
　주요 강세장과 약세장은 수요와 공급, 즉 매수와 매도의 펀더멘털에 변화가 생기면서 발생한다. 기본적 분석가는 기업의 수익률 보고서를 분석하고 연방준비위원회의 동향을 연구하고 산업 가동률 등을 살핀다. 이런 요소들을 꿰뚫고 있다고 해도 중단기 추세를 놓치면 돈을 잃을 수 있다. 중단기 추세는 집단의 심리에 좌우된다.

기술적 분석가는 가격은 기본적 분석의 요소를 비롯해 시장에서 알 수 있는 모든 것을 이미 반영하고 있다고 믿는다. 가격은 거대 자본을 운용하는 큰손들, 적은 자본을 운용하는 투기적 거래자들, 기본적 분석가들, 도박꾼 등 모든 시장 참여자가 합의한 가치다.

기술적 분석은 집단의 심리를 연구하는 것으로 과학과 예술의 접목이라 할 수 있다. 기술적 분석가는 게임 이론game theory*, 확률 같은 수학적 개념을 비롯해 다양한 과학적 방법을 이용한다. 이들 대부분은 정밀한 지표를 추적하기 위해 컴퓨터를 이용한다.

기술적 분석가는 예술가이기도 하다. 차트에서는 바bar들이 모여 패턴과 구조를 이룬다. 가격과 지표가 움직이면 일종의 긴장감과 함께 미학적 감성이 생기며 이러한 감정들은 시장에서 무슨 일이 일어나고 있는지, 어떻게 트레이딩해야 하는지 판단할 수 있도록 도와준다.

개인의 행위는 복잡다단하며 예측하기 어려운 반면 집단의 행위는 원초적이다. 기술적 분석가들은 시장에 모인 군중의 행동패턴을 연구하여 과거의 시장 움직임에서 발생했던 패턴이 포착되면 트레이딩에 진입한다.

---

* 경제행위에서 상대의 행위가 자신의 이익에 영향을 미칠 경우 이익을 극대화하는 방법을 수학적으로 분석하는 의사결정 이론-옮긴이

여론조사자와 기술적 분석가

정치적 여론조사는 기술적 분석의 훌륭한 모델이다. 기술적 분석가와 여론조사자는 군중의 정서를 읽으려고 노력한다. 단지 여론조사는 정치적 이익을 위해서, 기술적 분석은 금전적 이익을 위해서 한다는 점이 다르다. 정치인들은 당선이나 재선 가능성이 얼마나 되는지 알고 싶어한다. 그래서 유권자들에게 공약을 내걸고 여론조사원들을 통해 당선 가능성이 얼마나 되는지 점쳐본다.

여론조사자는 통계, 표본추출 등 과학적 방법을 활용하며 아주 솜씨 있게 인터뷰와 설문내용을 작성한다. 또한 정당 내부에 흐르는 감정의 기류를 훤히 꿰뚫고 있다. 여론조사는 과학과 예술의 성격을 동시에 갖는다. 만약 어떤 여론조사자가 스스로를 과학자라고 말한다면 왜 민주당이나 공화당에 소속되어 있는지 물어보라. 진짜 과학이라면 정당 같은 것에 소속될 리가 없다.

시장을 기술적으로 분석하는 사람은 파당에 얽매이지 말아야 한다. 황소도 곰도 아닌 입장에서 오로지 진실만을 구해야 한다. 황소 편에 기운 사람은 차트를 보면서 이렇게 말한다. "어느 시점에서 매수할까?" 곰들의 편에 선 사람은 같은 차트를 보고도 공매도할 시점을 찾으려고 한다. 최고의 분석가는 강세나 약세 어느 쪽에도 편파적인 입장을 취하지 않는다.

자신이 어느 한쪽에 치우쳐 있는지 알아보는 기발한 방법이 있다. 매수하고 싶으면 차트를 뒤집어보고 매도기회로 보이는지 확인하라. 차트를 뒤집었는데도 매수기회로 보인다면 시스템을 무시할 정도로 자신이 매수 쪽에 치우쳐 있다는 의미다. 만약 똑바른 차트나 뒤집은 차트가 모두 매도시점으로 보인다면 매도에 치우쳐 있다는 의미이므로 이 역시 균형을 잡아야 한다.

관리냐 예측이냐

트레이더들은 대개 가격 변화를 감정적으로 받아들인다. 돈을 벌면 으쓱해서 떠벌리고 다닌다. 시황이 불리하게 돌아가면 벌 받는 어린아이처럼 풀이 죽어서는 손실을 본 사실을 숨긴다. 하지만 어떤 상태인지 얼굴에 다 드러난다.

미래의 주가를 예측하는 것이 시장 분석가의 목표라고 믿는 트레이더들이 많다. 어느 분야든 아마추어들은 예측을 요구하고 프로들은 정보를 종합해 확률을 바탕으로 판단한다. 의료계를 예로 들어보자. 가슴에 칼을 맞은 환자가 응급실로 실려 오면 가족들은 걱정스러운 얼굴로 두 가지를 묻는다. "살 수 있을까요?" "언제쯤 퇴원할 수 있나요?" 의사에게 예측을 요구하는 것이다.

하지만 의사는 예측하는 사람이 아니다. 문제가 발생하면 처리하는 사람이다. 의사의 첫 번째 할 일은 환자가 쇼크사하는 것을 방지하고 진통제를 투여하고 출혈된 피를 보충하기 위해 수혈을 하는 것이다. 그런 다음 칼을 빼내고 손상된 장기를 봉합한다. 그다음에는 감염되지 않는지 관찰한다. 환자의 건강상태를 점검하고 합병증을 예방하기 위한 조치를 취한다. 의사가 하는 일은 관리지 예측이 아니다. 환자 가족들이 예측을 종용하면 대답할 수는 있겠지만 얼마나 쓸모가 있겠는가.

트레이딩으로 돈을 벌려면 미래를 예측할 필요는 없다. 시장에서 정보를 추출해 주도권을 잡고 있는 쪽이 황소인지 곰인지 알아내면 된다. 시장을 주도하는 세력의 파워가 어느 정도인지 측정하고 현 추세가 얼마나 지속될지 판단해야 한다. 장기적으로 시장에서 살아남겠다는 목표를 세우고 보수적으로 자금을 관리하고 수익을 차곡차곡 쌓아나가야 한다. 자신의 심리상태를 살피고 탐욕이나 공포에 빠지는 것을 피해야 한다. 이 일들을 모두 꾸준히 하는 트레이더는 예측하는 사람보다 성공할 확률이 훨씬 높다.

▣ 시장을 읽고 스스로를 관리하라

장중에는 어마어마한 양의 정보가 시장에 쏟아진다. 가격 변동은 황소와 곰이 싸우는 전황을 알려준다. 트레이더가 할 일은 시장에 쏟아지는 정보를 현명하게 분석하여 시장을 주도하는 집단에 돈을 거는 것이다.

극적인 예측은 상술이다. 투자자문 서비스를 파는 사람이나 투자금을 모으는 사람은 굉장히 허황된 예측만이 고객의 지갑을 열 수 있으며 비관적인 예측은 빨리 잊혀진다는 것을 알고 있다. 이 책을 쓰고 있는 중에 전화 한 통을 받았다. 유명한 전문가로 지금 슬럼프에 빠져 있는 사람인데 수화기 너머로 그가 이렇게 말했다. 농산물시장에서 '평생 한 번 있을까 말까 한 기회'를 찾았다고. 그러면서 반 년 만에 백 배로 불려줄 테니 투자금을 모아달란다! 이런 식으로 얼마나 많은 멍청이들을 낚았는지 몰라도 나로서는 어림 반푼어치도 없는 소리로 들린다. 이렇게 속이 뻔히 보이는데도 극적인 예측은 언제나 군중을 홀리는 훌륭한 미끼가 된다.

시장을 분석할 때는 상식적으로 생각하라. 새로운 현상이 발생해 판단이 안 설 때는 시장 바깥의 일상생활과 비교해보라. 이를테면 두 시장에서 지표가 매수신호를 발동시키고 있다고 하자. 큰 폭으로 하락했다가 매수신호가 발효된 시장에서 매수해야 할까? 아니면 소폭 하락했다가 매수신호가 발효된 시장에서 매수해야 할까? 추락사고를 당한 사람과 비교해보라. 계단에서 굴러 떨어졌다면 툭툭 털고 일어나 뛰어갈 수 있을 것이다. 그러나 3층 창문에서 추락했다면 얘기가 다르다. 뛰어다니려면 한참 걸릴 것이다. 회복하는 시간이 필요하기 때문이다. 낙폭이 큰 하락 이후에 주가가 갑자기 급등하는 경우는 거의 없다.

트레이딩에 성공하려면 세 가지 버팀목이 필요하다. 첫째 황소와 곰 중 어느 쪽이 주도권을 잡고 있는지 분석해야 한다. 둘째 적절한 자금관리 규칙을 만들고 잘 지켜야 한다. 마지막으로 세 번째는 트레이딩 계획을 잘 지키도록 훈련해야 하며 시장이 주는 짜릿함에 도취되지 않도록 해야 한다.

TRADING for a LIVING

제3부
전통적인 차트 분석법

18

차트의 출발점

    차트 분석가는 시장의 움직임을 연구해 자주 반복되는 주가 패턴을 식별하려고 애쓴다. 차트 분석가의 목표는 패턴이 다시 나타날 때 트레이딩해서 수익을 거두는 것이다. 차티스트는 대개 고가, 저가, 종가를 보여주는 바차트와 거래량을 이용한다. 시가와 미결제약정까지 포함시키는 사람도 있다. P&F차트를 쓰는 사람들은 시간, 거래량, 미결제약정을 모두 무시하고 주가 변화만 추적한다.

    전통적인 차트를 그리기 위해서는 종이와 연필만 있으면 된다. 시각적 감각이 뛰어난 사람들에게 좋은 분석 기법이다. 손으로 직접 데이터를 그려나가다 보면 주가에 대한 동물적인 감각이 발달하기도 한다. 컴퓨터로 작업하면 차트를 그리는 속도는 빨라지지만 이런 감각은 잃어버린다. 차팅의 가장 큰 문제는 '원하는 대로' 보고 싶어진다는 것이다. 트레이더들은 종종 매수하고 싶으면 차트 모양이 강세패턴, 공매도하고 싶으면 약세패턴이라고 스스로에게 최면을 건다.

20세기 초반 스위스의 정신과 의사 헤르만 로샤Herman Rorschach는 사람의 심리를 탐색하는 심리테스트를 고안해냈다. 먼저 열 장의 종이에 잉크를 떨어뜨리고 반으로 접어 대칭되는 잉크 얼룩을 만들었다. 얼룩을 본 사람들은 신체 일부, 동물, 건물 등등 온갖 형태를 본다고 말한다. 사실은 잉크가 번진 얼룩일 뿐인데도 말이다! 각자 마음속에 있는 것을 보는 것이다. 차트를 보는 트레이더도 마찬가지다. 로샤의 심리테스트 종이를 보는 것처럼 차트를 보며 자신의 소망과 두려움, 환상을 투사하는 것이다.

▶ 차트에 관한 간략한 역사

미국에 차티스트가 처음 등장한 것은 20세기 초반이다. 유명한 주식시장 이론의 창시자인 찰스 다우Charles Dow와 그 후임으로 《월스트리트 저널》 편집자를 지낸 윌리엄 해밀턴William Hamilton이 20세기 초반에 등장한 미국 최초의 차티스트들이다. 다우는 "평균은 시장의 모든 요소를 반영한다"는 유명한 금언을 남겼다. 다우는 다우존스산업평균과 철도평균 지수Rail Average*의 변화는 경제와 주식시장에 대한 모든 지식과 소망을 반영한다고 주장했다.

다우는 책을 내지 않았고 오로지 《월스트리트 저널》의 사설만 썼다. 다우의 후임인 해밀턴이 1929년 대공황 이후 '조류의 반전The Turn of the Tide'이라는 사설을 실으면서 차트 분석이 대중에게 알려지기 시작했다.

해밀턴은 다우 이론의 원칙을 모아 『주식시장 지표The Stock Market Barometer』를 펴냈다. 1932년에는 소식지 발행인 로버트 레아Robert Rhea가 다우 이론을 집대성해 『다우 이론The Dow Theory』을 출판함으로써 폭넓은 인기를 끌었다.

1930년대는 차팅의 황금기였다. 1929년 대공황 이후 많은 혁신가들이 나타나 자신들의 연구 결과를 책으로 펴냈다. 샤바커Richard W. Schabaker, 레아, 엘리어트, 위코프Richard D. Wyckoff, 갠 등이 대표적인 인물들이다. 이들의 연구 작업은 크게 두 갈래로 구분된다. 위코프와 샤바커는 차트를 시장의 수요와 공급을 기록하는 시각적 도구로 보았다. 반면 엘리어트와 갠은 완벽한 절대 원리를 찾으려고 했다. 야심찬 목표이긴 하지만 부질없는 짓이었다(6장 참고).

1948년 에드워즈Robert D. Edwards(샤바커의 사위)와 매기John Magee가 『주식 추세의 기술적 분석Technical Analysis of Stock Trends』이라는 책을 펴냈다. 이들은 차트 패턴과 지지, 저항, 추세선, 삼각형, 사각형, 머리어깨형 같은 개념을 유행시켰다. 그리고 다른 차티스트들이 이런 개념을 상품시장에 적용했다.

에드워드와 매기 이후로 시장은 엄청나게 변했다. 1940년대에는

---

* 다우지수로 확대, 개편되기 전 철도 관련 주식의 비중이 높았던 초창기 미국 주식시장의 대표 지수로 현재의 운송종합 지수(Transportation Average)를 가리킨다—옮긴이

뉴욕증권거래소에서 거래가 활발한 종목이라고 해봐야 일일 거래량이 수백 주에 불과했지만 1990년대 들어서 수백만 주에 이르게 되었다. 주식시장의 균형도 황소 쪽에 유리하게 기울었다. 초기 차티스트들은 천정은 단시간에 가파르게 형성되고 바닥은 오랜 시간에 걸쳐 형성된다고 설명했다. 그들이 활약했던 디플레이션 시기에는 이 이론이 맞았지만 1950년대 이후로는 반대가 됐다. 지금은 바닥이 단기간에 형성되고 천정이 오랜 기간에 걸쳐 형성되는 경향이 있다.

▶ 바차트가 보여주는 시장 심리

차트 패턴은 트레이더들의 탐욕과 공포를 반영한다. 이 책에서는 일간 차트를 중심으로 설명하지만 당신은 원칙을 다른 데이터에 적용해도 무방하다. 주간, 일간, 시간, 일중 차트 등에 관계없이 차트를 읽는 원칙은 대동소이하다.

주가란 모든 시장 참여자가 순간적으로 합의한 가치가 행동으로 나타난 것이다. 각각의 바 하나를 보면 황소와 곰 사이에 힘의 균형이 어떤지에 대한 몇 가지 정보를 알 수 있다(그림 18-1).

일간 혹은 주간 바의 시가는 대개 아마추어가 가치를 어떻게 판단하는지를 나타낸다. 아마추어는 조간신문을 읽고 전날 무슨 일이 있었는지 살피고는 일터로 출근하기 전 중개인에게 전화로 주문을 낸다. 아마추어들은 하루 중 이른 시간과 일주일을 시작하는 주초에 활발히 거래한다.

수십 년 동안의 자료를 통해 시가와 종가의 관계를 연구한 트레이더들은 다음과 같은 사실을 발견했다. 즉 시가는 대개 일일 바의 고

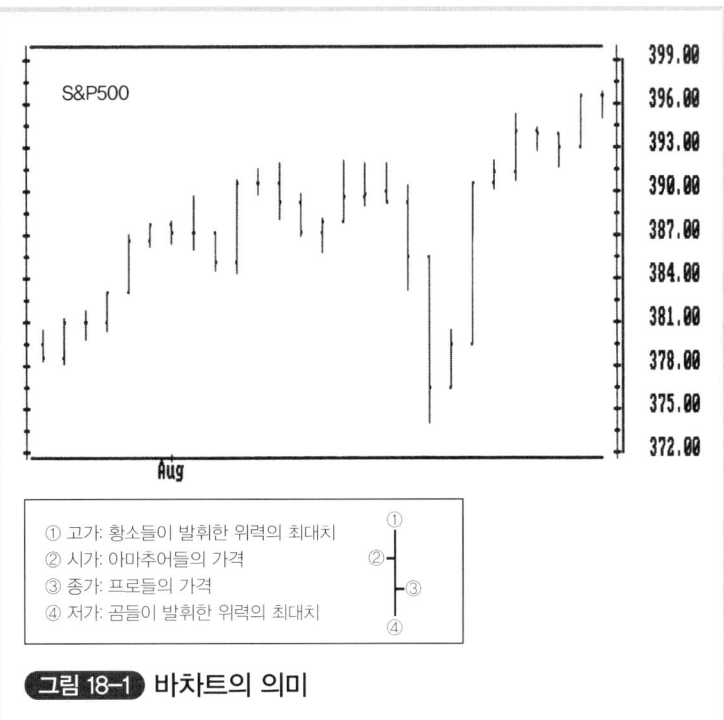

① 고가: 황소들이 발휘한 위력의 최대치
② 시가: 아마추어들의 가격
③ 종가: 프로들의 가격
④ 저가: 곰들이 발휘한 위력의 최대치

그림 18-1 바차트의 의미

시가는 아마추어들에 의해 결정된다. 아마추어들은 밤 동안 주문을 내고 이 주문들이 모여 시가에 영향을 미친다. 종가는 주로 시장의 프로들에 의해 결정된다. 시가와 종가가 바의 양쪽 끝부분에 위치하는 경우가 많다는 사실에 유의하라.

각 바의 고가는 바가 표시하는 기간 동안 황소들이 발휘한 위력의 최대치를 나타낸다. 각 바의 저가는 바가 표시하는 기간 중 곰들이 발휘한 위력의 최대치를 나타낸다. 바의 길이가 짧을 때 진입하거나 청산해야 체결오차가 적다.

가나 저가 근처에서 형성된다는 사실이다. 아침 일찍 일어난 아마추어의 매도나 매수는 감정의 극단을 형성하며 이러한 극단적인 값은 시간이 지날수록 되밀린다.

강세장의 경우 일주일 중 월요일이나 화요일에 주중 저가가 형성된다. 아마추어들이 주초에 차익실현을 위해 매도하기 때문이다. 그리고 목요일이나 금요일에 신고점으로 반등한다. 약세장의 경우 월요일이나 화요일에 주중 고점을 형성하며 일주일의 끝 무렵인 목요일이나 금요일에 주중 저점을 형성한다.

일간 또는 주간의 종가는 프로 트레이더들의 활동을 반영한다. 프로들은 하루 내내 시장을 지켜보면서 주가 변화에 대응해 장 마감 무렵 활발히 거래한다. 프로들 중 다수가 장 마감 무렵 수익을 거두며 오버나이트, 즉 포지션을 유지한 상태로 마감하는 것을 피한다.

집단으로 볼 때 프로들은 대체로 아마추어와 반대로 매매한다. 프로는 낮은 시가에 매수하거나 높은 시가에 공매도한 뒤 장 마감 무렵에 포지션을 정리한다. 그러므로 시가와 종가의 관계에 유의해야 한다. 종가가 시가보다 높으면 시장의 프로들은 아마추어보다 시장을 강세로 보고 있을 확률이 높다. 종가가 시가보다 낮으면 프로들은 아마추어보다 시장을 약세로 보고 있을 확률이 높다. 프로들에 발맞추어 트레이딩하고 아마추어와는 반대로 트레이딩하면 유리하다.

각 바의 고점은 바가 표시하는 기간 동안 황소들의 힘이 최고조에 달한 지점을 가리킨다. 황소들은 주가가 오르면 돈을 번다. 황소들이 매수에 나서면 주가는 더욱 올라가고 업틱마다 수익이 불어난다. 하지만 더 이상 주가를 끌어올릴 수 없는 한계에 도달한다. 일간 바의 고가는 그날 하루 황소들이 가진 힘의 최대치를 가리키고 주간 바의 고가는 일주일 동안 황소들이 가진 힘의 최대치를 가리키며, 5분 바의 고가는 5분 동안 황소들이 가진 힘의 최대치를 가리킨다.

각 바의 저점은 바가 표시하는 기간 동안 곰들의 힘이 최고조에 달한 지점을 가리킨다. 곰들은 주가가 내리면 돈을 번다. 곰들이 공매도에 나서면 주가는 더욱 내려가고 매 다운틱마다 수익이 불어난다. 하지만 이들도 더 이상 주가를 끌어내릴 수 없는 한계에 도달한다. 일간 바의 저가는 그날 하루 곰들이 보유한 힘의 최대치를 가리키며 주간 바의 저가는 일주일 동안 곰들이 보유한 힘의 최대치를, 5분 바의 저가는 5분 동안 곰들이 발휘한 힘의 최대치를 가리킨다.

바의 종가는 바가 표시하는 기간 동안 황소와 곰의 전투 결과를 나타낸다. 일간 바의 고가 부근에서 종가가 형성되면 그날의 전투에서 황소가 승리했다는 것을 의미한다. 일간 바의 저가 부근에서 종가가 형성되면 그날의 전투에서 곰이 승리했다는 것을 의미한다. 선물시장에서 일간 바의 종가는 특히 중요하다. 계좌의 잔고는 일일정산 제도에 의해 종가 기준으로 결정되기 때문이다.

고점과 저점의 거리는 황소와 곰이 벌인 전투의 강도를 나타낸다. 바의 길이가 평균에 가까우면 시장이 비교적 차분했다는 뜻이다. 바의 길이가 평균의 절반밖에 되지 않으면 시장이 관망했다는 뜻이다. 평균보다 바의 길이가 두 배 이상 길면 황소와 곰이 시장 전역에서 치열한 전투를 벌여 시장이 과열되었다는 뜻이다.

시장이 조용하면 대개로 체결오차(3장 참고)가 낮다. 바의 길이가 짧거나 보통일 때 진입하는 것이 유리하다. 시장이 다급하게 돌아가고 있을 때 포지션에 진입하는 건 달리는 기차에 뛰어드는 것과 마찬가지다. 기차를 보내고 다음 기회를 기다리는 게 낫다. 반면 차익 실현을 위해서는 길이가 긴 바가 좋다.

➡ 일본식 캔들차트

미국에서 처음 차트를 쓰기 시작한 시점보다 200년도 더 전에 일본에서 쌀 거래상들이 캔들차트를 쓰기 시작했다. 캔들차트는 바 대신 양 끝에 심지가 있는 양초(캔들)들을 쭉 나열한 모양이다. 양초의 몸통은 시가와 종가의 차이를 나타낸다. 종가가 시가보다 높으면 몸통을 비워 흰색으로 나타내고 종가가 시가보다 낮으면 몸통을 채워 검은색으로 나타낸다. 상단에 있는 양초의 심지 끝은 하루의 고가를, 하단 심지 끝은 하루의 저가를 표시한다.

『캔들차트 투자기법Japanese Candlestcik Charting Techniques』의 저자 스티브 니슨Steve Nison은 일본인들은 고가와 저가를 시가와 종가보다 중요하지 않게 생각했다고 지적한다. 일본인들은 시가와 종가 사이의 관계, 그리고 캔들 몇 개를 아우르는 패턴을 중시했다.

캔들차트의 최대 장점은 시가를 좌우하는 아마추어와 종가를 좌우하는 프로들 사이의 전투에 초점을 맞춘다는 것이다. 그런데 캔들차트를 이용하는 차티스트들은 거래량, 추세선, 기술적 지표 등 서구 분석가들이 보유한 다양한 도구를 활용하지 않는 듯하다. 다행히 그레그 모리스Greg Morris 같은 미국 분석가들이 캔들파워Candlepower

소프트웨어로 서구의 기술적 지표와 전통적인 캔들 패턴을 결합해 이러한 결점을 메우고 있다.

➡ 마켓 프로파일

마켓 프로파일은 앞서 잠깐 언급한 바 있는 피터 스테이들마이어가 개발한 차팅 기법으로 거래시간을 일정한 간격으로 나누고, 그 단위별로 매집accumulation과 분산distribution을 추적한다. 마켓 프로파일 차트를 작성하려면 실시간 데이터, 즉 하루 내내 호가를 입수해야 한다. 예컨대 30분 동안의 트레이딩마다 알파벳 하나를 부여하고, 30분 동안에 도달한 주가수준을 각각 고유의 알파벳으로 표시하는 방식이기 때문이다.

주가가 변하면서 점점 더 많은 알파벳이 화면을 채워 종 모양의 곡선이 생긴다. 주가가 요동치면서 추세가 형성되면 마켓 프로파일이 옆으로 길게 늘어나 추세를 반영한다. 마켓 프로파일은 장내 트레이더, 헤저, 장외 트레이더 등 집단별로 일중 거래량을 추적하는 유동성 데이터 뱅크LDB와 결합하여 활용되기도 한다.

➡ 효율적 시장, 랜덤워크, 자연의 법칙

효율적 시장 이론Efficient Market Theory이란 가격이 항상 이용 가능한 모든 정보를 반영하고 있으므로 누구도 시장 평균 이상의 수익을 올릴 수 없다는 학문적 개념이다. 20세기의 가장 성공한 투자자로 꼽히는 워렌 버핏은 이렇게 지적했다. "옛날 궤변론자들이 어떻게 그 많은 사람들로 하여금 지구가 평평하다고 믿게 만들었는지 정말 놀라울 따름이다. 효율성을 믿는 사람들이 존재하는 시장에 투자한다는 것은 마치 카드를 들여다봐야 아무 소용도 없다는 말을 믿는 사람과 브리지 게임을 하는 것과 마찬가지다."

효율적 시장 이론의 논리적 맹점은 지식과 행위를 동일시한다는 것이다. 사람들은 제대로 알고 있어도 감정에 휘둘려 불합리한 트레이딩을 하기도 한다. 훌륭한 애널리스트는 차트 위에 반복적으로 나타나는 집단행위의 패턴을 파악해 트레이딩에 활용한다.

랜덤워크Random Walk를 주창하는 이론가들은 주가 변화는 어떤 규칙도 없이 무작위로 일어난다고 주장한다. 군중이 모인 곳이라면 어디나 그렇듯 시장 역시 무작위성이 충분히 작동하며 의미 없는 '노이즈'들도 많다. 하지만 영리한 관찰자는 반복되는 군중의 행동패턴을 식별하고 패턴이 지속될 것인지 반전될 것인지 판단한다.

사람에겐 기억이라는 것이 있다. 과거의 주가를 기억하고 있기 때문에 이것이 매수 결정과 매도 결정에 영향을 미친다. 이 기억 때문에 시장의 바닥에서 지지영역이 형성되고 천정에서 저항영역이 형성된다. 랜덤워크 신봉자들은 과거의 기억이 현재의 행동에 영향을 미친다는 사실을 부인한다.

밀턴 프리드먼Milton Freedman은 가격에는 공급과 수요의 여력에 대한 정보가 담겨 있다고 지적했다. 시장 참여자들은 이 정보를 이용해 매수 및 매도 결정을 내린다. 이를테면 소비자들은 상품 가격이 할인되면 많이 구매하고 비싸면 적게 구매한다. 금융시장의 트레이더들 역시 마트에 간 주부처럼 합리적으로 행동한다. 가격이 싸면 저가 매수세가 유입되고 품귀현상이 일어나면 공황매수로 이어지며, 가격이 올라가면 수요가 감소한다.

금융시장에도 신비주의자들이 있으니 이들이 바로 '자연의 법칙Nature's Law'을 소리 높여 외치는 자들이다. 이들은 금융시장이 무작위로 움직인다는 랜덤워크 이론에 맞서고 있다. 신비주의자들은 시장은 마치 불변의 자연법칙에 따라 시계 바늘이 움직이듯 완벽한 질서를 갖고 움직인다고 주장한다. R. N. 엘리어트는 자신의 마지막 저서에 『자연의 법칙Nature's Law』이라는 제목을 붙였다.

'완벽한 질서'를 믿는 군중은 점성술에 끌리며 행성의 움직임과 가격 사이의 연결고리를 찾는다. 신비주의자들은 점성술에 끌린다는 사실을 숨기려고 하지만 금방 탄로가 난다. 시장의 자연법칙에 대해 말하는 사람이 있으면 점성술 얘기를 슬쩍 꺼내보라. 당장 본색을 드러내면서 별이 어쩌고저쩌고 할 것이다.

시장의 완벽한 질서를 믿는 이들은 천정과 바닥을 먼 미래까지 예측할 수 있다고 믿는다. 신비주의자들은 '예언'을 좋아하는 아마추어들의 습성을 이용해 강연, 트레이딩 시스템, 소식지를 판매한다.

신비주의자, 랜덤워크 학파, 효율적 시장 이론가들에게는 한 가지 공통점이 있다. 바로 시장의 현실과 동떨어져 있다는 사실이다. 극과 극은 통한다. 극단주의자들은 서로 다투는 것 같지만 사실 이들의 사고방식은 오십보백보다.

19
지지와 저항

공은 바닥에 닿으면 튀어 오른다. 튀어 오른 공은 천정에 부딪쳐 떨어진다. 지지와 저항은 주가가 오르락내리락하는 바닥과 천정이다. 주가 추세와 차트 패턴을 이해하려면 지지와 저항을 반드시 이해해야 한다. 지지하는 힘과 저항하는 힘을 측정하면 추세가 지속될지 아니면 반전될지 결정하는 데 유용하다.

지지란 하락추세를 저지하거나 반전시킬 정도로 강력한 매수세가 형성되고 있는 주가수준을 말한다. 하락추세가 지지세력과 만나면 해저의 바닥을 밟고 되튀어 오르는 잠수부처럼 반등한다. 차트 위에 저점을 여러 개 연결한 수평선 혹은 수평에 가까운 선이 그려지면 이것이 지지선이다(그림 19-1).

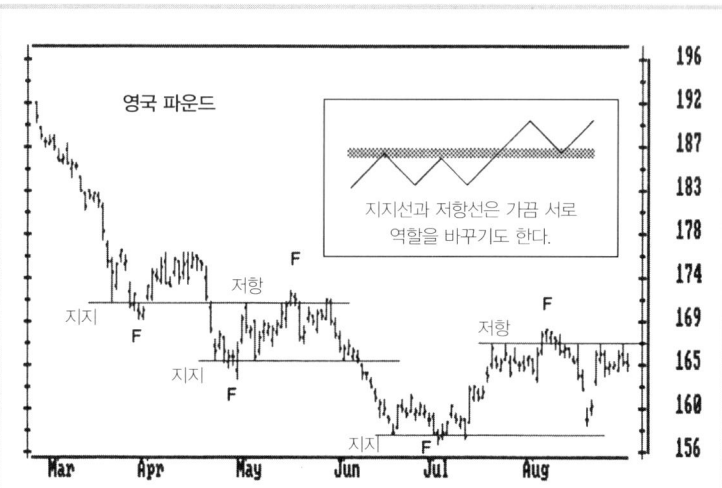

그림 19-1 지지와 저항

밀집구간의 상단 가장자리와 하단 가장자리를 통과하는 수평선을 그려라. 바닥선이 지지선이 된다. 지지영역은 매수자들이 매도자들을 압도하는 영역이다. 상단선은 저항선을 나타내며 매도자들이 매수자들을 압도하는 영역이다. 지지영역과 저항영역은 종종 서로 역할을 바꾼다. 3월에는 지지 역할을 했던 선이 5월에는 저항선이 되는 것에 주목하라. 주가가 지지선이나 저항선을 건드리고 팅겨 나오는 횟수가 많을수록 버티고 있는 지지선과 저항선의 강도는 마치 장벽처럼 굳건해진다.

주가가 지지선과 저항선을 이탈하는 '가짜 돌파(false breakout)'에 유의하라. 위 차트에 표시한 F는 가짜 돌파를 가리킨다. 아마추어들은 돌파를 뒤쫓아가며 매매하지만 프로들은 돌파가 발생하면 돌파 방향과 반대로 매매한다. 차트의 오른쪽 끝을 보면 주가가 저항선을 여러 번 건드리면서 강력한 저항영역이 형성되었다. 이 시점에서 매도기회를 살피고 저항선 조금 위에 손실제한주문을 설정하라.

저항은 상승추세를 저지하거나 반전시킬 정도로 강력한 매도세가 형성되고 있는 주가수준을 말한다. 상승추세가 저항세력과 만나면 나무를 오르다 가지에 머리가 부딪힌 원숭이처럼 상승세가 멈추거나 하락한다. 차트 위에 고점을 여러 개 연결한 수평선 혹은 수평에 가까운 선이 저항선이다.

지지선이나 저항선을 그릴 때는 극단적인 값 대신 주가가 밀집된 구간의 가장자리를 가로질러 그리는 게 좋다. 이곳은 많은 트레이더들이 마음을 바꾼 지점을 보여주며 극단적인 값들은 패닉에 빠진 가장 취약한 트레이더들의 행위를 반영한다.

주요한 지지와 저항선이 추세를 반전시키는 반면 힘이 약한 지지와 저항선은 추세를 멈추게 할 뿐이다. 트레이더들은 지지선에서 매수하고 저항선에서 매도해 자기달성예언을 충족시킨다.

▶ 기억, 고통, 그리고 후회

지지와 저항이 존재하는 것은 인간에게 기억이 있기 때문이다. 기억이 우리를 자극하기 때문에 일정 수준에서 매수하고 매도하게 된다. 수많은 트레이더들이 행동에 나서면 지지영역과 저항영역이 형성된다.

트레이더들은 최근 일정 수준에서 주가 하락이 멈추고 상승세로 돌아섰다는 사실을 기억한다. 따라서 그들은 주가가 다시 그 수준 가까이 가면 매수에 나선다. 또 상승추세가 특정 지점에서 고점을 찍은 후 반락된 사실을 기억한다. 따라서 주가가 그 수준에 다시 접근하면 매도하거나 공매도에 나서는 경향이 있다.

이를테면 1966년에서 1982년 사이 주식시장에서 일어난 주요 상승은 다우존스공업평균이 950 혹은 1050선까지 반등하면 멈추었다. 저항세력이 너무 강력해 트레이더들은 이 저항선을 '하늘의 묘지 Graveyard in the Sky'라고 불렀다. 황소들이 몰려와 이 수준을 돌파하면서 저항영역이 주요 지지영역이 되었다.

트레이더 집단이 고통을 느끼고 후회하기 때문에 지지와 저항이 존재한다. 손실이 나는 포지션을 보유하고 있는 트레이더들은 뼈저린 고통을 느낀다. 패자들은 시장이 다시 한 번 기회를 주기만 하면 재빨리 빠져나오리라 벼르고 있다. 기회를 놓친 트레이더들 역시 후회하면서 시장이 두 번째 기회를 주기를 학수고대한다. 거래범위가 좁아 가격 변동폭이 작고 패자들도 상처가 깊지 않으면 트레이더들이 느끼는 고통과 후회의 강도도 약하다. 그러나 이 거래범위가 돌파되면 극심한 고통과 후회에 시달리게 된다.

시장이 한동안 횡보를 계속하면 트레이더들은 거래범위(박스권) 하단에서 매수하고 상단에서 공매도한다. 상승추세가 되면 공매도한 곰들은 고통에 몸부림치고 황소들은 더 많이 매수하지 못한 것을 후회한다. 곰과 황소는 모두 시장이 다시 한 번 기회를 주면 매수하리라 다짐한다. 곰은 고통 때문에, 황소는 후회 때문에 언제든 기회만 오면 매수에 나서는 것이다. 이런 이유로 상승추세가 조정을 받을 때 지지영역이 형성된다.

저항은 황소가 고통을 느끼고 곰들이 후회하며, 두 부류가 모두 기꺼이 매도에 나설 태세가 되어 있는 영역이다. 주가가 거래범위를 이탈해 하락하면 매수한 황소는 덫에 걸린 듯 괴로워하며 손실을 만회하게 해줄 반등을 기다린다. 곰들은 더 많이 공매도하지 못한 것을 후회하며 또 다시 공매도할 기회인 반등을 기다린다. 황소의 고통과 곰의 후회가 하락추세의 천정을 이루는 저항영역을 형성한다. 이와 같이 지지하는 힘과 저항하는 힘은 트레이더들이 고통과 후회를 얼마나 강렬하게 느끼는가에 따라 결정된다.

지지와 저항의 강도

상하의 선들과 몇 번이나 접촉한 밀집구간은 마치 격전이 벌어져 분화구처럼 패인 전쟁터와 같다. 방어하는 쪽은 막을 여력이 충분하고 공격하는 쪽은 공격을 늦추게 된다. 주가가 밀집구간에 오래 머물수록 황소와 곰은 그 구역에 감정적으로 더욱 집착한다. 주가가 위에서부터 밀집구간으로 접근하면 밀집구간은 지지선 역할을 한다. 주가가 아래로부터 밀집구간을 향해 상승하면 저항선 역할을 한다. 밀집구간은 때로 역할을 바꿔 지지선 역할을 하다가 저항선 역할을 하기도 하며, 저항선 역할을 하다가 지지선 역할을 하기도 한다.

지지영역과 저항영역의 강도는 세 가지 요소에 의해 결정된다. 길이, 높이, 그리고 지지 혹은 저항영역의 거래량이다. 이 요소들을 밀집구간의 길이, 높이, 거래량으로 한눈에 알아보게 그릴 수 있다.

지지나 저항영역의 길이, 즉 기간이 길거나 각 영역에 부딪힌 바의 수가 많을수록 강도가 세다. 묵을수록 향이 좋아지는 고급 와인처럼 지지와 저항도 시간이 지나면서 힘을 얻는다. 2주에 걸쳐 형성된 거래범위는 단기 지지나 저항을 만들고 2개월에 걸쳐 형성된 거래범위는 중기 지지나 저항을 만든다. 이에 따라 사람들은 이 지지와 저항에 어느 정도 익숙해지기 시작한다. 한편 2년에 걸쳐 지지와 저항이 형성되면 하나의 표준적 가치로 수용되어 주요 지지나 저항이 된다. 주가가 이들 영역을 건드릴 때마다 지지나 저항영역의 힘은 커진다. 주가가 일정 수준에 도달하면 반전된다는 것을 경험한 트레이더들은 주가가 다시 그 수준에 도달하면 반전되는 쪽에 돈을 건다.

지지나 저항영역의 높이가 높을수록 강도가 세다. 즉, 밀집구간의 가격 변동폭이 위아래로 길면 마치 담장을 높이 친 것과 같다. 시장 가치의 1퍼센트에 해당하는 밀집구간(S&P500지수 400일 경우 4포인트)은 단기 지지나 저항이다. 3퍼센트 높이의 밀집구간은 중기 지지나 저항이며 7퍼센트 높이의 밀집구간은 주요 추세를 무너뜨릴 수 있을 만큼 강력하다.

지지나 저항영역에서 거래량이 많을수록 더 강력하다. 거래량이 많다는 것은 트레이더들이 시장에 활발히 참여하고 있다는 뜻이다. 다시 말하면 트레이더들이 감정적으로 강하게 집착하고 있다는 뜻이다. 거래량이 적다는 것은 트레이더들이 그 수준에서 거래하는 데 별 관심이 없다는 뜻이므로 지지하는 힘이나 저항하는 힘도 약하다.

지지수준과 저항수준이 무르익으면 서서히 힘이 약해진다. 손실을 본 패자들은 시장에서 계속 퇴출되고 새로운 신입들로 대체된다. 이들은 오래된 과거의 주가수준에 감정적으로 집착하지 않는다. 최근에 손실을 본 사람들만이 무슨 일이 있었는지 또렷이 기억한다.

이들은 아마도 고통과 후회 속에 손실을 회복하기 위해 시장에 남아 있을 것이다. 이에 반해 몇 해 전 잘못된 판단을 했던 사람들은 아마도 시장에 남아 있지 않을 것이므로 이들의 기억은 시장에 영향을 미치지 못한다.

▶ 지지와 저항을 활용한 매매 기법

1. 내가 편승한 추세가 지지나 저항영역에 접근하면 손실제한 수준을 좁혀라. 손실제한을 간단히 말하면 롱 포지션일 때 시장가 이하로 팔고 숏 포지션일 때 시장가보다 비싸게 청산하도록 설정한 주문이다. 이렇게 손실제한주문을 설정해두면 시장이 불리하게 움직일 때 심한 손실을 방지할 수 있다. 추세의 강도는 지지나 저항을 건드렸을 때 어떻게 반응하는지를 보면 알 수 있다. 추세가 지지나 저항영역을 돌파할 정도로 강하다면 가속이 붙어 설정해둔 손실제한을 건드리지 않는다. 추세가 지지나 저항을 돌파하지 못하고 튕겨져 나온다면 추세가 약하다는 뜻이다. 이럴 경우 손실제한을 좁게 설정해두면 지금까지의 수익을 보호할 수 있다.
2. 지지와 저항은 단기 차트보다 장기 차트에서 더 중요하다. 주간 차트는 일간 차트보다 더 중요하다. 훌륭한 트레이더는 몇 가지 시간단위의 차트를 살피지만 장기 차트를 더 중시하고 신뢰한다. 주간 차트의 추세가 지지나 저항영역을

벗어나 움직이고 있다면 일간 차트의 추세가 저항영역을 건드린다 해도 별로 중요하지 않다. 주간 차트의 추세가 지지나 저항영역에 접근하면 얼른 행동 태세에 돌입해야 한다.

3. 지지와 저항수준은 손실제한주문과 수익방어주문을 설정하는 데 유용하다. 밀집구간의 바닥은 지지영역의 하한선이다. 매수 후 이 수준 아래에 손실제한주문을 설정하면 속임수신호에 휘둘리지 않고 상승추세를 누릴 수 있다. 신중한 트레이더들은 상향돌파 후 매수하고 밀집구간의 가운데에 손실제한주문을 설정한다. 진짜 돌파라면 마치 로켓이 발사대로 되돌아오는 법이 없듯이 밀집구간의 가운데까지 되돌림하지 않는다. 하락추세에서는 반대 논리가 적용된다.

많은 트레이더들이 어림수에는 손실제한주문을 설정하지 않는다. 에드워즈와 매기가 어림수에 손실제한주문을 설정하지 말라고 즉흥적으로 충고한 이후로 이런 미신이 시작되었다. 에드워즈와 매기가 그렇게 이야기한 이유는 '모든 사람'이 그곳에 손실제한주문을 설정하기 때문이라는 것이다. 요즘엔 예컨대 92에 구리를 매수하면 90이 아니라 89.75에 손실제한주문을 설정한다. 76에 주식을 공매도한다면 손실제한을 80이 아닌 80.25에 설정한다. 요즘엔 소수점 단위로 손실제한주문을 설정하는 트레이더들이 더 많다. 하지만 중요한 것은 어림수든 아니든 합리적인 수준에 손실제한주문을 설정해야 한다는 것이다.

진짜 돌파와 가짜 돌파

시장은 일정한 추세를 이루며 진행되는 시간보다 박스권에 머물러 있는 시간이 더 많다. 박스권을 벗어나 돌파하거나 이탈하는 주가 움직임의 대부분은 가짜 돌파다. 추세추종자들이 이러한 가짜 돌파에 휩쓸려 한 차례 매매를 진행하고 나면 주가는 곧 다시 박스권 안으로 회귀한다. 가짜 돌파는 아마추어에겐 재앙이지만 프로들에게는 즐거운 이벤트다.

프로들은 주가는 거의 대부분의 시간 동안 그다지 멀리 이탈하지 않고 오르락내리락 등락을 반복한다고 예측한다. 따라서 주가가 박스권 상단을 돌파하여 신고점을 기록하거나 하단을 돌파하여 신저점을 찍을 때를 기다린다. 그런 다음 돌파의 반대 방향(역추세)으로 매매를 하고 가장 최근의 고점이나 저점에 손실제한을 걸어둔다. 손실제한이 타이트하여 위험도 적은 반면 만약 주가가 다시 밀집구간으로 되돌림할 경우 기대수익은 크다. 이렇게 하면 위험/보상 비율이 좋아서 트레이딩 횟수의 절반만 성공해도 수익을 올릴 수 있다.

일간 차트에서 상단돌파 시 최고의 매수기회는 주간 차트가 새로운 상승추세를 형성하고 있는 시점이다. 진짜 돌파인지 확인할 수 있는 잣대는 거래량과 기술적 지표다. 가짜 돌파는 거래량이 적고 주가와 지표 사이에 다이버전스가 일어난다. 진짜 돌파는 거래량의 증가와 함께 기술적 지표들이 주가와 함께 신저점이나 신고점을 기록함으로써 주가 움직임을 확증한다.

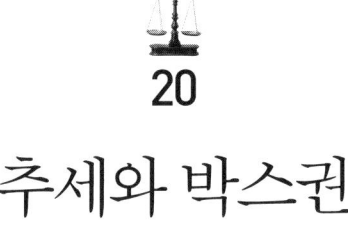

20
추세와 박스권

트레이더는 주가 변동을 이용해 수익을 거두려는 사람들이다. 저점에서 사서 고점에서 매도하거나 고점에서 공매도해 저점에서 환매한다. 그런데 차트를 대충 훑어보기만 해도 시장은 대부분의 기간 동안 박스권에서 움직인다는 것을 알 수 있다. 추세를 형성하는 기간은 얼마 되지 않는다.

상당 기간에 걸쳐 주가가 상승하거나 하락할 때를 추세라고 한다. 상승추세에서는 앞선 상승보다 더 높이 상승해 신고점을 찍고 하락하더라도 앞선 반락의 저점보다 더 높은 수준에서 하락이 멈춘다. 하락추세에서는 앞선 저점보다 더 낮은 수준에서 신저점을 찍고 반등하더라도 앞선 고점보다 더 낮은 수준에서 멈춘다. 그런데 박스권에서는 주가가 반등해도 이전 고점 근처에서 멈추고 하락 시에는 이전 저점 근처에서 멈추며 용두사미로 끝난다.

트레이더는 추세와 박스권을 식별할 줄 알아야 한다. 그리고 사실 추세구간에서 매매하는 편이 더 쉽다(그림 20-1). 주가가 횡보를 보이면 옵션을 발행하지 않는 한 수익을 올리기 어려운데 옵션을 발행하는 데는 고도의 기술이 필요하다.

추세구간 매매와 박스권 매매는 각기 다른 전략이 필요하다. 상승추세에서 롱 포지션을 취하거나 하락추세에서 숏 포지션을 취했다면 추세를 믿고 쉽게 흔들리지 말아야 한다. 안전벨트를 꽉 조여 매고 추세가 지속되는 동안 진득하게 자리를 지켜야 수익을 올릴 수 있다. 반면 박스권에서 매매할 때는 기민하게 움직여야 하는데 조금이라도 반전의 기미가 보이면 재빨리 포지션을 정리해야 한다.

추세구간과 박스권에서 전략의 차이는 또 있다. 바로 강세와 약세에 대한 대응 방식이다. 추세구간에서는 강한 쪽을 쫓아 상승추세에서 매수하고 하락추세에서 공매도해야 한다. 반면 주가가 박스권에 머물며 움직일 때는 약세에서 매수하고 강세에서 공매도해야 한다.

▶ 추세에 투영되는 군중심리

황소들이 곰보다 강하면 매수세가 가격을 끌어올려 상승추세가 형성된다. 곰들이 주가를 끌어내리는 데 성공하더라도 황소가 다시

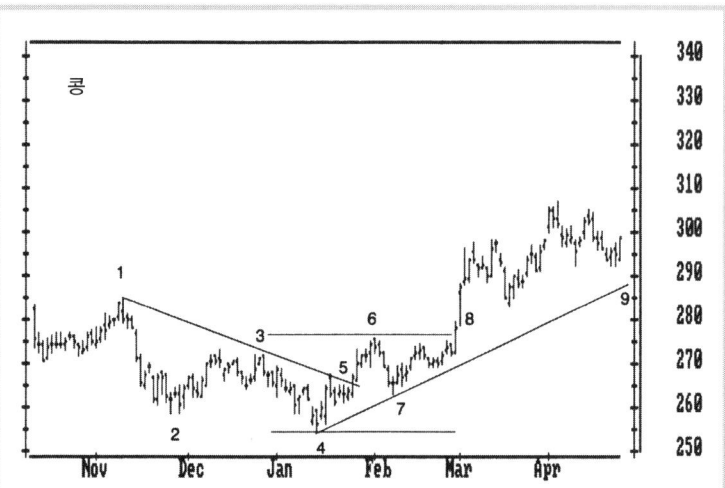

그림 20-1 추세와 박스권

저점과 고점이 동시에 하락하면 하락추세다. 콩 가격은 11월부터 1월 중순까지 하락한다. 저점 4가 저점 2보다 낮고 고점 3이 고점 1보다 낮다. 5번 지점에서 하락추세가 무너지며 추세의 종말을 예고한다. 하락추세가 붕괴되면 박스권에 돌입하거나 상승추세로 이어진다.

이 하락추세는 박스권으로 이어진다. 저점 4와 고점 3, 6을 따라 그린 수평선이 박스권을 표시한다. 저점 7이 저점을 높이면서 거래범위의 바닥에 닿지 않고 고점 6에서 이어지던 하락세가 멈추면 예비 상승추세선을 그릴 수 있다. 8번 지점에서 박스권 돌파가 일어나 새로운 상승추세의 시작을 확증한다.

차트 오른쪽 끝을 보면 가격이 상승추세선 위로 '날아다닌다.' 추세가 상승하고 있으므로 매수기회다. 가장 최근의 저점 아래와 추세선 아래에 손실제한주문을 설정해 하락 위험을 제한하라. 일일 거래범위(고가와 저가 사이의 거리)가 비교적 좁다는 사실에 주목하라. 이는 추세가 튼튼할 때 나타나는 전형적인 현상이다. 일간 차트의 거래범위가 넓어지는 현상이 몇 차례 일어난 다음에는 종종 추세가 끝난다. 일간 차트의 거래범위가 넓어지면 추세의 종말을 알리는 신호다.

힘을 모아 하락세를 꺾고 주가를 신고점까지 끌어올린다. 그런데 곰들이 더 강하면 매도세가 주가를 끌어내린다. 한차례 매수세가 돌풍을 일으켜 주가를 끌어올려도 곰들이 반등구간에서 공매도에 나서면 반등이 멈추고 주가는 신저점으로 떨어진다.

황소와 곰이 막상막하로 강하거나 둘 다 힘이 없을 때면 주가는 박스권에서 머문다. 황소가 주가를 끌어올려도 곰들이 끼어들어 공매도에 나서면 주가는 하락하고, 주가가 하락하면 저가 매수세가 끼어들어 하락세에 제동을 걸고 곰들이 숏을 커버하면서 상승이 진행된다. 시장에서는 이러한 소폭 등락의 사이클이 반복된다.

박스권은 힘이 비슷한 집단의 싸움과 같다. 골목 한 귀퉁이에서 서로 밀고 당기지만 어느 쪽도 확실히 우위를 점하지 못하는 형국이다. 추세란 힘이 센 패거리가 힘이 약한 패거리를 거리에서 몰아내는 형세다. 이따금 힘이 약한 쪽이 멈춰서 잠시 싸우다가도 다시 등을 보이며 도망간다.

박스권에서는 주가가 방향성을 보이지 않는다. 군중들이 대부분의 시간을 목적 없이 보내는 것처럼. 인간은 뚜렷한 목적을 갖고 행동하는 시간보다 그저 멍하게 있는 시간이 더 많기 때문에 시장도 추세를 형성하는 시간보다 박스권에서 머무는 시간이 더 많다. 군중들이 동요하기 시작하면 시장은 출렁이며 추세를 만든다. 그러나 군중의 흥분상태는 오래가지 않고 다시 평상시로 돌아간다. 프로들은 추세인지 박스권인지 알쏭달쏭하면 대체로 박스권에 무게를 둔다.

▣ 정말 중요한 것은 차트 오른쪽 끝에서 결정을 내리는 일이다

추세와 횡보구간을 식별하는 것은 기술적 분석의 최대 난제에 속한다. 차트 중간에서는 식별하기 쉽지만 오른쪽 끝으로 갈수록 어려워진다. 오래된 과거의 차트를 보면 추세와 횡보구간이 확연히 드러난다. 전문가들은 세미나에서 옛날 차트를 보여주면서 추세 포착이 쉬운 일인 것처럼 말한다. 문제는 누구도 차트 중간에서 트레이딩할 수 없다는 것이다. 우리는 가뜩이나 어려운 차트 오른쪽 끝에서 결정을 내려야 한다!

과거는 더 이상 움직이지 않고 고정되어 있으므로 분석하기가 쉽다. 하지만 미래는 유동적이고 불확실하다. 추세를 식별할 무렵이면 벌써 추세가 한참 지나가고 난 뒤다. 추세가 사라지고 박스권으로 돌입한다고 누가 종을 요란하게 울려 알려주지도 않는다. 추세가 끝난 줄도 모르고 트레이딩을 하다가 손실을 본 뒤에야 알아차리기 십상이다. 차트 오른쪽 끝에서는 차트 패턴과 지표의 신호가 서로 모순된다. 불확실성 때문에 눈앞이 안개처럼 뿌연 가운데 확률에 의존해 결정을 내려야 한다.

사람들은 대개 불확실성을 용납하지 못한다. 그리고 끝까지 내가 옳다고 생각하고 싶어한다. 손실이 나고 있는 포지션에 집착하면서 시장이 돌아서서 본전을 건지게 되기를 기다린다. 자신이 옳다는 것에 집착하면 시장에서는 비싼 대가를 치러야 한다. 프로 트레이더들은 손실이 나는 트레이딩에서 재빨리 빠져나온다. 시장이 나의 분석과 다른 방향으로 움직이면 고집 부리거나 수선 떨지 말고 손절매하는 것이 상책이다.

➡ 추세와 박스권을 식별하는 방법

추세와 박스권을 식별하는 왕도는 없다. 몇 가지 방법을 결합하는 것이 유용한데 여러 방법이 서로를 확증하면 메시지는 더욱 공고해진다. 여러 방법이 서로 충돌하면 트레이딩을 포기하는 편이 낫다.

1. 고점과 저점의 패턴을 분석하라. 반등 시 계속 신고점을 갱신하고 하락 시 저점이 이전 저점보다 계속 높으면 상승추세다. 반대로 저점과 고점이 계속 낮아지면 하락추세, 고점과 저점이 불규칙하면 박스권이다(그림 20-1).
2. 최근의 의미 있는 저점들을 연결해 상승추세선을 그리고 최근의 의미 있는 고점들을 연결해 하락추세선을 그려라(21장 참고). 가장 최근 추세선의 기울기가 현재 추세를 나타낸다(그림 20-1, 20-2, 21-2).

일간 차트에서 의미 있는 고점과 저점은 적어도 일주일 동안의 최고점과 최저점이다. 차트를 연구하다 보면 의미 있는 고점과 저점을 식별하는 눈이 생긴다.

3. 13일 이상의 지수이동평균EMA을 구해서 그린다(25장 참고). 지수이동평균의 기울기 방향이 추세를 나타낸다. 이동평균이 한 달 동안 신고점이나 신저점을 기록하지 못하면 시장은 박스권에 머문다.
4. MACDMoving Average convergence-Divergence(26장 참고), 방향성 시스템Directional System(27장 참고) 같은 시장 지표는 추세를 식별하는 데 유용하다. 방향성 시스템은 새로운 추세의 초기 단계를 포착하는 데 특히 유용하다.

기다릴 것인가, 매매할 것인가

상승추세를 확인하고 매수를 결심했다면 즉시 매수할 것인지 아니면 조정을 기다릴 것인지 판단해야 한다. 즉시 매수한다면 추세에 편승할 수는 있지만 손실제한이 멀어져서 위험이 커진다.

만약 조정을 기다린다면 위험은 줄어들지만 네 종류의 경쟁자가 생긴다. 첫째 이미 롱 포지션을 취하고 있으면서 포지션을 늘리려는 사람, 둘째 숏 포지션을 취하고 있으면서 본전을 건지고 빠져나오려는 사람, 아직 롱 포지션을 취하지 않은 트레이더, 너무 일찍 매도해서 다시 매수하고 싶은 트레이더. 되돌림을 기다리는 대기실에 사람이 넘친다! 그렇지만 시장은 그다지 자비롭지 않다. 게다가 되돌림의 폭이 크면 추세가 반전될 가능성도 크다. 하락추세일 경우도 마찬가지다. 시장이 에너지를 축적하는 동안 되돌림을 기다리는 건 아

그림 20-2 추세를 보여주는 추세선

추세선이 전하는 가장 중요한 메시지는 기울기의 방향이다. 기울기가 상승하면 매수 편에 합류하라. 기울기가 하락하면 매도 편에 합류하라.

저점 1과 2를 연결하는 상승추세선으로 상승추세를 확인한다. 따라서 제시된 차트의 난방유는 롱 포지션으로 트레이딩해야 한다. 때때로 가격이 상승추세선을 이탈하는데 3번 지점에서 추세선으로 되돌림했다. 7번 지점에서도 같은 현상이 일어난 것을 확인할 수 있다. 가격이 추세선을 이탈한 뒤 반대 방향에서 다시 추세선을 향해 상승하는 경우가 많다.

추세선의 방향대로 트레이딩하면 대체로 시장의 큰 흐름대로 트레이딩할 수 있다. 차트의 오른쪽 끝에서는 추세가 하락하고 있으므로 매도기회를 찾아야 한다. 가격이 하락추세선보다 훨씬 아래에 있어 손실제한이 너무 멀게 되므로 즉시 나서지는 말라. 반드시 위험/보상 비율이 적당할 때까지 기다려야 한다. 인내심은 트레이더가 갖추어야 할 중요한 덕목이다.

마추어식 발상이다.

시장이 박스권에 있어 박스권 돌파를 기다린다면 돌파 이전에 매수할 것인지, 돌파 도중에 매수할 것인지, 아니면 유효한 돌파 이후 되돌림에서 매수할 것인지 결정해야 한다. 포지션을 복합적으로 운용한다면 3분의 1은 돌파 이전, 3분의 1은 돌파 도중, 3분의 1은 돌파 이후에 매수할 수 있다.

어떤 방법을 쓰든 가장 위험한 매매를 피하게 해줄 자금관리 규칙이 하나 있다. 진입 포인트와 손실제한까지 거리가 계좌 잔고의 2퍼센트를 넘지 말아야 한다(10부 참고). 아무리 구미가 당기는 트레이딩이라도 거리가 더 멀면 포기하라.

추세구간과 박스권에서는 자금관리 전략이 달라진다. 추세구간에서는 포지션의 크기를 줄이고 손실제한을 넓게 잡아야 한다. 이렇게 하면 위험을 통제하면서 반락으로 손실을 볼 확률이 적다. 대신 박스권에서는 포지션을 크게 늘리고 손실제한을 좁게 설정하는 게 좋다.

추세구간에서는 추세의 방향만 틀리지 않으면 다소 엉성하게 진입해도 크게 문제되지 않는다. 반면 박스권에서는 진입시점을 잘 잡는 것이 관건인데 기대수익이 매우 제한되어 있기 때문이다. 노련한 트레이더들은 "강세장만 잡겠다고 애태우지 말라"고 조언한다. 시장이 추세에 돌입했는지 아니면 박스권인지 알쏭달쏭할 때 프로들은 박스권에 무게를 둔다. 확신이 서지 않으면 한 발짝 물러서서 관망하라.

프로들은 박스권 매매를 즐긴다. 추세 때문에 크게 손실을 볼 위험은 적으면서 진입하고 청산할 수 있기 때문이다. 추세구간에서는 큰 손실을 입기가 쉽지만 박스권에서는 그런 위험이 거의 없이 진입하고 청산할 수 있다. 프로들은 수수료가 낮거나 없고 체결오차도 거의 없으므로 소폭 등락을 반복하는 시장에서 수익을 올릴 수 있다. 하지만 장외에서 거래하는 우리 같은 트레이더들은 추세를 포착하는 편이 유리하다. 추세구간에서는 트레이딩 횟수를 줄일 수 있어 계좌에서 수수료와 체결오차가 적게 빠져나간다.

▶ 시간단위별로 상충되는 차트

대부분의 트레이더는 시장은 항상 추세와 박스권을 동시에 보여준다는 사실을 망각한다. 트레이더는 일간 차트나 일중 시간 차트 중 하나를 선택한 다음 일간 차트에서 매매기회를 찾는다. 그런데 일간이나 시간 차트에 눈을 고정시키는 동안 주간 차트나 10분 차트에서 추세가 형성되어 계획을 망가뜨린다.

시장은 차트상에 10분, 시간, 일간, 주간 등 여러 가지 시간단위로 존재한다(36장 참고). 일간 차트에서는 매수기회로 보이는 지점이 주간 차트에서는 매도기회로 보이고 그 반대 역시 마찬가지다(그림 20-3). 동일한 시장인데 시간단위에 따라 다른 신호를 보내는 것이다. 이런 때는 어느 쪽을 따를 것인가?

추세가 미심쩍으면 일단 물러서서 매매에 쓰는 차트보다 한 단계 높은 시간단위의 차트를 살펴보라. 이것이 삼중 스크린 매매 시스템

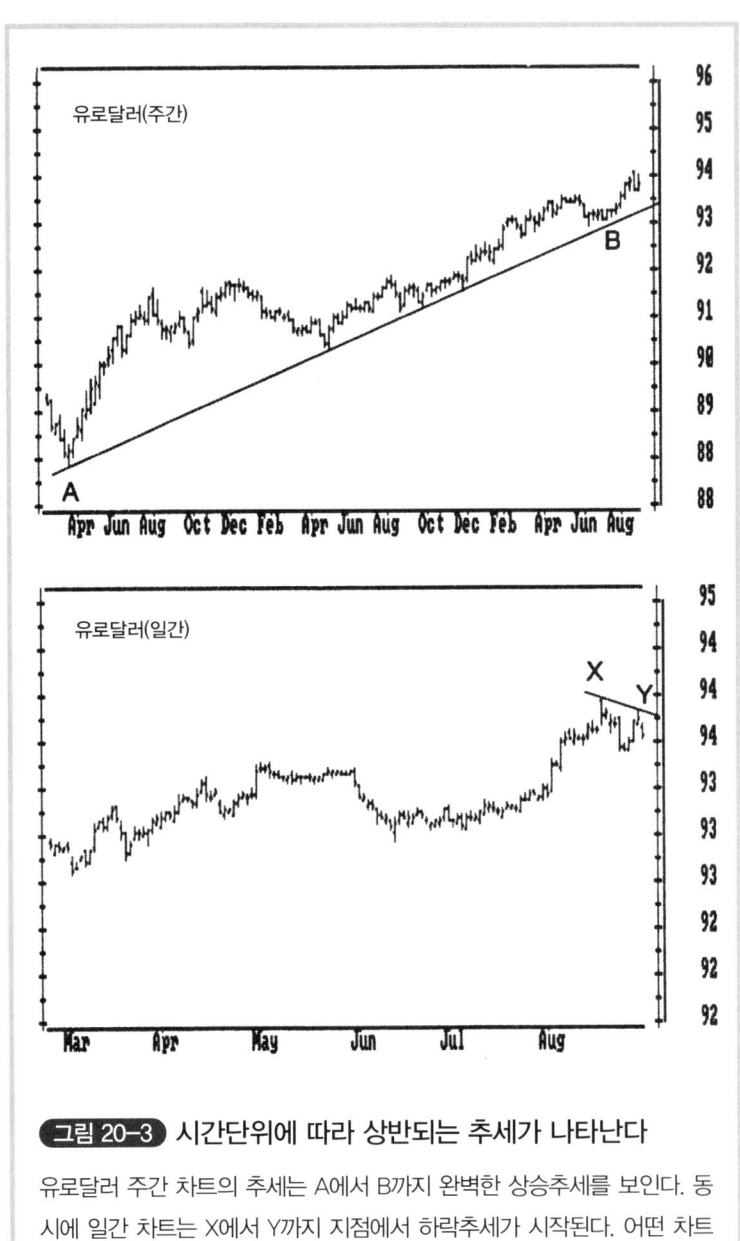

그림 20-3 시간단위에 따라 상반되는 추세가 나타난다

유로달러 주간 차트의 추세는 A에서 B까지 완벽한 상승추세를 보인다. 동시에 일간 차트는 X에서 Y까지 지점에서 하락추세가 시작된다. 어떤 차트

> 를 따를 것인가? 이처럼 같은 시장에서 시간단위에 따라 추세가 반대로 나타나는 현상은 트레이딩에서 가장 흔하고 골치 아픈 딜레마다. 두 가지 이상의 시간단위로 시장을 관찰해야 하며 서로 다른 시간단위의 차트에서 상반되는 신호가 나타날 때 어떻게 해야 할지 알아야 한다. 삼중 스크린 매매 시스템을 활용하면 이 문제를 해결할 수 있다(43장 참고).

의 핵심 원리다(43장 참고).

돈을 잃는 트레이더는 책상 위에 실시간 시세기가 있다면 돈을 벌 수 있을 거라고 생각한다. 수많은 패자들이 데이터를 신속하게 얻고 짧은 시간단위 차트를 잘 보면 돈을 벌 수 있으리라고 착각한다. 하지만 이러한 시스템을 구비하면 돈을 더 빨리 잃는다는 사실! 이것도 안 되면 거래소에서 실시간으로 전송되는 데이터를 바로바로 보면서 트레이딩하면 사정이 나을 거라고 말한다. 그러나 장내 트레이더의 절반 이상이 첫 해에 시장에서 퇴출된다. 패자는 정보와 트레이딩의 소용돌이 한가운데에 놓아두어도 승자가 되지 못한다.

서로 다른 시간단위의 차트들은 동일한 대상에 대해 서로 다른 신호들을 발효시킨다. 마치 거대한 퍼즐의 조각과도 같다. 일간 차트에서 추세로 보이는 것이 횡보장을 보이는 주간 차트에서는 일시적인 변화로 보일 수 있다. 일간 차트에서 횡보구간으로 보이는 것이 일중 시간 차트에서는 가파른 상승추세나 하락추세로 보이기도 한다. 프로들은 미심쩍으면 큰 그림을 보지만 아마추어들은 단기 차트만 들여다본다.

21
추세선

차트는 황소와 곰의 행동을 반영한다. 바닥은 곰들이 멈추고 황소들이 다시 시장을 장악하는 지점이다. 상승의 꼭짓점은 황소들이 쇠락하고 곰들이 다시 패권을 쥐는 지점이다. 인접한 두 저점을 이은 선은 매수세의 최소 공통분모를 나타내며 인접한 두 고점을 이은 선은 매도세의 최소 공통분모를 나타낸다. 우리는 이 선들을 추세선이라 부르며 이를 이용해 추세를 파악한다.

주가가 상승하면 저점들을 이어 상승추세선을 그려라. 주가가 하락하면 고점들을 이어 하락추세선을 그려라. 이 선들을 오른쪽으로 길게 연장해보면 매수와 매도지점을 예측하는 데 도움이 된다.

추세선의 가장 중요한 특징은 '기울기'로 이를 통해 어떤 세력이 시장을 주도하는지 식별할 수 있다. 추세선의 끝이 위를 향하면 황소들이 시장을 장악하고 있다는 뜻이다. 그렇다면 추세선 아래로 손실제한을 걸어두고 매수에 나서야 한다. 추세선의 끝이 아래를 향하면 곰들이 시장을 장악하고 있는 상황이다. 그렇다면 공매도를 하고 추세선 위에 손실제한주문을 설정해 포지션을 방어해야 한다.

추세선은 트레이더들의 가장 오래된 도구에 속한다. 오늘날 컴퓨터 툴로 이동평균, 방향성 시스템, MACD 등이 있는데 여기에 대해서는 4부에서 자세히 다루겠다.

▶ 추세선 작도법

차트 분석가들은 대개 극단적인 고점과 저점을 이어 추세선을 그린다. 하지만 밀집구간의 가장자리를 따라 그리는 편이 낫다(그림 21-1). 이들 가장자리는 트레이더 다수가 방향을 선회한 지점이다. 기술적 분석은 여론조사와 같다. 여론조사는 대중의 의견을 구하는 것이지 소수 극단주의자의 의견을 구하는 것이 아니다. 밀집구간의 가장자리를 따라 추세선을 그리는 일에는 어느 정도 주관이 개입된다. 따라서 자를 내 맘대로 기울여 그리고 싶은 유혹을 받을 터인데 이를 경계해야 한다.

바닥에서 공포에 질린 황소들이 투매에 나서고 천정에서 곰들이 일제히 환매에 나서면 극단적인 고점과 저점이 형성된다. 이런 극단

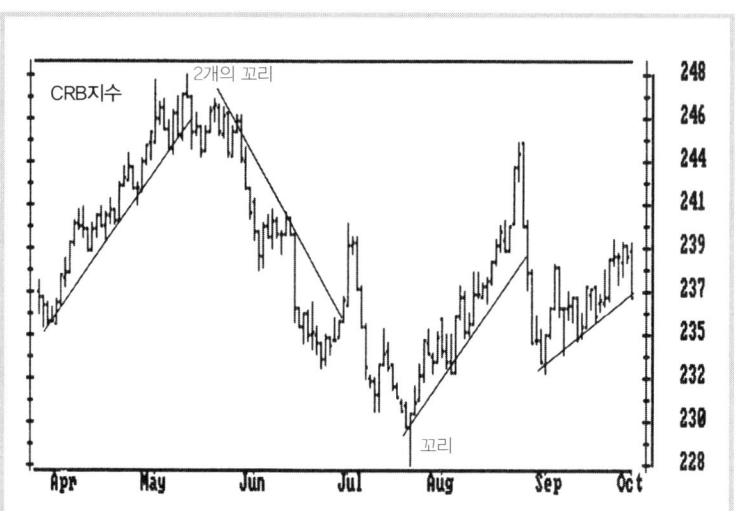

그림 21-1 추세선과 꼬리

밀집구간의 가장자리를 따라 추세선을 그리되 극단적인 값은 내버려두라. 꼬리는 추세의 끝 부분에 나타나는 기다란 선으로 밀집구간에서 돌출해 튀어나온다. 꼬리가 보여주는 가격은 너무 높거나 낮다고 생각되어 시장에서 거부되는 지점이므로 되돌림의 출발점이 된다. 따라서 반대 방향으로 매매할 절호의 기회가 된다.

차트의 오른쪽 끝에서 주가가 상승추세선을 건드리고 있다. 신저점을 기록하지 못하고 저점을 높이는 바가 나타나자마자 매수하라.

적인 값들은 차트에서 긴 '꼬리tail'로 나타난다(그림 21-1). 추세선을 그릴 때는 꼬리가 아닌 밀집구간의 가장자리를 토대로 그려야 한다. 왜냐하면 꼬리는 패닉에 빠지기 쉬운 군중의 행태를 반영하는 것으로 군중의 실제 행동을 반영한 것이 아니기 때문이다. 극단적인 값들도 아주 중요하지만 추세선을 그릴 때는 무시해야 한다. 시장은 대체로 꼬리에서 다시 되밀리는데 이것이 단기 트레이더에게 기회가 된다. 스테이들마이어가 지적했듯 조밀한 차트 패턴에서 손가락처럼 튀어나온 바bar는 단기 트레이더에게 요긴한 기준점이 된다.

꼬리는 시장에 용인되지 못한 주가지점을 나타낸 것으로 대개 반대 방향으로 되밀린다. 꼬리를 발견하면 바로 반대 방향으로 매매에 착수하라. 꼬리의 중간지점에 손실제한주문을 설정하라. 시장이 꼬리를 '먹어 들어가기' 시작하면 빠져나올 시점이다.

빅토르 스페란데오Victor Sperandeo는 저서 『트레이더 빅Trader Vic』에서 추세선을 그리는 또 다른 방법을 설명했는데 확고히 자리 잡은 추세의 반전을 식별하는 데 유용하다(그림 21-2). 우선 최고점에서 출발하여 최저점 직전의 단기 고점을 이어 선을 그린다. 이 사이에서는 주가가 선을 건드리지 않을 수도 있다. 주가가 이 추세선을 돌파하면 추세 변화를 알리는 첫 신호가 된다. 주가가 최근의 저점을 재테스트하고 반등하는 것이 두 번째 신호다. 주가가 이전의 단기 고점을 갱신해 신고점을 기록하면 이것이 세 번째 신호로 하락추세가 반전된다는 것을 확증한다. 상승추세의 반전은 이와 반대로 추적하여 식별한다.

▶ 추세선의 강도

추세선의 특징 중 가장 중요한 한 가지는 기울기다. 추세선이 위를 향하면 황소들이 주도권을 쥐고 있으므로 매수기회를 살펴야 수

그림 21-2 1-2-3 반전 기법

최고점 A에서 최저점 C에 앞서는 단기 고점 B까지를 이어 추세선을 그려라. A와 B 사이에 가격이 닿지 않을 수 있다. 1 지점에서 주가가 하락추세선을 넘어서면서 추세 변화의 첫 신호를 알린다. 이때가 매수를 고려하기에 적당한 시점이다. 이후 2를 보면 이전 추세의 최저점을 지지함으로써 두 번째 신호가 발효된다. 단기 고점이 3 지점을 돌파하면 추세가 반전되었다는 것이 확증된다. 빅토르 스페란데오가 설명한 이 기법은 단기 등락보다 주요 반전을 포착하는 데 유용하다.

익을 올릴 수 있다. 추세선이 아래로 향하면 곰들이 주도권을 쥐고 있으므로 매도기회를 살펴야 수익을 올릴 수 있다. 추세선의 중요도를 평가하는 요소는 다섯 가지다. 추세선의 시간단위, 추세선의 길이, 주가가 추세선을 건드린 횟수, 각도, 거래량이다.

시간단위가 높을수록 추세선은 유효하다. 주간 차트의 추세선이 나타내는 추세는 일간 차트의 추세선이 나타내는 추세보다 중요하다. 일간 차트의 추세선이 나타내는 추세는 일중 시간 차트의 추세선이 나타내는 추세보다 중요하다.

추세선의 길이가 길수록 더 유효하다. 짧은 추세선은 단기간의 집단행동을 반영하고 긴 추세선은 장기간의 집단행동을 반영한다. 따라서 추세가 지속되는 시간이 길수록 추세의 관성은 더 크다. 주요 강세장은 추세선을 따라 몇 년 동안 계속되기도 한다.

추세선과 주가의 접점이 많을수록 유효하다. 추세가 상승할 때 주가가 추세선으로 회귀하면 곰들이 반발하고 있다는 증거다. 추세가 하락할 때 주가가 추세선으로 반등하면 황소들이 반발하고 있다는 증거다. 주가가 추세선으로 되밀렸다가 다시 튕기듯 추세선에서 멀어지면 시장을 주도하는 쪽이 반발세력인 '반역자'들을 물리쳤다는 뜻이다.

단 두 개의 포인트만 연결하면 예비 추세선이 생긴다. 세 개의 포인트가 추세선과 만나면 추세선은 더욱 유효해진다. 넷 또는 다섯 개의 포인트가 추세선과 만나면 시장을 주도하는 쪽이 확실히 패권을 잡았다는 것을 의미한다.

추세선과 수평선 사이의 각도는 시장 주도세력이 느끼는 심리가 어느 정도 강도인지 나타낸다. 주도세력이 빨리 움직이면 추세선은 가파르다. 주도세력이 천천히 움직이면 추세선은 비교적 완만하다. 토끼와 거북의 경주에서 거북이 이겼듯이 완만한 추세선이 더 오래 지속되는 경향이 있다.

모든 추세선의 각도를 측정해 차트에 기록해두는 것이 좋다. 각도를 그릴 때는 컴퓨터나 분도기를 활용하면 된다. 추세선의 각도를 비교하면 황소든 곰이든 시장을 주도하는 집단이 어느 정도 강한지 알 수 있다. 추세선이 특정 시장에서 똑같은 각도를 이루는 횟수가 얼마나 많은지 섬뜩할 정도다. 아마도 핵심 주자들이 거의 바뀌지 않기 때문일 것이다.

때로는 주가가 추세선에서 점차 빠른 속도로 멀어지는 경우도 있다. 이럴 때는 추세선을 더 가파르게 새로 그려야 한다. 이런 현상은 추세에 속도가 붙었다는 것을 의미한다(그림 21-3). 더 가파른 추세선을 새로 그린 후에는 손실제한을 좁혀서 가장 최근의 추세선 바로 아래에 설정하고 바bar가 추가될 때마다 수준을 조정해야 한다. 가파른 추세선이 무너지고 나면 대개 급격한 반전이 뒤따르기 때문이다.

상승추세에서는 주가가 상승하면 거래량이 늘어나고 주가가 하락하면 거래량이 줄어든다. 즉 상승에는 트레이더가 모이고 하락에는 트레이더들이 움직이지 않는다. 하락추세에서는 반대 현상이 일어난다. 하락에 거래량이 늘고 상승에 거래량이 준다. 많은 거래량을 수반하면서 주가가 되돌림하면 반발세력이 힘을 얻고 있다는 뜻으로 추세선이 위협받고 있음을 알아야 한다.

주가가 추세선의 방향대로 움직이면서 거래량이 늘어나면 추세선을 확증하는 것이다. 거래량이 줄어들면서 추세선을 향해 되돌림하는 것도 역시 추세선 확증이다. 그런데 만약 거래량이 늘면서 주가가 추세선을 향해 되돌림하면 추세 붕괴의 가능성을 경고하는 것이다. 거래량이 줄어들면서 주가가 추세선에서 멀어지는 것도 추세선이 위험하다는 경고다.

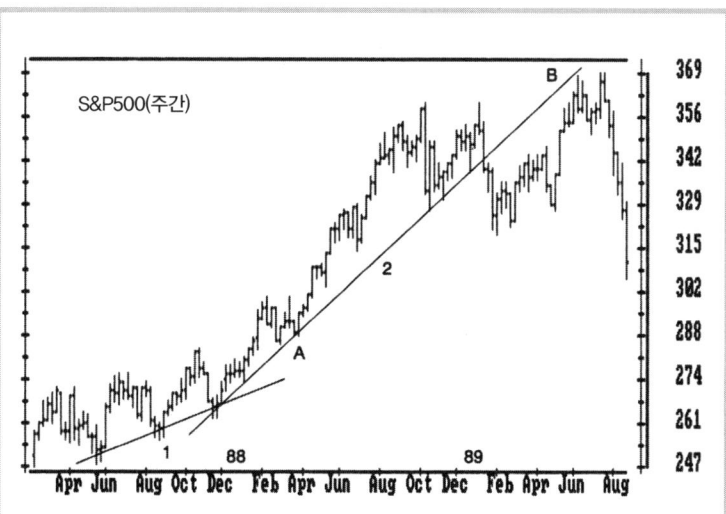

그림 21-3 추세선이 가파르게 상승할 때

주식시장은 1987년 바닥을 친 다음 느린 속도지만 꾸준히 상승했다. 주가가 경사가 완만한 상승추세선(1)을 건드릴 때마다 매수할 수 있다. 1988년 상승추세가 가팔라지며 A 지점에서 새로운 상승추세(2)가 시작된다. 새로 형성된 가파른 상승추세선이 붕괴되면서 황소들의 활동이 끝났다는 것을 보여준다. 시장은 B 지점에서 절호의 숏 진입기회를 제공한다. B 지점에서 시장은 과거의 상승추세선으로 되돌림하다가 갑자기 폭락한다.

▶ 추세선 돌파

공고히 자리 잡은 추세선이 무너지면 시장 지배집단이 힘을 잃었다는 것이다. 이럴 때는 매매신호를 예상하여 앞서가지 않도록 주의해야 한다. 대부분의 트레이더들이 조급하게 굴다 돈을 잃는다.

추세선은 유리잔이 아니다. 즉 한 번 금이 가면 못 쓰게 되는 그런 물건이 아니라는 말이다. 적절히 비유하자면 황소와 곰들이 기댈 수 있는 울타리와 같다. 몇 마리쯤 넘어가거나 흔들어대도 울타리는 무너지지 않는다. 추세선 붕괴가 유효한 경우는 종가가 추세선 반대편에서 기록될 때뿐이다. 일부 트레이더는 주가 포인트의 2~3퍼센트를 이탈해야 추세선 붕괴가 유효하다고 말한다(온스당 400달러인 금의 경우 8~12달러).

아주 가파른 상승추세가 붕괴되고 난 뒤 종종 주가가 반등해 전고점을 재테스트하고 직전 상승추세선을 밑에서 건드리는 경우도 있다(그림 20-1, 21-3). 이때가 완벽에 가까운 공매도, 또는 숏 진입기회다. 이중 천정이 나타남과 함께 직전 상승추세선으로 되돌아가면서 기술적 지표가 약세 다이버전스를 가리키면 완벽한 공매도, 또는 숏 진입기회다. 하락추세에서 반대 현상 역시 마찬가지다.

▣ 추세선을 활용한 매매 기법

1. 추세선 기울기의 방향대로 매매하라. 추세선이 위를 향하면 매수기회를 살피고 공매도 또는 숏 진입을 피하라. 기울기가 아래로 향하면 반대로 하라.
2. 추세선은 저항선이나 지지선 역할을 한다. 주가가 상승하면 상승추세선에서 매수하고 상승추세선 아래에 손실제한주문을 설정해두라. 주가가 하락하면 하락추세선에서 공매도하

고 하락추세선 위에 손실제한주문을 설정해두라.
3. 가파른 추세선 뒤에는 가파른 붕괴가 뒤따른다. 추세선의 기울기가 45도 이상이면 추세선 바로 위에 손실제한주문을 설정하고 매일 가격을 조정하라.
4. 가파른 추세선이 무너지고 난 뒤 종종 주가는 가장 최근의 극한값을 재테스트한다. 상승추세선 붕괴 후 거래량이 줄면서 과거 고점으로 주가가 반등하고 지표가 다이버전스를 보이면 절호의 숏 포지션 기회다. 하락추세선 돌파 이후 전저점으로 주가가 다시 하락하면 위험이 적은 롱 포지션 기회다.
5. 추세선과 나란히 채널선channel line을 그리고 차익실현의 목표치로 설정하라.

▶ 추세 채널선

채널은 주가를 아우르는 두 개의 평행선으로 이루어진다(그림 21-4). 반락의 저점을 이어 상승추세선을 그리고, 상승의 고점을 잇는 선을 상승추세선과 평행하게 그리면 채널선이 완성된다. 반등의 고점을 잇는 하락추세선을 그리고, 하락의 저점을 잇는 선을 하락추세선과 평행하게 그리면 역시 채널선이 완성된다.

채널선 역시 추세선과 마찬가지로 극단적인 고점과 저점을 무시하고 밀집구간의 가장자리를 따라 그려야 한다. 채널선을 보면 추세의 신뢰도를 판단할 수 있다. 주가가 채널선에 접하는 횟수가 많을

그림 21-4 ▶ 추세 채널과 예비 추세선

고점을 이어 그린 하락추세선 1로 옥수수시장이 약세임을 확인할 수 있다. 저점을 이어 그린 채널선 2는 추세선과 평행을 이룬다. 채널선으로 하락추세에서 곰들이 발휘하는 위력의 최대치를 추적할 수 있다. 하락하는 채널의 상단 절반 부분이 최상의 숏 진입기회이며 상승하는 채널의 하단 절반 부분이 최상의 매수기회다.

가격이 하락추세선을 상향돌파하면 채널을 활용해 예비 상승추세선을 그릴 수 있다. 우선, 가장 최근의 고점을 연결해 새로운 채널선 3을 그려라. 그다음 가장 최근의 저점에서 채널선 3과 나란히 4번 선을 그려라. 이렇게 하면 예비 상승추세선이 완성된다.

차트의 오른쪽 끝에서 옥수수 가격의 추세는 상승한다. 3번 채널선 부근에서 형성된 가격은 비싸다. 롱 포지션으로 진입하고 싶다면 새로운 상승추세선 4 부근에서 매수주문을 내라.

수록 추세의 신뢰도는 커진다.

채널선은 상승추세에서 황소들이 갖는 힘의 최대치 영역, 하락추세에서 곰들이 갖는 힘의 최대치 영역을 나타낸다. 채널이 넓을수록 추세는 강력하다. 채널의 기울기 방향대로 매매하되 상승하는 채널 아래쪽 4분의 1이나 2분의 1 지점에서 롱 포지션으로 진입하고 하락하는 채널 위쪽 4분의 1이나 2분의 1 지점에서 숏 포지션으로 진입한다. 차익실현은 채널의 반대편에서 하는데 이에 대해서는 45장에서 상세히 다루겠다.

▶ 예비 추세선

대체로 추세선은 차트의 바bar와 적어도 두 점에서는 만난다. 주가와 한 점에서만 만나는 예비 추세선을 그리는 기법은 많은 사람들에게 생소한 기법이다(그림 21-4).

주가의 하락추세가 멈추고 반등하면 하락추세가 끝나고 상승추세가 새로 시작되었다고 짐작할 수 있다. 가장 최근의 고점 두 개를 연결하면 이것이 새로운 상승추세의 채널선이 된다. 그런 다음 가장 최근의 저점을 잇는 평행선을 그으면 이것이 채널선과 평행하게 그린 예비 상승추세선으로 다음 번 바닥이 어디에서 형성될지 알 수 있다. 예비 상승추세선은 절호의 매수기회를 알려주기도 한다. 이 과정은 고점을 잇는 추세선보다 저점을 잇는 추세선에서 더 잘 들어맞는다.

▶ 추세선에 대한 추가 정보

상승추세가 붕괴되면 추세선에서 가장 최근의 고점까지 수직으로 거리를 잰 다음 상승추세가 무너진 지점에서 그 거리만큼 내려라. 군중이 장세를 낙관해서 그만큼 추세선 위로 주가를 끌어올릴 수 있다면 장세를 비관할 경우 그만큼 끌어내릴 수도 있기 때문이다. 하락추세에서는 반대 논리가 적용된다. 이러한 방법으로 주가 움직임에 관한 최소한의 목표지점을 예측할 수 있는데 실제로는 종종 이 목표지점을 초과해 움직인다.

거래량과 지표에도 추세선을 적용할 수 있다. 거래량 추세선은 시장에 더 많은 사람들이 몰리고 있는지, 아니면 시장에서 사람들이 빠져나가고 있는지를 나타낸다. 거래량 추세선이 상승하면 현재의 주가 추세를 확증한다. 거래량 추세선이 하락하면 시장에 모인 집단이 현재의 주가 추세를 따르지 않고 있다는 의미다. 기술적 지표 중 상대강도 지수RSI; Relative Strength Index(31장 참고)가 특히 추세선 분석에 적합하다. 상대강도 지수가 종종 주가에 앞서 추세선을 무너뜨리면 추세 변화를 선행하여 경고하는 신호가 된다.

22

갭

갭gap이란 차트 패턴에서 인접한 두 개의 바bar로 이루어지는데 한 바의 저점(고점)이 직전 바의 고점(저점)보다 높은(낮은) 경우를 가리킨다(그림 22-1). 이는 결국 특정한 가격대에서 트레이딩이 일어나지 않고 그 가격보다 더 높거나 더 낮은 수준에서만 거래됐다는 것을 의미한다. 웹스터 사전은 갭을 이렇게 정의하고 있다. "갭: 1. 벽이나 울타리에 뚫리거나 갈라진 구멍, 틈. 2. 공간이나 시간이 끊긴 곳; 중단; 누락."

갭은 매수주문이나 매도주문의 균형이 갑자기 무너지면서 주가가 이에 반응해 요동칠 때 일어난다. 놀랄 만한 뉴스가 종종 갭을 촉

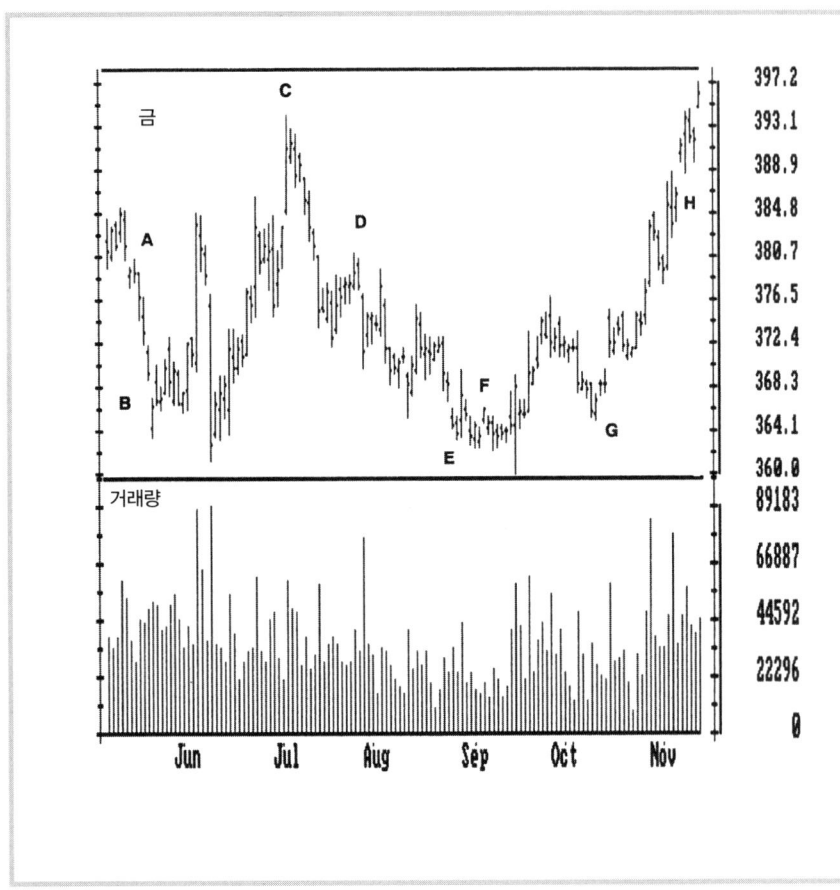

발한다. 일간 차트의 갭은 장이 끝난 후 일어난 사건에 대한 반응이다. 장중에 뉴스가 나왔다면 일중 차트에만 갭이 나타날 것이고 그렇게 되면 일일 거래범위가 넓어질 것이다.

이를테면 주요 구리광산에 파업이 발생하면 구리 가격이 오를 것이다. 저녁에 파업소식이 보도되면 숏 포지션을 취하고 있는 사람들은 깜짝 놀라 환매하려고 한다. 이들은 장이 열리기 전부터 매수주

> **그림 22-1** 갭

A. 돌파 갭. 숏으로 진입하고 갭의 상단 몇 틱 위에 손실제한주문을 설정하라.
B. 소멸 갭. 가격이 다음날 되돌림하면서 갭을 메운다. 하락추세는 끝났다. 숏을 보유 중이라면 즉시 청산하라.
C. 소멸 갭. 갭 이후 신고점을 갱신하지 못하므로 며칠 동안 절호의 숏 진입기회가 생긴다. 고점 위에 손실제한주문을 설정하라.
D. 하락추세 중의 지속 갭. 숏으로 진입하고 갭의 상단 몇 틱 위에 손실제한주문을 설정하라. (며칠 뒤 가격이 손실제한을 건드린다. 어떤 기법도 완벽하지는 않다.)
E. 소멸 갭. 갭 발생 이틀 뒤 갭을 메운다. 숏을 보유 중이라면 즉시 환매하라.
F. 밀집구간의 한가운데에서 발생한 일반 갭. 이튿날 갭을 메운다. 관망하라.
G. 돌파 갭. 롱 포지션을 취하고 갭의 하단 몇 틱 아래에 손실제한주문을 설정하라.
H. 지속 갭. 롱 포지션의 규모를 늘리고 갭의 하단 몇 틱 아래에 손실제한주문을 설정하라.

이 차트의 오른쪽 끝에 나타난 갭은 지속 갭일 수도 있고 소멸 갭일 수도 있다. 비교적 거래량이 적으므로 지속 갭일 확률이 높다. 매수한다면 이 갭의 하단 몇 틱 아래에 손실제한주문을 설정하라.

문을 내려고 몰려와 대기한다. 장내 트레이더들이 전일 고점보다 높여 매수주문을 내면 시가는 오른다. 큰손들은 아마 파업이 공표되기 전에 구리를 매수했을 것이다. 프로는 시장이 조용할 때 포지션을 취하지만 아마추어들은 뉴스를 듣고 그제야 뛰어든다.

갭은 트레이딩 집단이 두려움에 빠져 있으며 패자들이 손실을 입고 포지션을 싼값에 투매하고 있다는 것을 의미한다. 황소나 곰이 손실을 입고 있다는 것을 알면 이들이 어떤 행동을 할지 예측해서 트레이딩할 수 있다.

갭에는 유효한 갭이 있고 가짜 갭이 있다. 유효 갭은 시장이 일정 수준의 가격대를 뛰어넘을 때 발생한다. 가짜 갭은 내가 분석하고 있는 시장이 마감된 후 금융기관이 다른 시장에서 매매할 때 발생한다. 이를테면 시카고 통화선물의 일간 차트에는 가짜 갭이 수없이 많다. 시카고상품선물거래소CME; Chicage Mercantile Exchange가 닫혀 있을 때에도 도쿄, 런던 등 세계 곳곳에서 통화가 거래된다. 이튿날 시카고상품선물거래소가 개장할 때는 밤 동안 진행된 해외의 가격 변동이 반영된다.

갭은 일반 갭, 돌파 갭, 지속 갭, 소멸 갭 등 네 가지로 분류할 수 있다. 각각이 의미하는 바가 다르고 전략도 달라야 하므로 갭이 발생하면 어디에 해당하는지 식별해야 한다.

▶ 일반 갭

일반 갭은 빨리 소멸된다. 며칠 사이에 주가가 이전 가격대로 돌아와 갭을 메우기 때문이다. 일반 갭은 대개 추세가 없는 고요한 시장에서 발생한다. 선물 계약에서 늦은 인도일, 거래량이 아주 적은 주식 종목, 거래량이 적은 시장의 바닥권 등에서 출현한다.

일반 갭은 후속 움직임이 보이지 않는다. 상승 갭 이후 신고점이 나타나지 않고 하락 갭 이후 신저점을 갱신하지 않는다. 일반 갭이 발생한 날 거래량이 조금 상승할 수는 있지만 이튿날이면 다시 평균치로 돌아온다. 신고점이나 신저점을 갱신하지 못하고 거래량도 큰 변화가 없다는 것은 황소도, 곰도 시장에 강렬한 감정을 가지고 있지 않다는 걸 의미한다. 일반 갭은 모든 갭 중에 트레이딩에 쓸모가 가장 적다.

일반 갭은 다른 갭들보다 자주 발생한다. 지루한 횡보장에서도 쉽게 일어난다. 뉴욕의 상품거래소인 COMEX_{Commodity Exchange}의 장내 트레이더가 세미나에 와서 시장이 조용한 날 금 가격을 온스당 2달러 올리고 내리는 방법을 얘기한 적이 있다. 그는 큰손이었으므로 한 번에 20계약을 매수할 수 있었는데 그런 매매를 하면 다른 장내 트레이더들이 그에게 무슨 정보가 있다고 생각하고 물러서서 주시한다. 급기야 그들이 합류하면 금이 갭을 보이며 상승한다. 그는 갭이 메워지기 전에 매도하는 수법을 썼다.

배당락 갭Ex-dividend gap은 배당기준일이 경과하여 주식시장에 나타나는 일반 갭이다. 이를테면 배당금이 50센트라 할 때 배당금이 지급되고 나면 주당 가격이 50센트 하락한다. 암소가 송아지를 낳고 나면 가격이 떨어지는 원리와 비슷하다. 송아지를 낳으면 암소 값에는 더 이상 송아지 값이 포함되지 않으므로 가격이 떨어지는 것이다. 배당락 갭은 과거에 흔히 발생했다. 오늘날에는 배당금을 지급하는 주식의 일일 평균 거래범위가 배당금 액수보다 크기 때문에 갭으로 나타나는 경우는 드물다.

▶ 돌파 갭

돌파 갭은 높은 거래량을 수반하면서 가격이 밀집구간을 이탈해 뛰어오르고 새로운 추세가 시작될 때 발생한다. 돌파 갭은 몇 주 혹은 몇 달, 때로는 몇 년 동안 메워지지 않기도 한다. 갭에 선행하는 박스권이 길수록 이어지는 추세도 오랫동안 지속된다.

상향돌파 갭 이후에는 대개 며칠 연속해서 신고점을 갱신하며 하향돌파 갭 이후 역시 대개 며칠 연속해서 신저점을 갱신한다. 돌파 갭이 일어난 날과 뒤따르는 며칠 동안은 거래량이 폭증한다. 돌파 갭 발생일의 거래량이 이전 며칠 동안 평균 거래량의 두 배에 달하기도 한다.

돌파 갭은 집단 심리에 큰 변화가 있다는 사실을 드러낸다. 돌파 갭이 나타나면 새로운 추세 뒤에 엄청난 에너지가 축적되고 있음을 알아채야 한다. 새로운 추세에 빨리 편승할수록 유리하다.

갭은 대개의 경우 빨리 메워지는 일반 갭이다. 프로 트레이더들은 갭이 발생하면 대체로 반대 방향으로 매매를 한다. 그러나 이것을 기계적으로 적용하는 데는 신중해야 한다. 왜냐하면 만약 그것이 돌파 갭이라면 사정없이 타격을 입게 되기 때문이다. 몇 달 동안 손실이 나는 포지션을 보유한 채 갭이 메워지기를 기다리려면 자본금이 넉넉해야 한다.

▶ 지속 갭

강력한 추세 도중에 발생하며 갭을 메우지 않고 신고점이나 신저점이 계속 갱신될 때를 지속 갭이라 한다. 돌파 갭과 비슷하지만 추세가 시작되는 시점이 아니라 추세 중간에 일어난다는 점이 다르다. 지속 갭이 발생한다는 것은 시장 지배집단이 새로운 힘을 얻었다는 것을 의미한다. 1970년대 선물시장이 강세를 보이면서 이런 지속 갭이 흔히 발생했다.

지속 갭은 추세가 언제까지 계속될지 판단하는 데 유용하다. 추세의 시작부터 갭까지 수직으로 거리를 잰 다음 그 거리만큼 갭에서 추세의 방향으로 그린다. 시장이 이 목표치에 도달하면 차익을 실현할 때다.

거래량이 앞선 며칠 동안의 평균 거래량보다 최소 50퍼센트 증가하면 지속 갭이 확증된다. 갭 이후 며칠 동안 가격이 신고점이나 신저점을 갱신하지 못하면 소멸 갭일지도 모른다.

▶ 소멸 갭

소멸 갭 이후에는 주가가 (상승추세에서는 신고점, 하락추세에서는 신저점) 갱신되지 않는다. 주가가 다시 이전 수준으로 돌아가 갭을 메우는 소멸 갭은 추세가 끝날 무렵에 나타난다. 가격이 몇 주 혹은 몇 달 동안 상승하거나 하락하면서 추세의 방향대로 갭이 발생하면 이후 주가를 살펴야 한다. 초기에는 높은 거래량을 수반하면서 추세 방향으로 가격이 폭등 혹은 폭락하므로 지속 갭처럼 보일 수도 있다. 그런데 갭이 발생한 뒤 며칠 동안 신고점 혹은 신저점을 갱신하지 못하면 소멸 갭일 가능성이 크다.

가격이 반전해 갭을 메울 때만 소멸 갭임이 확증된다. 소멸 갭은 마치 지친 육상선수가 마지막으로 힘을 내는 것과 비슷하다. 무리를 이루며 달리는 선수들 그룹에서 혼자 앞으로 치고나가 달리지만 페이스를 계속 유지하지 못하는 형국이다. 얼마 못 가 다른 선수들에게 따라 잡히면 계속 뒤처질 수밖에 없다.

▶ 갭을 활용한 매매 기법

1. 일반 갭은 트레이딩하기에 썩 좋은 기회는 아니지만 꼭 트레이딩해야 한다면 반대 방향으로 매매하라. 주가가 뛰어올라 상승 갭이 발생하면 시장이 신고점 갱신을 멈추자마자 숏 포지션을 취하고 지난 며칠 동안의 고점 위에 손실제한 주문을 설정하라. 그런 다음 갭 하단 부분에서 환매해 차익을 실현하라. 하락 갭일 경우 시장이 신저점 갱신을 멈추자마자 롱 포지션을 취하고 지난 며칠 동안의 저점 아래에 손실제한주문을 설정한다. 갭의 상단 부위에서 매도주문을 내고 차익을 실현한다.

2. 거래량이 폭증하면서 지루한 박스권을 벗어나 갭이 발생하

고 지속적으로 신고점이나 신저점을 갱신하면 돌파 갭일 가능성이 크다. 상승 갭일 경우 매수하고 갭 하단에 손실제한주문을 설정한다. 유효한 돌파 갭은 십중팔구 메워지지 않는다. 하락추세에서는 역으로 진행하라. 막 시작된 새로운 추세라면 되돌림을 기다리다간 끝내 진입하지 못하고 계속 옆으로 비켜나 있어야 할지도 모른다.

3. 지속 갭의 트레이딩 전략은 돌파 갭과 비슷하다. 초기에 매수하여 갭의 하단에 손실제한주문을 설정한다. 하락추세에서는 역으로 진행하라. 추세가 지속 갭으로 산출한 목표치에 접근하면 손실제한 가격을 좁혀라.

4. 유효한 돌파 갭이나 지속 갭으로 확증되려면 몇 차례의 연속되는 신고점이나 신저점이 있어야 한다. 그렇지 않으면 소멸 갭일 가능성이 크다. 시장이 갭이 발생한 방향으로 신고점이나 신저점을 갱신하지 못하면 포지션을 청산하고 물러나서 다시 분석해야 한다.

5. 소멸 갭 뒤에는 강력한 반전이 뒤따르기 때문에 아주 구미가 당기는 매매기회가 된다. 상승 소멸 갭을 발견하면 숏으로 진입하고 가장 최근의 고점 위로 손실제한주문을 설정하라. 주가가 내리막길을 걷기 시작하면 자본력이 딸리는 황소들이 손절매하고 포지션을 정리하기 시작한다. 주가가 신저점을 갱신하는 동안에는 계속 숏 포지션을 보유하고 있다가 주가가 신저점 갱신에 실패하는 날 환매하라. 하락추세일 경우 역으로 진행하라. 소멸 갭이 나타나면 변동성이 크

므로 옵션을 이용한 트레이딩이 더 수월하다. 특히 천정에 서 풋옵션을 매수하라.

▶ 갭에 대한 추가 정보

섬꼴형 반전은 지속 갭과 이후 반대 방향에서 발생하는 돌파 갭의 결합이다. 트레이딩이 일어나지 않는 가격대가 둘러싸고 있는 일련의 바bar가 생기므로 마치 섬처럼 고립된 모습으로 보인다. 지속 갭으로 시작했다가 거래량이 폭증하는 조밀한 거래범위가 뒤따른다. 그런 다음 반대 방향으로 갭이 일어나 섬처럼 고립된 가격대가 남게 된다. 이 패턴은 아주 드물게 일어나지만 주요 반전영역이 된다. 섬에 선행하는 추세와 반대로 매매하라. 관련 있는 상품이나 산업 시장의 갭을 살펴도 수익을 거둘 수 있다. 금시장에서 돌파 갭이 발생했는데 은이나 백금시장은 아무 움직임이 없다면 이 시장들이 크게 요동치기 전에 포지션을 취할 기회를 얻을 수 있다.

갭은 지지수준 및 저항수준으로 작용할 수 있다. 섬꼴형 갭 이후 거래량이 늘어난다면 강력한 지지세가 형성되었음을 의미한다. 갭 이전의 거래량이 더 많다면 지지세는 그다지 강력하지 못하다.

기술적 지표를 활용하면 갭의 형태를 식별하는 데 유용하다. 강도 지수(42장 참고)는 주가와 거래량으로 산출한 지수다. 갭이 발생한 날 강도 지수와 변동폭이 적다면 일반 갭일 확률이 높다. 몇 주 동안 강도 지수가 신고점이나 신저점 수준에 달한다면 돌파 갭과 지속 갭임을 확증한다.

일중 차트에는 시가 갭opening gap이 많이 일어난다. 시가 갭이란 시가가 전일의 가격 범위를 벗어나 형성되는 경우를 말한다. 장이 열리기 전에 매도주문과 매수주문 사이에 불균형이 발생하면 장내 트레이더들은 시가를 높이거나 낮춘다. 고객들이 매수를 원하면 약간의 조정만 발생해도 수익을 얻을 수 있도록 높은 가격에 숏 포지션을 취한다. 고객들이 매도를 원하면 약간의 반등으로도 수익을 거둘 수 있을 정도로 낮은 가격에 받아들인다. 프로들은 냉정하고 침착하다. 군중의 흥분상태가 오래 지속되지 않는다는 것, 따라서 가격이 전일 가격대로 금방 되돌아간다는 사실을 알고 있다. 프로들은 전일 가격범위보다 높은 가격에서 숏 포지션을 취하거나 낮은 가격에 롱 포지션을 취한 다음 시가 갭이 메워질 때 포지션을 정리하며 차익을 실현한다.

S&P500선물을 매매한다면 명심해야 한다. S&P500의 시가 갭은 거의 언제나 메워진다는 것이다. S&P500선물의 시가가 전일 고가보다 높다면 거의 언제나 갭이 발생한 당일 다시 가격이 주저앉아 전일 고가로 복귀한다. S&P500선물의 시가가 전일 저가보다 낮다면 거의 언제나 갭이 발생한 당일 반등해 전일 저가 수준으로 복귀한다. 영리한 데이 트레이더는 높은 시가에 매도하고 낮은 시가에 매수한다. 하지만 이 방식을 기계적으로 적용하면 안 된다. 시가를 떠받치는 세력이 다 소진되고 시장이 갭을 메울 태세가 되어 있다는 것을 지표가 확증할 때만 해야 한다.

23

차트 패턴

 차트나 컴퓨터 스크린 위에 보이는 패턴은 황소와 곰들이 남긴 흔적이다. 차트 분석가는 무엇을 살펴야 하는지 아는 사람의 눈에만 보이는 미세한 신호들을 따라가는 사냥꾼이다. 차트 패턴을 알면 추세가 어느 시점에서 지속될 것인지 아니면 반전될 것인지 판단할 수 있다.

 패턴은 지속형과 반전형, 크게 두 가지로 나뉜다. 지속패턴은 깃발형과 패넌트형이 있으며 현 추세의 방향대로 매매해야 한다. 반전 패턴은 머리어깨형과 역머리어깨형, 이중 천정과 이중 바닥이 있다. 이런 패턴이 나타나면 기존 포지션을 정리해 차익을 실현해야 할 시기다. 일부 패턴은 때에 따라 지속형이나 반전형으로 해석된다. 삼각형과 역삼각형이 두 가지를 모두 나타내는 악명 높은 패턴이다.

몇 가지 차트 패턴이 하나의 방향을 가리킬 때 신호의 신뢰도는 높아진다. 이를테면 머리어깨형의 천정이 완성되면서 상승추세선이 붕괴되면 두 신호는 상승추세가 끝나가고 있다는 것을 확증한다. 서로 다른 패턴들이 상충되는 정보를 이야기한다면 신호들이 서로를 무효화하므로 트레이딩하지 않는 게 좋다.

머리어깨형

강한 상승추세는 계단을 오르듯 차곡차곡 상승한다. 상승 시 대부분은 앞선 상승보다 고점이 높아지고 반락 시에도 앞선 저점보다 높은 수준에서 하락이 멈춘다. 상승추세에서 고점이 신고점을 기록하지 못하거나 저점이 전저점보다 낮아지면 황소들이 시장 통제력을 잃고 있다는 증거다.

머리어깨형은 상승추세의 마감을 나타낸다(그림 23-1). 가운데 봉우리처럼 솟은 '머리'가 있고 양쪽에 머리보다 높이가 낮은 '어깨'가 자리하고 있다. 왼쪽 어깨의 저점과 머리의 저점을 이은 것이 '목선'이다. 목선은 반드시 수평일 필요는 없으며 수평일 수도 있고 위를 향하거나 아래를 향할 수도 있다. 아래로 기울어진 목선은 특히 곰들이 힘을 얻고 있다는 표시가 된다.

주가가 반등을 시도하다 머리 위로 올라가지 못하면 머리어깨형

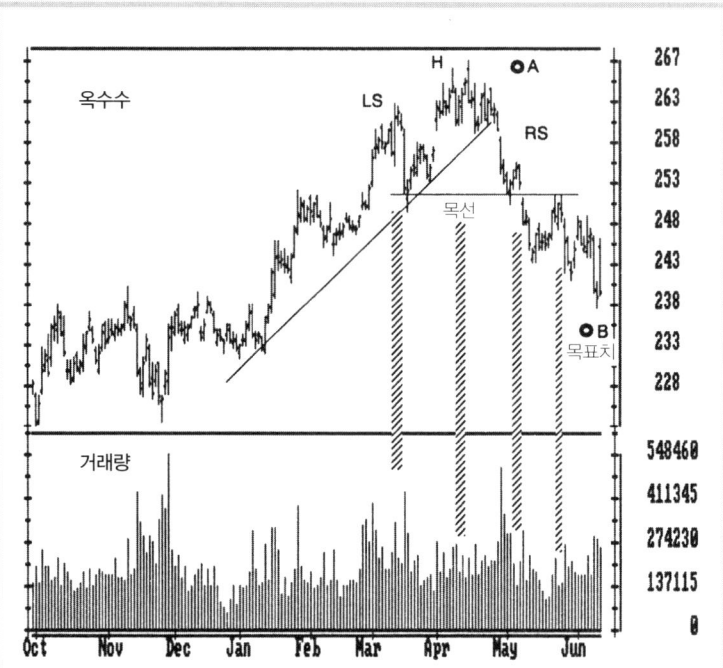

그림 23-1 머리어깨형

상승 시 계속 신고점을 기록하면 상승추세는 튼튼하다. 거래량도 함께 증가하여 상승추세를 확증한다. 가격이 머리(H)에 도달했을 때 거래량이 감소하면 롱 포지션의 손실제한 가격을 좁혀야 한다는 경고가 된다. 머리에서 주가 하락이 시작되어 상승추세선이 붕괴되고 추세의 종말을 알린다.

이 경우 머리는 강한 약세패턴인 '섬꼴형 반전'을 이룬다(22장 참고). 머리에서 하락하는 사이 불길하게도 거래량이 폭증한다. 오른쪽 어깨(RS)가 왼쪽 어깨(LS)보다 훨씬 낮은데 이 역시 약세를 나타내는 신호다. 오른쪽 어깨에서 거래량이 감소하면 숏 진입기회다.

오른쪽 어깨에서 가격이 하락하면서 목선(neckline)이 붕괴된다. 이것으로 머리어깨형이 완성된다. 거래량이 적고 가격이 목선 아래에서 목선 근처로 반등할 때가 절호의 숏 진입기회다. 머리 꼭대기(A)에서 목선까지의 거리를

> 재서 다시 목선에서 그 거리만큼 내리면 하락추세가 어디까지 계속될지 목표치(B)를 얻을 수 있다. 차트의 오른쪽 끝에서 거래량이 상승하면서 가격은 계속 하락하고 목표치까지 도달하지 못했으므로 숏 포지션을 계속 유지하라. 지난 5일간 가격범위의 고점에 손실제한주문을 설정하라.

이 형성되고 있다는 것을 확증한다. 오른쪽 어깨가 왼쪽 어깨보다 높을 수도, 낮을 수도 있으며 기간 역시 짧거나 길 수도 있다. 이런 현상이 나타나면 상승추세는 완전히 숨을 거둔 것이다.

목선이 붕괴된 뒤 때때로 주가가 목선까지 되돌림하는데 거래량은 적다. 이런 미약한 반등은 절호의 숏 진입기회가 되며 목선 바로 위에 손실제한주문을 설정해야 한다.

머리어깨형에서는 거래량도 대체로 전형적인 패턴을 보인다. 대개 머리의 거래량이 왼쪽 어깨의 거래량보다 적고 오른쪽 어깨보다도 더 적다. 거래량은 주가가 목선을 이탈할 때 증가하는 경향이 있으며 다시 목선 근처로 되돌림할 때 거래량은 아주 적다.

머리어깨형은 새로운 하락추세의 잠정 목표치를 제공한다. 머리의 고점에서 목선까지 거리를 잰 다음 목선에서 이 거리만큼 내리면 목표치를 얻을 수 있다.

머리어깨형을 활용한 매매 기법

머리어깨형을 식별했다면 두 가지 사항을 결정해야 한다. 첫째 롱 포지션을 어떻게 처리할 것인가, 둘째 숏 포지션을 어떻게 취할 것인가 하는 점이다. 롱 포지션을 처리하는 방법은 세 가지다. 당장 매도하는 것, 손실제한을 좁히는 것, 일부를 매도하고 일부는 보유하는 방식이다.

그런데 많은 트레이더들이 이 세 가지 방식을 외면하고 엉뚱한 선택을 한다. 얼어붙은 듯 아무것도 하지 못하는 것이다. 트레이딩은 어느 순간에도 불확실 한가운데 의사결정을 요구하는 복잡하고 매우 난해한 게임이다.

어떤 결정을 하느냐는 패턴을 어느 정도 확신하느냐에 따라 달라진다. 또한 계좌 자본금의 규모에 따라 달라진다. 자본금 규모가 크면 점차적으로 매수하거나 매도할 수 있다. 적은 자본금으로 하나의 계약만 운용한다면 정확한 타이밍을 잡아야 한다. 초보 트레이더는 이렇게 하는 것이 좋은 훈련이 된다.

차트를 분석할 때는 두 가지 이상의 시간단위를 살펴야 한다(36장 참고). 주간 차트가 천정을 형성하고 일간 차트가 머리어깨형이라면 서둘러 포지션을 정리하고 빠져나와야 한다. 주간 차트가 강세를 보인다면 손실제한을 좁히는 것만으로 충분하다. 기술적 지표들 역시 시급하게 매도해야 하는지 판단하는 데 유용하다.

시장은 종종 고점에서 변동성이 커지는데 이에 따라 단기 고점과 단기 저점 사이에 등락폭이 커진다. 때문에 숏으로 진입하고 단순히 가장 최근의 고점에 손실제한주문을 설정하면 계좌의 1계약당 허용되는 최대한의 금액보다 더 많은 위험을 감수하게 될 수도 있다(10부 참고). 허용된 범위 안에서 자금을 관리하려면 트레이딩하지 말거나 풋put을 매수해야 한다.

1. 거래량 감소, 상승추세 붕괴, 지표와 주가의 다이버전스로 머리어깨형의 머리 혹은 오른쪽 어깨가 확증되면 매도하라.
2. 머리에서 하락하면 목선이 형성된다. 이때까지도 롱 포지션을 보유하고 있다면 목선 아래에 손실제한주문을 설정하라.
3. 오른쪽 어깨로 반등할 때 대개 거래량이 감소하며 기술적 지표도 분명한 약세를 나타낸다. 이 시점이 상승추세에서 수익을 낼 수 있는 마지막 기회가 된다. 기술적 지표는 머리보다 오른쪽 어깨가 더 높은 경우가 종종 있지만 결코 왼쪽 어깨에서 도달했던 수준을 넘지 못한다. 오른쪽 어깨에서 숏으로 진입할 때는 머리 꼭대기(최고점)에 손실제한주문을 설정하라. 또는 손실제한-반대주문stop-and-reverse을 설정하라. 손실제한-반대주문이란 숏 포지션 상태에서 손실제한을 건드려 청산되면 롱 포지션에 자동 진입하게 되는 주문이다 ('배스커빌 가의 사냥개' 신호 참고).
4. 목선이 붕괴된 후 미미한 거래량으로 주가가 되돌림하면 절호의 숏 진입기회가 된다. 목선 바짝 위에 손실제한주문을 설정하라.

🔲 배스커빌 가의 사냥개

이 신호는 신뢰할 만한 차트나 지표 패턴이 보이지만 주가가 예상대로 움직이지 않고 반대로 움직일 때 발효된다. 머리어깨형은 상승 추세의 종말을 표시한다. 그러나 만약 주가가 계속 상승한다면 '배스커빌 가의 사냥개' 신호가 된다.

이 신호는 코난 도일의 추리소설에서 따온 이름으로 명탐정 셜록 홈즈가 시골 영지에서 일어난 살인 사건을 해결하는 이야기에서 이름을 따왔다. 홈즈는 범인이 살인을 저지른 시각에 개가 짖지 않았다는 데서 결정적 단서를 포착했다. 개가 짖지 않았다는 건 개가 범인을 알고 있다는 것이므로 면식범이나 내부인이라는 것을 의미한다. 응당 있어야 할 행위가 없었다는 것, 즉 응당 짖어야 할 개가 짖지 않았다는 것이 결정적 신호가 된 셈이다!

완벽한 신호에 맞추어 시장이 '짖지' 않으면 '배스커빌 가의 사냥개' 신호다. 표면 아래에 무언가가 근본적으로 변하고 있다는 신호다. 그렇다면 강력한 새로운 추세에 발맞추어야 할 때라는 얘기다.

머리어깨형에서는 강력한 매도신호가 발효된다. 그런데 주가가 붕괴하지 않고 오른쪽 어깨에서 다시 반등한다면 '배스커빌 가의 사냥개' 신호가 된다. 주가가 머리보다 위로 상승하면 숏 포지션을 즉시 청산하고 역으로 롱 포지션을 취해야 한다. 실패한 머리어깨형은 종종 아주 강력한 상승으로 이어진다. 상향돌파에서 매수하고 머리 꼭대기(최고점) 조금 아래에 손실제한주문을 설정한다.

역머리어깨형

　일부 트레이더들은 이 패턴을 머리어깨형 천정 패턴에 대한 대칭으로 머리어깨형 바닥 패턴이라 부르기도 한다. 이 패턴은 마치 사람이 거꾸로 서 있는 형상으로 머리가 가장 낮고 양쪽에 어깨가 있다. 하락추세가 힘을 잃고 반전이 임박했을 때 형성된다(그림 23-2).

　유효한 하락추세에서는 주가가 전저점보다 낮은 신저점으로 떨어지고, 반등한다 해도 이전 반등보다 낮은 수준에 고점을 만든다. 여기서 큰 폭의 반등이 일어나면 전저점이 머리가 되고 반등 고점에 목선이 형성된다. 목선에서 하락하다가 머리까지 하락하지 못하고 멈추면 오른쪽 어깨가 형성된다. 오른쪽 어깨에서 거래량 증가와 함께 주가가 목선 위로 반등하면 역머리어깨형이 완성되고 상승추세가 새롭게 시작된다.

　때로 역머리어깨형 다음에 낮은 거래량과 함께 목선으로 되돌림이 일어나는데 이때가 절호의 매수기회가 된다. 머리의 끝(최저점)에서 목선까지의 거리를 측정해 목선이 붕괴된 지점에서 위로 이 거리만큼 올린다. 이 지점이 최소한의 반등폭이며 이 지점을 넘어서 반등하는 경우가 많다.

　역머리어깨형의 트레이딩 전략은 머리어깨형과 유사하다. 역머리어깨형의 경우 주가 변동성이 적어서 작은 폭의 손실제한을 설정할 수 있으므로 위험부담이 적다.

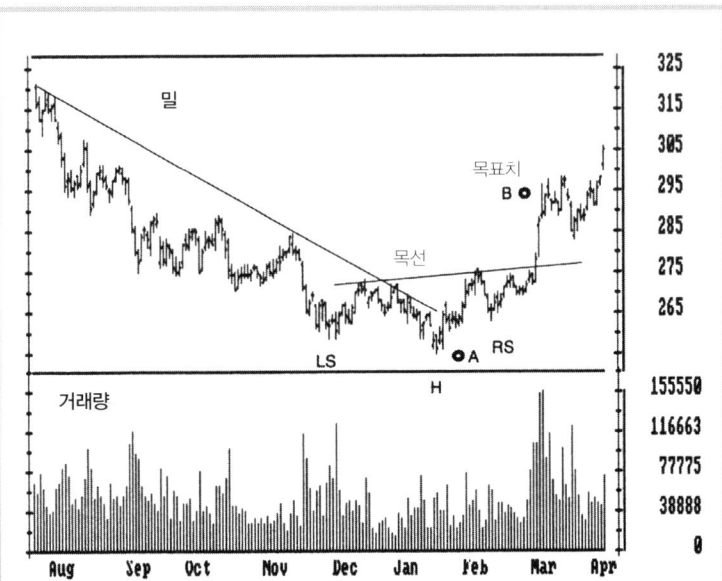

그림 23-2 역머리어깨형

높은 거래량으로 하락추세가 확증되며 하락추세는 왼쪽 어깨(LS)까지 계속된다. 반등 후 되밀려 머리(H)로 하락할 때 거래량이 감소하면서 곰들에게 경고신호가 울린다. 그리고 머리에서 반등하며 하락추세선 위로 돌파함으로써 하락추세의 종말을 고한다.

오른쪽 어깨(RS)에서 거래량이 낮고 목선의 기울기가 위를 향하면 강력한 상승세의 도래를 예고한다. 목선이 붕괴되는 동안 거래량이 폭증하면 새로운 상승추세가 확증된다. 되돌림이 있지만 이 목선까지는 되돌림하지 않았다.

머리와 목선 간의 거리를 재서 목선부터 위로 올리면 잠정 목표치(B)를 얻을 수 있다. 역머리어깨형에서 반등하면 목표가를 돌파하는 경우가 흔하다. 오른쪽 어깨가 최상의 매수기회이며 머리 몇 틱 아래에 손실제한주문을 설정하는 것이 좋다. 차트의 오른쪽 끝에서 갭이 나타나며 강력한 상승추세가 확인된다. 롱 포지션을 취하고 갭의 하단 몇 틱 아래에 손실제한주문을 설정하라.

사각형

사각형은 평행하는 두 선 사이에서 주가가 움직이는 차트 패턴이다. 두 평행선은 대개 수평이지만 때로는 위로 살짝 올라가거나 아래로 기울어질 수도 있다(이 장 후반 '선과 깃발' 참고). 사각형과 삼각형은 지속패턴도 될 수 있고 반전패턴도 될 수 있다.

사각형을 그리려면 네 개의 꼭짓점이 필요하다. 윗변이 되는 상단선은 상승의 두 고점을 잇고 아랫변이 되는 하단선은 두 저점을 잇는다(그림 23-3). 이 선들은 극단적인 고점과 저점을 제외하고 밀집구간의 가장자리를 관통해 그린다(19장 참고).

사각형의 윗변은 저항선이며 아랫변은 지지선이 된다. 윗변은 황소들의 기운이 다한 영역이며 아랫변은 곰들의 기력이 다한 영역을 나타낸다. 사각형은 황소와 곰이 팽팽히 맞서고 있는 영역이다. 결국 이 패턴 내에서 누가 승리를 쟁취하느냐가 관건이다.

거래량이 증가하면서 주가가 사각형의 윗변으로 접근하면 상향돌파 가능성이 높다. 거래량이 증가하면서 주가가 사각형의 아랫변으로 접근하면 하향돌파 가능성이 높다.

사각형 돌파가 유효한지 판단하려면 대개 거래량 증가를 살펴야 한다. 거래량이 이전 5일간 거래량 평균보다 3분의 1에서 2분의 1 이상 높을 경우 사각형 돌파를 확증한다. 만약 거래량이 적다면 가짜 돌파일 가능성이 많다.

대체로 상승추세 구간에서는 상하 폭이 넓고 하락추세에서는 좁으며, 옆으로 길수록 돌파가 더욱 중요한 의미를 갖는다. 주간 차트

그림 23-3 사각형

두 개 이상의 고점을 이어 각 사각형의 윗변을 그리고 두 개 이상의 저점을 이어 아랫변을 그린다. 사각형은 지속패턴이 될 수도, 반전패턴이 될 수도 있다. 주요 추세선을 건드리지 않으면 사각형은 지속패턴일 확률이 높다. 가격이 사각형을 돌파하면 종종 되돌림이 발생하면서 사각형의 바깥쪽 변을 건드린다(B, D, E). 이렇게 되돌림할 때가 위험이 낮은 절호의 진입시점이다. 돌파되는 방향대로 매매하고 사각형 안쪽 수준에 손실제한주문을 설정하라.

같은 가격 수준이 지지선도 될 수 있고 저항선도 될 수 있다. D선이 지지선 역할을 하다가 저항선이 되었다가 다시 지지선 역할을 하는 것에 주목하라. 차트의 오른쪽 끝에서 가격은 상승추세선 훨씬 위로 상승한다. 따라서 되돌림을 기다렸다가 매수하는 편이 낫다.

의 사각형 돌파는 황소나 곰 둘 중 하나가 결정적 승리를 거두었다는 표시이므로 특히 중요하다.

어느 지점까지 돌파할 것인가를 예측하는 몇 가지 기법이 있다. 사각형의 높이를 측정한 다음 돌파된 변에서 돌파가 일어난 방향으로 그 길이만큼 올리거나 내린다. 이것이 최소 목표치가 된다. 최대 목표치는 사각형의 길이를 잰 다음 돌파된 변에서 돌파가 일어난 방향으로 그 길이만큼 수직으로 올리거나 내린다. 토니 플러머는 사각형이 나선형으로 발달하는 추세의 일부분이라고 적었다. 플러머는 사각형의 높이를 잰 다음 세 개의 피보나치 수열(1.618, 2.618, 4.236)로 곱하고 곱한 값을 돌파가 일어난 방향으로 올리거나 내려서 목표치를 구하라고 권고한다.

⏵ 사각형을 활용한 매매 기법

장내 트레이더는 사각형의 윗변과 아랫변 사이를 진동하는 주가의 단기 등락을 이용해 수익을 거두기도 하지만 돌파가 일어나는 방향으로 매매하여 큰 수익을 거둔다.

1. 사각형 안에서 매매하려면 아랫변에서 매수하고 윗변에서 숏 포지션을 취하라. 오실레이터를 활용하면 사각형 내에서 언제 반전이 일어날지 진단하는 데 유용하다. 스토캐스틱, 상대강도 지수RSI, 윌리엄스%RWilliams%R(4부 참고)이 기준선을 건드린 다음 방향을 바꾸면 사각형 안에서 주가 반전이 일어난다는 신호다.

사각형 아랫변에서 매수한다면 사각형 조금 아래에 손실제한주문을 설정하라. 사각형 윗변에서 숏 포지션을 취한다면 사각형 조금 위에 손실제한주문을 설정하라. 첫 번째 반전 신호에서 기민하게 차익실현에 나서야 한다. 사각형 안에서 틱이 몇 번 더 형성될 때까지 기다리는 건 위험하다.
2. 상향돌파, 하향돌파 중 어느 쪽이 발생할지 찾아내려면 트레이딩 시 사용하는 차트보다 한 단계 더 높은 시간단위의 차트로 시장을 분석해야 한다. 일간 차트로 돌파를 포착하려면 주간 차트의 추세를 식별하라. 주간 차트의 추세 방향대로 돌파가 일어날 확률이 높기 때문이다.
3. 상단돌파 시 롱 포지션에 진입하거나 하단돌파 시 숏 포지션에 진입했다면 사각형 바로 안쪽에 손실제한주문을 설정하라. 적은 거래량을 수반하면서 주가가 사각형으로 되돌림할 가능성이 있다. 하지만 유효한 돌파 이후에 주가가 사각형 내부로 들어오는 법은 없다.

▶ 선과 깃발

선은 사각형의 일종으로 밀집구간으로 길게 이어지는 형태를 말한다. 다우 이론에 따르면 선은 주요 추세에 대한 조정국면으로 높이가 현재 주식시장 가치의 3퍼센트 정도 되는 밀집구간이다. 주식시장이 주요 추세에 큰 폭의 조정을 보이지 않고 선을 그리면 추세가 특히 강하다는 의미다.

깃발은 윗변과 아랫변이 평행하되 위로 혹은 아래로 기운 사각형이다. 깃발 기울기의 반대 방향으로 돌파가 일어나는 경향이 있다. 깃발이 위를 향하면 하향돌파, 깃발이 아래로 향하면 상향돌파가 일어날 확률이 높다.

상승추세에서 아래로 향한 깃발이 나타나면 깃발의 마지막 고점 위에서 매수하여 상향돌파에 올라타야 한다. 반면 상승추세에서 위로 향한 깃발은 분산을 나타내는 것으로 하향돌파 가능성이 높다. 하락추세에서는 역으로 매매하면 된다.

▶ 삼각형

삼각형은 윗변과 아랫변이 오른쪽에서 수렴되는 밀집구간이다(그림 23-4). 반전패턴일수도 있고 지속패턴일수도 있는데 지속패턴일 경우가 더 많다. 일부 기술적 분석가들은 삼각형을 코일^{coil}이라고 부르기도 한다. 시장의 거래범위가 점점 좁아지면서 트레이더들의 에너지가 압축되면 삼각형에서 튀어나가기 때문이다.

높이가 이전 추세의 10~15퍼센트인 작은 삼각형은 지속패턴일 확률이 높다. 상승추세나 하락추세가 이러한 삼각형에 의해 잠시 꺾이는 것이다. 높이가 이전 추세의 3분의 1 이상인 큰 삼각형은 반전패턴일 확률이 높다. 일부 삼각형은 그저 박스권으로 흐지부지 끝나기도 한다.

그림 23-4 삼각형

두 개의 선이 수렴하면서 각각의 삼각형을 이룬다. 두 개 이상의 고점을 이어 윗변을 그리고 두 개 이상의 저점을 이어 아랫변을 그린다.
아랫변이 상승하는 삼각형을 상승삼각형(ascending triangle)이라고 부르며 상향돌파를 예견한다. 윗변이 하락하면 하락삼각형(descending triangle)이라고 부르며 가격 붕괴를 예고한다. 황소와 곰이 팽팽하게 힘을 겨루는 백중세가 되면 이등변삼각형(symmetrical triangle)이 나타난다. 때로는 돌파 이후에 가격이 삼각형을 향해 되돌림하기도 한다. 이렇게 되돌림할 때가 돌파 방향대로 매매할 절호의 진입기회가 된다.

    삼각형은 각도에 따라 크게 세 부류로 나눈다. 윗변과 아랫변의 각도가 똑같은 경우 이등변삼각형이다. 윗변이 30도의 각도를 이루면 아랫변도 30도를 이룬다. 이등변삼각형이 나타나면 황소와 곰의 힘이 막상막하라는 것이므로 지속패턴일 확률이 높다.

상승삼각형은 윗변이 수평에 가깝고 아랫변이 상승하는 패턴이다. 윗변이 평평한 것은 황소들이 아직 힘을 쓰고 있어 주가를 동일한 수준으로 떠받치고 있다는 얘기다. 반면 곰들은 주가를 끌어내릴 힘을 잃고 있어 아랫변이 상승한다. 상승삼각형 뒤에는 상향돌파가 이어질 확률이 높다.

하락삼각형은 아랫변이 수평에 가깝고 윗변이 하락하는 패턴이다. 아랫변이 수평이라는 것은 곰들이 아직 힘을 쓰면서 일정 수준까지 주가를 끌어내리고 있고 반면에 황소들은 주가를 끌어올릴 힘을 잃고 있다는 것이다. 대개 하락삼각형은 하향돌파로 이어질 확률이 높다.

삼각형이 완성되어갈수록 거래량은 감소하는 경향이 있다. 만약 윗변으로 가면서 거래량이 급증하면 상향돌파가 발생할 가능성이 높다. 반면 주가가 아랫변으로 떨어지면서 거래량이 급증하면 하향돌파가 일어날 가능성이 높다. 돌파가 유효하려면 지난 5일 동안의 평균 거래량보다 50퍼센트는 넘는 거래량 증가가 동반되어야 한다.

삼각형 오른쪽 3분의 1 지점에서 일어나는 돌파에는 매매하지 않는 것이 좋다(윗변과 아랫변을 연장하여 삼각형을 완선시켜보라). 주가가 꼭짓점 부근으로 가는 내내 지지부진하면 계속 평행선을 그릴 가능성이 높다. 삼각형은 지친 복서가 서로에게 계속 기대는 형국이다. 어느 한쪽이 우세하면 초기 돌파가 일어나는 반면 꼭짓점으로 가는 내내 삼각형 안에 머문다면 두 복서 모두 지쳐 추세가 발생하지 않는다.

종종 연관된 시장의 차트들이 동시에 삼각형을 보일 때도 있다.

금, 은, 백금이 모두 삼각형을 보이고 금이 상향돌파하면 백금과 은도 상향돌파할 확률이 높다. 통화시장에서도 이런 접근법이 효과가 있는데 특히 독일 마르크나 스위스 프랑처럼 밀접한 통화시장에서 효과가 있다. 동종 업계의 주식도 비슷하다. 제너럴 모터스는 IBM이 아니라 포드와 비교하라.

삼각형으로 돌파에 뒤이은 움직임을 대비한 최소한의 목표치를 정할 수 있다. 삼각형 아랫변부터 높이를 측정해 삼각형이 붕괴된 지점에서 그 높이만큼 수직으로 그린다. 역동적인 추세를 보이는 구간 한가운데에 있는 작은 삼각형이라면 돌파 이후 얼마나 움직일지 최소한의 목표치를 구할 수 있다. 삼각형의 아랫변에서 꼭짓점까지 높이를 잰 다음 삼각형이 붕괴된 지점에서 수직으로 그 높이만큼 올린다. 역동적인 추세 한가운데 있는 작은 삼각형이라면 이 최소한의 추정치를 넘어설 확률이 많다. 앞서 설명한 피보나치 산출법을 활용해도 된다.

▶ 삼각형을 활용한 매매 기법

아주 큰 삼각형이 아니라면 삼각형 내의 작은 등락에는 트레이딩하지 않는 게 좋다. 삼각형이 발달할수록 등락폭은 좁아진다. 따라서 체결오차와 수수료는 전과 다름없이 계좌를 갉아먹지만 기대수익은 줄어든다.

1. 삼각형 내에서 트레이딩하려면 스토캐스틱(30장 참고) 같은 오실레이터들(41장 참고)을 활용하라. 이 지표들은 작은 등락을 잡아내는 데 유용하다.

2. 일간 차트의 삼각형이 상단돌파로 이어질지 하단돌파로 이어질지 판단하려면 주간 차트를 살펴보라(43장 참고). 주간 차트가 상승추세라면 일간 차트의 삼각형은 상단돌파로 이어질 확률이 높고 주간 차트가 하락추세라면 일간 차트의 삼각형은 하단돌파로 이어질 확률이 높다.

3. 상단돌파 시 롱 포지션으로 진입하고 싶다면 삼각형 윗변 조금 위에서 매수주문을 낸다. 삼각형이 좁아질수록 매수주문 가격을 계속 낮춰라. 하단돌파 시 숏 포지션으로 진입하려면 삼각형 아랫변 조금 아래에서 매도주문을 한다. 삼각형이 좁아질수록 주문 가격을 계속 높여라. 일단 진입하고 나면 삼각형 조금 안쪽에 손실제한주문을 설정하라. 유효한 돌파라면 이후 삼각형 안쪽으로 깊숙이 되돌아가지는 않지만 만약의 되돌림을 대비해야 한다.

4. 삼각형 돌파 이후 주가가 되돌림할 때는 거래량에 유의하라. 거래량이 급증하면서 되돌림하면 돌파를 무효로 만들 수도 있지만 거래량이 적으면서 되돌림하면 포지션을 늘릴 호기다.

5. 주가가 삼각형 오른쪽 3분의 1 부분에 접근하면 매수나 매도주문을 취소하라. 삼각형 오른쪽 3분의 1 부분 이후에 일어나는 돌파는 신뢰할 수 없다.

🔁 불규칙 삼각형

패넌트는 윗변과 아랫변이 모두 같은 방향, 즉 상향하거나 하향하는 작은 삼각형이다. 추세와 반대 방향으로 기울어진 패넌트는 지속형의 역할을 한다.

패넌트가 나타난 이후 상승은 패넌트 이전에 움직인 만큼만 이뤄진다. 또한 추세와 같은 방향으로 기울어진 패넌트는 소멸 패턴으로 추세의 반전이 임박했다는 것도 알린다.

확장삼각형은 신고점과 신저점을 계속 갱신할 때 나타난다. 이 패턴은 황소와 곰들이 몰려들어 시장의 변동이 극심해졌다는 것을 의미한다. 황소와 곰의 싸움이 너무 격렬해 삼각형이 넓어지면서 상승 추세가 지속되지 못하고 급기야 소멸된다.

다이아몬드형은 확장삼각형으로 시작해 이등변삼각형으로 끝난다. 다이아몬드형을 식별하려면 차트를 뚫어지게 봐야 한다. 다이아몬드형은 차티스트에게 마치 로샤의 심리테스트를 위한 잉크 자국과 같다. 오랫동안 쳐다보고 있으면 다이아몬드형을 발견할 수 있지만 트레이딩에 별로 쓸모가 없다. 나도 한때 다이아몬드를 찾으려 애쓰기도 했지만 대부분은 가짜였다.

🔁 이중 천정과 이중 바닥

이중 천정은 주가가 이전 고점대 수준으로 반등할 때 나타나고 이

중 바닥은 주가가 이전 저점대로 반락할 때 나타난다. 두 번째 고점이나 저점이 첫 번째 고점이나 저점보다 살짝 높거나 낮을 수도 있다. 이러한 점 때문에 초보 애널리스트들이 혼란스러워하는 패턴이기도 하다.

현명한 트레이더들은 기술적 지표를 활용해 이중 천정과 이중 바닥을 식별한다. 이중 천정과 이중 바닥은 강세 다이버전스와 약세 다이버전스로 나타나기도 한다. 이중 바닥에서 매수하거나 이중 천정에서 공매도하는 건 최고의 매매기회에 속한다.

TRADING for a LIVING

제4부
컴퓨터를 이용한 기술적 분석

24

트레이딩에서
컴퓨터의 역할

　트레이더로 성공하려면 경쟁자들보다 시장을 더 잘 이해해야 하는데 여기에 컴퓨터를 활용하는 것이 큰 도움이 된다. 단, 시장에서 경쟁하는 많은 트레이더들 역시 컴퓨터를 보유하고 있다는 사실을 기억해야 한다.

　한편 컴퓨터를 사용하지 않고 손으로 차트를 그리면 주가에 대한 직관적이고 구체적인 감각을 발달시키는 데 도움이 된다. 차트 작성에 적합한 용지를 사서 매일 주식과 상품시장의 가격을 표시해나간다. 차트를 그려가면서 어느 수준에서 매수하거나 공매도하며 어느 지점에 손실제한주문을 설정할지도 함께 적어두라. 한동안 이렇게 손으로 그리다 보면 기술적 지표를 활용해 더 많은 시장을 분석하고 싶을 것이다. 그때가 컴퓨터와 소프트웨어를 찾아야 할 때다.

▶ 트레이딩은 정보 전쟁이다

컴퓨터가 없는 트레이더는 걷거나 자전거를 타고 여행하는 사람과 같다. 다리가 튼튼해지고 주변 풍경을 느긋하게 감상할 수 있겠지만 속도는 느리다. 출장에 나서 목적지에 빨리 도착하는 게 목적이라면 자동차를 타야 한다.

컴퓨터가 있으면 더 많은 시장을 더 심층적으로 분석하고 추적할 수 있다. 컴퓨터가 귀찮은 일들을 대신 해주므로 생각할 여유도 생긴다. 그리고 더 많은 지표를 활용할 수 있으므로 시장에서 더 많은 기회를 포착할 수 있다. 정보 싸움인 트레이딩 세계에서 컴퓨터는 수많은 정보를 처리하여 든든한 지원군이 되어준다.

컴퓨터를 이용한 기술적 분석은 고전적인 차트 분석보다 더 객관적이다. 머리어깨형이 출현했는지 아닌지 고심할 수는 있겠지만 지표의 방향에 대해서는 논란의 여지가 없다. 지표의 포인트가 올라가면 올라갈 것이고 지표의 포인트가 내려가면 내려갈 것이다.

손으로 만드는 차트에서 컴퓨터로 옮겨가는 것은 주판 대신 계산기를 택하는 것과 같다. 메뉴 버튼을 활용하는 방식을 배우려면 잠시 시간이 걸리겠지만 결국엔 속도가 빨라지므로 노력한 보람이 있을 것이다.

▣ 컴퓨터를 이용한 분석의 3단계

컴퓨터를 활용하는 트레이더가 되려면 세 가지 단계가 필요하다. 첫째 소프트웨어를 선택하고 그다음 컴퓨터, 마지막으로 분석을 위한 데이터를 선택해야 한다. 소프트웨어를 먼저 선택하는 이유는 프로그램에 따라 최적의 컴퓨터가 달라질 수 있기 때문이다. 데이터를 어떻게 처리하고 결과를 어떻게 보여줄지 컴퓨터에 명령하는 것이 소프트웨어다. 소프트웨어의 각 프로그램마다 독특한 특징과 외양, 그리고 독특한 감성을 갖고 있다.

컴퓨터가 대신 해주었으면 하는 작업을 목록으로 만들고 컴퓨터를 활용하고 있는 트레이더에게 보여주라. 또는 미국에서 각종 시장의 투자정보를 교환하는 커뮤니티인 클럽 3000 같은 곳에 전화를 걸어 어떤 소프트웨어를 선호하는지 물어보라. 내가 운영하는 파이낸셜 트레이딩 세미나에도 많은 트레이더들이 전화를 걸어와 최고의 패키지에 대한 의견을 구한다. 《선물Futures》, 《주식과 상품에 대한 기술적 분석Technical Analysis of Stocks and Commodities》 같은 트레이더를 위한 잡지에는 기술적 분석 소프트웨어 광고가 많이 실린다. 이런 광고와 소프트웨어 상품평을 읽어보고 데모 디스켓을 보내달라고 요청하라.

두세 가지 후보군이 압축되면 마음에 드는 소프트웨어 회사에 전화해 거주지의 사용자 명단을 부탁하라. '실제' 사용자 명단을 요구하라. 그들이 실제적이고 현실적이며 공정한 조언을 줄 사람들이다. 많은 트레이더들이 고립된 기분을 느끼고 있어 다른 트레이더와 연락하기를 좋아한다. 기꺼이 자신이 쓰는 장비를 보여주고 기술적 지원이 어느 정도 수준인지 얘기해줄 것이다.

기술적 분석 프로그램은 툴박스, 블랙박스, 그레이박스 세 가지로 나뉜다. 툴박스는 신중한 트레이더, 블랙박스는 산타클로스를 믿는 사람을 위한 것이며 그레이박스는 중간쯤에 있다. 새로운 패키지를 고려할 때면 그 프로그램이 어느 부류에 속하는지 생각해야 한다.

▶ 툴박스, 블랙박스, 그레이박스

나무나 금속으로 무언가를 만들려면 철물점에 가서 공구세트를 사야 하고, 효율적으로 작업하기 위해 연장 다루는 법을 배워야 한다. 기술적 분석을 위한 툴박스는 시장 데이터를 처리하는 전자 연장이라 하겠다.

툴박스는 일간 차트와 주간 차트를 보여주는데 컴퓨터 화면에 스크린을 여러 개로 나누어 주가와 지표를 표시해나간다. 훌륭한 툴박스는 이동평균, 채널, MACD, MACD 히스토그램, 스토캐스틱, 상대강도 지수RSI 등 널리 쓰이는 지표들을 포함하고 있다. 이런 툴박스는 모든 지표를 미세하게 조정할 수 있다. 이를테면 버튼 하나만 누르면 5일 스토캐스틱을 9일 스토캐스틱으로 바꿀 수 있다.

고급 패키지는 자신만의 지표를 시스템에 구현할 수 있게 해준다. 기존의 지표와 함께 원하는 공식을 넣을 수 있는 것이다. 조정이 불가능한 고정된 지표만 있는 프로그램은 피해야 한다. 또한 좋은 툴박스는 두 시장을 비교할 수 있고 스프레드를 분석할 수 있다. 옵션을 거래한다면 옵션 평가 모델이 포함된 툴박스를 써야 한다.

다양한 가격대의 툴박스가 시장에 나와 있다. 가장 비싼 가격대인 컴퓨트랙CompuTrac의 지표는 목록만 두 페이지에 이른다. 또한 수익성 테스트도 제공하고 자동화율이 높다. 이 책의 차트는 대부분 컴퓨트랙을 활용해 그린 것이다. 파이낸셜 트레이딩 세미나는 가격대별 소프트웨어 패키지, 데이터서비스 등 컴퓨터를 쓰는 트레이더를 위한 자료를 구비하고 있으며 몇 달 간격으로 이 리스트를 업데이트 해서 트레이더들에게 공짜로 제공하고 있다. 이 책의 뒷부분, 저자 소개 페이지의 주소로 연락하면 최신 정보를 받을 수 있다.

블랙박스 소프트웨어는 무엇을 사고팔지, 언제 사고팔지 알려주지만 이유는 설명해주지 않는다. 블랙박스에 데이터를 입력하면 불이 깜박이면서 무엇을 해야 할지 알려주는 종이 한 장이 출력된다. 수많은 트레이더들이 이 소프트웨어를 상당한 돈을 지불하고 구매한다. 블랙박스는 대개 사기꾼들이 자본력이 부족하거나 잘 속아 넘어가는 트레이더에게 판매한다. 블랙박스에는 늘 과거의 수익실적을 보여주는 화려한 기록이 딸려 있다. 그러나 시장은 계속 변하기 때문에 과거를 바탕으로 설계된 모든 블랙박스는 결국 폐기처분된다. 최적화 기능이 있는 시스템이라도 마찬가지다. 미래에는 어떤 형태의 최적화가 필요한지 알 수 없기 때문이다. 트레이딩에서 원숙한 판단을 대신 해줄 수 있는 건 없다. 블랙박스로 돈을 버는 길은 블랙박스를 남에게 파는 것뿐이다.

정직한 개발자가 판 것이라도 블랙박스는 실패할 수밖에 없다. 트레이딩 같은 복잡다단한 인간의 행위는 자동화될 수 없기 때문이다. 기계가 도움이 되긴 하지만 인간을 대신할 순 없다.

블랙박스로 트레이딩하는 건 과거의 어떤 시점에 존재했던 타인의 머리 한쪽을 쓰는 것과 같다. 시장은 변하고 전문가도 의식을 바꾸지만 블랙박스는 여전히 예전처럼 매수, 매도신호를 발효시킨다. 블랙박스로 트레이딩하는 건 음경보형물로 사랑을 나누는 것과 같다. 잠시 동안은 연인을 속일 수 있지만 결코 오래갈 수는 없다.

블랙박스처럼 그레이박스 역시 등록상표가 붙은 공식을 토대로 매매신호를 생성한다. 블랙박스와 다른 점은 대략이나마 공식을 이해할 수 있게 공개하고 어느 정도 미세조정이 가능하다는 점이다. 툴박스에 가까울수록 좋은 그레이박스다.

유명한 그레이박스로 MESA 같은 프로그램이 있다. MESA는 시장 사이클을 파악하는 최고의 프로그램으로 인정받고 있다.

▶ 컴퓨터 선택 시 중요 요소

소프트웨어 프로그램마다 구동되는 컴퓨터가 다르다. 따라서 컴퓨터를 사기 전에 소프트웨어를 고르는 게 좋다. 최신형 컴퓨터를 사야 오래 쓸 수 있으므로 되도록 최신형을 사라.

트레이더에게는 넉넉한 메모리와 빠른 속도가 항상 필요하다. 메모리가 크고 속도가 빠르다고 불평하는 트레이더는 없다. 데이터베이스로부터 데이터를 빠르게 수집할 수 있도록 빠른 모뎀을 구입하

라. 선명하게 차트를 인쇄하고 싶으면 레이저 프린터를 구입하라. 대부분의 프로그램은 자동 출력이 가능하다. 출력 버튼을 누르고 다른 볼일을 보면 된다. 돌아와 보면 인쇄기 앞에 차트가 쌓여 있을 것이다. 귀찮은 일을 기계가 대신해놓았으니 트레이딩 결정만 하면 된다.

패키지를 사용한 경험이 있는 사람을 고용해 시스템을 구축하는 것도 좋다. 시간과 노력을 상당히 절약할 수 있기 때문에 나는 소프트웨어를 새로 설치할 때면 이 방법을 쓰곤 한다. 이렇게 도움을 받으면 어떤 버튼을 눌러야 하는지만 배워도 프로그램을 운용할 수 있다.

▶ 어느 정도의 과거 데이터가 필요한가

트레이더는 누구나 과거의 데이터베이스를 매일 업데이트한다. 예전에는 데이터베이스를 구축하는 것도 매번 업데이트하는 것도 일일이 손으로 직접 해야 했다.

지금은 누구라도 매달 1달러만 내면 역대 데이터를 구입할 수 있고 업데이트 비용도 저렴하다. 전화선에 연결된 일반 모뎀을 통해 단 1분 만에 열 개가 넘는 시장을 업데이트할 수 있다. 각종 주식, 통화, 선물, 옵션 데이터를 제공하는 신뢰할 만한 데이터베이스가 많다. 일부 트레이더들은 하루 24시간 내내 실시간으로 데이터를 수집한다. 위성통신 장비, FM 수신기, 혹은 전용 전화선을 이용한다. 데이 트레이딩을 하려면 실시간 데이터가 필요하지만 포지션 트레이딩은 실시간 데이터가 그다지 필요 없다.

포지션 트레이더는 며칠 혹은 몇 주 사이에 진입하고 퇴장한다. 데이 트레이더는 몇 분까지는 아니더라도 몇 시간 내에 진입하고 퇴장한다. 먼저 포지션 트레이딩 실력을 제대로 닦은 다음에라야 데이 트레이딩을 할 수 있다. 비디오 게임에 비유하자면 포지션 트레이딩이 레벨 1이라 할 때 데이 트레이딩은 레벨 9 정도로 난이도 차이가 난다고 할 수 있다. 같은 미로를 통과하고 같은 괴물을 피하지만 게임의 속도가 너무 빨라 레벨 9에서는 거의 자동적으로 반응해야 한다. 잠시라도 멍하니 넋 놓고 있다간 바로 죽는다. 시장을 분석하는 방법을 배우고 레벨 1, 즉 포지션 트레이딩부터 익힌 다음 데이 트레이딩으로 나아가라.

과거 데이터를 구매할 때는 두 번의 강세장과 두 번의 약세장이 포함된 데이터를 구입하는 게 좋다. 새로운 시장에 대한 분석에 착수할 때 나는 대개 20년 동안의 월간 차트를 검토한다. 이 긴 역사에 비추어 볼 때 현재의 가격 수준이 높은지, 낮은지 판단한다. 그리고 주간 차트 데이터는 3~5년간의 데이터를, 일간 차트 데이터는 1년간의 데이터를 구입한다.

컴퓨터 활용 초기에는 여섯 개 이하의 시장을 집중적으로 분석하고, 능숙해지면 점차 늘려나가야 한다. 이를테면 미 재무부 채권, S&P500지수, 금시장, 일본 엔이나 독일 마르크화를 분석할 수 있다. 농산물시장이나 공산품시장을 분석하고 싶다면 목록을 바꾸면 된다.

세 가지 주요 지표

시장을 분석할 때는 기술적 지표 몇 개를 선별해 적용해보아야 한다. 이 작업이 능숙해지거든 새로운 지표를 추가해나가라. 나는 대개 한 번에 열 개에서 열두 개의 지표를 각 시장에 적용하면서 새로운 지표 하나를 추가한다. 몇 달 동안 새로운 지표를 지켜보면서 이 지표가 발효하는 신호를 다른 지표의 신호와 비교해본다. 그렇게 하여 새로운 지표가 유용하다는 것이 증명되면 원래의 기본 지표들에 이를 추가한다.

지표는 추세와 전환점을 식별하는 데 유용하다. 지표를 활용하면 황소와 곰 사이 힘의 균형을 좀더 깊이 있게 통찰할 수 있다. 지표는 차트 패턴보다 더 객관적인데, 문제는 지표들끼리 서로 모순되는 경우가 종종 생긴다는 점이다. 추세를 보이는 시장에 잘 들어맞는 지표가 있는가 하면 횡보장에서 잘 적중하는 지표가 있다. 전환점을 잘 포착하는 지표가 있는가 하면 추세를 잘 포착하는 지표가 있다.

아마추어 대부분은 단 하나의 지표만 살핀다. 한 방의 총알로 복잡한 시장을 모두 정리해버리든지 아니면 많은 지표를 대충 뭉뚱그려서 평균을 산출하려고 한다. 어느 쪽이든 경솔한 아마추어에게 컴퓨터를 주는 건 십대에게 스포츠카를 주는 것과 같다. 사고가 나게 되어 있는 것이다. 신중한 트레이더라면 다양한 상황에서 어떤 지표가 가장 잘 적중하는지 알아야 한다.

어떤 지표든 실제로 이용하기 전에 무엇을 측정하는 지표인지, 작동원리는 어떻게 되는지 이해해야 한다. 이런 것을 알고 있어야 신호에 확신을 가질 수 있다.

프로들은 지표를 추세추종 지표, 오실레이터, 기타 군소 지표 등 세 부류로 나눈다. 추세추종 지표는 시장이 움직이고 있을 때는 제대로 작동하지만 횡보장에서는 위험한 신호가 발효된다. 오실레이터는 횡보장에서 전환점을 포착하는 데는 적절하지만 시장이 추세를 보이기 시작하면 성급하고 위험한 신호를 보낸다. 기타 군소 지표는 군중심리를 통찰할 수 있게 해준다. 트레이딩에 성공하려면 서로 다른 그룹에 속하는 다수의 지표를 결합해야 한다. 이렇게 하면 각각의 약점은 상쇄하고 장점은 그대로 유지할 수 있다. 이것이 삼중 스크린 매매 시스템의 목표다(43장 참고).

추세추종 지표에는 이동평균, MACD(이동평균 수렴확산), MACD 히스토그램, 방향성 시스템, OBV(거래량균형) 매집/분산A/D 지표 등이 있다. 추세추종 지표는 추세가 반전된 다음 방향을 선회하므로 동행同行 혹은 후행後行 지표다

오실레이터는 전환점을 식별하는 데 유용하다. 오실레이터 지표로는 스토캐스틱, ROC(변화율), 평활화한 ROCS-ROC, 모멘텀, RSI(상대강도 지수), 엘더-레이, 강도 지수, 윌리엄스%R, CCI(상품채널 지수) 등이 있다. 오실레이터는 종종 주가 전환에 앞서기 때문에 선행 혹은 동행 지표에 속한다.

기타 군소 지표는 시장의 여론이 강세, 약세 어느 쪽에 어느 정도로 쏠려 있는지를 나타낸다. 신고점/신저점NH/NL 지수, 풋콜 비율, 강세합의 지수, 트레이더동향COT 보고서, 등락주선ADL, 트레이더 지수TRIN 등이 있다. 이 지표들은 선행 혹은 동행 지표들이다.

25
 # 이동평균

　월스트리트에서 잔뼈가 굵은 사람들은 이동평균이 제2차 세계대전 시 적기를 격추시키던 대공포병에 의해 금융시장에 도입되었다고 주장한다. 초기의 이동평균 전문가는 리처드 돈키언Richard Donchian과 J. M. 허스트J. M. Hurst였다. 물론 두 사람 모두 포병대 출신은 아니다. 돈키언은 메릴린치 직원으로 이동평균 교차를 이용한 매매 기법을 개발했으며, 허스트는 이제는 고전이 된 책 『주식 거래 타이밍의 비법The Profit Magic of Stock Transaction Timing』에서 이동평균을 주식 매매에 적용했다.

　이동평균은 일정한 기간 동안 데이터의 평균값이다. 5일 이동평균은 지난 5일 동안의 주가 평균, 20일 이동평균은 지난 20일 동안의 주가 평균을 나타낸다. 매일의 이동평균 값을 연결하면 이동평균선을 얻을 수 있다.

$$단순이동평균 = \frac{P_1 + P_2 + \cdots + P_N}{N}$$

- P = 주가
- N = 이동평균 산출기간(트레이더가 선택)

이동평균 값은 두 가지 요소, 즉 산출에 이용되는 값과 산출기간에 의해 결정된다. 한 종목의 3일 단순이동평균을 구해보자. 3일 동안 종가가 19, 21, 20이라면 종가의 3일 단순이동평균은 20이다 {(19+21+20)÷3}. 4일째 되는 날 종가가 22라면 3일 이동평균은 21이 된다. 즉 마지막 3일간의 종가(21+20+22) 나누기 3이다.

이동평균에는 단순이동평균, 지수이동평균, 가중이동평균 세 가지 종류가 있다. 트레이더들은 대개 계산하기 쉬운 단순이동평균을 쓴다. 돈키언과 허스트도 컴퓨터를 사용하기 전에는 단순이동평균을 활용했다. 그러나 단순이동평균은 치명적인 결함이 있다. 바로 주가가 한 번 추가될 때마다 두 번 변한다는 점이다.

▣ 두 번 짖는 지표, 단순이동평균

단순이동평균은 데이터 하나가 새로 추가될 때마다 두 번 변한다.

첫째, 이동평균에 새로운 데이터(주가)가 추가되면 변한다. 이동평균은 주가에 따라 변해야 하므로 이 점은 당연하다. 하지만 가장 오래된 주가에 크게 영향을 받는다는 문제가 있다. 가장 오래된 주가가 높은 편이면 그 가격이 떨어져나감으로써 단순이동평균이 하락하고, 가장 오래된 주가가 낮은 편이면 단순이동평균이 상승한다. 이런 변화는 현재의 시황과 아무런 관련이 없다.

주가가 80~90 사이에서 움직이고 있고 10일 단순이동평균이 85라고 하자. 그런데 이 10일 동안 어느 날의 주가가 105를 기록했다고 하자. 이 데이터(105)가 가장 오래된 주가가 되어 빠질 때 이동평균은 하락추세를 그리듯 떨어진다. 이런 하락 현상은 현재 시황과 관계가 없으므로 무의미하다.

가장 오래된 데이터가 떨어져나갈 때 단순이동평균은 요동친다. 단순이동평균은 두 번 짖는 경비견과 같다. 경비견은 누군가 집에 접근할 때 한 차례 짖고, 누가 집을 나갈 때 다시 한 번 짖는다. 언제 짖는 것이 낯선 자의 침입을 경고하는 것인지 알 수가 없다. 많은 이들이 그저 습관처럼 단순이동평균을 쓰지만 첨단 컴퓨터를 활용하는 요즘 트레이더는 지수이동평균으로 더 높은 수익을 올린다.

▶ 이동평균이 보여주는 시장 심리

각각의 가격은 현 시점에서 가치에 대한 군중의 합의를 가리킨다(12장 참고). 하지만 한 개의 주가로는 군중이 강세 쪽으로 기울었는지 약세 쪽으로 기울었는지 알 수 없다. 사진 한 장만 보면 그 사람이 낙관적인지 비관적인지 알 수 없지만 열 장의 사진을 가져와 모두 모아보면 이 사람이 어떤 부류에 속하는지 비교적 잘 파악할 수 있다. 이동평균은 며칠 동안의 주가를 결합한 것으로 시장의 앨범이라고 할 수 있다. 시장은 거대한 군중으로 이루어지며 이동평균은 이 군중들이 어느 방향으로 움직이고 있는지 알려준다.

이동평균이 제공하는 가장 중요한 정보는 기울기다. 이동평균선이 상승하면 군중이 시장을 점점 더 낙관하고 있다, 즉 시장의 강세를 예측하고 있다는 의미다. 이동평균선이 하락하면 군중이 시장을 점점 더 비관적으로 보고 있다, 즉 시장의 약세를 예측하고 있다는 의미다. 군중이 과거보다 더 적극적으로 매수에 나선다면 주가는 이동평균선 위로 상승한다. 군중이 과거보다 더 적극적으로 매도에 나서면 주가는 이동평균선 아래로 하락한다.

▶ 한 번 정확히 짖는 지표, 지수이동평균

지수이동평균EMA은 단순이동평균SMA보다 탁월한 추세추종 지표다. 지수이동평균은 가장 최근의 데이터에 가중치를 두며 단순이동평균보다 기민하게 주가 변화에 반응한다. 동시에 지수이동평균은 과거 데이터가 빠져도 요동치는 일이 없다. 경비견으로 치자면 귀가 더 예민해 누가 집에 접근할 때만 짖는 지표다.

$$EMA = P_{tod} \times K + EMA_{yest} \times (1-K)$$

$$K = \frac{2}{N+1}$$

- N = EMA 산출기간(트레이더가 선택)
- P_{tod} = 오늘 주가
- EMA_{yest} = 전일 EMA
- K = 기간의 계수

지수이동평균이라 하면 복잡할 것 같지만 기술적 분석 소프트웨어를 사용하면 쉽게 구할 수 있다. 지수이동평균 산출기간을 선택한 다음 키보드 하나만 누르면 연산 결과가 나온다. 손으로 직접 하려면 아래 단계를 밟으면 된다.

1. 지수이동평균 산출기간을 선택한다('이동평균 산출기간 선택' 참고). 여기서는 10일 지수이동평균을 구한다고 가정하자.
2. 기간의 계수 K를 구한다(앞의 공식 참고). 이를테면 10일 지수이동평균을 구한다면 K는 10+1 나누기 2, 즉 0.18이다.
3. 종가를 모두 더한 다음 10으로 나눠 단순이동평균을 구한다.
4. 11일째 되는 날 종가에 K를 곱한다. 그런 다음 전일 단순이동평균에 (1−K)를 곱한다. 곱해서 나온 두 수를 더한다. 이 수가 10일 지수이동평균이 된다.
5. 매일 1~4를 반복하면 가장 최근의 지수이동평균이 산출된다(그림 25-1 워크시트 참고).

지수이동평균은 단순이동평균에 비해 두 가지 장점이 있다. 첫째, 가장 최근의 거래일에 가장 큰 가중치를 부여한다. 가장 최근의 군중심리가 더 중요하기 때문이다. 단순이동평균에서는 매일이 동일한 비중이지만 10일 지수이동평균에서 마지막 종가는 지수이동평균값의 18퍼센트를 차지한다. 둘째, 지수이동평균은 단순이동평균처럼 단박에 과거 데이터를 탈락시키지 않는다. 앨범에 있는 과거의 추억과 분위기가 서서히 사라지듯 지수이동평균의 과거 데이터 역시 서서히 사라진다.

이동평균 산출기간 선택

산출기간이 짧으면 지수이동평균은 주가 변화에 민감하게 반응한다. 따라서 새로운 추세를 빨리 감지할 수 있는 반면 방향을 더 자주 바꾸어 속임수신호whipsaw를 많이 만들어낸다. 속임수신호는 매매신호가 너무 자주 급박하게 반전되는 것이다. 지수이동평균 산출기간이 비교적 길면 속임수신호는 적게 발생하지만 전환점을 놓치게 된다.

컴퓨터가 처음 나왔을 때 트레이더들은 숫자를 마구 입력해 넣어보면서 다양한 시장에서 '최고의' 이동평균을 찾으려고 혈안이 되었다. 트레이더들은 과거에 어떤 이동평균이 잘 적중했는지 알아냈지만 결국 트레이딩에 도움이 되지는 못했다. 시장이란 계속 변하기 때문이다. 누구도 과거의 시장에서 트레이딩할 수는 없다.

시장 사이클을 알 수만 있다면 지수이동평균 기간을 시장 사이클에 맞추는 게 유리하다. 이동평균은 지배적인 시장 사이클의 절반으로 잡아야 한다(36장 참고). 시장 사이클이 22일이라면 11일 이동평균을 사용하라. 시장 사이클이 34일이라면 17일 이동평균을 사용하

날짜	종가	10일 지수이동평균
1	447.3	
2	456.8	
3	451.0	
4	452.5	
5	453.4	
6	455.5	
7	456.0	
8	454.7	
9	453.5	
10	456.5	453.7
11	459.5	454.8
12	465.2	456.6
13	460.8	457.4
14	460.8	458.0

그림 25-1 10일 지수이동평균 워크시트

단순이동평균부터 구한다. 3행의 첫 번째 값(453.7)은 단순이동평균이다. 그다음 값(454.8)부터가 이 장에서 설명한 공식대로 산출한 매일의 지수이동평균이다.

라. 문제는 사이클이 계속 변하고 자취를 감추기도 한다는 것이다. 일부 트레이더는 MESA 같은 소프트웨어로 유효 사이클을 포착하는데 MESA에 나타난 바에 따르면 시장은 사이클보다는 의미 없는 움직임을 보이는 때가 더 많다.

마지막으로 대략적인 법칙은 포착하려는 추세가 길수록 이동평균을 길게 잡아야 한다는 것이다. 월척을 낚으려면 큰 낚싯대가 필요하다. 시장의 큰 추세에 편승하기 원하는 장기 투자자라면 200일 이동평균이 적합하다. 그렇지만 트레이더들은 대부분 10일~20일 이동평균을 사용한다. 추세추종이라는 이동평균 본연의 기능을 상실하지 않으려면 적어도 8일 이상의 평균을 사용해야 한다. 나는 몇 년 전부터 대체로 13일 지수이동평균을 사용하고 있다.

➡ 지수이동평균을 활용한 매매 기법

트레이딩에 성공하는 사람은 미래를 예측하지 않는다. 시장을 살펴보고 트레이딩 포지션을 관리한다(17장 참고). 추세의 방향대로 트레이딩하는 데 유용한 지표 중 하나가 이동평균이며, 이동평균이 제공하는 가장 중요한 정보가 추세의 방향이다. 이동평균은 시장이 어느 방향으로 관성을 갖고 움직이는지를 표시한다. 지수이동평균이 상승하면 롱 포지션을 취하고 지수이동평균이 하락하면 숏 포지션을 취하는 것이 최선이다(그림 25-2).

1. 지수이동평균이 상승하면 롱 포지션을 취할 기회를 찾아라. 주가가 이동평균선 살짝 아래 근처에서 일시 하락(조정)할 때 매수하라. 일단 롱 포지션을 취하면 가장 최근의 단기 저점 아래에 손실제한주문을 설정하고, 지수이동평균 위에서 종가가 형성되자마자 손실제한을 손익분기점으로 옮기라.
2. 지수이동평균이 하락하면 숏 포지션을 취하라. 주가가 지수이동평균 근처나 조금 위로 반등하면 숏 포지션을 취하고 최근의 단기 고점 위에 손실제한주문을 설정하라. 종가가 지수이동평균 아래에 형성되거든 즉시 손실제한을 손익분기점으로 옮기라.
3. 지수이동평균이 소폭 등락하며 수평선을 그리면 시장이 지향점이나 추세가 없다는 뜻이다. 이럴 경우는 추세추종 기법으로 트레이딩하면 안 된다.

▶ 기계적 트레이딩 시스템

이동평균선을 활용한 오래된 기계적 트레이딩 기법은 대체로 다음의 4단계를 거친다. (1) 이동평균선이 상승하고 이동평균 위에 종가가 형성되면 매수한다. (2) 종가가 이동평균 아래로 떨어지면 매도한다. (3) 이동평균선이 하락하고 종가가 이동평균 아래에서 형성되면 공매도한다. (4) 종가가 이동평균 위에서 형성되면 환매한다.

그런데 이런 기계적인 매매 방식은 추세를 보이는 시장에는 잘 적

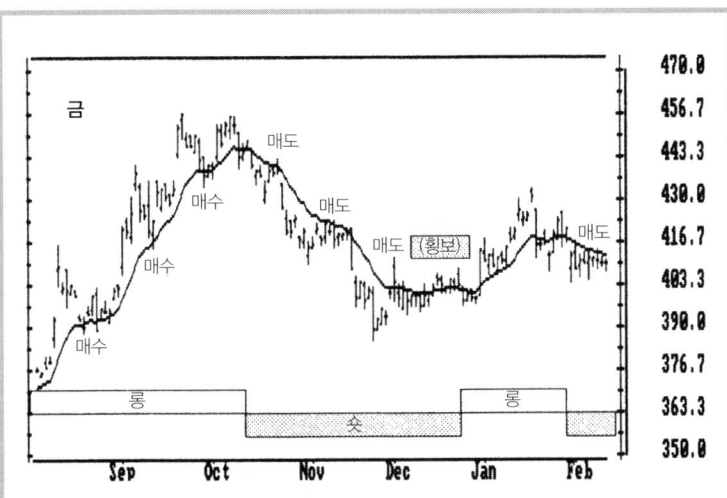

그림 25-2 13일 지수이동평균

지수이동평균이 상승하면 추세가 상승하고 있다는 뜻이다. 따라서 롱 포지션 관점에서 트레이딩해야 한다. 되돌림이 일어났을 때가 최적의 매수기회이며 주가가 지수이동평균 위에 높이 떠 있을 때는 기다리는 것이 좋다. 주가가 지수이동평균으로 되돌림할 때가 위험/보상 비율이 더 좋다.

지수이동평균이 하락하면 추세가 하락하고 있다는 의미다. 따라서 숏 포지션 관점에서 트레이딩해야 한다. 주가가 지수이동평균을 향해 반등할 때가 최적의 매도기회. 차트의 12월 구간처럼 지수이동평균이 횡보에 돌입하면 시장의 추세가 멈추었다는 의미다. 이때는 추세추종 기법을 쓰지 말고 13일 지수이동평균을 살피면서 시장이 추세에 진입할 때까지 기다리라.

중하지만 시장이 횡보장으로 접어들면 속임수신호가 발생한다.

기계적 규칙으로 속임수신호를 걸러낼 수는 있지만 이동평균선으로 얻고자 했던 장점들을 상쇄시킨다. 이를테면 종가가 이동평균선의 반대편에서 (이동평균선 하락 시 이동평균선보다 높게, 이동평균선 상승 시 이동평균선보다 낮게) 한 번이 아니라 두 번 형성되거나, 종가가 일정 폭 이상으로 이동평균선을 돌파할 때 걸러내는 규칙이 있다. 이와 같은 필터를 활용하면 손실을 줄일 수는 있지만 이동평균선의 가장 큰 능력이자 장점, 즉 초기에 추세에 편승하도록 해주는 능력이 감퇴된다.

이동평균을 활용한 매매 기법을 창시한 돈키언이 선호한 방법은 4일, 9일, 18일 이동평균선 교차를 활용한 방법이었다. 세 가지 이동평균선이 모두 같은 방향으로 돌아서면 매매신호가 발효되었다. 돈키언의 기법은 다른 기계적 트레이딩 기법과 마찬가지로 강한 추세를 보이는 시장에서만 적중한다.

다른 트레이딩 도구도 마찬가지지만 이동평균선 역시 장점과 함께 단점도 갖고 있다. 이동평균선은 추세를 식별하고 추종하도록 돕지만 박스권에서는 속임수신호가 발생한다는 것이다. 9부 삼중 스크린 매매 시스템에서 이러한 딜레마에 대한 해결책을 찾아보겠다.

▶ 이동평균에 대한 추가 정보

이동평균선은 지지영역 혹은 저항영역의 기능도 한다. 상승하는 이동평균선은 주가를 떠받치는 마룻바닥 역할을 하며 하락하는 이동평균선은 위에서 내리누르는 천정 역할을 한다. 따라서 상승하는 이동평균선 부근에서 매수하고 하락하는 이동평균선 부근에서 매도하면 수익을 올릴 수 있다.

이동평균선은 주가뿐 아니라 지표에도 적용될 수 있다. 일부 트레이더는 거래량에 5일 이동평균을 활용한다. 거래량이 5일 이동평균선(거래량) 아래로 떨어지면 단기 추세에 군중이 흥미를 잃었다는 의미이므로 시장이 반전될 가능성이 있다. 거래량이 이동평균선(거래량)을 돌파하면 군중이 시장에 지대한 관심을 가지고 있다는 의미로 주가 추세가 확증된다.

종가로 이동평균을 산출할 수 있는 것처럼 고가와 저가의 평균값으로 이동평균을 산출하기도 한다. 보통 종가로 산출한 이동평균을 일간 차트 분석에 이용하지만 평균값의 이동평균을 선호하는 데이 트레이더도 많다.

또한 가중이동평균WMA; weighted moving average이라는 것도 있다. 지수이동평균이 가장 최근의 트레이딩 날에 가중치를 부여하는 데 비해 가중이동평균은 각자가 중요하다고 생각하는 날에 가중치를 부여하는 방법이다. 가중이동평균은 아주 복잡하므로 숙련된 트레이더가 아니라면 지수이동평균을 활용하는 것이 낫다.

26

MACD와
MACD 히스토그램

    이동평균은 사소한 주가 변화를 걸러내 추세를 식별한다. 뉴욕의 분석가이자 펀드매니저였던 제럴드 아펠Gerald Appel은 이보다 한 걸음 앞선 지표인 MACD를 개발했다. MACD는 세 개의 지수이동평균으로 산출된다. MACD는 차트상에 두 개의 선으로 나타나며 두 선의 교차를 기준으로 매매신호가 발효된다.

▶ MACD 산출 방식

원래 MACD 지표는 실선(MACD선)과 점선(시그널선), 두 개의 선으로 구성된다. MACD선은 두 개의 지수이동평균으로 산출되며 시그널선보다 주가에 빨리 반응한다. 시그널선은 MACD선을 지수이동평균으로 평활화한 것이다. 시그널선은 MACD보다 주가에 느리게 반응한다.

주가에 빠르게 반응하는 MACD선이 주가에 느리게 반응하는 시그널선을 위에서 아래로 혹은 아래에서 위로 교차할 때 매수, 매도 신호가 발효된다. 대부분의 기술적 분석 프로그램에는 MACD선이 포함되어 있으므로 이를 직접 계산하는 트레이더는 거의 없다. 사실 컴퓨터로 연산하는 편이 훨씬 빠르고 정확하기도 하다. 그렇지만 산출 원리를 알아두는 것도 도움이 될 것이다. MACD 산출 방식은 아래와 같다.

1. 종가의 12일 지수이동평균을 구한다.
2. 종가의 26일 지수이동평균을 구한다.
3. 12일 지수이동평균에서 26일 지수이동평균을 뺀다. 이 값을 실선으로 그린다. 이것이 주가에 빠르게 반응하는 빠른 MACD선이다.
4. 빠른 MACD선의 9일 지수이동평균을 구한다. 구한 값을 점선으로 그린다. 이것이 주가에 느리게 반응하는 느린 시그널선이다(그림 26-1 워크시트 참고).

날짜	종가	12일 지수이동 평균	26일 지수이동 평균	MACD	시그널	MACD 히스토그램
1	20.70	20.39	20.46	−0.07	−0.16	0.09
2	20.55	20.41	20.47	−0.06	−0.14	0.08
3	20.72	20.46	20.49	−0.03	−0.12	0.09
4	21.03	20.55	20.53	0.02	−0.09	0.11
5	21.10	20.63	20.57	0.06	−0.06	0.12
6	21.29	20.73	20.62	0.11	−0.02	0.13
7	21.09	20.79	20.66	0.13	0.01	0.12
8	21.48	20.90	20.72	0.18	0.04	0.14
9	21.23	20.95	20.76	0.19	0.07	0.12

그림 26-1 MACD와 MACD 히스토그램 워크시트

다음 단계를 거쳐 MACD와 MACD 히스토그램을 구하라.
1. 종가의 12일 지수이동평균과 26일 지수이동평균을 산출한다.
2. 12일 지수이동평균에서 26일 지수이동평균을 차감해 빠른 MACD선을 구한다.
3. 빠른 MACD선의 9일 지수이동평균을 산출해서 느린 시그널선을 구한다. 빠른 MACD선과 느린 시그널선을 그려 MACD 지표를 얻는다.
4. MACD선에서 시그널선을 차감해 MACD 히스토그램을 구한다.

▶ MACD선과 시그널선 교차의 의미

각각의 가격은 트레이딩이 일어난 순간 시장 참여자 집단이 합의한 가치를 반영한다. 그리고 이동평균은 선택한 산출기간 동안 합의한 가치의 평균을 나타낸다. 즉 집단 합의에 관한 일종의 앨범이다. 장기 이동평균선은 장기 합의를 보여주고 단기 이동평균선은 단기 합의를 보여준다.

MACD선과 시그널선의 교차는 황소와 곰 사이에 힘의 균형이 어떻게 변하고 있는지를 드러낸다. 빠른 MACD선은 단기간의 집단 합의를 반영하고 느린 시그널선은 장기간의 집단 합의를 반영한다. 빠른 MACD선이 느린 시그널선을 상향돌파하면 황소들이 시장을 장악하고 있으므로 롱 포지션을 취해야 수익을 올릴 수 있다. 빠른 MACD선이 느린 시그널선을 하향돌파하면 곰들이 시장을 장악하고 있으므로 숏 포지션을 취해야 수익을 올릴 수 있다.

▶ MACD를 활용한 매매 기법

MACD선과 시그널선의 교차는 시장의 변화를 의미한다. 교차 방향대로 트레이딩하면 시장의 기류에 편승할 수 있다. 이 시스템은 단순이동평균을 토대로 하는 기계적 시스템보다 매매신호와 속임수 신호를 적게 발효시킨다.

1. 빠른 MACD선이 느린 시그널선을 상향돌파해 교차하면 롱 포지션을 취하고 가장 최근의 단기 저점 아래에 손실제한주문을 설정하라.
2. 빠른 MACD선이 느린 시그널선을 하향돌파하면서 교차하면 매도신호가 발효된다. 숏 포지션을 취하고 가장 최근의 단기 고점 위에 손실제한주문을 설정하라(그림 26-2).

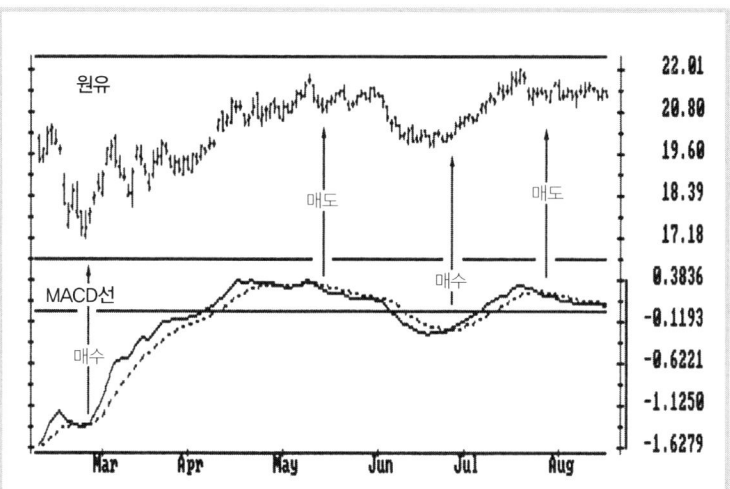

그림 26-2   MACD선

빠른 MACD선이 느린 시그널선을 상향 교차하면 매수신호이고, 빠른 MACD선이 느린 시그널선을 하향 교차하면 매도신호다. 가격과 단순이동평균의 교차를 이용하는 것보다 이 법칙을 이용하면 주요 추세를 포착할 수 있으며 속임수신호에 걸리는 일이 적다.

MACD에 대한 추가 정보

많은 트레이더들이 산출기간을 바꿔 MACD를 최적화하려고 한다. MACD의 기본 산출기간은 12, 26, 9일 지수이동평균이지만 5, 34, 7일 지수이동평균도 널리 쓰인다. 일부 트레이더는 MACD를 시장 사이클에 맞춰 조정하기도 하는데 문제는 시장이 대부분의 기간 동안 사이클을 보이지 않는다는 것이다(36장 참고). 사이클을 활용하려면 첫 번째 지수이동평균이 주요 사이클 길이의 4분의 1이 되어야 하며 두 번째 지수이동평균은 사이클 길이의 절반이 되어야 한다. 세 번째 지수이동평균은 평활화 도구므로 사이클 길이와 상관이 없다. MACD를 너무 자주 최적화하지 말라. 오래 쓰다 보면 트레이더 자신이 원하는 신호를 발효시키도록 최적화 내지는 조작이 가능함을 알 수 있을 것이다. 이런 유혹을 물리치라.

만약 사용 중인 소프트웨어에 이 지표가 포함되어 있지 않다면 임시변통으로 MACD선을 그릴 수 있다. 일부 패키지에서는 두 개의 지수이동평균만 그려지는데(예컨대 11일 지수이동평균과 26일 지수이동평균), 이럴 경우 두 평균의 교차를 MACD선과 시그널선의 교차 시와 마찬가지로 이용할 수 있다.

MACD 히스토그램

MACD 히스토그램은 황소와 곰 사이의 힘의 균형을 MACD보다 더 깊이 있게 통찰할 수 있도록 해준다. MACD 히스토그램은 황소와 곰 중 어느 쪽이 시장을 장악하고 있는가도 보여주지만 덧붙여 세력이 약해지고 있는지 강해지고 있는지도 알려준다. MACD 히스토그램은 기술적 분석가가 활용할 수 있는 최고의 도구로 손꼽힌다.

MACD 히스토그램 = MACD선 − 시그널선

MACD 히스토그램은 MACD선에서 시그널선을 차감한 값이다 (그림 26-1 워크시트 참고).

MACD 히스토그램은 차감한 값을 히스토그램, 즉 일련의 수직 막대로 그린 것이다. 차이가 너무 근소하다면 컴퓨터로 스케일을 조정해서 화면 가득 채우도록 그리면 된다.

빠른 선(MACD선)이 느린 선(시그널선)보다 위에 있으면 MACD 히스토그램 값은 양수가 되어 막대가 0선 위로 올라간다. 빠른 선이 느린 선보다 아래에 있으면 MACD 히스토그램 값은 음수가 되어 막대가 0선 아래로 내려간다. 두 선이 서로 만나면 MACD 히스토그램은 0이 된다.

MACD선과 시그널선의 간격이 멀어질수록 MACD 히스토그램의 막대는 위나 아래로 더 길어지고, 두 선이 가까워질수록 MACD 히스토그램의 막대는 짧아진다.

MACD 히스토그램의 기울기는 인접한 두 막대의 관계에 따라 규정된다. 뒤의 막대가 더 높으면(예컨대 활자의 키 p와 P처럼) MACD 히스토그램의 기울기는 상승한다. 뒤의 막대가 더 낮으면(예컨대 활자의 키 P와 p처럼) MACD 히스토그램의 기울기는 하락한다.

▶ MACD 히스토그램의 기울기와 주가 추세

MACD 히스토그램은 가치에 대한 장기 합의와 단기 합의의 차이를 나타낸다. 빠른 MACD선은 단기간에 걸친 시장의 합의를 나타내고 늦은 시그널선은 장기간에 걸친 시장의 합의를 나타낸다. 그리고 MACD 히스토그램은 이 두 선의 차이를 기록한 것이다.

MACD 히스토그램의 기울기를 보면 어느 쪽이 시장 주도세력인지 판별할 수 있다. MACD 히스토그램의 기울기가 상승하면 황소가 세력을 점점 키우고 있다는 것이고 기울기가 하락하면 곰이 점점 세력을 키우고 있다는 의미다.

빠른 MACD선이 느린 시그널선보다 빨리 상승하면 MACD 히스토그램도 상승한다. 이러한 현상은 황소 세력이 과거보다 더 강해지고 있을 때 나타나므로 롱 포지션을 취할 기회가 된다. 빠른 MACD선이 느린 시그널선보다 더 빨리 하락하면 MACD 히스토그램도 하락한다. 이러한 현상은 곰 세력이 과거보다 더 강해지고 있을 때 나타나므로 숏 포지션을 취할 기회가 된다.

MACD 히스토그램의 기울기가 주가와 같은 방향으로 움직이면 주가 추세는 안정적이고, 반대 방향으로 움직이면 추세의 강도와 안정성이 의심된다. MACD 히스토그램의 기울기 방향대로 트레이딩 하는 것이 최선이다. 왜냐하면 MACD 히스토그램은 황소든 곰이든 시장을 주도하는 세력이 어느 쪽인지 보여주기 때문이다.

MACD 히스토그램이 중심선(0선) 위에 있느냐 아래에 있느냐보다 MACD 히스토그램의 기울기가 더 중요하다. MACD 히스토그램이 0선 위에 있지만 기울기가 아래로 향하면 황소들의 힘이 소진되었다는 뜻이므로 이때 최선의 매도신호가 발효된다. MACD 히스토그램이 0선 아래에 있지만 기울기가 위를 향하면 곰들의 힘이 소진되었다는 뜻이므로 이때 최적의 매수신호가 발효된다.

▶ MACD 히스토그램을 활용한 매매 기법

MACD 히스토그램은 두 종류의 매매신호를 발효시킨다. 하나는 흔히 볼 수 있는 신호로 각 막대마다 발효된다. 하나는 드문 신호로 어떤 시장이든 1년에 몇 차례만 발효되며 매우 강력한 신호다.

흔히 볼 수 있는 신호는 MACD 히스토그램의 기울기에 의해 발효된다(그림 26-3). 현재의 막대가 앞선 막대보다 높으면 기울기는 위를 향한다. 따라서 황소들이 패권을 쥐고 있다는 뜻이므로 매수기회다. 현재의 막대가 앞선 막대보다 낮으면 기울기는 아래로 향한다. 따라서 곰들이 패권을 쥐고 있으므로 매도기회다. 주가와 MACD 히스토그램의 기울기 방향이 다를 때는 주도세력이 열의를 상실하고 있다는 표시로 추세가 보기보다 미약하다는 의미다.

1. MACD 히스토그램이 하락을 멈추고 이전 막대보다 높이

올라가면 매수하라. 가장 최근의 단기 저점 아래에 손실제
한주문을 설정하라.
2. MACD 히스토그램이 상승을 멈추고 이전 막대보다 낮아지
면 숏 포지션을 취하라. 가장 최근의 단기 고점 위에 손실제
한주문을 설정하라.

MACD 히스토그램은 일간 차트에서 등락을 거듭한다. 따라서 등락 시마다 롱이나 숏 포지션으로 진입하는 것은 실효성이 없다. MACD 히스토그램의 기울기 변화는 주간 차트에서 의미가 있다. 이 책에서 삼중 스크린 매매 시스템을 소개하는 것도 이런 이유다.

▶ 신고점과 신저점 예측

MACD 히스토그램은 트레이더에게 앞으로 운전하고 갈 길을 비추어주는 자동차 전조등 역할을 한다. MACD 히스토그램이 신고점과 신저점을 기록한 뒤에는 대체로 주가가 신고점과 신저점을 기록한다.

일간 차트의 MACD 히스토그램(일일 MACD 히스토그램)에서 최근 3개월 동안의 고점이 나타나면 황소들이 강한 세력을 형성하고 있으며 주가가 더 상승할 확률이 높다. 일간 차트의 MACD 히스토그램에서 최근 3개월 동안의 저점이 나타나면 곰들이 강한 세력을 형성하고 있으며 주가가 더 하락할 확률이 높다.

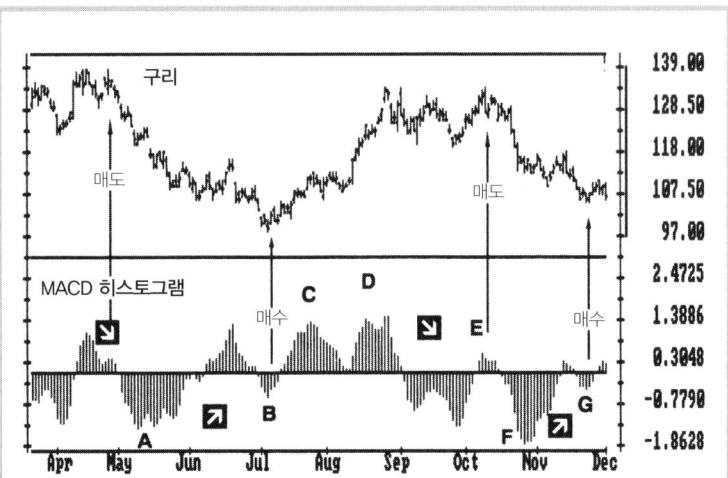

그림 26-3 MACD 히스토그램 다이버전스

MACD 히스토그램이 주가와 동반하여 신고점이나 신저점에 도달하면 추세가 확증된다. MACD 히스토그램이 신저점에 도달한 A 지점과 F 지점에서 하락추세가 확인된다. 지표의 신저점들은 하락추세의 확인으로 이후 저점을 재테스트하거나 이보다 낮은 저점이 등장할 수 있음을 알려준다. MACD 히스토그램이 신고점에 도달하는 C와 D 지점에서는 상승추세가 확인된다. MACD 히스토그램의 신고점은 이후 천정을 재테스트하거나 더 높은 고점이 등장할 수 있음을 알려준다.

MACD 히스토그램과 가격 사이에 다이버전스가 발생하면 주요 전환점이 된다. 이 다이버전스는 드물게 일어나지만 일단 다이버전스가 발생하면 주요 반전과 새로운 추세의 시작을 포착할 수 있다. A에서 B로 넘어가는 강세 다이버전스는 중대한 매수기회가 된다. 가격은 신저점으로 하락하지만 지표는 바닥을 높이고 있다. 이는 곰들의 힘이 소진되고 황소들이 유리한 고지를 점령했다는 의미다.

D에서 E로 이어지는 약세 다이버전스는 중대한 매도기회가 된다. 차트 오른쪽 끝 F−G에서도 강세 다이버전스가 발생한다. MACD 히스토그램의

> 두 번째 저점에서 주가 상승이 일어나는 G 지점이 최상의 매수기회가 된다. 일단 롱 포지션으로 진입하고 나면 G 지점의 바닥 아래에 손실제한주문을 설정하라. 그리고 추세의 진행상황에 따라 손실제한을 옮기라.

상승 중에 MACD 히스토그램이 신고점에 도달하면 상승추세는 튼튼하다. 다음 번 상승에서 주가가 전고점을 재테스트하거나 넘어설 확률이 높다. 하락추세 중에 MACD 히스토그램이 신저점으로 떨어지면 곰들이 강력하여 주가가 가장 최근의 저점을 재테스트하거나 이탈할 가능성이 높다.

▶ 가장 강력한 신호, 다이버전스

어떤 시장이든 MACD 히스토그램과 주가의 다이버전스는 1년에 단 몇 차례만 발생한다. 그러나 이 다이버전스는 기술적 분석에서 가장 강력한 신호에 속한다.

주가와 MACD 히스토그램의 다이버전스는 주요 반전을 가리키므로 매수, 매도신호가 더욱 강력하다. 주요 천정이나 바닥마다 다이버전스가 발생하지는 않지만 다이버전스가 발견되면 주요 반전이 임박했다는 뜻이다.

주가가 신고점으로 반등하는데 MACD 히스토그램은 하락하면 약세 다이버전스가 발생한 것이다(그림 26-3). MACD 히스토그램의 높이가 낮아지면 주가가 상승해도 매수세가 힘이 약하다는 뜻이다. 황소들의 힘이 소진되면 곰들이 패권을 쥐게 된다. MACD 히스토그램과 주가의 약세 다이버전스는 시장 천정에서의 약세를 의미한다. 트레이더들 대부분이 신고점 돌파에 신이 나 있을 때 MACD 히스토그램은 매도신호를 발효한다!

3. 주가가 신고점을 기록하는데 MACD 히스토그램은 이전 고점보다 더 낮은 고점을 기록한 뒤 하락하면 숏 포지션을 취하라. 가장 최근의 고점 위에 손실제한주문을 설정하라.

주가가 계속 신저점으로 떨어지고 MACD 히스토그램이 계속 하락하면 하락추세를 확증한다. 그런데 주가가 신저점으로 떨어지지만 MACD 히스토그램의 낙폭은 줄어든다면 강세 다이버전스다. 강세 다이버전스는 주가의 관성이 떨어지고 있으며 곰들이 보기보다 약하다는 것을 의미한다. MACD 히스토그램과 주가 사이의 강세 다이버전스는 시장 바닥에서의 강도를 확인해준다. 트레이더들이 대부분 신저점 붕괴로 패닉에 빠질 때 다이버전스는 매수신호를 생성한다!

4. 주가가 신저점을 기록해도 계속 하락하던 MACD 히스토그램이 낙폭을 줄여 최근 저점보다 상승하면 롱 포지션을 취하라. 가장 최근의 저점보다 아래에 손실제한주문을 설정하라.

MACD 히스토그램과 주가 사이의 강세 다이버전스가 무효가 되어 주가가 신저점으로 떨어지면 손실제한주문이 자동 실행되어 시장에서 나오게 된다. 그렇더라도 이후 MACD 히스토그램을 계속 관찰하라. 주가가 신저점으로 떨어지는데 MACD 히스토그램은 세 번째 바닥에서 저점을 높이면 삼중 강세 다이버전스로 더욱 강력한 매수신호를 생성한다. MACD 히스토그램이 세 번째 바닥에서 틱을 높이자마자 다시 매수하라. 반대의 경우로 '삼중 약세 다이버전스'가 나타나면 매도하라.

➡ MACD 히스토그램에 대한 추가 정보

MACD 히스토그램은 주간, 일간, 일중 차트 등 어떤 시간단위에도 적용할 수 있다. 주간 차트의 MACD 히스토그램에서 신호가 발효되면 일간 차트나 일중 차트에서보다 주가 움직임이 더 크다. 이 원칙은 모든 지표에도 적용된다. 긴 시간단위에서 발효되는 신호일수록 주가 움직임이 더 크다.

주간 차트에서 MACD와 MACD 히스토그램을 사용한다면 신호를 받기 위해 금요일까지 기다릴 필요가 없다. 주요 추세는 주중에도 바뀔 수 있다. 시장은 달력 따위는 쳐다보지 않고 갈 길을 간다. 따라서 매일 주간 시황을 점검해야 한다.

27
방향성 시스템

방향성 시스템은 추세추종 기법이다. 1970년대 웰레스 윌더 주니어Welles Wilder, Jr.가 개발해 몇몇 애널리스트가 수정했다. 방향성 시스템은 추세를 식별하고 추세에 편승할 적기, 즉 추세에 충분히 속도가 붙은 시점을 알려준다. 방향성 시스템을 활용하면 주요 추세가 한창 진행될 때 큰 수익을 거둘 수 있다.

방향성 시스템 구축 방법

방향성 운동Directional Movement은 오늘의 거래범위 중 전일의 거래범위를 이탈한 부분으로 판단한다. 방향성 시스템을 통해 오늘의 거래범위가 어제의 거래범위 위로 혹은 아래로 어느 정도 벗어나 있는지 살피고 이 데이터에 대한 일정 기간 동안의 평균을 산출한다. 연산 방법이 복잡하므로(그림 27-1 워크시트 참고) 컴퓨터를 활용해야 한다. 대부분의 기술적 분석 소프트웨어에는 방향성 시스템이 포함되어 있다.

1. '어제의 고가－저가'와 '오늘의 고가－저가'를 비교해 '방향성 운동DM'을 확인한다. DM은 어제의 거래범위에서 이탈한 오늘 거래범위의 최대치를 가리킨다. DM에는 네 가지 유형이 있다(그림 27-2). 그리고 DM은 항상 양수다(+DM과 －DM은 단지 위로 벗어났는지, 아래로 벗어났는지를 가리키는 구분일 뿐이다).
2. 분석하고 있는 시장의 '실제 거래범위TR; True Range'를 확인한다. TR은 다음 세 가지 중 가장 큰 수로 언제나 양수다.
    가. 오늘 고가와 오늘 저가의 차이
    나. 오늘 고가와 어제 종가의 차이
    다. 오늘 저가와 어제 종가의 차이
3. 일일 방향성 지표인 +DIDirectional Indicator와 －DI를 산출한다. 방향성 지표는 각 시장의 TR 비율로 시장의 방향성 움직

날짜	고가	저가	종가	+DI$_{13}$	−DI$_{13}$	DX	ADX
7/1	72.24	71.87	71.92	30	20	20	20
7/2	71.83	71.63	71.69	29	23	12	19
7/3	71.65	71.33	71.36	27	27	0	18
7/5	72.10	71.83	72.06	31	23	15	18
7/8	71.94	71.78	71.90	30	23	13	18
7/9	72.02	71.77	71.79	30	22	15	18
7/10	71.95	71.87	71.90	29	21	16	18
7/11	72.13	71.82	71.85	30	20	20	18
7/12	73.20	71.94	73.11	41	16	44	20
7/15	72.94	72.65	72.80	38	15	43	22
7/16	72.75	72.55	72.58	36	16	38	23
7/17	72.91	72.62	72.71	37	15	42	24
7/18	73.07	72.29	72.42	32	18	28	24
7/19	73.06	72.69	73.06	29	16	29	24
7/22	72.70	72.22	72.36	26	21	11	23
7/23	72.76	72.62	72.69	25	20	11	22
7/24	72.96	72.38	72.48	23	22	2	20
7/25	72.42	71.64	71.76	20	30	20	20
7/26	72.50	71.96	72.37	19	27	17	20
7/29	72.34	72.08	72.25	18	26	18	20
7/30	72.47	72.18	72.26	19	25	14	20
7/31	72.59	72.31	72.51	20	23	7	19
8/1	72.59	72.30	72.41	19	22	7	18
8/2	72.92	72.28	72.58	23	20	7	17
8/5	72.95	72.56	72.80	22	19	7	16
8/6	73.57	72.94	73.50	28	17	24	17
8/7	73.29	73.07	73.21	27	16	26	18
8/8	73.15	72.84	73.06	25	18	16	18
8/9	73.18	72.67	72.81	23	20	7	17
8/12	72.92	72.72	72.88	22	19	7	16

그림 27-1 방향성 시스템 워크시트

+DI$_{13}$과 −DI$_{13}$은 양의 방향성 움직임과 음의 방향성 움직임으로 과거 13일 동안의 TR을 토대로 한 것이다. DX는 +DI$_{13}$과 −DI$_{13}$에서 산출하며 ADX는 DX를 평활화해서 구한다. 이 장에서 밝힌 공식을 참고하라.

임을 표시하므로 시장 간 비교가 가능하다. DI는 언제나 양수다. 상향 움직임이 없는 날 +DI는 제로(0)가 되며 하향 움직임이 없는 날 -DI는 제로(0)가 된다.

$$+DI = \frac{+DM}{TR} \qquad -DI = \frac{-DM}{TR}$$

4. 이동평균으로 평활화한 방향성 선인 $+DI_{13}$과 $-DI_{13}$을 산출하라. 대부분의 소프트웨어는 평활화 기간을 자유롭게 선택할 수 있다. 여기서는 13일로 산출한다. 두 개의 방향성 선들, 즉 평활화된 양의 DI($+DI_{13}$)와 평활화된 음의 DI($-DI_{13}$)를 구하라. $+DI_{13}$과 $-DI_{13}$은 모두 양수다. 두 선의 색깔을 달리해서 구분하든지 아니면 실선과 점선으로 구별한다.

$+DI_{13}$선과 $-DI_{13}$선의 관계로 추세를 식별한다. $+DI_{13}$선이 위에 있으면 추세가 상승하고 있고 $-DI_{13}$선이 위에 있으면 추세가 하락하고 있는 것이다. $+DI_{13}$선과 $-DI_{13}$선이 교차할 때 매수, 매도신호가 발효된다.

5. 평균 방향성 지표ADX; Average Directional Indicator를 산출하라. ADX는 방향성 시스템을 구성하는 독특한 지표로 언제 추세를 따라야 할지를 보여준다. ADX는 $+DI_{13}$선과 $-DI_{13}$선의 스프레드를 측정한다. ADX를 산출할 때는 다음의 두 단계를 거친다.

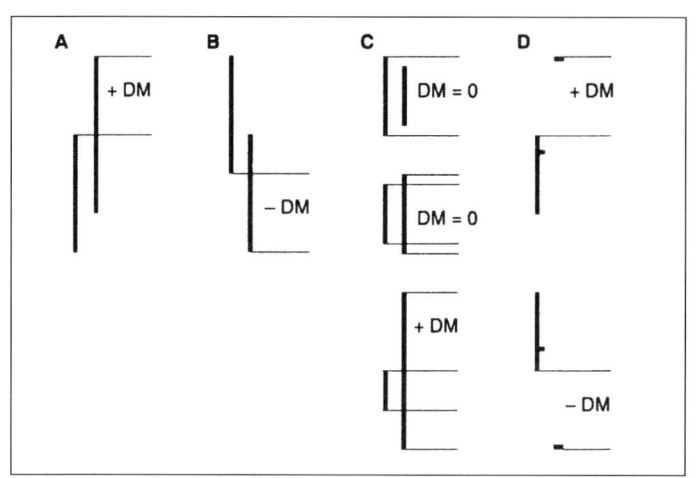

그림 27-2 방향성 운동

DM은 어제의 거래범위를 벗어나는 오늘의 거래범위 중 큰 쪽이다.

A. 오늘의 거래범위가 어제의 거래범위를 위쪽으로 넘어서면 +DM이다.
B. 오늘의 거래범위가 어제의 거래범위를 아래쪽으로 넘어서면 −DM이다.
C. 오늘의 거래범위가 어제의 거래범위보다 안쪽에 있거나 위, 아래로 같은 양씩 넘어서면 DM은 0이다. 오늘의 구간이 위아래로 어제의 거래범위를 넘어설 때 거래범위를 벗어난 쪽이 위, 아래 중 어느 쪽이 더 크냐에 따라 +DM 혹은 −DM이 된다.
D. 거래범위를 위쪽으로 이탈해 상승한 날, +DM은 어제의 고가와 오늘의 종가 사이의 거리와 같다. 거래범위를 아래쪽으로 이탈해 하락한 날, −DM은 어제의 저가와 오늘의 종가 사이의 거리와 같다.

가. 일일 방향성 지표 DX를 구한다.

$$DX = \frac{+DI_{13} - -DI_{13}}{+DI_{13} + -DI_{13}} \times 100$$

예를 들어 $+DI_{13} = 34$, $-DI_{13} = 18$ 이라고 하면

$$DX = \frac{34-18}{34+18} \times 100 = \frac{16}{52} \times 100 = 30.77$$

반올림하면 31이 된다.

나. DX를 이동평균(13일 지수이동평균 등)으로 평활화해 평균 방향성 지표ADX를 산출한다. 추세가 건강하게 진행되면 평활화된 두 개의 DI선 사이의 스프레드가 커지고 ADX는 상승한다. 추세가 반전되거나 시장이 박스권에 돌입하면 ADX는 하락한다. ADX가 하락할 때는 추세추종 지표를 활용하지 말고 상승할 때 추세추종 지표를 활용하라.

▶ 방향성 시스템이 보여주는 시장 심리

방향성 시스템은 황소와 곰이 전일의 거래범위 밖으로 주가를 끌어내는 능력을 측정해 군중이 강세 혹은 약세로 어느 정도 변하고 있는지를 추적한다. 오늘의 고가가 어제의 고가보다 위에 있으면 시장의 군중이 더욱 강세로 시장을 몰고 가고 있으며 오늘의 저가가

어제의 저가보다 아래에 있으면 군중은 시장을 약세로 몰고 가고 있음을 보여준다.

DI의 위치를 통해 추세를 식별할 수 있다. +DI선이 −DI선보다 위에 있으면 황소들이 시장을 장악하고 있으며, 반대라면 곰들이 장악하고 있다는 의미다. 위에 있는 DI선을 따라 트레이딩해야 한다.

+DI선과 −DI선의 스프레드가 커지면 ADX는 상승한다. 이런 현상은 시장 주도세력이 더욱 세력을 키우는 반면 패자들은 힘을 잃고 있음을 보여주므로 추세가 지속될 확률이 높다. ADX가 상승하면 추세추종 지표를 활용해 위에 있는 DI선의 방향대로 트레이딩하라.

+DI$_{13}$과 −DI$_{13}$의 스프레드가 좁혀지면 ADX는 하락하는데 시장 주도세력이 약해지고 반대 세력이 힘을 키우는 중이라는 의미다. 이럴 때는 시장이 혼조세이므로 추세추종 기법을 활용하면 안 된다.

▶ 방향성 시스템을 활용한 매매 기법

1. +DI$_{13}$이 −DI$_{13}$보다 위에 있으면 롱 포지션 관점에서만 트레이딩하라. −DI$_{13}$이 +DI$_{13}$보다 위에 있으면 숏 포지션 관점에서만 트레이딩하라. +DI$_{13}$과 ADX가 모두 −DI$_{13}$보다 위에 있고 ADX가 상승할 때가 최고의 매수기회다. 지표들이 이런 움직임을 보이면 상승추세가 점차 강력해지고 있다는 것이다. 롱 포지션을 취하고 가장 최근의 단기 저점 아래에 손실제한주문을 설정하라.

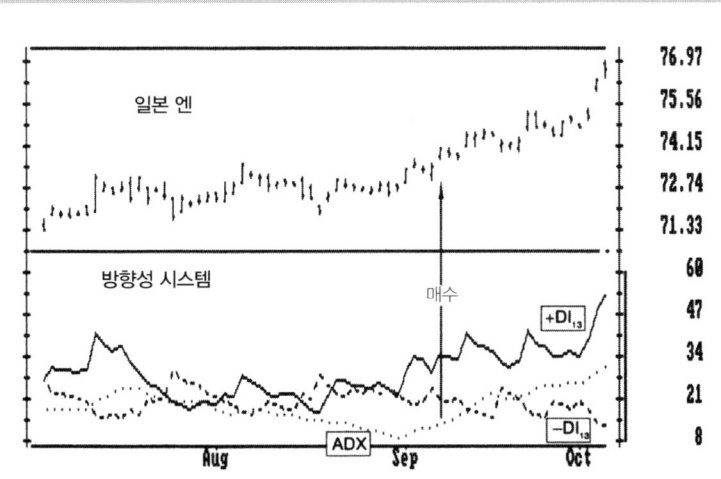

그림 27-3 방향성 시스템의 신호

방향성 선은 추세를 식별하게 해준다. +DI가 위에 있으면 상승추세로 롱 포지션 관점에서 매매해야 한다. —DI가 위에 있으면 하락추세로 숏 포지션 관점에서 매매해야 한다. ADX가 상승해 DI 위로 올라올 때가 추세추종 기법을 활용할 수 있는 최적의 시점이다. ADX가 상승하고 DI가 하락하면 역동적인 추세가 시작된다.

ADX가 몇 주 동안 +DI와 —DI보다 아래에 머물고 난 다음 방향성 시스템은 최상의 신호를 발효시킨다. 조용하고 활기가 없는 시장에서 이러한 현상이 일어난다. ADX가 '잠을 깨' 4단계 상승하면 (이를테면 10에서 14) 상단 DI의 방향대로 트레이딩하라는 강력한 신호다. 시장이 큰 움직임을 보이기 시작할 때 종종 이 신호가 켜진다. 이 차트에서 9월에 ADX가 9에서 13으로 상승하고 난 직후 큰 폭으로 상승한다. 신호가 발효될 때 +DI가 위에 있으므로 롱 포지션으로 진입해야 한다.

−DI$_{13}$과 ADX가 모두 +DI$_{13}$보다 위에 있고 ADX가 상승할 때가 최고의 매도기회다. 숏 포지션을 취하고 가장 최근의 단기 고점 위에 손실제한주문을 설정하라.

2. ADX가 하락하면 시장의 방향성이 점차 소멸되고 있다는 신호다. 마치 조수의 방향이 바뀔 때 파도가 출렁이는 것처럼 이런 시장에서는 속임수신호가 자주 발효된다. ADX가 하락하면 추세추종 지표를 활용하지 말라.

3. ADX가 +DI선, −DI선보다 아래로 하락하면 횡보장, 활기가 없는 시장으로 돌입한 것이다. 추세추종 시스템을 활용하지 말되 시장을 주시해야 한다. 대개 이런 조용한 시장에서 주요 추세가 폭발적으로 분출하기 때문이다.

4. ADX가 +DI선, −DI선보다 아래로 하락한 뒤 방향성 시스템은 최고의 신호를 발효시킨다. 그리고 ADX가 +DI선, −DI선보다 아래에 머무는 시간이 길수록 다음 움직임은 더욱 강력하다. 두 선보다 아래에 있던 ADX가 두 선들의 위로 올라오면 동면하던 시장이 깨어나고 있다는 의미다. 또한 두 선보다 아래에 있던 ADX가 최저점에서 4단계(이를테면 9에서 13으로) 상승하면 새로운 추세, 즉 강세장 혹은 약세장이 태어났다는 의미다(그림 27-3). +DI$_{13}$이 위에 있으면 매수하고 최근의 단기 저점 아래에 손실제한주문을 설정하라. −DI$_{13}$이 위에 있으면 매도하고 최근의 단기 고점 위에 손실제한주문을 설정하라.

예를 들어보자. 두 선이 모두 12보다 위에 있고 +DI$_{13}$이 가장 높으며 ADX가 8에서 12로 상승하면 새로운 상승추세가 시작됨을 나타낸다. 또 다른 예로 두 선이 모두 13보다 위에 있고 $-DI_{13}$이 가장 높으며 ADX가 9에서 13으로 상승한다면 새로운 하락추세가 시작됨을 나타낸다.

방향성 시스템은 새로운 주요 추세가 언제 시작될지 알려준다는 점에서 아주 독특한 지표다. 방향성 시스템을 활용하면 어떤 시장이든 일 년에 한두 번은 주요 추세가 시작된다는 것을 알려준다. 새로운 강세장이나 새로운 약세장이 막 생성될 때는 변동성이 낮아 대체로 위험이 적다.

5. ADX가 +DI선과 −DI선 위로 올라오면 시장이 과열 상태임을 나타낸다. +DI선과 −DI선 위에 있던 ADX가 하락하면 주요 추세가 주춤한다는 의미이므로 이때가 차익을 실현할 적기다. 여러 개의 포지션을 유지하고 있다면 일부는 반드시 차익을 실현해야 한다.

시장의 지표는 두 가지 종류의 신호를 생성하는데 '엄격한' 신호와 '유연한' 신호로 나눌 수 있다. 이를테면 저점이 무너지거나 이동평균의 방향이 전환되는 것은 엄격한 신호이고 ADX의 하락은 유연한 신호다. ADX가 하락하면 포지션을 늘리는 데 신중에 신중을 기해야 한다. 차익을 실현하기 시작할 것이며, 포지션을 늘려서는 안 되고 청산할 기회를 살펴야 한다.

28

모멘텀, ROC,
평활화한 ROC

　기술적 지표는 크게 세 가지로 분류된다. 추세를 식별하는 데 유용한 추세추종 지표와 전환점을 찾는 데 적합한 오실레이터, 그리고 집단 심리의 변화를 추적하는 신고점/신저점NH/NL 지수 같은 군소 지표들이 있다.

　트레이더 집단이 탐욕이나 두려움에 사로잡히면 군중은 파도처럼 밀려다닌다. 오실레이터는 시장 군중의 감정이 극에 달했을 때 그들이 밀려다니는 속도와 모멘텀을 측정한다. 오실레이터를 보면 낙관주의와 비관주의가 어느 수준에서 붕괴될지 알 수 있다. 낙관주의와 비관주의가 극단에 이르면, 프로들은 시장이 정상으로 되돌아오기를 기다리면서 반대 방향으로 매매한다. 시장이 상승하고 군중이 뒷발로 서서 탐욕으로 으르렁거리면 프로들은 공매도에 나서며, 시장이 하락하고 군중이 두려움에 울부짖을 때 매수한다. 오실레이터는 프로들이 이렇게 매매할 수 있도록 돕는 지표다.

▶ 개를 산책시키는 주인의 발자국

마틴 프링Martin Pring은 추세추종 지표와 오실레이터를 목줄 맨 개를 산책시키는 사람의 발자국에 비유했다. 사람은 추세추종 지표처럼 비교적 직선에 가까운 발자국을 남긴다. 하지만 개는 오실레이터처럼 목줄이 허용하는 대로 좌우로 움직인다. 그러다가 목줄이 팽팽해져 더 이상 나아갈 수 없게 되면 돌아서서 반대 방향으로 간다.

개와 주인이 어느 방향으로 가는지 알려면 주인의 발자국을 추적해야 한다. 개는 목줄이 허용하는 대로 주인과 멀어지지만 결국 돌아온다. 반드시 그런 건 아니지만 대체로 돌아오는데, 고양이나 토끼를 보면 흥분해서 주인을 끌고 멀리 갈 수도 있으므로 오실레이터 신호를 활용할 때는 신중하게 판단해야 한다.

오실레이터는 과거 천정 수준에 도달하면 과매수가 된다. 과매수란 가격이 너무 높은 수준으로 언제든지 하락으로 돌아설 수 있다. 오실레이터는 과거 바닥 수준에 도달하면 과매도가 된다. 과매도란 가격이 너무 낮은 수준으로 언제든지 상승으로 돌아설 수 있다.

과매수와 과매도 수준은 차트 위에 수평으로 그린 기준선으로 표시한다. 과매수 및 과매도 기준선을 그릴 때는 오실레이터가 각 선을 벗어나는 기간이 5퍼센트 정도만 되도록 잡는다. 오실레이터가 지난 6개월 동안의 최고점들과 최저점들만을 관통하도록 그려야 한다. 3개월마다 기준선을 조정하라.

오실레이터가 기준선 아래로 떨어지거나 기준선 위로 올라가면 천정이나 바닥을 식별할 수 있다. 오실레이터는 박스권에서는 적중률이 높지만 새로운 추세가 발생하면 성급하고 위험한 신호를 생성한다. 강력한 추세가 시작되면 오실레이터는 주인을 엉뚱한 곳으로 끌고 가는 개처럼 움직이기 시작한다.

강력한 상승추세가 새로 시작되는 몇 주 동안 오실레이터는 과매수 수준에 머물면서 성급한 매도신호를 발효시킨다. 큰 폭의 하락추세에서 오실레이터는 과매도 수준에 머물면서 성급한 매수신호를 발효시킨다. 능숙한 애널리스트라면 오실레이터를 활용해야 할 시기와 추세추종 지표를 사용해야 할 시기를 반드시 알아야 한다(43장 참고).

▶ 다이버전스의 유형

오실레이터를 비롯한 지표들은 주가와 다이버전스를 보일 때 최상의 매매신호를 생성한다. 주가가 신저점으로 하락하지만 오실레이터가 신저점으로 떨어지지 않으면 강세 다이버전스가 발생한다. 주가를 끌어내리고 있는 곰들의 힘이 떨어지고 있으며 황소들이 장

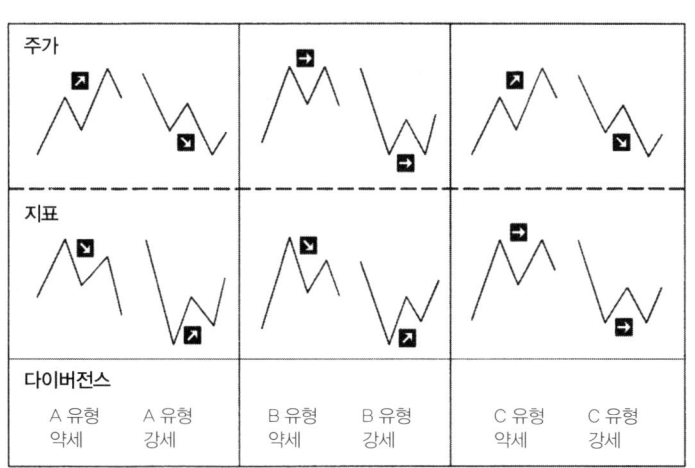

그림 28-1 다이버전스의 유형

가격과 지표 사이에 다이버전스가 발생하면 기술적 분석에서 가장 강력한 신호들이 발효된다. 다이버전스는 가격과 지표 간 천정의 높이나 바닥의 깊이가 다를 때 발생한다.

- A 유형 약세 다이버전스: 가격이 신고점에 도달하지만 지표는 고점을 낮춘다. 가장 강력한 매도신호다.
- A 유형 강세 다이버전스: 가격이 신저점으로 떨어지지만 지표는 저점을 높인다. 가강 강력한 매수신호다.
- B 유형 약세 다이버전스: 가격은 이중 천정을 그리지만 지표는 고점을 낮춘다. 두 번째로 강력한 매도신호다.
- B 유형 강세 다이버전스: 가격은 이중 바닥을 그리지만 지표는 저점을 높인다. 두 번째로 강력한 매수신호다.
- C 유형 약세 다이버전스: 주가는 신고점에 도달하지만 지표는 이중 천정을 그린다. 가장 약한 매도신호다.
- C 유형 강세 다이버전스다: 가격이 신저점으로 떨어지지만 지표는 이중 바닥을 그린다. 가장 약한 매수신호다.

세를 장악할 태세를 갖추고 있다는 뜻이다. 강세 다이버전스가 발생하면 하락추세가 끝나는 경우가 많다.

상승추세 중에 약세 다이버전스가 발생하면 시장이 천정에 도달했다는 신호다. 가격이 신고점으로 상승하지만 오실레이터가 신고점을 기록하지 못할 때 약세 다이버전스가 발생한다. 주가를 끌어올리던 황소들의 기력이 소진되어 주가 탄력이 떨어지고 있으며 곰들이 장세를 장악할 태세를 갖추고 있다는 의미다.

강세 다이버전스와 약세 다이버전스(그림 28-1)에는 세 가지 유형이 있다. A 유형 다이버전스는 중요한 전환점을 가리키며 최상의 매매기회를 제공한다. B 유형 다이버전스는 A만큼 강력하지 않은 다이버전스다. C 유형 다이버전스는 중요도가 가장 떨어진다. 유효한 다이버전스는 차트에서 눈에 확 드러난다. 다이버전스가 발생했는지 차트에 자를 대고 살펴봐야 할 정도라면 다이버전스가 없다고 생각하라.

A 유형의 약세 다이버전스는 주가가 신고점을 기록하지만 오실레이터가 이전 상승보다 고점을 낮출 때 발생한다. 이런 경우에는 대개 주가 급락으로 이어진다. A 유형의 강세 다이버전스는 주가가 신저점을 기록하지만 오실레이터가 이전 하락보다 저점을 높일 때 발생한다. 이후 대개 주가 급등으로 이어진다.

B 유형의 약세 다이버전스는 주가가 이중 천정을 형성하지만 오실레이터가 두 번째 고점을 낮출 때 발생한다. B 유형의 강세 다이버전스는 주가가 이중 바닥을 형성하지만 오실레이터는 두 번째 저점을 높일 때 발생한다.

C 유형의 약세 다이버전스는 주가가 신고점에 도달하지만 지표가 전고점과 같은 수준에 머물 때 발생한다. 황소들이 힘을 더 기르지도, 힘이 더 빠지지도 않은 상태일 때 이런 현상이 나타난다. C 유형의 강세 다이버전스는 주가가 신저점을 기록하지만 지표가 이중 바닥을 형성할 때 발생한다.

A 유형의 다이버전스는 언제나 절호의 매매기회가 된다. B와 C 유형의 다이버전스는 속임수신호일 확률이 높다. 다른 지표가 이 신호를 뒷받침하지 않는다면 B와 C 유형의 다이버전스는 무시하는 게 상책이다.

삼중 강세 다이버전스나 삼중 약세 다이버전스는 주가의 삼중 바닥과 오실레이터의 삼중 바닥 혹은 주가의 삼중 천정과 오실레이터의 삼중 천정으로 구성된다. 삼중 강세 다이버전스나 삼중 약세 다이버전스는 일반적인 다이버전스보다 강력한 신호다. 일반적인 강세나 약세 다이버전스가 발생하려다 실패한 다음 삼중 다이버전스가 발생한다. 이래서 철저한 자금관리가 필요하다! 속임수신호에서 손실을 최소화한다면 재정적으로나 심리적으로 재진입할 여력을 가질 수 있기 때문이다.

모멘텀과 ROC

모멘텀과 ROC변화율는 추세의 속도를 측정하는 지표다. 둘 다 선행 지표로 추세에 가속이 붙었는지, 아니면 추세가 속도를 늦추고 있는지, 혹은 추세가 속도를 그대로 유지하고 있는지를 보여준다. 이들 지표는 대개 시장이 천정에 도달하기 전에 고점에 도달하며 시장이 바닥에 도달하기 전에 저점에 도달한다.

오실레이터가 계속 신고점에 도달하는 동안에는 롱 포지션을 보유해도 안전하다. 오실레이터가 계속 신저점에 도달하는 동안에는 숏 포지션을 보유해도 안전하다. 오실레이터가 신고점에 도달하면 상승추세에 가속이 붙어 추세가 지속된다. 오실레이터가 고점을 낮추면 연료가 떨어진 로켓처럼 추세가 가속 행진을 멈춘 것이다. 이는 로켓이 그저 관성 때문에 날고 있는 상황이라 할 수 있는데 그렇다면 반전을 준비해야 한다. 하락추세 중 오실레이터의 저점에도 똑같은 논리가 적용된다.

모멘텀과 ROC는 오늘의 종가와 일정 기간 이전의 종가를 비교한다. 모멘텀은 오늘의 종가에 과거의 종가를 차감해서 구하고 ROC는 오늘의 종가를 과거의 종가로 나누어서 구한다.

$$M = P_{tod} - P_{tod-n} \qquad ROC = \frac{P_{tod}}{P_{tod-n}}$$

- M = 모멘텀
- ROC = 변화율
- P_{tod} = 오늘의 종가
- P_{tod-n} = N일 전의 종가(기간은 트레이더가 선택)

예를 들어보자. 7일 모멘텀은 오늘의 종가에서 7일 전 종가를 뺀 값이다. 오늘의 종가가 7일 전 종가보다 높으면 모멘텀은 양수, 오늘의 종가가 더 낮으면 음수, 오늘의 종가와 7일 전 종가가 동일하면 0이 된다. 매일의 모멘텀 값을 이어 그린 선의 기울기로 모멘텀의 상승 또는 하락을 판별한다.

7일 ROC는 오늘의 종가를 7일 전의 종가로 나누어서 구한다. 오늘의 종가와 7일 전의 종가가 동일하면 ROC는 1이 된다. 오늘의 종가가 7일 전의 종가보다 높으면 ROC는 1보다 크고 오늘의 종가가 7일 전의 종가보다 낮으면 ROC는 1보다 작다. 매일의 ROC 값을 연결해 그린 선의 기울기로 ROC가 상승하는지 하락하는지 판단한다(그림 28-2 워크시트 참고).

모멘텀과 ROC 산출기간을 어느 정도 넓게 잡을지는 트레이더 각자가 선택해야 한다. 대체로 오실레이터 기간은 좁게 잡는 것이 좋다. 추세 포착을 목적으로 하는 추세추종 지표는 산출기간을 넓게 잡고, 시장의 단기 변화를 포착하는 오실레이터의 경우 산출기간을 좁게 잡으라.

모멘텀과 ROC 역시 단순이동평균에서 나타나는 단점을 갖고 있다. 즉 데이터에 반응해 두 번 변한다는 점이다. 새로운 가격이 추가될 때 한 번 반응하고 오래된 가격이 산출기간에서 빠져나갈 때 또 한 번 반응한다. ROC를 평활화하면 이 문제를 해결할 수 있다.

모멘텀과 ROC가 보여주는 시장 심리

가격이란 거래가 이루어지는 순간 모든 시장 참여자가 합의한 가

날짜	종가	7일 모멘텀	7일 ROC	13-EMA	S-RoC 13/21
6/6	20.51	−0.84	96.07	21.04	100.51
6/7	20.45	−0.71	96.64	20.95	99.68
6/10	20.09	−1.36	93.66	20.83	98.61
6/11	20.20	−1.06	95.01	20.74	98.14
6/12	20.31	−0.94	95.58	20.68	98.96
6/13	20.01	−1.11	94.74	20.58	97.65
6/14	20.00	−0.64	96.90	20.50	97.25
6/17	20.13	−0.38	98.15	20.45	96.94
6/18	20.10	−0.35	98.29	20.40	96.56
6/19	19.91	−0.18	99.10	20.33	96.07
6/20	20.17	−0.03	99.85	20.30	95.94
6/21	20.21	−0.10	99.51	20.29	96.04
6/24	20.00	−0.01	99.95	20.25	95.90
6/25	20.10	0.10	100.50	20.23	95.72
6/26	20.09	−0.04	99.80	20.21	95.49
6/27	20.46	0.36	101.79	20.24	95.66
6/28	20.53	0.62	103.11	20.29	95.67
7/01	20.65	0.48	102.38	20.34	95.88
7/02	20.70	0.49	102.42	20.39	96.10
7/03	20.55	0.55	102.75	20.41	96.27
7/05	20.72	0.62	103.08	20.46	96.84
7/08	21.03	0.94	104.68	20.54	97.64
7/09	21.10	0.64	103.13	20.62	98.41
7/10	21.29	0.76	103.70	20.71	99.45
7/11	21.09	0.44	102.13	2077	100.14
7/12	21.48	0.78	103.77	20.87	100.93
7/15	21.23	0.68	103.31	20.92	101.65
7/16	21.37	0.65	103.14	20.99	102.37
7/17	21.81	0.78	103.71	21.10	103.21
7/18	21.66	0.56	102.65	21.18	103.85

그림 28-2 모멘텀, 변화율(ROC), 평활화한 ROC(S-ROC) 워크시트

– 7일 모멘텀은 오늘의 종가에서 7일 전의 종가를 차감해서 구한다.
– 7일 변화율은 오늘의 종가를 7일 전의 종가로 나누어서 구한다.

> 이 공식들을 구할 때 그날의 종가 대신 중간값(고가와 저가를 합해 2로 나눈 값)을 활용할 수 있다. 이 책에 설명한 거의 모든 지표들 역시 마찬가지다. 산출기간을 7일보다 더 길게 혹은 더 짧게 잡아도 무방하다.
>
> 종가의 13일 지수이동평균을 산출한 다음 21일 ROC를 적용해서 평활화한 ROC(S-Roc 13/21)를 구한다.

치를 반영한다. 모멘텀과 ROC는 오늘의 가격(가치에 대한 오늘의 합의)과 과거의 가격(가치에 대한 과거의 합의)을 비교한다. 이 두 지표는 낙관주의 혹은 비관주의를 견지하는 군중의 심리에 어떤 변화가 일어나고 있는지를 측정한다.

아이가 정상적으로 성장하고 있는지 알아보려면 매달 키를 재서 6개월 전의 키와 비교하면 된다. 그러면 아이의 성장이 정상적인지, 발육이 느려서 의사에게 진단을 받아야 하는지, 아니면 발육이 엄청 빨라 농구부에 가입시켜 장학금을 신청할 수준인지 알 수 있다.

모멘텀과 ROC 지표를 보면 추세에 가속이 붙고 있는지, 추세가 속도를 늦추고 있는지, 아니면 속도를 그대로 유지하고 있는지 알 수 있다. 모멘텀이나 ROC가 신고점에 도달하면 시장에 모인 군중이 점차 장세를 낙관적으로 보고 있다는 뜻이다. 따라서 주가는 상승할 확률이 높다. 모멘텀이나 ROC가 신저점에 도달하면 시장에 모인 군중이 점차 장세를 비관적으로 보고 있다는 뜻이다. 따라서 주가는 하락할 확률이 높다.

주가는 상승하는데 모멘텀이나 ROC가 하락하면 천정이 임박했으므로 롱 포지션의 차익실현을 고려하거나 손실제한을 좁힐 것을 고려해야 한다. 주가는 신고점에 도달하는데 모멘텀이나 ROC가 고점을 낮추면 약세 다이버전스로 강력한 매도신호가 된다. 하락추세일 때는 반대 논리가 적용된다.

모멘텀과 ROC가 선행 지표가 아니라 동행 지표로 작동할 때도 있다. 로켓이 상공에서 장애물과 부딪혔을 때를 상상해보라. 로켓은 상승을 멈추는 동시에 추락한다. 시장 군중이 심각한 악재를 만나면 이 악재가 '상공의 장애물'이 되어 ROC와 주가가 동시에 추락한다.

모멘텀과 ROC를 활용한 매매 기법

선행 지표는 고속도로를 달릴 때 앞차의 미등과 같다. 앞차에 빨간 미등이 켜지면 그 차의 운전자가 브레이크를 밟았다는 것은 알 수 있지만 살짝 밟았는지 세게 밟았는지는 알 수가 없다. 선행 지표를 활용해서 매매에 나설 때는 신중, 또 신중해야 한다(그림 28-3).

1. 추세가 상승하는 구간에서는 ROC가 중간선 아래로 하락했다가 틱을 높일 때마다 롱 포지션으로 진입하라. 이런 현상은 마치 기차가 승객을 태우기 위해 역에 진입하면서 속도를 늦추듯 상승추세가 일시적으로 속도를 늦출 때 발생한다. 추세가 하락하는 구간에서는 ROC가 중간선 위로 상승했다가 틱을 낮출 때마다 숏 포지션으로 진입하라.

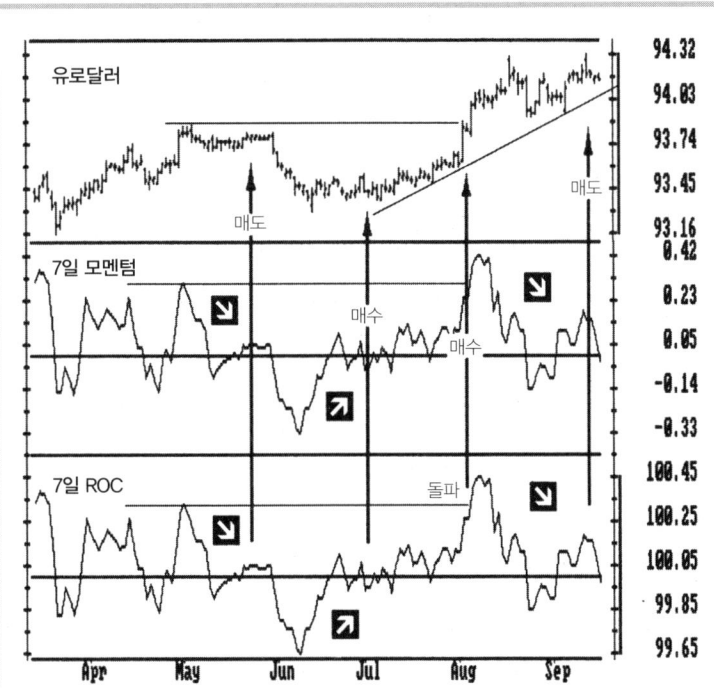

그림 28-3 7일 모멘텀과 7일 ROC

모멘텀이나 ROC가 상승하면 상승에 가속이 붙고 있음을, 모멘텀이나 ROC가 하락하면 하락세에 가속이 붙고 있음을 보여준다. 이 지표들이 천정과 바닥에 도달하면 추세가 최고 속도에 도달한다. 모멘텀이나 ROC가 방향을 전환하면 추세 반전이 임박했음을 보여준다. 이 지표들이 주가와 다이버전스를 보이면 최상의 신호가 발효된다(차트에 화살표로 표시한 지점).

 전통적인 차팅 기법을 이용해 모멘텀과 ROC를 분석할 수 있으며 이를 통해 앞선 신호가 발효된다. 8월에 ROC와 모멘텀이 저항영역을 뚫고 지나간 다음 며칠 뒤 가격에서도 돌파가 일어난다. 차트의 오른쪽 끝에서는 약세 다이버전스가 발생해 상승추세가 소진되었음을 보여준다. 이 시점에서 롱 포지션의 차익을 실현하고 숏 포지션으로 진입하라. 그리고 9월의 고점 몇 틱 위에 손실제한주문을 설정하라.

2. 롱 포지션을 보유한 상태에서 주가가 하락하기 시작하면 주가 하락에 앞서 ROC가 신고점에 도달했는지 살피라. ROC가 신고점에 도달했다면 황소들의 에너지가 최고 수준에 도달해서 전고점 또는 그보다 높이 장을 끌어올릴 확률이 높다. 따라서 롱 포지션을 그대로 보유해도 비교적 안전하다. 반면 ROC가 고점을 연속해서 낮추면 약세신호다. 당장 매도해야 한다. 하락추세에는 반대 논리를 적용하라.
3. 주가의 추세선이 붕괴되기 하루 또는 이틀 전 모멘텀이나 ROC의 추세선이 붕괴되기도 한다. 선행 지표의 추세선이 붕괴되면 주가 추세선의 붕괴에 대비하라.

평활화한 ROC

평활화한 ROC는 프레드 G. 슈츠먼Fred G. Schutzman이 개발한 지표로 ROC의 최대 단점을 피할 수 있다. ROC는 주가 데이터에 두 번 반응하지만 평활화한 ROC는 한 번만 반응한다. 주가 대신 지수이동평균 값을 비교하므로 매매신호를 생성하는 횟수가 적고 매매신호의 신뢰도는 높다.

평활화한 ROC를 구축하려면 먼저 종가의 지수이동평균을 구해야 한다(25장 참고). 다음 단계로 종가의 지수이동평균으로 ROC를 구한다. 평활화한 ROC는 지수이동평균이나 ROC 산출기간에 그다지 민감하지 않다. 종가의 13일 지수이동평균을 산출한 다음 21일

ROC를 구해도 무방하다(그림 28-2 워크시트 참고).

종가의 ROC를 먼저 계산한 다음 그 결과를 이동평균으로 평활화하는 트레이더도 있다. 하지만 이렇게 해본 결과 지표가 들쭉날쭉하고 평활화한 ROC보다 유용성이 떨어졌다.

▶ 평활화한 ROC가 보여주는 시장 심리

지수이동평균은 산출기간 동안에 모든 시장 참여자가 합의한 평균 가치를 반영한다. 따라서 지수이동평균은 변덕스러운 군중심리의 작은 움직임보다는 군중심리에 대한 큰 그림을 보여준다.

평활화한 ROC는 선택한 산출기간 동안 현재의 지수이동평균과 과거의 지수이동평균을 비교한다. 즉 평활화한 ROC는 오늘 군중의 평균적 합의와 과거 군중의 평균적 합의를 비교한다. 이로써 평활화한 ROC는 강세, 약세로 쏠리는 군중심리의 변화를 추적한다.

▶ 평활화한 ROC를 활용한 매매 기법

평활화한 ROC가 방향을 선회하면 시장이 중요한 전환점에 돌입했다는 신호다. 평활화한 ROC가 상승 전환하면 시장이 바닥을 쳤고, 평활화한 ROC가 하락 전환하면 시장이 천정에 도달했다고 이해하라(그림 28-4). 평활화한 ROC와 주가 사이에 다이버전스가 발생

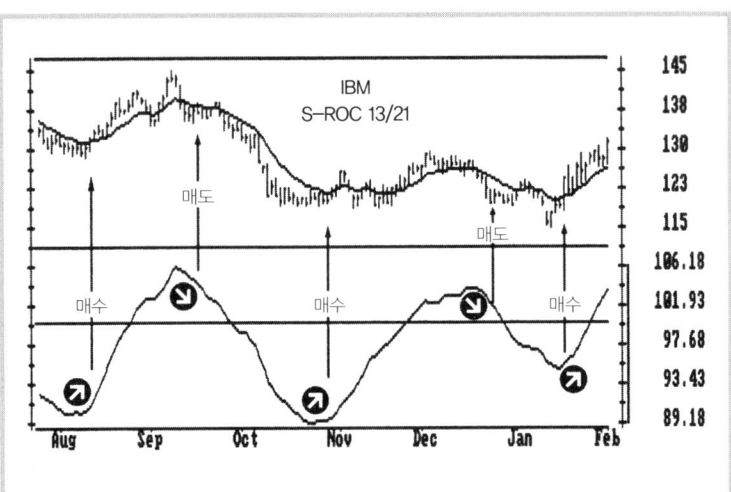

그림 28-4 평활화한 ROC(S-ROC 13/21)

종가의 13일 지수이동평균을 구한 다음 21일 ROC를 적용해 이 지표를 구한다. 평활화한 ROC는 대체로 부드러운 파도 모양으로 움직이는데 천정과 바닥은 주요한 전환점을 나타낸다. 이 지표는 주식시장에서 적중률이 높은데 업종별 주가나 개별 주가 모두에 잘 들어맞는다.

하면 강력한 매수, 매도신호가 된다.

1. 평활화한 ROC가 중간선 아래에서 상승으로 전환하면 매수하라.
2. 평활화한 ROC가 상승을 중단하고 하락으로 전환하면 매도하라. 특히 평활화한 ROC가 중간선 위에서 하락 전환하면 공매도하라.
3. 주가가 신고점에 도달하지만 평활화한 ROC가 고점을 낮추

면 주가가 더 높아져도 시장의 군중이 열의를 잃었다는 뜻이다. 평활화한 ROC와 주가 사이에 약세 다이버전스가 발생하면 강력한 공매도신호다.

4. 주가가 신저점으로 하락하지만 평활화한 ROC가 저점을 높이면 주가가 하락해도 시장의 군중이 두려움에서 벗어나고 있다는 뜻이다. 즉 주가는 더 하락했지만 하락에 따른 매도압력이 감소하고 있음을 드러낸다. 이러한 강세 다이버전스는 강력한 신호이므로 숏을 커버하고 롱 포지션으로 진입해야 한다.

29
윌리엄스%R

　윌리엄스%R은 1973년 래리 윌리엄스Larry Williams가 개발한 지표로 단순하지만 효율적인 오실레이터다. 윌리엄스%R은 황소와 곰들이 매일의 종가를 최근 거래범위의 가장자리까지 끌어올리거나 끌어내리는 역량이 어느 정도인지 측정한다. 윌리엄스%R은 추세를 확증하거나 임박한 반전을 경고한다.

윌리엄스%R 산출 방식

윌리엄스%R은 '최근의 고점-저점'에서 상대적으로 종가가 어디에 위치하고 있는지를 측정한다. 윌리엄스%R은 산출기간 동안 최고점과 최저점의 거리를 100퍼센트라고 했을 때 종가가 어디에 위치하고 있는지 백분율로 표시해준다(그림 29-1 워크시트 참고).

$$\text{윌리엄스\%R} = 100 \times \frac{H_r - C}{H_r - L_r}$$

- r = 트레이더가 선택한 기간(이를테면 7일)
- H_r = 선택한 기간 동안의 최고점(이를테면 7일 고점)
- L_r = 선택한 기간 동안의 최저점(이를테면 7일 저점)
- C = 가장 최근의 종가

윌리엄스%R은 백분율이므로 0~100퍼센트 사이에서 오르내린다. 황소들이 최대치의 역량을 발휘해 종가를 거래범위의 정상까지 끌어올리면 윌리엄스%R은 0이 된다(차트상 주가 아래 지표를 나타내는 칸의 가장 위에 표시). 곰들이 최대치의 역량을 발휘해 종가를 거래범위의 바닥까지 끌어내리면 윌리엄스%R은 100이 된다.

추세추종 지표를 활용하다 의문점이 생기면 대개 이렇게 처리한다. '의심스러우면 넓혀라.' 하지만 모든 오실레이터에 적용되는 일반 법칙은 그 반대다. '의심스러우면 좁혀라.' 오실레이터의 기간을 좁혀보면 단기 반전을 포착할 수 있다. 만약 당신이 사이클에 맞춰 매매하고자 한다면 윌리엄스%R의 산출기간을 사이클 길이의 절반

날짜	고가	저가	종가	7일 Wm%R
8/14	362.2	358.2	361.2	
8/15	363.5	360.2	360.4	
8/16	361.6	360.3	361.3	
8/19	366.5	360.4	362.0	
8/20	362.0	355.3	359.3	
8/21	360.4	358.2	360.1	
8/22	359.9	357.4	357.5	80.36
8/23	357.2	355.3	356.7	87.50
8/26	358.6	357.1	358.5	71.43
8/27	358.8	356.9	357.8	77.68
8/28	359.5	356.1	357.3	70.15
8/29	356.4	353.7	354.1	94.03
8/30	351.5	348.5	351.4	74.56
9/03	352.0	349.4	351.6	71.82
9/04	352.3	351.6	351.8	70.00
9/05	350.7	349.8	350.3	83.64
9/06	352.5	349.8	352.3	65.45
9/09	355.9	353.4	354.3	26.58

그림 29-1 윌리엄스%R 워크시트

윌리엄스%R은 산출기간 동안 최고점과 최저점 간의 거리를 100퍼센트라고 했을 때 가장 최근의 종가가 어디에 위치하고 있는지 백분율로 표시해준다. 여기서 윌리엄스%R은 7일 동안의 기간을 활용해 구했다. 분석하고자 하는 추세에 따라 기간을 늘리거나 줄일 수 있다.

으로 잡으라.

윌리엄스%R은 7일 주기에 잘 들어맞으므로 주간 차트에서 활용하는 것이 좋다. 윌리엄스%R의 기준선은 10퍼센트와 90퍼센트 지점에 수평으로 생성된다. 윌리엄스%R이 상단 기준선 위로 올라오면 황소들이 힘을 발휘하고 있지만 시장은 과매수 상태임을 보여준다. 윌리엄스%R이 하단 기준선 아래로 하락하면 곰들이 힘을 발휘하고 있지만 시장은 과매도 상태임을 보여준다.

➡ 윌리엄스%R이 보여주는 시장 심리

가격은 모든 시장 참여자들 사이에 순간적으로 이루어진 가치에 대한 합의다. 최근 거래범위의 고점은 황소들이 어느 수준까지 주가를 끌어올릴 수 있는지 보여주며, 최근 거래범위의 저점은 곰들이 어느 수준까지 주가를 끌어내릴 수 있는지 보여준다. 종가에 의해 계좌의 일일정산이 되므로 종가는 그날의 합의 중 가장 중요하다.

윌리엄스%R은 최근의 거래범위와 종가를 비교한다. 윌리엄스%R을 보면 황소들이 최근 거래범위의 고점 가까이 종가를 끌어올릴 수 있는지 혹은 곰들이 최근 거래범위의 저점 가까이 종가를 끌어내릴 수 있는지 알 수 있다. 윌리엄스%R은 장 마감 시점에 황소와 곰 중 어느 진영이 더 힘을 발휘했는지 보여준다.

종가는 시장에서 가장 중요한 가격이다. 장중에는 황소가 주가를 끌어올릴 수도 있고 곰이 주가를 끌어내릴 수도 있다. 그런데 어느 진영이 자기 쪽으로 유리하게 장을 마감시킬 수 있었는지는 윌리엄스%R을 보면 알 수 있다. 만약 상승 중에 황소들이 장을 최근 거래범위의 고점까지 끌어올리지 못했다면 보기보다 황소들의 위력이 약한 것이다. 이때가 숏 진입기회다. 만약 하락 중에 곰들이 장을 최근 거래범위의 저점까지 끌어내리지 못했다면 보기보다 곰들의 위력이 약한 것이며 이때가 매수기회다.

▣ 윌리엄스%R을 활용한 매매 기법

윌리엄스%R은 세 가지 매매신호를 생성한다. 중요한 순서대로 나열하면 강세 혹은 약세 다이버전스, 페일러 스윙failure swing, 과매수/과매도 수준이다(그림 29-2).

■ 다이버전스

주가와 윌리엄스%R 간의 다이버전스는 아주 드물게 일어나는데, 일단 다이버전스가 발생하면 최상의 매매기회가 된다. 윌리엄스%R이 상단 기준선 위로 상승했다가 하락한 뒤 재상승 중에 상단 기준선 위로 올라오지 못하면 약세 다이버전스다. 약세 다이버전스가 발생하면 황소들의 힘이 떨어지고 있으므로 시장이 하락할 가능성이 높다. 윌리엄스%R이 하단 기준선 아래로 하락했다가 반등한 다음 재하락 중에 하단 기준선 아래로 떨어지지 않으면 강세 다이버전스다. 강세 다이버전스가 발생하면 곰들의 힘이 떨어지고 있으므로 상승으로 이어질 확률이 높다.

1. 강세 다이버전스를 확인하면 롱 포지션을 취하고 최근의 주가 저점 아래에 손실제한주문을 설정하라.
2. 약세 다이버전스를 확인하면 숏 포지션을 취하고 최근의 주

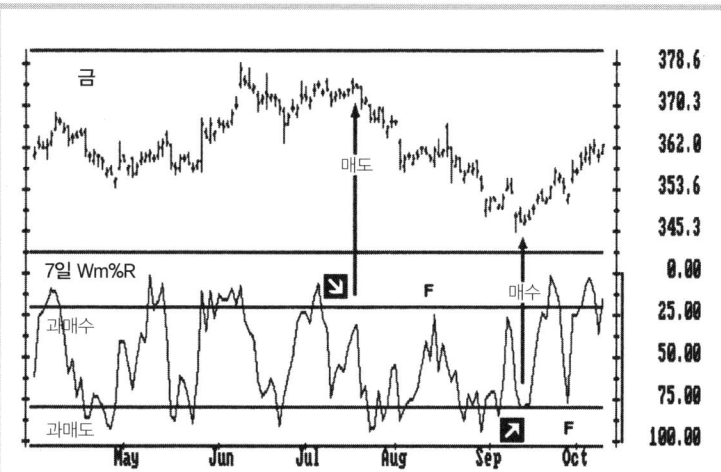

그림 29-2 7일 윌리엄스%R

윌리엄스%R이 상단 기준선 위로 상승하면 시장이 과매수 상태이고 하단 기준선 아래로 하락하면 시장이 과매도 상태임을 나타낸다. 가격과 지표에서 다이버전스(화살표 부분)가 발생하면 최상의 매도신호와 매수신호가 발효된다. 차트의 7월을 보면 약세 다이버전스로 매도신호가 발효되고 9월에는 강세 다이버전스로 강력한 매수신호가 발효된다.

차트에 F로 표시된 부분은 윌리엄스%R이 기준선에 도달하지 못하고 방향을 바꾸면서 페일러 스윙이 발생한 지점이다. 페일러 스윙은 강력한 추세를 거스르는 반발 움직임으로 이것이 나타나면 이전 추세가 확증된다. 8월 하락추세 도중 페일러 스윙이 발생해 하락추세의 지속을 확증함으로써 강력한 매도신호가 발효된다. 9월 상승추세 도중에 페일러 스윙이 발생해 강력한 매수신호가 발효된다.

차트 오른쪽 끝에서 가격이 급상승한다. 윌리엄스%R이 하단 기준선 아래로 떨어질 때를 매수기회로 활용하라. 약세 다이버전스가 발생하지 않는 이상 숏 포지션을 취해서는 안 되는 지점이다.

가 고점 위에 손실제한주문을 설정하라.

- **페일러 스윙**

  군중은 양 극단 사이를 오가는 경향이 있다. 윌리엄스%R은 상하 기준선 안쪽인 중간 지대에서 방향을 바꾸는 경우가 극히 드문데 만약 그런 일이 발생하면 페일러 스윙이 발생했다고 말한다. 상승하던 윌리엄스%R이 상단 기준선을 돌파하지 못하고 반락하거나, 하락하던 윌리엄스%R이 하단 기준선을 건드리지 못하고 반등할 때를 말한다. 페일러 스윙은 다음과 같은 신호로 받아들이면 된다.

  3. 주가가 반등하는 중 윌리엄스%R이 상승을 멈추고 상단 기준선에 도달하지 못한 채로 하락하면 페일러 스윙이다. 페일러 스윙이 발생하면 황소들의 힘이 매우 약하다는 사실을 보여주는 것이므로 매도신호다.
  4. 주가가 반락하는 중 윌리엄스%R이 하락을 멈추고 하단 기준선을 건드리지 않은 채로 반등하면 페일러 스윙이다. 페일러 스윙이 발생하면 곰들의 힘이 매우 약하다는 사실을 보여주는 것이므로 매수신호다.

- **과매수와 과매도**

  종가가 거래범위의 상단 근처에서 형성되면 윌리엄스%R은 고점에 도달하며 과매수 상태가 된다. 종가가 거래범위의 하단 근처에서 형성되면 윌리엄스%R은 저점에 도달하며 과매도 상태가 된다. 하지만 화무십일홍이라고 했듯이 황소도, 곰도 언제까지 절대 권력을 누릴 수는 없다. 종가가 최근 거래범위의 극단까지 며칠 연속 이어지는 경우는 드물다.

5. 윌리엄스%R이 상단 기준선 위로 상승하면 시장이 천정에 도달했으므로 매도신호가 생성된다.
6. 윌리엄스%R이 하단 기준선 아래로 하락하면 시장이 바닥에 도달했으므로 매수신호가 생성된다.

이 과매수 및 과매도신호는 박스권에서는 적중률이 높지만 시장이 추세에 돌입하면 성급하고 위험한 신호가 된다. 강한 상승 도중에는 윌리엄스%R이 일주일 이상 상단 꼭대기 부근에 머물기도 하는데 이런 과매수는 매도기회가 아니라 시장의 강세를 나타낸다. 강한 하락추세가 되면 윌리엄스%R이 몇 주 동안 과매도 수준에 머무는데 매수기회가 아니라 시장의 약세를 의미한다.

윌리엄스%R로 과매수, 과매도를 판별해 매매하고 싶다면 반드시 주요 추세를 확인한 다음 매매에 임해야 한다. 이 경우 장기 추세추종 지표를 활용하라(43장 참고). 주간 차트가 상승장을 나타내면 일일 윌리엄스%R에서 매수신호만을 취하라. 일일 윌리엄스%R이 매도신호를 내더라도 숏 포지션으로 진입하면 안 된다. 주간 차트가 하락장을 나타내면 일일 윌리엄스%R에서 매도신호만을 취하라. 일일 윌리엄스%R이 과매도 수준이 되어도 롱 포지션으로 진입하면 안 된다.

스토캐스틱

스토캐스틱은 조지 레인George Lane에 의해 대중화된 오실레이터다. 지금은 많은 소프트웨어 프로그램에 포함되어 있어서 컴퓨터를 활용하는 트레이더들이 널리 사용하고 있다. 스토캐스틱은 종가와 최근의 '고가 – 저가' 거래범위의 관계를 추적한다.

▶ 스토캐스틱 산출 방식

스토캐스틱은 윌리엄스%R보다 복잡하다. 스토캐스틱을 구하려면 시장의 노이즈를 걸러내고 불량신호를 솎아내는 몇 가지 단계를 거쳐야 한다. 스토캐스틱은 빠른 선인 %K와 느린 선인 %D, 두 가지 선으로 구성된다.

1. 스토캐스틱을 산출하는 첫 번째 단계로 '기본 스토캐스틱 raw stochastic' 즉 %K를 구한다.

$$\%K = \frac{C_{tod} - L_n}{H_n - L_n} \times 100$$

- C_{tod} = 오늘의 종가
- L_n = 산출기간(선택) 동안의 최저 가격
- H_n = 산출기간(선택) 동안의 최고 가격
- n = 산출기간(트레이더가 선택)

일부 트레이더는 산출기간을 좀 길게 잡기도 하지만 스토캐스틱 산출기간의 표준은 5일이다. 기간을 좁게 잡으면 전환점을 더 많이 포착할 수 있고 넓게 잡으면 주요 전환점을 포착하는 데 유용하다.

2. 두 번째 단계로 %D를 구한다. %D는 %K를 평활화해서 구한다. 기간은 대개 3일로 잡는데 몇 가지 산출 방법이 있다.

$$\%D = \frac{(C_{tod} - L_n)\text{의 3일 총합}}{(H_n - L_n)\text{의 3일 총합}} \times 100$$

스토캐스틱을 차트에 그리는 방법은 두 가지로 빠른 스토캐스틱과 느린 스토캐스틱이 있다. 빠른 스토캐스틱은 %K와 %D 두 선으로 구성되며 한 차트에 그린다. 시장이 방향을 전환할 때 아주 예민하게 반응하지만 속임수신호가 자주 발생한다.

빠른 스토캐스틱보다 덜 예민한 느린 스토캐스틱을 선호하는 트레이더도 많다. 느린 스토캐스틱은 빠른 스토캐스틱의 %D를 %K로 하고 이를 평활화해 %D를 구한다. 느린 스토캐스틱은 노이즈를 많이 걸러내므로 속임수신호가 적게 생성된다. 5일 기준 3일로 평활화한 느린 스토캐스틱이 가장 널리 쓰인다(그림 30-1 워크시트 참고).

스토캐스틱은 0과 100 사이를 오간다. 20과 80퍼센트를 기준선으로 그려 과매수 및 과매도영역을 표시한다. 느린 스토캐스틱은 기본 윌리엄스%R처럼 극단적인 영역으로 들어가는 일이 극히 드물다.

스토캐스틱이 보여주는 시장 심리

가격은 모든 시장 참여자가 거래 순간 합의한 가치다. 계좌의 정산은 일일 종가로 결정되기 때문에 종가가 가장 중요하다. 일정 기간 동안의 최고점은 그 기간에 황소들이 발휘한 역량의 최대치를 보여주고 일정 기간 동안의 최저점은 그 기간에 곰들이 발휘한 역량의 최대치를 보여준다.

스토캐스틱은 황소나 곰이 최근 거래범위의 상단 또는 하단 가까이 종가를 형성하는 역량이 어느 정도인지 측정한다. 상승 중에 시

날짜	고가	저가	종가	5일 %K	5일 %D	Slow %D
9/16	68.07	67.24	67.83			
9/17	68.22	67.79	67.97			
9/18	67.61	66.81	67.36			
9/19	67.52	67.02	67.25			
9/20	67.57	66.87	67.50	48.94		
9/23	68.21	67.89	68.04	87.23		
9/24	68.53	67.48	67.64	48.26	60.57	
9/25	67.87	67.57	67.71	50.60	60.54	
9/26	67.97	67.48	67.58	42.77	47.22	56.11
9/27	68.30	67.37	68.23	74.14	53.79	53.85
9/30	68.49	68.25	68.37	86.21	64.57	55.20

그림 30-1 스토캐스틱 워크시트

- 빠른 스토캐스틱의 %K는 윌리엄스%R과 비슷하다.
- 빠른 스토캐스틱의 %D는 %K를 3일로 평활화해서 얻는다.
- 느린 스토캐스틱의 %K는 빠른 스토캐스틱의 %D를 사용하고 이를 다시 평활화해 느린 스토캐스틱의 %D를 얻는다.

트레이더들은 대개 컴퓨터를 이용해 스토캐스틱을 구축한다. 스토캐스틱 산출기간의 폭은 식별하고자 하는 추세에 따라 달라진다. 아주 짧은 단기 스토캐스틱(5일 내외)은 단기 반전을 포착하는 데 유용하고, 더 긴 스토캐스틱(14~21일)은 시장의 주요한 반전을 포착하는 데 유용하다.

장의 종가는 최근 거래범위의 고점 부근에서 형성되는 경향이 있다. 황소들이 장중에는 주가를 끌어올리지만 종가를 고점 부근까지 끌어올리지 못하면 스토캐스틱은 하락한다. 이런 현상은 황소들이 보기보다 위력이 떨어질 때 나타나므로 매도신호다.

하락추세에서는 일일 종가가 최근 거래범위의 저점 부근에서 형성되는 경향이 있다. 일간 차트의 종가가 고점 부근에서 형성되면 곰들이 장중에는 주가를 끌어내릴 수 있지만 계속 주가를 억누르지 못했다는 것을 의미한다. 스토캐스틱이 상승 전환하면 곰들이 보기보다 위력이 떨어진다는 것이므로 매수신호다.

스토캐스틱을 활용한 매매 기법

스토캐스틱은 황소나 곰들의 역량이 강해지고 있는 시기와 약해지고 있는 시기를 보여준다. 이러한 정보를 통해 현재의 장세에서 황소가 이길지, 곰이 이길지 판단할 수 있다.

스토캐스틱은 세 가지 매매신호를 낸다. 중요한 순서대로 나열하면 다이버전스, 스토캐스틱 선들의 수준(과매수와 과매도), 그리고 방향이다(그림 30-2).

■ 다이버전스

스토캐스틱을 활용할 때 가장 강력한 매매신호는 스토캐스틱과 가격 사이에 다이버전스가 발생하는 것이다.

1. 주가가 신저점으로 떨어지지만 스토캐스틱이 이전 하락의 저점보다 저점을 높이면 강세 다이버전스가 발생한다. 곰들의 힘이 빠지고 있어 주가가 하락 탄성을 잃었다는 신호다. 스토캐스틱이 두 번째 바닥에서 상승으로 돌아서자마자 강

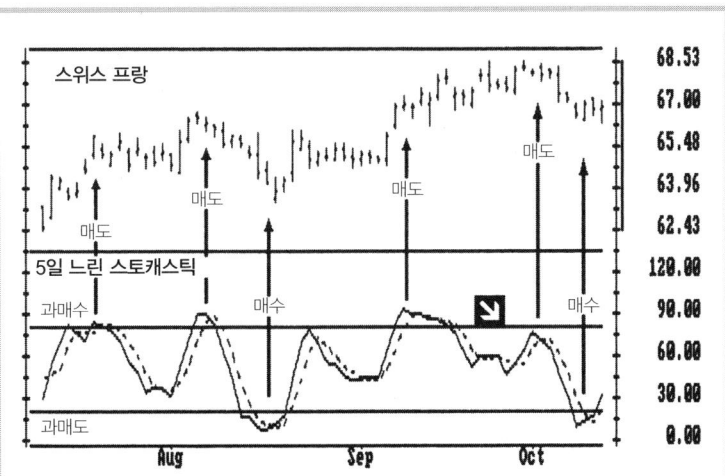

그림 30-2 5일 느린 스토캐스틱

스토캐스틱 선이 기준선 위나 아래로 움직이는 것을 기준으로 천정권과 바닥권을 식별한다. 이 신호들은 박스권에서는 잘 작동하지만 새로운 추세가 시작되고 나면 성급한 신호를 낸다(9월 초 참고). 스토캐스틱이 가장 강력한 신호를 발효할 때는 가격과 다이버전스를 보일 때다. 10월 초를 보면 약세 다이버전스가 발생하고 뒤이어 주가가 급락한다.

스토캐스틱을 이용해 롱이나 숏 포지션으로 진입했다면 가장 최근의 단기 저점 아래나 가장 최근의 단기 고점 위에 즉시 손실제한주문을 설정하라. 숏 포지션 트레이더라면 특히 차트의 오른쪽 끝에서 매수신호가 발효됨을 알아채야 한다. 숏을 커버하고 매수해야 할 시점이다.

력한 매수신호가 발효된다. 이 시점에 롱 포지션으로 진입하고 가장 최근의 저점 아래에 손실제한주문을 설정하라. 첫 번째 저점이 하단 기준선 아래에 있고 두 번째 저점이 하단 기준선 위로 올라올 때가 최상의 매수신호다.

2. 주가가 신고점을 찍지만 스토캐스틱이 이전 고점보다 고점을 낮추면 약세 다이버전스가 발생한다. 황소들의 힘이 떨어지고 있어 주가의 상승 탄력이 소진되고 있다는 신호다. 스토캐스틱이 두 번째 고점에서 하락하자마자 매도신호가 발효된다. 이 시점에 숏 포지션으로 진입하고 가장 최근의 주가 고점 위에 손실제한주문을 설정하라. 첫 번째 고점이 상단 기준선 위에 있고 두 번째 고점이 상단 기준선 아래에 있을 때가 최상의 매도신호다.

■ 과매수와 과매도

스토캐스틱이 상단 기준선 위로 올라오면 시장은 과매수 상태다. 과매수 상태란 주가가 너무 높아 곧 하락하게 된다는 것을 의미한다. 스토캐스틱이 하단 기준선 아래로 떨어지면 시장은 과매도 상태로, 주가가 너무 낮아 곧 상승하게 된다는 것을 의미한다.

과매수와 과매도신호는 박스권에서는 적중하지만 시장이 추세를 보이고 있을 때는 그렇지 않다. 상승추세일 때 스토캐스틱은 성급하게 과매수 상태가 되면서 시장이 상승하고 있는데도 여전히 매도신호를 낸다. 하락추세일 때 스토캐스틱은 성급하게 과매도 상태가 되면서 시장이 하락하고 있는데도 지속적으로 매수신호를 낸다. 이를 보완하기 위해서는 장기 추세추종 지표를 함께 활용하는 것이 좋다 (43장 참고). 삼중 스크린 매매 시스템을 활용하면 주간 차트의 추세가 상승할 때에만 일일 스토캐스틱에서 매수신호를 취할 수 있다. 반대의 추세에서는 일일 스토캐스틱에서 매도신호만 취한다.

3. 주간 차트에서 상승추세를 확인하면 일일 스토캐스틱 선이 하단 기준선 아래로 떨어질 때까지 기다려라. 그런 다음 선들의 교차나 상승 전환을 기다리지 말고 가장 최근의 고점 위에 역지정가 매수주문stop order*을 내라. 롱 포지션으로 진입했으면 거래 당일과 전일의 저점 중 낮은 쪽의 저점 아래에 손실제한주문을 설정하라.

스토캐스틱 바닥의 형태를 보면 상승의 강도, 즉 상승이 강력한지, 미약한지를 알 수 있다. 좁고 얕은 바닥이면 곰들이 약하므로 강력한 상승이 진행되며, 바닥이 깊고 넓으면 곰들이 강력하므로 상승은 미약하다. 이럴 경우 강력한 매수신호만 취해야 한다.

4. 주간 차트에서 하락추세를 확인하면 일일 스토캐스틱 선이 상단 기준선 위로 올라올 때까지 기다려라. 그런 다음 선들의 교차나 하락 전환을 기다리지 말고 가장 최근의 저점 아래에 역지정가 매도주문을 내라. 숏 포지션으로 진입했으면 거래 당일과 전일의 고점 중 높은 쪽의 고점 위에 손실제한주문을 설정하라.

---

* 거래되는 가격이 지정한 가격을 한 번이라도 건드리면 시장가주문으로 전환되도록 하는 주문. 일정 가격을 상향돌파할 때 롱 포지션에 진입하거나 하향돌파할 때 숏 포지션에 진입하기 위해 사용한다. 포지션을 보유 중일 때 롱 포지션의 경우 일정 가격을 하향돌파하면 매도되도록 하고, 숏 포지션의 경우 일정 가격을 상향돌파하면 환매되도록 하는 손실제한주문도 역지정가 주문이다 — 옮긴이

스토캐스틱 천정의 형태를 보면 하락이 급격히 진행될지 아니면 느리게 진행될지 예견할 수 있다. 스토캐스틱의 봉우리가 좁고 뾰족하면 황소들의 힘이 미약하므로 급락으로 이어질 확률이 높다. 스토캐스틱의 봉우리가 넓고 높으면 황소들의 힘이 강력하므로 상승으로 이어질 확률이 높다. 이때는 매도신호를 무시하는 게 안전하다.

5. 스토캐스틱이 과매수일 때 매수하지 말고 스토캐스틱이 과매도일 때 공매도하지 말라. 이 규칙만 지켜도 큰 실수는 피할 수 있다.

■ *선의 방향*

스토캐스틱의 두 선이 모두 같은 방향을 향하면 단기 추세가 확증된다. 주가가 상승하고 스토캐스틱의 두 선도 상승하면 상승추세가 지속될 것이며, 주가가 하락하고 스토캐스틱의 두 선도 하락하면 하락추세가 지속될 것이다.

스토캐스틱에 대한 추가 정보

스토캐스틱은 주간, 일일, 일중 등 모든 시간단위로 활용할 수 있다. 주간 스토캐스틱은 대개 주간 MACD 히스토그램보다 1주일 앞서 방향을 선회한다. 주간 스토캐스틱이 방향을 바꾸면 그다음 주에 추세추종 지표인 MACD 히스토그램이 방향을 전환한다는 경고신호다. 이런 현상이 발생하면 기존 포지션의 손실제한을 좁히거나 차익을 실현해야 한다.

스토캐스틱의 산출기간을 선택하는 문제는 아주 중요하다. 단기 오실레이터는 예민한 지표이고 장기 오실레이터는 중요한 천정이나 바닥일 때만 방향을 전환한다. 트레이딩 시스템의 일부로 스토캐스틱 하나만을 활용한다면 장기 스토캐스틱을 쓰는 편이 낫다. 반면 추세추종 지표와 함께 활용한다면 단기 스토캐스틱이 낫다.

제이콥 번스타인Jacob Bernstein이 대중화시킨 것으로 스토캐스틱-팝Stochastic-Pop이 있다. 이 지표는 스토캐스틱을 기발한 방식으로 활용한 것이다. 이 기법은 스토캐스틱이 상단 기준선을 상향돌파하면 강세를 의미한다. 이 단기 상승을 이용해 매수하고 스토캐스틱이 하락 반전하자마자 매도한다. 이 기법은 강세 파동의 마지막 파고를 포착하는 데 유용하다.

스토캐스틱은 현대판 연금술사들인 자동 트레이딩 시스템 개발자들이 즐겨 쓰는 도구다. 자동 트레이딩 시스템 개발자들은 스토캐스틱의 두 선이 교차하면 매수 혹은 매도하는 식으로 스토캐스틱을 기계적으로 활용하려고 한다. 그러다가 마법 같은 결과가 나오지 않으면 실망해서 내팽개친다. 아무리 최적화한다고 해도 스토캐스틱 선들의 교차를 기준으로 매매하는 것은 돈을 버는 방법이 될 수 없다. 왜냐하면 스토캐스틱은 시장이 추세를 보이느냐 아니면 박스권에 머무느냐에 따라 다르게 작동하기 때문이다.

상대강도 지수

상대강도 지수RSI는 웰레스 월더 주니어가 개발한 지표로 지금은 거의 모든 소프트웨어에 포함되어 있다. RSI는 종가의 변화를 살펴 강도를 측정하는 지표로 선행 혹은 동행 지표로 기능하며 결코 후행 지표는 아니다.

▶ 상대강도 지수 산출 방식

상대강도 지수RSI를 구하기 위해서는 먼저 상대강도RS를 구해야 한다.

$$RSI = 100 - \frac{100}{1 + RS}$$

$$RS = \frac{\text{산출기간 동안 종가 상승분 평균}}{\text{산출기간 동안 종가 하락분 평균}}$$

RSI의 봉우리(천정)와 계곡(바닥) 패턴은 산출기간의 길이에 따라 변하지 않으며 단기 RSI, 즉 7~9일 RSI일 경우 매매신호가 확연하게 보인다. 어떤 시장이든 다음 단계를 거쳐 RSI를 산출할 수 있다. 기간을 7일로 잡고 산출해보자. 요즘에는 대개 컴퓨터가 자동적으로 산출해준다.

1. 지난 7일 동안의 종가를 수집한다.
2. 전일보다 종가가 상승한 날의 상승분을 모두 더한다. 이 총계를 7로 나누어 상승일 종가 변화분의 평균을 구한다.
3. 전일보다 종가가 하락한 날의 하락분을 모두 더한다. 이 총계를 7로 나누어 하락일 종가 변화분의 평균을 구한다.
4. 상승일 종가 변화분의 평균을 하락일 종가 변화분의 평균으로 나누어 상대 강도RS를 구한다.
5. 매일 1~4 과정을 되풀이한다(그림 31-1 워크시트 참고).

RSI를 수기로 구하려면 빠른 방법을 써라. 7일 동안의 데이터를 구하면 그다음에는 2, 3 단계를 아래로 대체하고 4단계부터는 같다.

2. 어제의 종가 상승분에 6을 곱하고, 오늘의 상승분을 더한다. 그런 다음 합한 값을 7로 나눈다. 이것이 종가 상승분 평균이 된다.
3. 어제의 종가 하락분에 6을 곱하고, 오늘의 하락분을 더한다. 그런 다음 합한 값을 7로 나눈다. 이것이 종가 하락분 평균

날짜	종가	UpAvg:7	DownAvg:7	7일 RSI
10/29	77.34			
10/30	78.02			
10/31	77.71			
11/1	78.45			
11/2	79.15			
11/5	79.91			
11/6	79.63			
11/7	79.99	0.4629	0.0843	84.60
11/8	79.96	0.3967	0.0765	83.83
11/9	79.94	0.3401	0.0685	83.24
11/12	79.96	0.2943	0.0587	83.38
11/13	79.76	0.2523	0.0789	76.18
11/14	80.09	0.2634	0.0676	79.58
11/15	79.72	0.2258	0.1108	67.08
11/16	80.10	0.2478	0.0950	72.29

그림 31-1 7일 상대강도 지수(RSI) 워크시트

우선 지난 7일 동안의 종가 상승분 평균과 종가 하락분 평균을 산출하라. RSI 산출 공식에 이를 대입하여 산출해본 후, 별도로 제시한 간편한 방법도 테스트해보라.

이 된다.

RSI는 0과 100 사이를 오간다. RSI가 봉우리를 이루고 다시 하락하면 천정이며, RSI가 하락했다 다시 상승하면 바닥이다. 상이한 시장에서는 이런 방향 전환이 다른 수준에서 일어나며 같은 시장이라도 강세일 때와 약세일 때 방향 전환의 수준이 달라진다.

과매수 및 과매도 수준은 시장에 따라, 연도에 따라 달라진다. 모든 상황을 다 아우를 수 있는 수준은 없다. 과매도신호와 과매수신호는 온도계와 같다. 같은 온도를 가리켜도 여름과 겨울 등 계절에 따라 의미가 다르지 않은가.

RSI의 가장 높은 봉우리와 가장 낮은 계곡들을 관통해 수평으로 기준선을 그려야 한다. 대체로 30과 70에 기준선을 그린다. 강세장에서는 40/80, 약세장에서는 20/60 수준에서 기준선을 그리기도 한다. 5퍼센트 규칙을 활용하라. 지난 4~6개월 동안 전체 기간의 5퍼센트 이하 동안 머문 RSI 수준에서 기준선을 그려라. 기준선은 3개월마다 조정하라.

▶ 상대강도 지수가 보여주는 시장 심리

가격은 모든 시장 참여자들 사이에 순간적으로 이루어진 가치에 대한 합의다. 계좌의 일일정산은 종가에 의해 결정되므로 종가는 그 날의 합의 중 가장 중요하다. 시장이 종가를 높여서 장을 마감하면 황소는 돈을 벌고 곰은 돈을 잃는다. 시장이 종가를 낮춰서 장을 마감하면 곰은 돈을 벌고 황소는 돈을 잃는다.

▣ 상대강도 지수를 활용한 매매 기법

RSI는 세 가지 매매신호를 생성한다. 중요한 순서대로 나열하면 강세 및 약세 다이버전스, 차트 패턴, RSI 수준이다.

■ **다이버전스**

주가와 RSI 사이에 다이버전스가 발생할 때 가장 강력한 매수, 매도신호가 발효된다. 이러한 다이버전스는 시장의 중요한 천정이나 바닥에서 발생하여 기존 추세가 힘을 잃고 반전 태세에 돌입했다는 것을 나타낸다(그림 31-2).

1. 강세 다이버전스는 매수신호다. 가격이 신저점으로 하락하지만 RSI가 이전 저점보다 저점을 높이면 강세 다이버전스다. RSI가 두 번째 저점에서 상승하자마자 매수하고 가장 최근의 단기 저점 아래에 손실제한주문을 설정하라. 첫 번째 RSI 저점이 하단 기준선 아래에 있고 두 번째 저점이 하단 기준선 위에 있을 때 매수신호는 더욱 강력하다.
2. 약세 다이버전스는 매도신호다. 가격이 신고점으로 상승하지만 RSI가 이전 고점보다 고점을 낮추면 약세 다이버전스

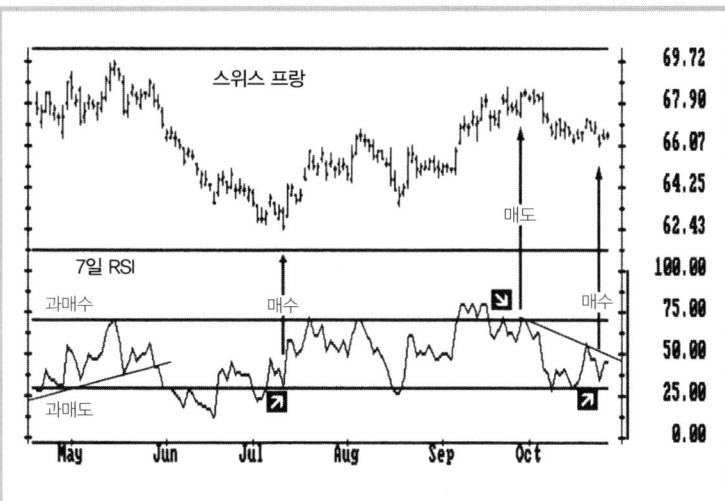

그림 31-2 7일 상대강도 지수(RSI)

RSI가 가격과 다이버전스를 보일 때 가장 강력한 매매신호가 발효된다. 가격이 신고점이나 신저점에 도달하지만 RSI가 기준선을 교차하지 못할 때 가장 강력한 다이버전스가 발생된다.

RSI는 가격에 앞서 추세선을 무너뜨리는 경향이 있다. 차트에 표시된 지점 외에도 이 차트에서 RSI 추세선이 무너지면서 가격이 반전되는 지점을 몇 군데 더 찾을 수 있다. 차트의 오른쪽 끝에서는 RSI가 추세선을 무너뜨리자마자 강세 다이버전스가 발생해 강력한 매수신호를 내보내고 있다.

다. RSI가 두 번째 고점에서 하락하자마자 숏 포지션으로 진입하고 가장 최근의 단기 고점 위에 손실제한주문을 설정하라. 첫 번째 RSI 고점이 상단 기준선 위에 있고 두 번째 고점이 상단 기준선 아래에 있을 때 매도신호는 더욱 강력하다.

■ 차트 패턴

RSI는 다른 지표들보다 고전적인 차팅 기법과 잘 어울린다. 추세선, 지지와 저항, 머리어깨형은 RSI 지표와 함께 활용하면 적중률이 높다. RSI는 종종 주가보다 며칠 앞서 이런 패턴들을 완성하기도 하므로 추세 변화를 엿볼 수 있게 해준다. 이를테면 대개 주가 추세선이 붕괴되기 하루 혹은 이틀 전에 RSI 추세선들이 붕괴한다.

3. RSI의 하락추세선이 붕괴되면 주가 추세선 위에 매수주문을 내서 상향돌파를 포착하라.
4. RSI의 상승추세선이 붕괴되면 주가 추세선 아래에 매도주문을 내서 하향돌파를 포착하라.

■ 상대강도 수준

RSI가 상단 기준선 위로 상승하면, 황소들의 힘이 강력하긴 하지만 시장은 과매수 상태, 즉 매도구간으로 진입한 것이다. RSI가 하단 기준선 아래로 하락하면, 곰들의 힘이 강력하긴 하지만 시장은 과매도 상태, 즉 매수구간으로 진입한 것이다.

주간 차트의 추세가 상승할 때만 일일 RSI의 매수신호를 활용해 매수하라. 주간 차트의 추세가 하락할 때만 일일 RSI의 매도신호를 활용해 매도하라(43장 참고).

5. RSI가 하단 기준선 아래로 떨어졌다가 다시 하단 기준선 위로 올라올 때 매수하라.

6. RSI가 상단 기준선 위로 올라왔다가 다시 상단 기준선 아래로 떨어질 때 매도하라.

▣ 상대강도 지수에 대한 추가 정보

상대강도 지수RSI 패턴에 더 심층적 의미를 부여하려는 트레이더들도 있다. 일부 애널리스트는 양의 반전positive reversal과 음의 반전negative reversal이라는 형태를 설명하기도 한다. 그들은 RSI 패턴을 활용해서 주가 움직임의 폭을 예측할 수 있다고 주장한다. 그러나 지금까지 이 패턴을 사용해 뚜렷한 성공을 거둔 예는 없었다.

TRADING for a LIVING

제5부
간과하기 쉬운 기본 지표들

32

거래량

거래량은 트레이더와 투자자의 행동을 반영한다. 시장에서 거래량 한 단위는 두 사람의 행위를 나타낸다. 트레이더 한 사람이 주식을 팔고 다른 사람이 주식을 산다. 혹은 한 사람이 1계약을 매수하고 다른 사람이 1계약을 매도한다. 일일 거래량은 하루 동안 거래된 계약이나 주식의 수를 의미한다.

대개 거래량은 히스토그램으로 표시한다. 따라서 수직 막대의 높이가 매일의 거래량을 나타낸다(그림 32-1). 또한 거래량 히스토그램은 주로 주가 차트 아래에 그린다. 거래량의 변화를 살펴보면 주가 등락에 황소와 곰이 어떻게 반응했는지 알 수 있다. 또한 거래량의

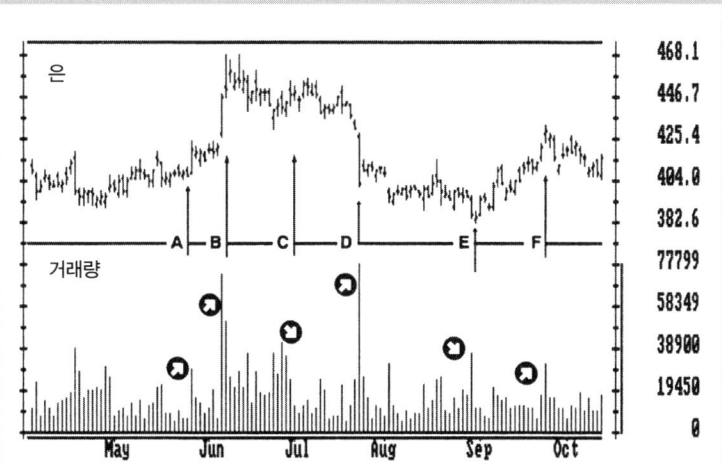

그림 32-1 거래량

거래량을 해석하려면 거래량의 변화와 가격의 변화를 연계해서 분석해야 한다.

A. 상승추세에서 거래량이 증가하면 가격 상승이 예견된다. 매수하거나 롱 포지션을 늘려나가라.
B. 평균 거래량의 두 배가 넘는 거래량을 수반하면서 가격이 급등한다. 이는 종말을 알리는 신호일 확률이 높다. 롱 포지션의 손실제한을 좁혀라.
C. 가격은 전고점 수준 근처까지 상승하지만 거래량은 급락한다. 이러한 약세 다이버전스는 가격이 천정에 도달했다는 신호다. 롱 포지션을 매도하고 숏 포지션으로 진입하라.
D. 거래량이 폭증하면서 가격이 급락한다. 이러한 클라이맥스 바닥은 대개 재테스트된다. 숏 포지션의 손실제한을 좁혀라.
E. 가격이 신저점으로 하락하지만 거래량은 D 지점보다 낮아진다. 이는 클라이맥스 바닥을 재테스트하는 전형적인 현상이다. 환매하고 롱 포지션으로 진입하라.
F. 가격이 신고점에 도달하고 거래량도 증가하면서 A 지점과 비슷한 양상을 보인다. 롱 포지션을 계속 보유하라.

변화는 추세가 지속될지 반전될지 알 수 있는 단서가 된다.

거래량을 무시하는 트레이더들도 있다. 이런 트레이더들은 시장에서 알 수 있는 모든 정보는 이미 가격에 반영되어 있다고 생각한다. 그들의 논리는 이렇다. "가격대로 돈을 받지 거래량대로 돈 받는 것 아니다." 반면 프로들은 거래량을 분석하면 시장을 더 깊이 있게 통찰할 수 있고 트레이딩에 도움이 된다는 사실을 꿰뚫고 있다.

▶ 거래량 측정 방법

거래량을 측정하는 방법은 세 가지다.

1. 실제 매매된 주식 혹은 계약 수. 뉴욕증권거래소가 이 방법으로 거래량을 발표한다.
2. 매매가 일어난 횟수. 런던증권거래소가 이 방법으로 거래량을 발표한다. 이 방식은 100주 매매나 5,000주 매매나 구분이 안 되므로 객관성이 떨어진다.
3. 틱 거래량tick volume은 10분 혹은 1시간 등 일정한 시간에 일어난 주가 변동 횟수를 가리킨다. 1번의 주가 변동을 대개 틱tick이라고 부른다. 미국의 선물거래소는 대개 장중 거래량을 발표하지 않기 때문에 데이 트레이더는 거래량 대용으로 틱 거래량을 활용한다.

거래량은 매수자와 매도자의 행위를 반영한다. 두 가지 시장의 거래량을 비교해보면 어떤 시장이 더 거래가 활발히 이루어지는지, 즉 유동성이 큰 시장이 어느 쪽인지 알 수 있다. 거래량이 적은 시장보다 유동성이 큰 시장이 체결오차가 적다.

▶ 거래량이 보여주는 시장 심리

거래량은 시장 참여자가 시장에 어느 정도 재정을 투입하고, 또 어느 정도 감정적으로 몰입되어 있는지를 반영한다. 물론 시장 참여자가 어느 정도 고통을 느끼고 있는지도 거래량에 반영된다. 거래는 두 사람이 재정적 결단을 내리고 행동하면서 시작된다. 매수 결정 혹은 매도 결정은 이성에 따라 내렸다 하더라도 매수 혹은 매도를 하게 되면 대부분의 경우 감정에 몰입하게 된다. 매수자나 매도자나 모두 자신들의 결정이 옳았기를 간절히 바란다. 그들은 시장에서 비명을 지르고 울부짖고 기도하며 혹자는 부적을 지니고 다니기도 한다. 거래량은 트레이더들이 얼마나 감정적으로 몰입해 있는지를 보여준다.

틱이 한 번 변할 때마다 패자가 잃은 돈이 승자에게 돌아간다. 주가가 오르면 롱 포지션을 취한 사람은 돈을 벌고 숏 포지션을 취한 사람은 돈을 잃는다. 주가가 하락하면 숏 포지션을 취한 사람은 돈을 벌고 롱 포지션을 취한 사람은 돈을 잃는다. 승자는 행복감을 맛보고 의기양양하며 패자는 낙담하고 분노한다. 주가가 오르락내리락 할 때마다 트레이더의 절반은 고통에 몸부림친다. 주가가 상승하면 곰들이 괴로워하고 주가가 하락하면 황소들이 괴로워한다. 거래량이 증가할수록 시장에서 고통받는 참여자는 늘어난다.

손실에 반응하는 트레이더들의 양태는 뜨거운 물에 들어간 개구리와 같다. 개구리를 처음부터 펄펄 끓는 물에 넣으면 갑작스러운 고통에 펄쩍 뛰어오른다. 그러나 개구리를 찬물에 집어넣고 서서히 열을 가하면 개구리를 산 채로 삶을 수 있다. 갑자기 주가가 급변하면 트레이더들은 갑작스러운 고통에 깜짝 놀라 손실이 나고 있는 포지션을 정리한다. 그러나 야금야금 손실을 보게 되면 서서히 뜨거워지는 물속의 개구리처럼 꾹 참는다.

거래가 활발하지 않은 시장에서는 큰돈을 잃기가 더 쉽다. 이를테면 옥수수시장에서는 1센트의 가격 변동으로 50달러의 손익이 발생한다. 하루 동안 옥수수 가격이 불리한 쪽으로 몇 센트 움직인다면 그 고통은 참을 만할지도 모른다. 그러나 계속 손실을 감수하고 있다 보면 가랑비에 옷 젖듯 손실이 수천 달러로 불어난다. 반면 가격이 갑자기 급락 혹은 급등하면 패닉에 빠져 손절매하게 된다. 일단 자본력이 딸리는 투자자들이 먼저 떨어져나가고 나면 시장은 반전태세에 돌입한다. 적당한 거래량으로는 추세가 오랫동안 지속되지만 거래량이 폭증하고 난 뒤에는 추세가 소멸될 수 있다.

손실이 발생하는 매수 포지션을 정리하려는 트레이더가 있다. 그렇다면 그때 매수하는 사람은 누구일까? 숏 포지션을 환매해 차익을 실현하려는 사람일 수도 있고 가격이 '너무 떨어졌다'고 생각하고 매수하려는 저가 매수자일 수도 있다. 저가 매수세는 시장에서 손을 털고 나가는 패자의 포지션을 취하는 사람이다. 따라서 바닥에서 매수한 것이 될 수도 있고 운이 나쁘면 또 다른 패자가 되어 패자 무리에 합류하게 된다.

손실이 나고 있는 숏 포지션을 환매하기 위해 주식을 매수하려는 자가 있다. 그렇다면 누가 이들에게 주식을 팔까? 롱 포지션을 취하고 있다가 차익을 실현하려는 현명한 투자자일 수도 있고 주가가 '너무 높다'고 판단하고 공매도하려는 트레이더일 수도 있다. 아무튼 이들은 손실이 나서 환매하려는 사람의 포지션을 취하는 셈이며 자신의 판단이 옳은지 그른지는 시간이 지나봐야 알 수 있다.

주가 상승으로 숏 포지션을 취한 자들이 수익을 포기하고 환매하기 위해 매수에 나서면 주가 상승 압력으로 작용한다. 주가가 오르면 숏 포지션을 취한 자들이 더 많이 떨어져나가고 주가 상승도 더 탄력을 받게 된다. 주가 하락으로 롱 포지션을 취한 자들이 포지션을 포기하고 매도에 나서면 시장은 더욱 하락 압력을 받게 된다. 주가가 하락하면 롱 포지션을 취한 자들이 더 많이 떨어져나가면서 주가 하락을 부채질하게 된다.

이렇듯 패자들이 손실이 나는 포지션을 포기하면서 추세는 탄력을 받는다. 거래량을 꾸준히 유지하면서 진행되는 추세는 지속될 가능성이 높다. 거래량이 꾸준하다는 것은 퇴출되는 패자들을 대신해 새로운 패자들이 계속 유입되고 있다는 의미다. 고대 이집트의 피라미드 건설 현장에서 노예가 다치거나 죽어나가면 대체할 새로운 노예가 계속 필요했듯이 추세 역시 새로운 패자들이 계속 공급되어야 유지된다.

거래량이 떨어진다는 것은 시장에 새로 공급되는 패자들이 줄어들고 있다는 것이며 따라서 반전이 임박했다는 신호다. 수많은 패자들이 자신들의 잘못을 감지한 뒤에야 비로소 이러한 거래량 감소 현상이 일어난다. 손실이 나는 포지션을 오랫동안 보유한 패자들은 계속 시장을 빠져나가지만 새로 유입되는 패자는 점점 줄어든다. 거래량 감소는 추세 반전이 임박했다는 신호다.

거래량 폭증 역시 추세의 종말이 임박했다는 신호다. 거래량이 폭증한다는 것은 수많은 패자가 떼를 지어 빠져나가고 있다는 것이다. 손실이 나고 있는 포지션을 너무 오래 보유했다는 사실을 깨닫고 빠져나가고 있는 것이다. 고통을 참을 수 없어 시장에서 빠져나오고 나면 추세는 반전되어 내가 원했던 방향대로 움직인다. 그러면 무엇하랴, 사후 약방문 아니겠는가! 나는 이미 빠져나왔건만!

시장에는 이런 일이 계속 반복된다. 왜냐하면 아마추어들은 으레 스트레스에 비슷하게 반응하므로 거의 동시에 시장에서 빠져나오기 때문이다. 반면 프로들은 시장이 이기면 고집 부리거나 미적대지 않는다. 손실이 나는 포지션을 재빨리 청산하고 반대 방향으로 매매를 하든가 아니면 옆으로 물러나 다시 진입할 기회를 엿본다.

시장이 박스권에 머물 때는 거래량도 대개 낮은 수준에 머문다. 시장 참여자가 느끼는 고통이 적기 때문이다. 소폭의 가격 변동에는 시장 참여자들이 동요하지 않고 느긋하기 때문에 추세가 없는 시장은 언제까지나 이어질 듯 지속된다. 그러다가 패자들이 한꺼번에 시장을 빠져나가면서 거래량이 급증하면 박스권이 돌파된다. 거래량이 적으면서 돌파가 일어나면 새로운 추세에 많은 참여자들이 심리적으로 몰입하고 있지 않다는 뜻이다. 이때는 당연히 주가가 다시 박스권으로 회귀할 확률이 높다.

상승 중 거래량이 상승하면 더 많은 매수자와 매도자들이 쏟아져 들어오고 있다는 의미다. 매수자들은 더 높은 값에도 사려고 하며 매도자들은 이들에게 팔려고 한다. 거래량이 증가한다는 것은 패자들이 떠나가고 새로운 패자 무리가 들어와 그 공백을 메우고 있다는 의미다.

상승 중에 거래량이 감소하면 황소들이 점점 열의를 잃고 곰들도 더 이상 몰려오지 않는다는 의미다. 약삭빠른 곰들은 이미 오래전에 시장을 떠났고 고통을 견디지 못한 곰들도 뒤이어 시장을 떠났다. 거래량 감소는 상승추세를 떠받치던 동력이 사라지고 반전이 임박했다는 신호다.

하락 중에 거래량이 줄어들면 곰들의 매도가 줄어들고 있고 황소들도 시장을 빠져나가려 하지 않는다는 의미다. 영리한 황소들은 오래전에 팔았고 자본력이 딸리는 황소들은 퇴출됐다. 거래량 감소는 남아 있는 황소들이 고통을 견딜 수 있게 되었다는 것을 의미한다. 아마도 자금이 풍부하거나 주가 하락이 시작되고 한참 후에 매수했거나 아니면 둘 다일 수도 있다. 거래량이 감소하면 그 영역에서 하락추세가 반전될 확률이 높다.

이 원리는 시간단위에 상관없이 적용된다. 대체로 오늘의 거래량이 어제 거래량보다 높으면 오늘의 추세가 지속된다.

◘ 거래량을 활용한 매매 기법

'높은 거래량', '낮은 거래량'이라고 말할 때 높고 낮음은 상대적이다. IBM에서는 낮은 수준의 거래량이지만 동일한 거래량이 애플 컴퓨터에서 일어나면 높은 거래량이며 금시장에서는 낮은 거래량이지만 동일한 거래량이 백금시장에서 일어나면 높은 거래량이다. 어떤 시장이든 대체로 지난 2주 동안의 평균 거래량보다 25퍼센트를 상회하면 '높은 거래량'이라고 보며 25퍼센트를 하회하면 '낮은 거래량'이라고 본다.

1. 높은 거래량은 추세를 확증한다. 주가가 신고점을 찍고 거래량이 신고점에 도달하면 주가는 신고점을 재테스트하거나 갱신할 확률이 높다.
2. 시장이 신저점으로 하락하고 거래량이 신고점을 갱신하면 과도한 하락이라는 인식이 공유되어 조만간 저점을 재테스트할 확률이 높다. 이것을 '클라이맥스 바닥climax bottom'이라고 하는데 이 재테스트는 거의 언제나 낮은 거래량을 수반하며 절호의 매수기회가 된다.
3. 추세가 지속되는 동안 거래량이 줄어들면 그 추세는 반전의 기운이 무르익은 것이다. 주가가 신고점을 갱신하면서 거래량이 전고점보다 떨어지면 숏 진입기회를 찾아라. 주가가 하락할 때는 거래량이 적어도 하락이 지속되므로 이 기법은 바닥에서는 잘 적용되지 않는다.

4. 추세에 반하는 움직임이 있을 때는 거래량에 유의하라. 상승추세 도중 일시하락dip이 발생할 때 차익실현 매물이 쏟아지면서 거래량이 종종 증가하는 현상을 보인다. 일시하락이 지속되지만 거래량이 줄어들 때는 황소들이 더 이상 시장에서 빠져나가려고 달려가지 않는다는 의미, 즉 매도 압력이 소진되었다는 뜻이다. 거래량이 미미하면 반작용이 끝나가며 상승추세가 다시 시작된다는 신호다. 이때가 매수기회다. 주요 하락추세에도 종종 거래량 증가와 함께 반등이 발생한다. 심약한 곰들이 떨어져나가고 거래량이 줄어들 때가 적절한 숏 진입기회다.

▶ 거래량에 대한 추가 정보

이동평균을 이용해 거래량 추세를 식별할 수 있다. 5일 거래량 지수이동평균의 기울기는 거래량 추세를 식별하는 기준이 된다. 거래량의 추세선을 그리고 추세선 돌파를 지켜볼 수도 있다(21장 참고). 거래량의 추세선 돌파는 주가의 돌파를 확증한다.

트레이더 지수, 헤릭정산 지수HPI, 강도 지수 등 거래량 지표를 활용하면 거래량 하나만 활용할 때보다 더 정확한 신호를 얻을 수 있다.

33

거래량 지표: OBV, 매집/분산 지표

거래량을 분석할 때는 몇 가지 기술적 지표들을 활용하면 유용하다. 5일 거래량 지수이동평균을 추적하는 트레이더들도 있는데 그 기울기를 보면 거래량의 추세를 판별할 수 있다(25장과 32장 참고). OBV와 매집/분산 지표를 활용하기도 한다.

▶ 거래량균형(OBV)

OBV는 조셉 그랜빌이 개발한 지표로 저서 『일간 마켓 타이밍의 새로운 전략*New Strategy of Daily Stock Market Timing for Maximum Profit*』에서 이 지표에 대해 설명했다. 그랜빌은 OBV를 주식시장의 선행 지표로 활용했는데 이후 다른 분석가들이 선물시장에도 적용했다.

OBV는 거래량의 누계로 종가의 전일 대비 등락폭에 따라 매일 오르내린다. 종가가 전일보다 상승하면 황소들이 그날의 전투를 이겼다는 의미이며 그날의 거래량을 OBV에 더한다. 종가가 전일보다 하락하면 곰들이 그날의 전투를 이겼다는 의미이며 그날의 거래량을 OBV에서 차감한다. 종가가 변하지 않았으면 OBV도 변하지 않는다.

OBV는 종종 주가 변화에 앞서 상승 또는 하락하므로 선행 지표로 작용한다. 그랜빌은 이렇게 표현했다. "거래량은 증기기관차를 움직이는 증기다."

▶ OBV가 보여주는 시장 심리

가격은 가치에 대한 합의점을 나타내며 거래량은 시장 참여자의 심리를 나타낸다. 거래량은 트레이더가 재정적, 심리적으로 얼마나 이입되어 있는지 그 강도를 반영하며 또한 패자들이 느끼는 고통의 강도를 반영한다(32장 참고).

OBV가 신고점을 기록하면 황소들이 힘을 내고 곰들이 상처를 입고 피를 흘리고 있음을 의미한다. 따라서 주가가 상승할 가능성이 높다. OBV의 패턴이 주가 패턴에서 이탈하면 군중의 심리가 그들의 합의와 다르게 움직이고 있다는 뜻이다. 군중은 이성보다 감정을 따른다. 바로 이렇기 때문에 거래량 변화가 주가 변화에 선행하는 것이다.

➡ OBV를 활용한 매매 기법

OBV 천정과 바닥의 패턴이 OBV 지표의 절대적 수준보다 더 중요하다. OBV 지표의 절대적 수준은 OBV를 산출하기 시작한 시점에 따라 달라진다. OBV가 주가와 함께 상승 혹은 하락하면 추세를 확증한다. 주가가 신고점을 찍고 OBV 역시 신고점에 도달하면 상승추세가 지속되고, 주가가 신저점을 찍고 OBV 역시 신저점으로 떨어지면 하락추세가 지속된다. OBV가 주가와 함께 움직이며 주가를 확증하면 추세의 방향대로 트레이딩하는 것이 안전하다(그림 33-1).

1. OBV가 신고점을 갱신하면 황소들이 힘을 발휘하고 있어 주가가 더 상승할 여력이 있다는 것을 예고한다. 따라서 이 경우 매수신호가 발효된다. OBV가 신저점을 갱신하면 곰들이 힘을 발휘하고 있어 주가가 더 하락할 여지가 있다는 것을 예고한다. 따라서 이 경우 공매도신호가 발효된다.
2. OBV는 주가와 다이버전스가 발생할 때 가장 강력한 매수 및 매도신호를 생성한다. 주가가 상승하고 차익실현 매물로

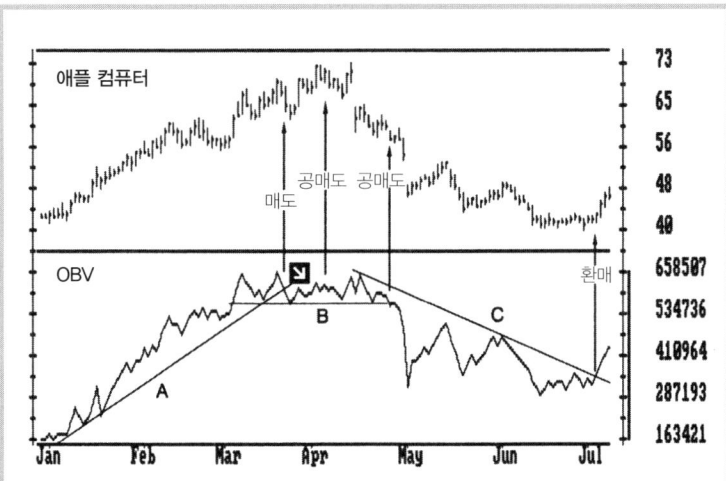

그림 33-1 OBV

OBV가 가격과 함께 움직이면 추세가 확증된다. A 구간에서 OBV가 상승추세를 보이면서 주가를 확증한다. 3월에 접어들면서 OBV의 상승추세가 붕괴되면서 매도신호가 발효된다.

주가의 천정에서 두 번의 공매도신호가 발효된다. 4월 초순에 OBV와 주가 사이에 약세 다이버전스가 발생하면서 첫 번째 공매도신호가 발효된다. 2주 뒤 OBV가 지지선 B 아래로 붕괴되면서 또 다시 공매도신호가 발효된다.

C 구간에서 OBV가 하락추세선을 그리면서 주가의 하락을 확증한다. 숏 포지션을 그대로 보유하라. 7월에 OBV가 추세선을 상향돌파하면서 환매하라는 신호가 떨어진다.

일시 하락 후 다시 신고점을 갱신하는데 OBV는 이전 고점보다 낮은 수준에 머문다면 약세 다이버전스다. 이 경우 강력한 매도신호다.

주가가 하락했다 반등하고 다시 신저점으로 떨어지는데

OBV는 저점을 높인다면 강세 다이버전스다. 이 경우 강력한 매수신호가 생성된다. 장기 다이버전스는 단기 다이버전스보다 훨씬 중요하다. 단 며칠 동안 지속되는 다이버전스보다 몇 주에 걸쳐 지속적으로 무르익는 다이버전스가 훨씬 강력한 신호를 생성한다.

3. 주가가 박스권에 머물 때 OBV가 박스권을 돌파해 신고점을 갱신하면 매수신호다. 주가가 박스권에 머물 때 OBV가 박스권을 하향돌파해 신저점으로 떨어지면 공매도신호다.

▣ OBV에 대한 추가 정보

전성기 시절 그랜빌이 성공가도를 달릴 수 있었던 이유 중 하나는 OBV를 다른 두 지표와 결합했기 때문이다(6장 참고). 그랜빌이 OBV와 함께 활용한 지표는 순추세 지표Net Field Trend Indicator와 클라이맥스 지표Climax Indicator였다. 그랜빌은 다우존스공업 지수에 속한 종목들의 OBV를 산출한 다음 OBV 패턴을 상승, 하락, 중립으로 분류하고 +1, −1, 혹은 0으로 값을 매겼다. 그랜빌은 이를 그 종목의 순추세NFT라고 불렀다. 클라이맥스 지표는 총 30개 다우 종목의 NFT의 총합이었다.

주식시장이 상승하고 클라이맥스 지표가 신고점에 도달하면 강세가 확증되며 매수신호다. 주식시장이 상승하지만 클라이맥스 지표가 고점을 낮추면 매도신호다.

다우존스공업평균은 마치 시장이라는 마차를 말 30필이 끌고 있는 상황에 비유할 수 있다. 클라이맥스 지표는 몇 필의 말이 언덕을 오르고 있는지, 몇 필의 말이 언덕을 내려가고 있는지 또 몇 필의 말이 가만히 서 있는지를 알려준다. 30필 중 24필이 올라가고 있고, 1필이 내려가고 5필이 쉬고 있다면 시장이라는 마차는 위로 올라갈 것이다. 9필이 올라가고 7필이 내려가며 14필이 쉬고 있다면 마차는 언덕을 내려가기가 더 쉬울 것이다.

OBV, NFT, 클라이맥스 지표는 컴퓨터 프로그램으로 간단하게 만들 수 있다. S&P500지수에 포함되는 모든 종목을 아우르는 데이터베이스에 이 컴퓨터 프로그램을 적용하면 좋을 것이다. 이렇게 하면 S&P500선물이나 옵션 트레이딩에 유용한 매수, 매도신호를 얻을 수 있다.

▶ 매집/분산 지표

매집/분산$^{A/D}$ 지표는 래리 윌리엄스가 개발해 1972년 『나는 어떻게 백만장자가 되었는가How I made a Million Dollars』라는 책에서 소개했다. 원래는 주식의 선행 지표로 고안되었는데 몇몇 분석가들이 이 지표를 선물에 응용했다. 매집/분산 지표의 독특한 특징은 거래량과 더불어 시가와 종가의 관계를 추적한다는 점이다.

종가가 시가보다 높으면 황소가 그날의 전투에서 승리한 것이고 매집/분산 값은 양수가 된다. 종가가 시가보다 낮으면 곰들이 그날의 전투에서 승리한 것이고 매집/분산 값은 음수가 된다. 종가가 시가와 같으면 무승부로 매집/분산 값은 0이 된다. 이런 식으로 매일의 매집/분산 값을 누계하면 매집/분산 지표가 산출된다.

매집/분산 값은 그날의 거래범위(고가 – 저가)와 시가와 종가의 차이에 의해 결정된다. 거래범위에 비해 시가와 종가의 차이가 크면 매집/분산 값의 변화폭도 크다.

$$매집/분산\ 값 = \frac{종가 - 시가}{고가 - 저가} \times 거래량$$

이를테면 고가와 저가의 차이가 5포인트이고 시가와 종가의 차이가 2포인트라면 그날 거래량의 2/5만이 승리진영에 돌아간다. 매집/분산 지표의 고점과 저점의 패턴은 지표의 절대수준보다 중요한데 이는 지표 산출 기산일에 따라 좌우된다.

시장이 상승하면 대개 신고점에 주목한다. 그러나 시가가 상승해도 종가가 낮아지면 시가와 종가의 관계에 따라 결정되는 매집/분산 지표는 하락한다. 매집/분산 지표 하락은 상승추세가 보기보다 약하다는 경고다. 주가가 하락하는데 매집/분산 지표는 상승한다면 황소들이 세력을 모으고 있다는 증거다.

▶ 매집/분산 지표가 보여주는 시장 심리

하루의 가격 중 시가와 종가가 가장 중요하다. 시가는 장 마감 이후 결집된 매수매도 압력을 반영하는데 저녁에 신문을 읽고 아침에 트레이딩하는 아마추어들에 의해 결정되는 경향이 있다.

프로 트레이더는 장중 내내 활발하게 움직인다. 프로들은 종종 아마추어의 움직임과 반대로 매매한다. 장이 진행될수록 아마추어 매도세와 매수세는 파도처럼 몰려왔다 몰려가고 기관의 움직임도 서서히 가라앉는다. 장 마감시간에는 대개 프로들이 시장을 지배한다. 계좌의 정산은 종가에 의해 결정되므로 종가는 특히 중요하다.

매집/분산 지표는 하루 동안 아마추어와 프로의 전투 결과를 추적한다. 종가가 시가보다 높으면 매집/분산 지표가 상승하는데 이는 프로들이 아마추어보다 시장의 강세를 예측한다는 의미다. 종가가 시가보다 낮으면 매집/분산 지표는 하락하는데 이는 프로들이 아마추어보다 시장의 약세를 예측한다는 의미다. 현명한 트레이더라면 아마추어의 반대 진영에 돈을 걸어야 한다.

▶ 매집/분산 지표를 활용한 매매 기법

시가가 낮고 종가가 높으면 시장이 약세에서 강세로 이동한다. 이 경우 매집/분산 지표가 상승하는데 프로들이 아마추어보다 더 시장의 강세를 예측하고 있다는 의미다. 즉, 이튿날 시장이 더 상승할 확률이 높다. 매집/분산 지표가 하락하면 프로들이 아마추어보다 시장의 약세를 예측하고 있다는 의미다. 시장이 강세에서 약세로 움직이면 이튿날 저점을 낮출 확률이 높다.

매집/분산 지표와 주가가 다이버전스를 보일 때 최상의 매매신호가 발효된다.

1. 주가가 신고점을 갱신하지만 매집/분산 지표가 신고점 갱신에 실패하면 공매도신호다. 이런 약세 다이버전스는 상승

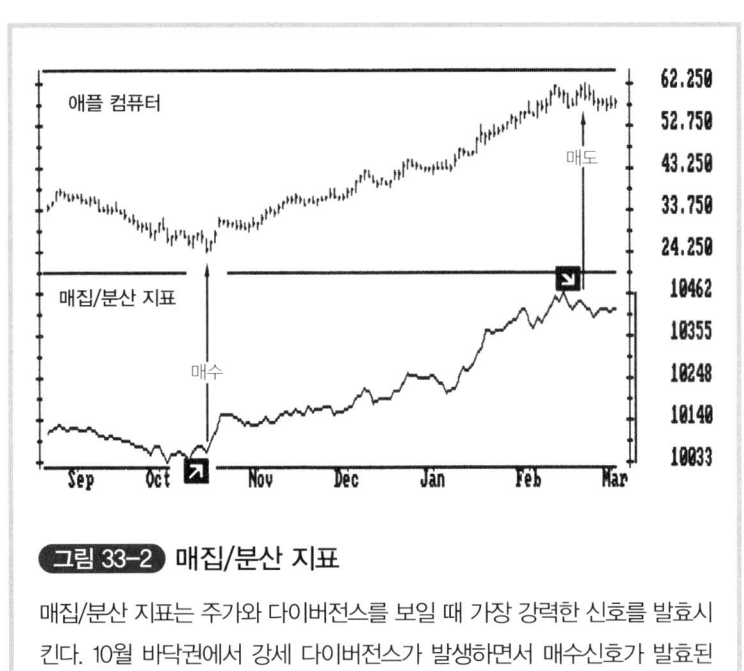

그림 33-2 매집/분산 지표

매집/분산 지표는 주가와 다이버전스를 보일 때 가장 강력한 신호를 발효시킨다. 10월 바닥권에서 강세 다이버전스가 발생하면서 매수신호가 발효된다. 4개월 뒤 주가가 30달러 오른 다음 약세 다이버전스가 발생하면서 매도신호가 발효된다. 롱 포지션의 차익을 실현하고 숏 포지션으로 진입할 때다.

세 중에 프로들이 매도에 나서고 있다는 것을 의미한다(그림 33-2).

2. 주가가 신저점으로 하락하지만 매집/분산 지표가 전일보다 저점을 높이면 강세 다이버전스가 발생한다. 이런 강세 다이버전스는 시장의 프로들이 하락세를 이용해 매수에 나서고 있으며 반등이 임박했다는 신호가 된다.

▶ 매집/분산 지표에 대한 추가 정보

매집/분산 지표와 주가의 다이버전스를 이용해 롱 포지션이나 숏 포지션을 취할 때는 프로들의 판단도 틀릴 때가 있다는 사실을 명심해야 한다.

마크 차이킨Marc Chaikin이 고안한 거래량누적Volume Accumulator 지표가 매집/분산 지표와 흡사하다. 거래량누적 지표는 시가 대신 중간값(고가 + 저가 + 종가)÷3을 이용한다. 따라서 시가를 알 수 없을 때 유용하다. 매매신호와 규칙은 매집/분산 지표와 비슷하다.

매집/분산 지표와 일본식 캔들차트 사이에는 중요한 공통점이 있다. 둘 다 시가와 종가의 차이를 중시한다는 점이다. 매집/분산 지표는 거래량까지 포함해 산출하므로 캔들차트보다 진일보한 지표라 할 수 있다.

34

미결제약정

    미결제약정이란 특정 시장에서 특정일에 매수자가 보유하고 있는 계약 수 혹은 매도자가 보유하고 있는 계약 수를 말한다. 미결제약정은 기존 계약의 수를 나타내며 롱 포지션 총계 혹은 숏 포지션 총계와 일치한다.

    기업이 하나의 독립된 사업체로 운영되는 동안에는 언제까지나 그 기업의 주식이 시장에서 거래된다. 반면 선물과 옵션은 만기일에 선물을 인도하는 계약이다. 선물이나 옵션 인도를 바라는 매수자나 선물이나 옵션을 인도해야 하는 매도자나 최초인도통지일 first notice day까지 기다려야 하며, 롱 계약 수와 숏 계약 수는 항상 동일하다.

선물이나 옵션의 경우 실물을 인도 혹은 인수하려는 트레이더는 극소수다. 대부분 최초인도통지일 이전에 포지션을 정리한다.

➡ 미결제약정의 증감

미결제약정은 새로운 트레이더가 시장에 유입되어 새로운 계약이 성립될 때만 증가한다. 이를테면 4월물 뉴욕상품거래소COMEX 금 선물의 미결제약정이 8,500계약이라면 그날 장마감 시에 롱 포지션 계약이 8,500계약, 숏 포지션 계약이 8,500계약이라는 의미다. 미결제약정이 8,600으로 증가했다면 100계약이 새로 매수되고 매도되었다는 의미다.

롱 포지션을 취하고 있는 트레이더가 숏 포지션을 취하고 있는 트레이더와 매매하면 미결제약정은 감소한다. 두 트레이더가 포지션을 정리하면 1계약이 사라지므로 미결제약정은 그만큼 감소하는 것이다. 반면 새로운 트레이더가 들어와 롱 포지션을 마감하려는 기존의 트레이더에게서 매수하면 미결제약정은 변하지 않는다. 새로운 트레이더가 들어와 숏 포지션을 마감하려는 기존의 트레이더에게 매도해도 미결제약정은 변하지 않는다.

매수자	매도자	미결제약정
새로운 매수자	새로운 매도자	증가
새로운 매수자	매도하려는 기존의 매수자	불변
환매하려는 기존의 매도자	새로운 매도자	불변
환매하려는 기존의 매도자	매도하려는 기존의 매수자	감소

선물옵션거래소는 대개 가격 발표보다 하루 늦게 미결제약정 데이터를 발표하는데 일부 거래소의 경우 전화를 걸면 미결제약정 추정치를 확인할 수 있다.

기술적 분석가는 대개 가격 바차트 아래에 선 그래프로 미결제약정을 그린다(그림 34-1). 지난 몇 년 동안의 평균 미결제약정을 제공하는 차트서비스도 있다. 미결제약정이 주기에 따른 정상적인 양상에서 벗어날 때가 중요하다.

생산 주기의 단계마다 헤저들이 대량 헤징에 나서기 때문에 많은 시장들에서 미결제약정이 철따라 달라진다. 통화선물의 미결제약정은 1년에 네 차례, 롤오버rollover* 계약 시 감소한다. 롤오버 기간에 미결제약정이 감소하지 않으면 트레이더들이 확고히 기존 추세를 따르고 있다는 것이며 따라서 기존 추세가 탄력을 받게 된다.

---

* 금월물의 포지션을 매도나 환매를 통해 청산하고 다시 매매해 포지션을 유지하는 것 – 옮긴이

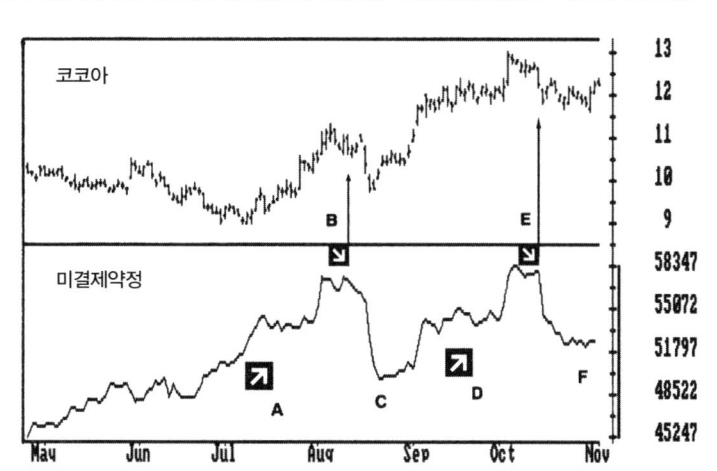

그림 34-1 미결제약정

미결제약정은 선물이나 옵션시장에서 숏 또는 롱 포지션의 총합을 표시한다. 미결제약정은 황소와 곰의 싸움이 어느 정도 치열한지에 따라 달라진다. 미결제약정이 상승하면 황소와 곰의 싸움이 점차 치열해지고 있다는 의미다. 따라서 기존 추세가 지속된다. 상승추세 도중에 미결제약정이 상승하면 롱 포지션의 크기를 늘려도 안전하다(A와 D). 미결제약정이 횡보를 보이면 시장에 유입되는 패자가 줄어들고 있다는 의미다. 이는 추세가 성숙해 종말을 향해 가고 있다는 의미다. 따라서 차익을 실현하거나 손실제한을 좁혀야 할 시점이다(B와 E). 패자들이 시장을 떠나고 승자들이 수익을 현금화하면 미결제약정은 하락한다. 연료가 떨어지면 엔진이 계속 움직일 수 없다. 추세 도중에 미결제약정이 급락하면 반전이 임박했다는 신호로 볼 수 있다(C와 F).

차트의 오른쪽 끝에서 코코아 가격이 10월 하락 이후 안정세로 접어들고 미결제약정은 횡보를 보인다. 가격의 하락으로 심약한 황소들이 시장에서 나갔고 상승추세가 다시 시작될 조짐을 나타낸다. 롱 포지션으로 진입할 시점이다. 최근의 저점 아래에 손실제한주문을 설정하라.

▶ 미결제약정이 보여주는 시장 심리

 선물이나 옵션 계약이 성립되려면 1명의 매수자와 1명의 매도자가 있어야 한다. 황소는 가격이 상승한다는 확신이 들면 계약을 매수하고 곰은 가격이 하락한다는 확신이 들면 계약을 매도한다. 두 사람이 거래하면 미결제약정은 1계약만큼 증가한다. 황소와 곰 사이에 성립된 1계약으로 시장이 요동치지는 않는다. 그러나 트레이더 수천 명이 거래를 하면 시장의 추세가 반전된다.
 미결제약정은 황소와 곰 사이에 벌어지는 전투가 얼마나 치열한지를 보여준다. 미결제약정을 보면 롱 포지션을 취하고 있는 세력이 롱 포지션을 유지하려는 의지가 얼마나 강한지, 숏 포지션을 취하고 있는 세력이 숏 포지션을 유지하려는 의지가 얼마나 강한지 알 수 있다. 시장이 불리하게 움직이리라 예측한 황소와 곰이 포지션을 정리하면 미결제약정은 감소한다.
 모든 거래에는 상반되는 입장에 있는 두 사람이 있다. 가격이 움직이면 한쪽은 반드시 피해를 입게 되어 있는 것이다. 가격이 상승하면 곰들이 다치고 가격이 하락하면 황소들이 다친다. 그런데 손실을 입고 있는 패배 진영이 이제는 나아지리라는 기대를 품고 포지션을 유지하면 미결제약정은 변하지 않는다.
 미결제약정이 증가하는 것은 확신에 찬 황소와 역시 확신에 찬 곰이 서로 용호상박의 기세로 맞서고 있다는 의미다. 양 진영이 서로 한치의 양보도 없이 서로 제 갈 길을 가는 것이다. 한쪽은 분명 손실을 보게 되어 있지만 미래에 패자가 될 세력이 계속 유입되는 한 추세는 지속된다. L. 디 벨빌L. Dee Belveal이 저서 『상품시장의 가격 변동 습성Charting Commodity Market Price Behavior』에서 이러한 현상에 대해 잘 설명한 바 있다.

황소는 가격이 상승하리라 예측하고 곰은 가격이 하락하리라 예측하면서 양 진영의 의견이 확실히 갈라지면 황소와 곰은 계속 포지션을 늘려나간다. 이처럼 양 진영이 시장의 미래에 대해 의견을 달리하고 서로 자신의 예측을 확신하면 추세는 지속된다. 손실을 보는 진영으로 세력이 계속 유입되면 미결제약정이 증가하면서 현 추세가 지속된다. 상승추세 중에 미결제약정이 증가하면 황소들이 매수함과 함께 가격이 너무 높다고 생각한 곰들이 매도에 나서고 있다는 의미다. 상승추세가 계속되면 곰들은 일제히 환매에 뛰어드는데 그러면 가격은 더욱 상승한다.

하락추세 중에 미결제약정이 상승하면 매도세력이 공격적으로 매도에 나서는 한편 저가 매수세가 매수에 나서고 있다는 의미다. 가격이 떨어져 손실이 발생하면 저가 매수세는 손절매하고 빠져나오는데 이렇게 되면 가격은 더욱 하락한다. 미결제약정이 증가한다는 것은 기존의 추세에 청신호가 켜졌다는 의미, 즉 기존의 추세가 지속된다는 의미다. 황소가 가격 상승을 확신하고 매수를 결심하지만 곰이 매도를 두려워하면, 매수 포지션을 유지하다 이제 빠져나가려는 다른 황소에게서 매수할 수밖에 없다. 이 둘이 거래를 하면 새로운 계약이 아니므로 미결제약정은 변하지 않는다. 상승 중에 미결제약정이 변화가 없으면 패자 진영으로 더 이상 패자들이 유입되지 않는다는 의미다.

곰이 가격 하락을 확신하면 매도를 원하게 된다. 그런데 황소가 매수를 꺼리면 곰은 기존의 숏 포지션을 환매하고 빠져나가려는 다른 곰에게 매도할 수밖에 없다. 이 두 곰이 거래를 해도 새로운 계약이 아니므로 미결제약정은 변하지 않는다. 하락추세 중에 미결제약정이 변하지 않으면 저가 매수세가 더 이상 유입되지 않는다는 의미다. 미결제약정이 횡보를 거듭하며 수평선을 그린다면 황색등이 켜진 것이다. 즉 추세가 노쇠해서 최상의 청산시점은 이미 지났다는 의미다.

미결제약정이 감소한다는 것은 승자들이 차익실현에 나서고 패자들은 손절매하고 빠져나오고 있다는 의미다. 양 진영의 이견이 좁혀지면 추세는 무르익어 반전을 준비한다. 패자 진영이 희망을 버리고 시장을 빠져나오지만 새로운 패자들이 유입되지 않아 패자 진영의 공백이 메워지지 않으면 미결제약정은 감소한다.

황소가 롱 포지션을 마감하려고 결심하고 곰이 숏 포지션을 청산하려고 결심하면 둘이 서로 거래하게 된다. 두 사람이 서로 거래하면 1계약이 사라지므로 미결제약정은 1계약만큼 감소한다. 이런 식으로 승자들이 차익을 실현하고 패자가 희망을 포기하면 미결제약정은 감소한다. 이것은 추세에 적신호가 켜진 것이다. 즉 추세의 종말을 알리는 신호다.

▶ 미결제약정을 활용한 매매 기법

미결제약정이 10퍼센트 변하면 시황을 예의주시해야 하고, 25퍼센트나 변하면 중대한 매매신호로 받아들여야 한다. 미결제약정의 상승, 하락, 횡보는 그때 가격이 어떤 움직임을 보이느냐에 따라 의미가 달라진다.

1. 가격 상승 중에 미결제약정이 상승하면 상승추세를 확증하므로 안심하고 롱 포지션을 늘려도 된다. 또한 매도세력 역시 점점 더 시장으로 유입되고 있다는 의미다. 매도자들이 손절매하고 빠져나가기 위해 숏 포지션을 청산하면 상승은 더 탄력을 받는다.
2. 가격 하락 중에 미결제약정이 상승하면 저가 매수세가 시장에서 활발히 움직이고 있다는 의미다. 저가 매수세가 패배를 선언하고 포지션을 정리하면 가격이 더 하락하므로 숏 포지션을 취하는 것이 안전하다.
3. 가격이 박스권에 머무는데 미결제약정이 상승하면 약세신호다. 헤저는 투기자보다도 매도를 더 많이 하는 경향이 있다. 가격은 변동이 없는데 미결제약정이 급증하면 눈치 빠른 헤저들이 시장에서 매도하고 있을 확률이 높다.
4. 가격이 박스권에 있는데 미결제약정이 급락하면 주요 헤저들이 숏 포지션을 청산하고 있다는 뜻이므로 매수신호가 된다. 헤저가 숏 포지션을 청산하기 시작한다는 것은 이들이

시장의 가격 상승을 예측하고 있다는 의미다.

5. 상승 중에 미결제약정이 하락하면 승자, 패자 양 진영이 '겁을 먹고 손을 털고 있다'는 의미다. 롱 포지션을 취하고 있는 진영은 차익을 실현하고 숏 포지션을 취하고 있는 진영은 환매하고 있는 것이다. 이제까지 대다수가 수용해온 추세에 반전이 임박했다는 신호이므로 상승 중에 미결제약정이 하락하면 롱 포지션을 정리하고 숏 포지션으로 진입할 태세에 돌입하라.

6. 가격 하락 중에 미결제약정이 하락하면 숏 포지션을 취하고 있는 진영이 환매하고 롱 포지션을 취하고 있는 진영은 손절매하고 빠져나오고 있다는 의미다. 가격 하락 중에 미결제약정이 하락하면 환매하고 매수 포지션으로 진입할 태세에 돌입하라.

7. 상승 중에 미결제약정이 횡보를 보이면 상승추세가 노쇠해 최상의 수익을 볼 기회는 이미 지나갔다는 것을 경고한다. 롱 포지션을 취한 진영은 손실제한을 좁히고 신규 매수를 피해야 한다. 가격 하락 중에 미결제약정이 횡보를 거듭하면 하락추세가 막바지에 이르렀으므로 숏 포지션을 취한 진영은 손실제한을 좁히는 게 최선이다. 가격이 박스권에 머물 때 미결제약정이 횡보를 보이면 시장은 어떤 신호도 보내지 않는다.

▶ 미결제약정에 대한 추가 정보

미결제약정이 많을수록 시장이 활발하게 움직이고 있으며 포지션의 진입과 청산 시의 체결오차도 줄어든다. 단기 트레이더는 미결제약정이 가장 많은 시장을 주목해야 한다. 선물시장에서는 미결제약정이 가장 많은 인도월에 투자하는 것이 바람직하다.

트레이더동향COT 보고서*를 살펴보면 신규 매수나 신규 매도에 나선 세력이 소규모 혹은 대규모 투기적 거래자인지 아니면 소규모 혹은 대규모 헤저들인지 알 수 있다(7부 참고).

미결제약정을 활용하는 기술적 지표는 몇 가지 안 된다. 이 중 가장 널리 알려진 지표로 헤릭정산 지수가 있다(다음 장 참고).

---

* 미국 선물거래위원회가 발표하는 매수, 매도 포지션 증감 추이. 매주 화요일 기준 일주일 단위로 집계한 22개 상품의 선물·옵션 거래 포지션 변화 현황을 보여주며 통상 매주 금요일 웹사이트를 통해 공개한다 – 옮긴이

35
헤릭정산 지수

헤릭정산 지수HPI는 미국 캘리포니아 출신의 기술적 분석가인 존 헤릭John Herrick이 개발한 지표다. 헤릭은 일부 트레이더에게만 비공개로 가르쳤는데 1980년대 초반 컴퓨트랙 소프트웨어에 포함되면서 차츰 널리 알려지기 시작했다.

헤릭정산 지수는 매집과 분산을 파악하는 데 유용하다. 대부분의 지표가 가격만을 측정하고 일부 지표가 거래량을 측정하지만 헤릭정산 지수는 가격 및 거래량과 더불어 미결제약정까지 추적한다. 헤릭정산 지수는 추세의 유효성을 확증하고 추세 반전을 포착하는 데 유용하다.

▶ 헤릭정산 지수 산출 방식

헤릭정산 지수는 몇 가지 일일 데이터를 활용해 산출한다. 가격, 거래량, 미결제약정을 활용해 하나의 계약에 이 지수를 적용할 수도 있다. 그러나 모든 계약의 거래량과 미결제약정을 결합해 가장 거래가 활발한 월물의 가격에 적용하는 것이 더 현실적이다.

헤릭정산 지수HPI는 일중 고가와 저가, 거래량, 미결제약정을 이용해 구한다. 의미 있는 값을 구하려면 최소 3주간의 데이터가 필요하다. 헤릭정산 지수는 연산 방식이 복잡하므로 컴퓨터를 이용해야 한다(그림 35-1 워크시트 참고).

$$HPI = K_y + (K' - K_y)$$

- K_y = 어제의 헤릭정산 지수
- $K = \{(M - M_y) \times C \times V\} \times [1 \pm \{(I \times 2) \div G\}]$

- M = 중간값, (고가 + 저가) ÷ 2
- M_y = 어제의 중간값
- C = 1센트 움직이는 데 대한 가치(또는 모든 계약에 동일한 상수 적용)
- I = 오늘의 미결제약정에서 어제의 미결제약정을 차감한 절대값
- V = 거래량
- G = 오늘의 미결제약정과 어제의 미결제약정 중 적은 값

- 오른쪽 [ ] 속의 ±에서 '−'와 '+'는 다음과 같이 정의한다.
  $M > M_y$이면 '+'
  $M < M_y$이면 '−'

헤릭정산 지수는 일일 데이터에만 적용할 수 있으며 주간이나 일

날짜	고가	저가	종가	거래량	미결제약정	중간값	HPI
12/27	106.80	104.58	104.65	4552	30343	105.69	
12/28	105.19	104.11	105.13	3208	30195	104.65	
12/29	105.50	104.57	105.43	1770	29987	105.04	−29.0
1/02	105.17	103.60	104.97	4146	30249	104.38	−28.8
1/03	108.17	105.61	108.02	9940	30028	106.89	−0.6
1/04	109.09	105.96	106.51	10036	28944	107.52	6.3
1/05	107.97	107.03	107.55	4262	29015	107.50	5.5
1/08	109.46	108.01	109.15	8030	30125	108.74	15.6
1/09	110.00	108.00	109.05	6107	30162	109.00	15.7
1/10	108.00	105.86	106.16	5841	29814	106.93	2.3
1/11	107.41	106.52	107.17	3033	29996	106.96	2.2
1/12	105.77	103.71	104.20	9053	30850	104.74	−17.1

그림 35-1 헤릭정산 지수 워크시트

헤릭정산 지수는 가격, 거래량, 미결제약정의 변화를 측정한다. 헤릭정산 지수에 사용되는 가격 데이터는 종가보다는 가치에 대한 그날 합의점의 평균치인 중간값으로 구한다. 산출 방식이 복잡하므로 반드시 컴퓨터를 이용해서 구해야 한다.

중(분봉) 데이터에는 적용할 수 없다. 따라서 주간 미결제약정 같은 데이터는 있을 수 없다. 5일 동안의 일일 거래량을 더하면 주간 거래량을 구할 수 있지만 미결제약정은 합산 자체가 불가능한 지표다.

헤릭정산 지수가 보여주는 시장 심리

헤릭정산 지수는 종가 대신 중간값을 측정한다. 일일 중간값은 가치에 대한 그날 합의의 평균치를 나타낸다.

거래량은 한 시장에서 참여자들이 어느 정도 재정을 투입하고 있는지를 보여준다. 거래량이 증가하면 그날의 헤릭정산 지수 절대값도 상승한다.

미결제약정의 일간 변화는 시장에 유입되는 자금과 시장에서 빠져나가는 자금의 흐름을 보여준다. 미결제약정이 상승하면 상승추세나 하락추세가 탄력을 받고 있다는 의미이고, 미결제약정이 하락하면 상승추세나 하락추세가 탄력을 잃고 있다는 의미다. 미결제약정이 변화가 없으면 중립이다.

▣ 헤릭정산 지수를 활용한 매매 기법

헤릭정산 지수는 몇 가지 타입의 매매신호를 발효시키는데 여기서는 중요한 순서대로 언급하겠다. 헤릭정산 지수와 가격 사이에 다이버전스가 발생하면 절호의 매매기회다(그림 35-2). 헤릭정산 지수의 추세선이 무너지면 뒤이어 주가 추세선 역시 붕괴될 수 있다는 경고가 된다. 헤릭정산 지수가 중간선을 상향돌파하거나 하락이탈하면 새로운 가격 추세를 확증한다.

1. 가격이 신저점으로 떨어지지만 헤릭정산 지수가 이전 하락보다 저점을 높이면 강세 다이버전스로 매수신호다. 헤릭정산 지수가 두 번째 저점에서 반등하면 매수하고 가장 최근의 저점 바로 아래에 손실제한주문을 설정하라.

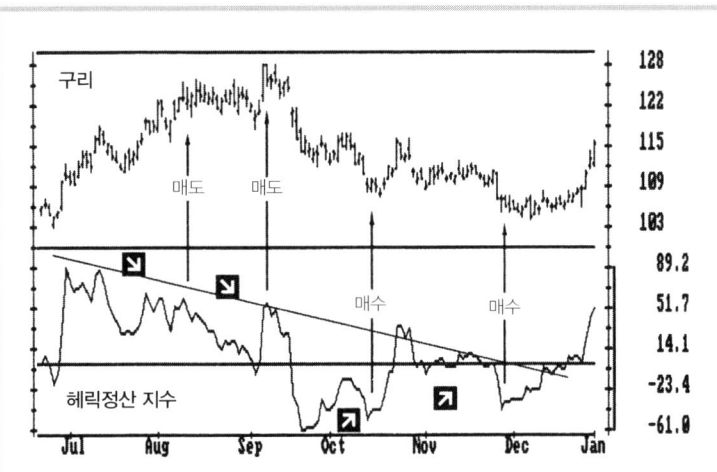

그림 35-2 헤릭정산 지수

헤릭정산 지수는 가격, 거래량, 미결제약정의 변화를 측정해 시장으로 유입되는 자금과 시장에서 빠져나가는 자금의 흐름을 추적한다. 헤릭정산 지수 패턴이 가격 패턴과 다이버전스를 보일 때 가장 강력한 신호가 발효된다. 8월과 9월 가격이 신고점을 기록하지만 헤릭정산 지수가 고점을 낮추면서 시장이 천정에 도달했다는 것을 확인할 수 있다. 10월과 11월에 이르자 가격은 신저점으로 떨어지지만 헤릭정산 지수가 하락을 멈추고 저점을 높이면서 시장이 바닥에 도달했다는 것을 알린다.

  11월에 강세 다이버전스가 발생한 뒤에 헤릭정산 지수의 하락추세선이 붕괴되면서 헤릭정산 지수가 중간선 위로 상승한다. 이 두 가지 현상이 나타나면 강력한 매수신호. 서서히 발달해 트레이더에게 새로운 추세에 편승할 시간을 충분히 제공하는 신호가 최상의 신호다.

  2. 가격이 신고점으로 반등하지만 헤릭정산 지수가 고점을 낮추면 약세 다이버전스가 된다. 헤릭정산 지수가 두 번째 고점에서 하락으로 돌아서면 매도신호가 켜진다. 숏 포지션 진

입 후 가장 최근의 고점 위에 손실제한주문을 설정하라.

중요한 다이버전스는 몇 주에 걸쳐 서서히 발달한다. 2개월에 걸쳐 형성된 다이버전스는 고점 혹은 저점 사이에 2주가 걸린 다이버전스보다 더 강력하다. 인접한 헤릭정산 지수의 고점들 사이, 혹은 저점들 사이 높이의 차를 주목하라. 첫 번째 천정이나 바닥이 중간선에서 멀리 떨어져 있고 두 번째 천정이나 바닥이 중간선에 가까우면 다이버전스는 더 큰 움직임으로 이어진다.

헤릭정산 지수의 강세 다이버전스와 약세 다이버전스는 오랜 기간을 거쳐 형성되기도 한다. 헤릭정산 지수 다이버전스를 활용해 정확한 타이밍을 포착하라. 헤릭정산 지수와 가격의 다이버전스가 무산되면 손실제한을 통해 빠져나온 뒤 유심히 관찰하라. 일반적인 다이버전스가 삼중 강세나 삼중 약세 다이버전스로 이어지면 더 좋은 매매기회를 잡을 수 있기 때문이다. 삼중 강세 다이버전스는 가격이 삼중 바닥을 형성하고 헤릭정산 지수 역시 삼중 바닥을 형성하되 저점을 높이는 것이다. 삼중 약세 다이버전스는 가격이 삼중 천정을 형성하고 헤릭정산 지수 역시 삼중 천정을 형성하되 고점을 낮추는 것이다. 시장에서 주요 추세전환 시점이 임박하면 삼중 강세 혹은 삼중 약세 다이버전스가 발생하기도 한다.

3. 헤릭정산 지수는 전통적인 차팅 기법과 함께 활용하면 적중률이 높다. 특히 추세선 기법과 함께 쓰면 적중률이 높다. 가격 추세선과 헤릭정산 지수 추세선이 같은 방향을 가리키면

추세가 확증된다. 가격 추세선이 붕괴되기 앞서 헤릭정산 지수 추세선이 무너지는 경우가 종종 있다. 헤릭정산 지수의 상승추세선이 붕괴되면 매도신호이고, 하락추세선이 상향돌파되면 매수신호다.

4. 헤릭정산 지수가 중간선 위에 있느냐, 아래에 있느냐로 황소와 곰 중 어느 진영이 시장을 장악하고 있는지 판단할 수 있다. 헤릭정산 지수가 중간선 위에 있으면 황소가 시장을 장악하고 있으므로 롱 포지션을 취해야 한다. 헤릭정산 지수가 중간선 아래에 있으면 곰이 시장을 장악하고 있으므로 숏 포지션을 취해야 한다. 헤릭정산 지수가 중간선 위로 올라오면 황소들은 롱 포지션을 늘려도 된다. 헤릭정산 지수가 중간선 아래로 내려가면 하락추세가 확증된다.

36

시간과 사이클

　사람들은 대개 영원히 살 것처럼 삶을 꾸려간다. 과거를 뒤돌아보지도 않고 미래에 대한 구체적인 계획도 없이 살아가며 과거의 실수에서 눈곱만큼의 교훈도 배우지 않는다. 프로이트는 무의식에는 시간 개념이 없다고 말했다. 사람들의 마음속 깊은 곳에 있는 소망은 평생 바뀌지 않는다.

　인간은 군중 속에 들어가면 혼자 있을 때보다 훨씬 원초적이고 충동적으로 행동한다. 시간의 흐름에 영향을 받고 살면서도 시간은 아랑곳하지 않는다. 개인은 달력과 시계에 따라 살지만 군중은 시간 개념이 없다. 군중은 마치 세상의 시간을 다 가진 양 감정을 그대로 행동으로 옮긴다.

트레이더들은 대개 주가의 변화에만 몰두하고 시간에는 관심을 두지 않는다. 이 역시 군중심리에 사로잡혀 있다는 증거다.

시간에 대한 인식은 문명의 징표다. 생각하며 사는 사람은 시간을 의식하지만 충동적으로 행동하는 사람은 시간을 의식하지 않는다. 시간에 주목하는 시장 분석가는 시장의 군중 뒤에 숨은 또 하나의 차원을 인식하는 것이다.

▶ 사이클

장기 주가 사이클은 분명히 존재한다. 이를테면 미국 주식시장은 4년 주기를 보이는데 대통령 선거가 4년마다 실시되기 때문이다. 대통령 선거 기간이 되면 집권 여당은 선거에 승리하기 위해 팽창 정책을 편다. 그러나 선거에서 승리한 정당은 집권하면 긴축 정책을 편다. 왜냐하면 유권자가 표로 심판할 수 있는 시기, 즉 다음 선거까지는 아직 멀었기 때문이다. 팽창 정책으로 유동성이 증가하면 주식시장은 상승하고 긴축 정책으로 유동성이 감소하면 주식시장은 하락한다. 대체로 대선 2년 전부터는 주식시장이 강세를 보이며 대통령 선거 이후 12~18개월까지는 약세를 보인다.

농산물의 주요 사이클은 기본적인 생산 요소와 생산자의 군중심리가 결합해 형성된다. 이를테면 가축 가격이 상승하면 축산업자는 너도나도 가축 사육 두수를 늘린다. 그런데 가축을 시장에 내다팔

때가 되면 가격이 떨어지고, 축산업자들은 사육 두수를 줄인다. 공급 물량이 소진되면 공급 부족으로 가격이 상승하고 축산업자들은 다시 사육 두수를 늘린다. 이런 식으로 가축시장의 강세와 약세 주기가 반복된다. 돼지가 소보다 빨리 자라므로 돼지시장의 주기가 소 시장의 주기보다 짧다.

프로는 장기 사이클을 통해 시장의 큰 흐름을 식별할 수 있다. 반면 대부분의 트레이더는 단기 사이클을 이용해 정확한 타이밍과 단기 전환점을 예측하려 하기 때문에 어려움을 겪는다.

때로는 차트상에서 가격이 일정한 패턴에 따라 오르내리는 것처럼 보이기도 한다. 트레이더들은 연필과 자로 인접한 봉우리 사이의 거리를 재고 그 거리만큼 오른쪽으로 연장시켜 다음 천정을 예측한다. 그리고 인접한 최근의 바닥 사이의 거리를 재서 그 거리만큼 오른쪽으로 연장시켜 언제쯤 다시 바닥을 찍을지 예측한다.

이들이 있기 때문에 고점과 저점을 예측하는 서비스를 제공하는 일부 전문가들은 사이클 예측으로 주머니를 채운다. 이들 전문가 중 차트상에서 보이는 사이클이 실은 상상이 만들어낸 그림이라는 사실을 아는 사람은 거의 없다. 존 엘러스John Ehlers의 MESA 같은 수학적으로 엄밀한 프로그램을 활용해 주가 데이터를 분석해보면 사이클처럼 보이는 패턴의 80퍼센트가량이 노이즈, 즉 의미 없는 움직임이라는 것을 알 수 있다.

인간은 혼돈 속에서 질서를 발견하고자 하는 심리를 갖고 있고 대부분의 사람은 질서가 없는 상태보다는 착각이나마 질서가 있는 쪽이 낫다고 생각한다. 상공에서 강을 바라보면 강물이 사이클을 갖고 왼쪽, 오른쪽으로 굽이치는 것 같다. 강물은 강가보다 가운데가 더 빨리 흐르기 때문에 소용돌이를 만들면서 계곡을 굽이쳐 내려간다.

자와 연필로 시장 사이클을 찾는 건 수맥 탐지봉으로 지하수를 찾는 꼴이나 다름없다. 이런 불합리한 방식으로 매매하다 보면 소가 뒷걸음질로 쥐를 잡듯 몇 번 돈을 벌 수는 있겠지만 결국 손실을 거듭하다 번 돈을 다 날려버리게 된다. 정말 사이클을 이용해 트레이딩하려는 생각이라면 MESA, 퓨리어Fourier 분석 같은 수학적 기법으로 사이클을 포착해야 한다.

퓨리어 분석은 방대한 데이터 샘플로 사이클을 찾지만 MESA는 좀 색다른 방식으로 사이클을 추적한다. MESA는 비교적 단기간의 데이터로 질서정연한 사이클 움직임을 보이는 증거를 찾는다(그림 36-1). 끊임없이 매매신호를 생성하는 다른 프로그램과 달리, MESA는 80퍼센트의 기간 동안 유효 사이클이 없다고 판단한다. 또한 노이즈에서 사이클이 출현하는 것을 포착하고 사이클이 사라지는 시점을 알려준다.

🔁 금융시장 지표에 적용한 계절 개념

농부는 봄에 씨를 뿌리고 가을에 수확하며 겨울에는 봄을 준비한다. 뿌릴 때가 있으면 거둘 때가 있는 법이다. 추세의 봄에는 돈을 뿌리고 추세가 겨울을 맞으면 다음을 기약해야 한다. 이런 계절 개념은 금융시장에도 적용된다. 트레이더 역시 농부의 방식을 차용할 수

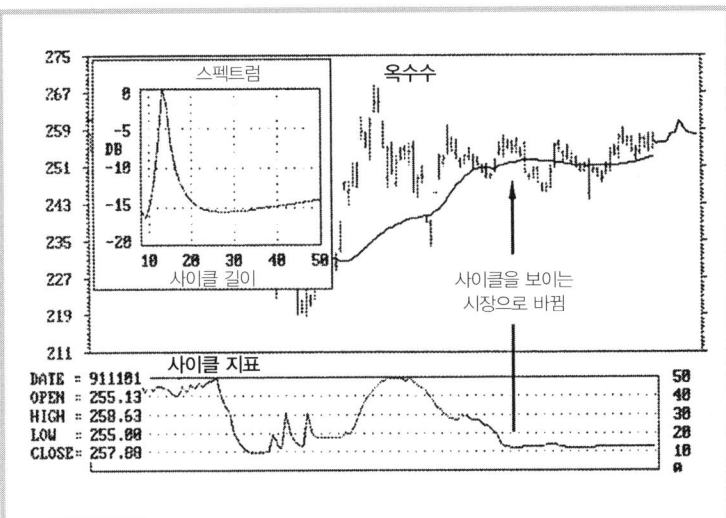

그림 36-1 MESA의 가격 사이클

MESA는 사이클이 바뀌거나 사라지는 경향을 보여준다. 주가 차트 아래쪽 부분이 사이클을 추적하는 MESA의 지표다. 선이 상단 가까이 가면 시장은 혼란 상태이며 하단에 가까이 가면 사이클을 보이는 것이다. 수직으로 그린 화살표는 시장이 혼란 상태에서 사이클로 바뀌는 전환점을 나타낸다.

왼쪽 위의 작은 박스는 애널리스트가 선택한 날짜의 사이클을 보여준다. 여기서는 현재 13일 사이클이 부상하고 있음을 보여준다. 차트 오른쪽 끝, 주가 바(bar) 옆으로 그은 들쭉날쭉한 선은 현재의 사이클을 며칠 뒤까지 투사한 모습이다.

있다. 이를테면 봄에 매수하여 여름에 매도하고 가을에 공매도하고 겨울에 환매하는 것이다.

마틴 프링은 가격의 계절 모델을 개발했는데 이 개념은 기술적 지표에 더 잘 적용된다. 지표의 계절은 시장 사이클이 어느 지점에 있는지 알려준다. 간단하지만 효과적인 이 개념은 가격이 낮을 때 매수하고 높을 때 공매도하도록 도와준다. 또한 지표의 신호가 언제 강해지고 언제 약해질지도 알려준다. 이 개념을 활용하면 시장의 군중에 휩쓸리지 않고 한 발짝 떨어져 있을 수 있다.

지표의 계절은 기울기, 그리고 중간선과 비교한 현재 위치 두 가지 요소에 의해 결정된다. 이를테면 MACD 히스토그램에 지표의 계절 개념을 적용할 수 있다(26장 참고). MACD 히스토그램의 기울기는 인접한 두 개의 바에 의해 결정된다. MACD 히스토그램이 중간선 아래에서 상승하면 봄, 중간선 위로 상승하면 여름, 중간선 위에서 하락하면 가을, 중간선 아래로 하락하면 겨울이다. 봄이 롱 포지션으로 진입하기 가장 좋은 계절이며 가을이 숏 포지션으로 진입하기 가장 좋은 계절이다(그림 36-2).

지표의 기울기	중간선 기준 현재 위치	계절	행동 수칙
상승	아래	봄	롱 포지션 진입
상승	위	여름	매도 시작
하락	위	가을	숏 포지션 진입
하락	아래	겨울	환매 시작

MACD 히스토그램이 중간선 아래에 있지만 기울기가 상승하면 시장에 봄이 왔다는 표시다. 아직 날씨는 쌀쌀하지만 서서히 따뜻한 기운이 불어오고 있는 것이다. 트레이더들 대부분은 언제까지나 겨울이 계속되리라 생각하고 매수를 꺼린다. 아직 하락추세의 기억이 생생하므로 심리적으로는 매수에 나서기가 어려운 것이 당연하다.

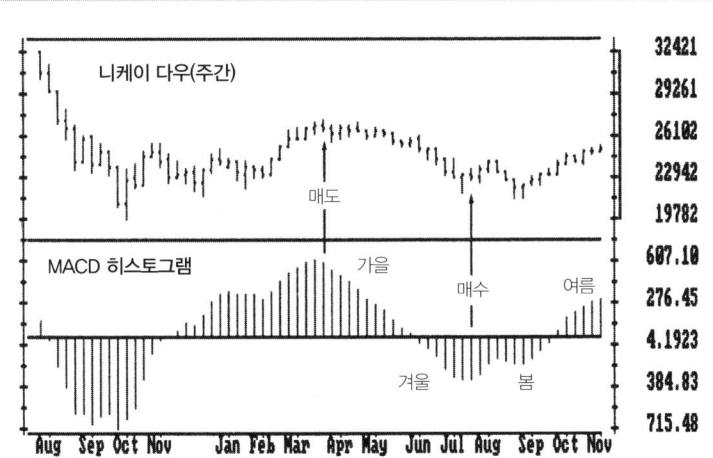

그림 36-2 지표에 적용한 계절 개념

거의 모든 지표에 계절 개념을 적용할 수 있다. 위 차트의 경우 주간 차트의 MACD 히스토그램에 계절 개념을 적용한 것이다. 계절 개념은 시장의 추세에 맞춰 트레이딩하는 데 유용하다.

- 가을: 지표가 중간선 위로 올라가지만 하락한다. 숏 포지션을 구축하기에 가장 좋은 계절이다.
- 겨울: 지표가 중간선 아래로 떨어진다. 약세를 활용해 숏 포지션의 차익을 실현하라.
- 봄: 지표가 중간선 아래에서 위를 향해 올라온다. 롱 포지션을 구축하기에 가장 좋은 시기다. 주가가 신저점으로 떨어지고 MACD 히스토그램도 일시 하락하는 봄의 '꽃샘추위'에 유의하라. MACD 히스토그램이 중간선 아래에 있으면서 하락할 때는 숏 포지션으로 진입하지는 말라. MACD 히스토그램이 중간선 위에 있으면서 상승할 때는 매수하지 말라. 가격이 신저점으로 떨어지고 지표가 저점을 낮추는 강세 다이버전스가 발생하면 강력한 매수신호다.
- 여름: 지표가 중간선 위로 상승한다. 날씨가 따뜻해지면 롱 포지션의 차익을 실현하라.

그러나 실은 기대수익이 최대치인 계절은 봄으로 매수하기에 최상의 계절이다. 시장가 바로 아래에 손실제한주문을 설정할 수 있으므로 위험도 낮다.

MACD 히스토그램이 중간선 위로 상승하면 시장에 여름이 온 것이다. 이쯤이면 트레이더 대부분이 상승추세를 감지한다. 여름에는 많은 이들이 매수에 동참하기 때문에 심리적으로 선뜻 매수에 나서게 된다. 그러나 실은 여름에는 기대수익이 봄보다 낮고 손실제한도 시장가보다 멀리 떨어져 있기 때문에 위험은 크다.

MACD 히스토그램이 중간선 위에 있지만 기울기가 하락으로 돌아서면 시장이 가을로 접어든 것이다. 그러나 변화를 감지하는 트레이더는 거의 없어 여름이 다시 오길 기대하며 계속 매수에 나선다. 심리적으로 가을에 공매도하기는 어렵다. 따라서 아직도 시장의 강세를 기대하며 매수에 나서는 황소 무리에서 한 발짝 떨어져나와야 한다. 사실 가을은 공매도하기 가장 좋은 계절이다. 기대수익이 높은데다 최근 고점 위에 손실제한주문을 설정하거나 옵션을 활용하면 위험도 제한적이다.

MACD 히스토그램이 중간선 아래로 떨어지면 시장에 겨울이 온 것이다. 이 무렵이면 트레이더 대부분이 하락추세를 감지하고 있다. 겨울에는 수많은 곰들이 요란하게 공매도에 나서기 때문에 심리적으로 공매도에 나서기가 쉽다. 그러나 실은 위험/보상 비율이 공매도세력에게 급격히 불리하게 돌아가고 있다. 기대수익 역시 점점 줄어들고 시장가보다 비교적 떨어진 곳에 손실제한주문을 설정해야 하므로 위험이 크다.

농부가 날씨를 살피듯 트레이더도 예측불허의 시장 변화에 주목해야 한다. 가을이 왔는데도 인디언 섬머*가 잠시 찾아올 수도 있다. 시장도 마찬가지로 가을에 강력한 상승이 찾아올 수도 있다. 봄 역시 들에 꽃샘추위가 몰아치듯 상승세 초반에 갑자기 시장이 하락할 수 있다. 트레이더는 판단력을 십분 발휘해 여러 지표와 기법을 이용함으로써 속임수신호에 휘말리는 걸 피해야 한다(43장 참고).

지표의 계절 개념으로 시장의 시간 흐름에 주목하면 다른 사람의 행동에 부화뇌동하지 않고 계절이 오기 전에 미리 계획을 세울 수 있다.

▶ 시간상의 되돌림

수많은 트레이더들이 가격 되돌림을 주시한다. 이를테면 시장이 120포인트 상승했다가 앞선 상승의 50퍼센트인 60포인트만큼 하락하면 롱 포지션을 늘려나간다.

장내 트레이더들은 앞선 움직임의 61.8퍼센트 되돌림한 뒤 추세 반전을 포착한다. 이 수는 피보나치 수열을 토대로 한 것이다.

되돌림 정도를 측정한다는 발상은 시간에도 적용할 수 있다. 각각의 상승이나 하락이 얼마나 오래 지속되었는지 측정하면 유용하다.

---

* 북아메리카 대륙에서 발생하는 기상 현상. 늦가을에서 겨울로 넘어가기 직전 일주일 정도 따뜻한 날이 계속된다―옮긴이

이를테면 강세장에서는 종종 앞선 상승의 절반 정도의 기간 동안 하락이 지속된다. 상승이 8일 지속되고 하락이 5일 지속된다는 것을 알고 있다면 하락이 지속된 지 4일째 되는 날 매수할 수 있다.

5의 법칙

시간단위가 다른 차트를 들여다보면 마치 시장이 동시에 여러 방향으로 움직이는 듯한 혼란에 빠진다. 일간 차트에서는 상승추세인데 주간 차트에서는 하락추세가 나타나고 일간 차트에서는 하락추세인데 주간 차트에서는 상승추세가 나타난다. 그중 어떤 추세를 따를 것인가? 일중 차트를 보면 더욱 혼란스럽다. 트레이더는 대부분 하나의 시간단위를 선택하고 다른 건 무시한다. 그러다가 자신이 선택한 시간단위에서 벗어나서 시장이 갑작스럽게 움직이면 타격을 입는다.

'5'라는 요소로 모든 시간단위를 연결할 수 있다. 월간 차트로 시작해 주간 차트로 넘어가면 1개월에는 4.5주가 있다. 다시 일간 차트로 넘어가면 1주일에는 5거래일이 있다. 단위를 점점 좁혀가 일중 시간 차트를 보면 1거래일에는 약 5~6시간이 있다. 데이 트레이더는 10분 차트, 2분 차트를 볼 수 있다. 모두 5라는 공통 인수를 갖고 있다.

어떤 시장이든 제대로 분석하려면 적어도 두 개의 시간단위로 분석해야 한다. 그리고 이 두 개의 시간단위는 '5'라는 공통인수를 갖고 있어야 한다. 두 개의 시간단위로 시장을 분석할 때는 짧은 시간단위가 긴 시간단위보다 5배 짧아야 한다. 일간 차트를 분석하려면 먼저 주간 차트부터 분석해야 하며 10분 차트를 이용해 데이 트레이딩 하려면 일중 시간 차트부터 먼저 분석해야 한다. 이것이 삼중 스크린 매매 시스템의 핵심원리 중 하나다(43장 참고).

TRADING for a LIVING

제6부

주식시장의 중요한 지표들

37
신고점/신저점 지수

한때 주식 트레이더와 선물 트레이더는 마치 다른 종족처럼 살았다. 다른 시장에서 거래했고 분석도구도 달랐다. 그러나 1982년 주가지수선물시장이 열리면서 둘 사이의 벽은 허물어졌다. 두 종족 모두 주가지수선물시장에 뛰어들었고 기민한 트레이더는 두 종족이 쓰는 도구를 모두 익혔다.

현명한 주식 트레이더는 스토캐스틱, 이동평균 등 선물시장의 분석 도구를 활용한다. 선물과 옵션 트레이더는 주식시장 지표를 활용해 주가지수 트레이딩의 타이밍을 잡는다. 이들이 활용하는 주식시장 지표로는 신고점/신저점NH/NL 지수, 트레이더 지수TRIN 등이 있다. 그중 신고점/신저점 지수는 주식시장을 분석하는 최고의 지표 중 하나다.

▣ 신고점/신저점 지수 산출 방식

신고점/신저점NH/NL 지수는 시장 주도 종목의 수를 추적한다. 특정일을 기준으로 1년 동안(52주)의 신고점을 갱신한 종목 수와 1년 동안의 신저점을 갱신한 종목의 수를 측정한다. 신고점 목록에 오른 종목들은 강세를 주도한 종목이며 신저점 목록에 오른 종목들은 약세를 주도한 종목이다. NH/NL이 주가와 발맞추어 상승하거나 하락하면 주가를 확증하는 것이고, NH/NL이 주가와 다이버전스를 보이면 주식시장의 바닥 혹은 천정을 확인해주는 것이다.

NH/NL은 하루 동안 신고점을 기록한 종목 수에서 신저점을 기록한 종목 수를 차감한다. 주요 일간지의 정보를 활용하면 손으로도 쉽게 NH/NL 지표를 구할 수 있다.

NH/NL = 신고점을 기록한 종목 수 − 신저점을 기록한 종목 수

미국에서 데이터서비스를 제공하는 업체는 대부분 신고점 종목과 신저점 종목을 발표하고 있다. 정보 제공자가 발표하는 신고점 종목과 신저점 종목이 52주를 기준으로 하는지 확인해야 한다. 일부 정보 제공자는 구닥다리 '달력 방식'을 사용하기 때문에 해당 연도의

1월까지만 거슬러 올라가 각 종목 수를 산출하기도 한다.

기준선을 0으로 잡고 수평으로 그은 다음 신고점/신저점 지수를 히스토그램으로 그린다. 신고점을 기록한 종목 수가 신저점을 기록한 종목 수보다 많은 날은 신고점/신저점 지수가 양수가 되므로 기준선 위로 막대를 그린다. 신저점을 기록한 종목 수가 신고점을 기록한 종목 수보다 많은 날은 신고점/신저점 지수가 음수가 되므로 기준선 아래로 막대를 그린다. 신고점을 기록한 종목 수와 신저점을 기록한 종목 수가 같으면 신고점/신저점 지수는 0이 된다.

▶ 신고점/신저점 지수가 보여주는 시장 심리

한 종목이 과거 52주간의 고점을 넘어서 신고점을 보일 때, 즉 과거 1년 동안을 기준으로 가장 강세를 보일 때 그 종목은 신고점 종목에 오른다. 이것은 황소들이 무리를 지어 열심히 이 종목을 추격매수하고 있다는 뜻이다. 한 종목이 과거 52주간의 저점을 이탈해 신저점을 보일 때, 즉 과거 1년 동안을 기준으로 가장 약세를 보일 때 그 종목은 신저점 종목에 포함되며 곰들이 이 종목을 투매하고 있다는 의미다.

신고점/신저점 지수는 거래소에서 가장 강세를 보인 종목과 가장 약세를 보인 종목 수를 추적해 힘의 균형을 측정하는 지표다. 주식시장의 선행 지표 중 하나로 S&P500 같은 시장 지수들이 신고점/신저점 지수의 추세를 뒤따르는 경향이 있다(그림 37-1).

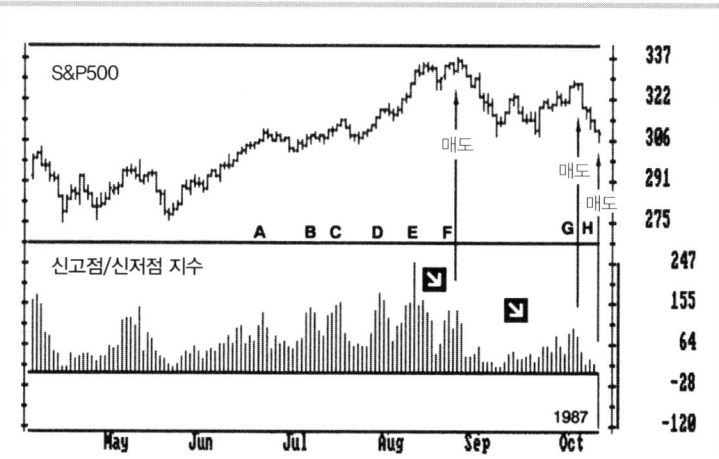

그림 37-1 신고점/신저점 지수

지난 1년 동안의 기록을 갱신하며 신고점에 도달한 주식들은 강세를 이끄는 주도주들이며 지난 1년 동안의 기록을 갱신하며 신저점에 도달한 주식들은 약세를 이끄는 주도주들이다. 신고점/신저점 지수는 이러한 신고점 종목과 신저점 종목의 수를 비교해서 시장 주도세력이 어느 방향으로 시장을 이끌고 있는지, 시장 주도세력이 어느 정도 치열한 싸움을 벌이고 있는지 측정한다.

차트의 S&P500지수를 보면 1987년 여름 강세장이 절정에 이른다. 시장이 신고점에 이를 때마다 신고점/신저점 지수 역시 신고점을 기록할 때까지만(A, B, C, D, E) 주식을 보유해야 안전하다. 8월에 접어들면서 주식시장은 신고점에 도달하지만 신고점/신저점 지수는 고점을 낮추면서 약세 다이버전스(E~F)를 보인다. 이처럼 주가와 신고점/신저점 지수 사이에 약세 다이버전스가 발생하면 매도신호다.

 9월 주식시장이 하락하면서 수많은 트레이더들이 저가 매수에 나선다. 이전 5년 동안 주가가 상승하면서 트레이더들은 하락을 매수기회로 이용할 줄 알게 되었다. 그러나 신고점/신저점 지수는 상당한 약세를 가리키고 있다. 고점이 100에 머물며(G) 이전 상승 구간 대비 약세를 표시한다. 10월에

> 는 신고점/신저점 지수가 음수로 전환된다(H). 역사적인 주가 폭락 사태인 1987년의 블랙 먼데이에 앞서 수차례 매도신호를 내보낸 신고점/신저점 지수의 위력을 재삼 확인할 수 있다(그림 37-2를 보라).

뉴욕증권거래소의 2,000개 종목을 2,000명의 병사로 이루어진 부대라고 머릿속에 그려보자. 하나의 종목이 한 명의 사병이라면 신고점과 신저점은 대령이다. 신고점은 언덕 위 고지로 공격을 이끄는 대령이고 신저점은 고지를 버리고 언덕 아래로 퇴각하는 대령이다. 사병은 죄가 없다. 단지 군대 지휘관인 대령이 문제일 뿐이다.

신고점/신저점 지수가 중간선 위로 상승하면 강세를 예고하며, 강세장을 이끄는 주도세력이 강하다는 의미다. 신고점/신저점 지수가 중간선 아래로 상승하면 약세를 예고하며, 약세장을 이끄는 주도세력이 강하다는 의미다. 시장이 신고점으로 반등하고 신고점/신저점 지수가 신고점을 기록하면 강세를 이끄는 시장 주도세력이 힘을 얻고 있어 상승추세가 지속된다. 시장은 상승하지만 신고점/신저점 지수가 하락하면 상승세에 문제가 있다. 언제든 대령이 고지를 버리면 병사들은 돌아서서 줄행랑을 칠 것이다.

신고점/신저점 지수가 신저점을 기록하면 하락추세가 지속된다. 대령들이 사병들보다 빨리 도망가면 그 부대는 대패할 수밖에 없다. 주가는 하락하는데 신고점/신저점 지수가 상승으로 돌아서면 대령이 더 이상 도망치지 않는다는 의미다. 대령이 다시 사기를 회복하면 부대 전체가 고지를 향해 언덕을 오르게 된다(그림 37-2, 37-3).

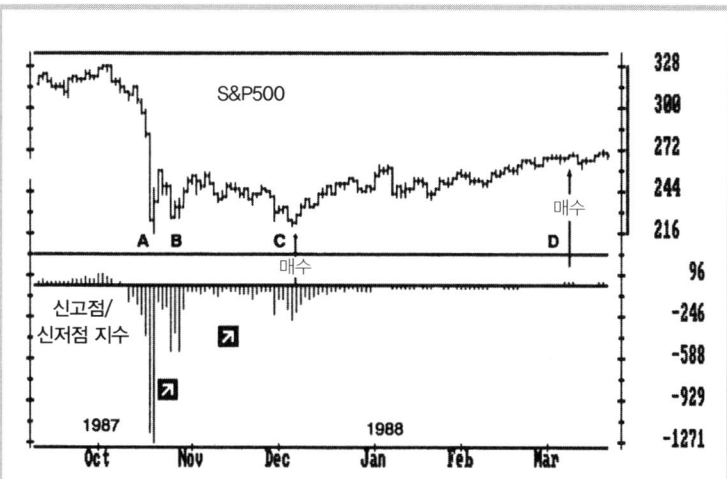

그림 37-2 신고점/신저점 지수

1987년 10월 주식시장이 붕괴되면서(A) 신저점 종목이 폭증해 지수가 거의 −1300에 이르고 있다(신고점 종목을 빼고 나서 이만큼이라는 의미!). 시장은 죽은 고양이가 되튕기듯(dead cat bounce) 잠깐 반등했다가 다시 하락한다(B). 신문에는 온통 서구 금융 체계의 종말 운운하는 흉흉한 기사들이 실렸다. 그러나 신고점/신저점 지수는 훨씬 낙관적인 메시지를 보내고 있는데 신저점을 기록하는 종목들이 현저히 줄어들고 있다는 것을 보여준다. 즉 대령들이 더 이상 도망가지 않는다는 얘기다. 시장이 12월에 저점을 다시 테스트할 때(C) 신고점/신저점 지수는 더욱 강력한 강세 다이버전스를 보이며 매수신호를 발효시킨다. 신고점/신저점 지수가 양수로 올라오면서 매수신호를 확증한다(D). 이것이 이후 2년 동안 계속된 강세장의 시작이었다.

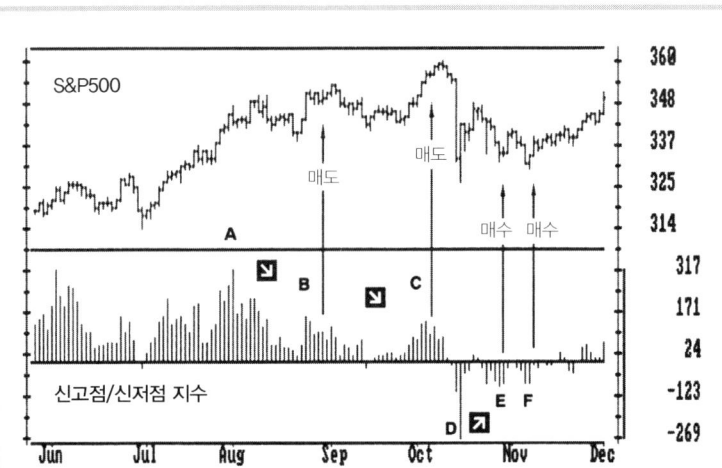

그림 37-3 신고점/신저점 지수

신고점/신저점 지수는 주가와 다이버전스를 보일 때 가장 강력한 메시지를 보낸다. 이 차트 초반을 보면 시장이 잠시 급락했다가 반등하는 양상을 보인다.

 8월 시장은 신고점에 도달하고(A) 신고점/신저점 지수도 동반하여 신고점에 도달하며 시장의 상승 여력을 보여줬다. 그런데 9월에 접어들면서 시장은 상승하지만(B) 신고점/신저점 지수는 약세 다이버전스를 보이며 매도신호를 발효했다. 그리고 10월 시장은 신고점을 찍지만(C) 신고점/신저점 지수는 고점을 낮추면서 또 다시 매도신호를 발효시켰다. 특히 시장 붕괴 하루 전날에는 신고점/신저점 지수가 음수로 돌아서면서 매도신호를 확증했다.

 10월에 저점을 찍고(D) 죽은 고양이의 반등이 발생한 뒤 주가는 10월의 저점을 두 번 재테스트한다(E, F). 이 지점에서 신고점/신저점 지수는 저점을 높였다. 이러한 강세 다이버전스는 신뢰할 수 있는 매수신호이고 실제 새로운 상승추세가 시작되었다.

신고점/신저점 지수를 활용한 매매 기법

트레이더는 신고점/신저점 지수의 세 가지 측면에 주목해야 한다. 세 가지를 중요한 순서대로 나열하면 첫째 지수와 주가의 다이버전스, 둘째 지수의 추세, 셋째 중간선 위와 아래의 지수 수준이다.

주가가 고점을 기록하고 신고점/신저점 지수가 신고점을 기록해 주가를 확증하면 주가가 일시 하락하더라도 상승세는 이어진다. 주가가 하락하고 신고점/신저점 지수가 신저점으로 떨어지면 곰들이 시장을 접수한 것으로 하락추세가 지속된다. 이처럼 지수와 시장 평균 사이에 다이버전스가 나타나면 절호의 매매신호가 발효된다.

1. 시장이 신고점을 기록하며 상승하지만 신고점/신저점 지수가 고점을 낮추면 약세 다이버전스다. 약세 다이버전스는 장이 상승하고 있을지라도 실상은 강세를 주도하는 세력이 약해지고 있음을 나타낸다. 약세 다이버전스는 상승추세의 종말을 의미한다. 신고점/신저점 지수의 마지막 고점이 +100 이하면 반전이 임박한 것이다. 적절한 숏 진입 시점이다. 신고점/신저점 지수의 마지막 고점이 +100 이상이면 상승을 주도하는 세력이 시장의 붕괴를 막을 수 있는 충분한 여력이 있다.

2. 시장이 신저점으로 하락하지만 신고점/신저점 지수가 저점을 높이면 강세 다이버전스다. 강세 다이버전스는 시장이 하락하고 있을지라도 실상은 하락세를 주도하는 세력이 약

해지고 있다는 것을 의미한다. 지수의 마지막 저점이 −100 이하라면 곰들이 여전히 강력한 세력을 이루고 있고 하락추세가 잠시 주춤하겠지만 추세 반전은 일어나지 않는다.

주식시장의 바닥에서 강세 다이버전스는 시장 천정에서 약세 다이버전스보다 빨리 발전하는 경향이 있다는 것을 명심하라. 따라서 빨리 매수하고 천천히 매도해야 한다.

특정일의 신고점/신저점 지수의 기울기는 지난 며칠 동안 막대의 추세에 의해 결정된다. 시장이 상승하고 신고점/신저점 지수가 상승하면 상승추세가 확증된다. 신고점/신저점 지수와 시장이 동반 하락하면 하락추세가 확증된다.

3. 신고점/신저점 지수가 상승하면 롱 포지션을 보유하고 포지션을 늘려나가는 것이 안전하다. 그런데 장이 횡보를 거듭하거나 상승하더라도 신고점/신저점 지수가 하락하면 롱 포지션의 단기 차익을 실현할 시점이다.

신고점/신저점 지수가 하락하면 하락을 주도하는 세력이 강하므로 숏 포지션을 취하고 포지션을 계속 늘려나가는 편이 안전하다. 그런데 시장이 계속 하락하지만 신고점/신저점 지수가 상승하면 하락추세가 흔들리고 있으므로 숏 포지션을 환매해야 한다.

4. 시장은 별다른 움직임이 없는데 신고점/신저점 지수가 상승하면 강세신호로 매수기회다. 이런 경우는 사병들은 참호

속에 웅크리고 있지만 장교들이 고지를 향해 언덕을 올라가고 있는 형국이다. 시장이 횡보를 보이는데 신고점/신저점 지수가 하락하면 숏 진입신호다. 사병들은 자리를 사수하고 있지만 장교들이 전장을 버리고 도망가는 형국이다. 사병들도 바보가 아니다. 장교들이 달아나면 사병도 언제까지나 위치를 사수하며 싸우지 않는다.

신고점/신저점 지수가 중간선을 사이에 두고 어느 쪽에 있느냐를 보면 시장을 장악한 쪽이 어느 쪽인지를 알 수 있다. 신고점/신저점 지수가 중간선 위에 있으면 시장을 주도하는 세력은 황소들이다. 그렇다면 롱 포지션 관점에서 트레이딩해야 한다. 신고점/신저점 지수가 중간선 아래에 있으면 시장을 주도하는 세력은 곰이다. 따라서 숏 포지션 관점에서 트레이딩해야 한다. 강세장에서는 신고점/신저점 지수가 몇 달 동안 중간선 위에 머물기도 하고 약세장에서는 신고점/신저점 지수가 몇 달 동안 중간선 아래에 머물기도 한다.

5. 신고점/신저점 지수가 몇 달째 중간선 아래에 머물며 음수를 유지하다 중간선 위로 상승하면 황소들이 움직이기 시작했다는 의미다. 그렇다면 오실레이터를 이용해 정확한 롱 진입 타이밍을 노려라. 신고점/신저점 지수가 몇 달째 중간선 위에 머물며 양수를 유지하다 중간선 아래로 하락하면 곰들이 움직이기 시작했다는 의미다. 그렇다면 오실레이터를 이용해 정확한 숏 진입 타이밍을 노려라.

⇨ 신고점/신저점 지수에 대한 추가 정보

과거 애널리스트들은 10일과 30일 단순이동평균을 이용해 신고점/신저점 지수를 평활화했다. 10일 NH/NL 이동평균선이 30일 NH/NL 이동평균선 위로 상향 교차하면 매수신호다. 기본적인 신고점/신저점 지수가 더 분명한 신호를 보내지만 평활화된 신고점/신저점 지수를 원한다면 NH/NL 지수이동평균을 사용하는 편이 낫다.

신고점/신저점 지수를 활용하는 트레이더는 우위를 점할 수 있다. 뉴욕증권거래소, 미국주식거래소, 장외거래소, 런던주식거래소는 매일 신고점 및 신저점 종목 수를 발표한다. 해외 주식거래소 대부분은 신고점 및 신저점 종목 수를 발표하지 않지만 컴퓨터가 있다면 어떤 시장이든 신고점/신저점 지수를 쉽게 만들 수 있다. 신고점/신저점 지수를 산출하려면 거래소 내 모든 주식의 1년치 일일 데이터가 있어야 하며 매일 자료를 업데이트해야 한다. 매일 데이터베이스를 검색해 지난 1년(52주) 동안의 신고점이나 신저점에 도달한 종목 수를 산출하도록 프로그램을 구성해야 한다.

신고점/신저점 지수는 극히 일부 종목이 지배하고 있는 주식시장에는 적용할 수 없다. 이를테면 이탈리아 밀란주식거래소에는 수백 종목이 상장되어 있지만 피아트와 제너럴 두 종목이 시가 총액의 70퍼센트를 차지한다. 두 공룡 기업이 나머지 시장을 좌지우지할 수 있으므로 이런 시장에서는 신고점/신저점 지수도 별무소용이다.

38
기타 시장 지표

그 외에 시장의 심리를 분석할 수 있는 지표로, 트레이더 지수, 일일 등락주선ADL, 매스MAS, 공매도율 등이 있다. 이들 역시 유용한 지표들이므로 활용법을 잘 익혀두길 권한다.

▣ 트레이더 지수(TRIN)

트레이더 지수TRIN는 주식시장의 선행 지표다. 시장 주도 집단이 시장을 어느 정도 낙관적으로 보느냐를 측정하는 지표로 주요 상승과 하락이 반전되는 시점을 예측한다. 낙관론이 휩쓸면 시장은 천정으로, 비관론이 휩쓸면 시장은 바닥으로 향한다.

트레이더 지수는 상승종목 수와 하락종목 수의 비율을 구하고 상승종목 거래량과 하락종목 거래량의 비율을 구한 다음 두 비율을 다시 비교한다. 리처드 암스Richard Arms가 대중화시켰고 대부분의 주문 시스템에 이 지표가 포함되어 있다. 매일 장 마감 후에 컴퓨터나 손으로 쉽게 계산할 수 있으며 단말기의 키보드 몇 개만 누르면 가장 최근의 트레이더 지수 수준을 알 수 있다.

세월이 흐르고 상장주식옵션, 지수차익거래, 배당차익거래 등 시장이 발달하면서 트레이더 지수에 대한 해석도 달라져야 했다. 그러나 트레이더 지수는 여전히 주식시장 지표들 중 최고로 손꼽힌다. 트레이더 지수는 주가지수선물이나 옵션뿐 아니라 주식시장의 매매시점을 포착하는 데도 유용하다.

▶ 트레이더 지수 산출 방식

트레이더 지수를 산출하려면 상승종목 수와 하락종목 수, 상승종목의 거래량과 하락종목의 거래량 등 네 가지 데이터가 필요하다.

$$\text{TRIN} = \frac{\text{상승종목 수}}{\text{하락종목 수}} \div \frac{\text{상승종목 거래량}}{\text{하락종목 거래량}}$$

트레이더 지수는 상승종목 수와 하락종목 수의 비율, 그리고 상승 종목 거래량과 하락종목 거래량의 비율 간 관계를 구한다(그림 38-1 워크시트 참고). 1,000개 종목이 1억 주의 거래량을 동반하면서 상승하고 1,000개 종목이 1억 주의 거래량을 동반하면서 하락하면 트레이더 지수는 1이 된다. 1,500개 종목이 1억 5,000만 주의 거래량을 동반하면서 상승하고 500개 종목이 5,000만 주의 거래량을 동반하면서 하락하면 트레이더 지수는 역시 1이 된다.

상승종목의 수에 비해 상승종목의 거래량이 지나치게 많으면 트레이더 지수는 하락하고 하락종목의 수에 비해 하락종목의 거래량이 지나치게 많으면 트레이더 지수는 상승한다.

장세가 상승할 때는 종종 상승종목의 거래량이 상승종목 수에 비해 크게 증가하기도 한다. 상승종목 수와 하락종목 수가 2:1이고 상승종목 거래량과 하락종목 거래량이 4:1이면 트레이더 지수는 0.50(2/1 ÷ 4/1)이다. 트레이더 지수가 낮아지면 황소들이 시장을 지나치게 낙관하고 있으며 상승 탄력이 소진되어 천정이 임박했다는 것을 나타낸다.

시장이 하락하면 하락종목의 거래량이 하락종목 수에 비해 크게 증가한다. 상승종목 수와 하락종목 수가 1:2이고 상승종목 거래량과 하락종목 거래량이 1:4이면 트레이더 지수는 2(1/2 ÷ 1/4)이다. 트레이더 지수가 높으면 곰들이 시장을 지나치게 낙관함으로써 하락종목에 거래량이 지나치게 몰렸다는 의미다. 조만간 하락세가 탄력을 잃어 바닥을 찍을 가능성이 높다.

트레이더 지수는 날마다 변동폭이 커지기도 한다. 이런 때는 트

날짜	상승 수	하락 수	상승 거래량	하락 거래량	TRIN:1	TRIN: 13-EMA
6/04	784	765	8374	7107	.87	
6/05	661	895	7162	9418	.97	
6/06	681	861	6339	8783	1.10	
6/07	445	1113	3251	11771	1.45	
6/10	648	905	4230	6644	1.12	
6/11	868	680	9371	4831	.66	
6/12	356	1237	2049	12906	1.81	
6/13	765	734	6787	5420	.83	
6/14	1036	531	11529	4123	.70	
6/17	645	851	4518	6916	1.16	
6/18	622	895	5261	8177	1.08	
6/19	399	1159	2453	11567	1.62	
6/20	655	854	6305	7734	.94	1.10
6/21	841	684	11192	5239	.58	1.02
6/24	298	1322	1202	11592	2.17	1.18
6/25	612	888	5216	8171	1.08	1.17

그림 38-1 트레이더 지수(TRIN) 워크시트

트레이더 지수는 상승종목 수와 하락종목 수의 비율을 상승종목 거래량과 하락종목 거래량의 비율로 나눈 것이다. 이를 지수이동평균으로 평활화했을 때 가장 적중률이 높으며 13일 지수이동평균이 무난하다.

레이더 지수를 이동평균으로 평활화하여 신호의 적중률을 높일 수 있다. 일일 트레이더 지수의 13일 지수이동평균을 활용하라(25장 참고). 13일 지수이동평균을 이용하면 매일의 진폭에 의한 노이즈(사소하고 무익한 정보)가 제거돼 트레이더 지수의 실제 추세를 알 수 있다. 이 장의 나머지 부분에서는 일일 트레이더 지수의 13일 지수이동평균을 트레이더 지수 산출기간으로 활용할 것이다.

트레이더 지수를 그릴 때는 상하를 뒤집어 그린다. 천정의 낮은

수치는 시장의 고점을, 바닥의 높은 수치는 시장의 저점을 나타낸다. 가로로 그은 두 수평선은 과매수 수준과 과매도 수준을 나타낸다. 트레이더 지수가 상단 기준선 위로 상승하면 시장이 과매수 상태로 천정이 임박했다는 신호이고, 트레이더 지수가 하단 기준선 아래로 하락하면 시장이 과매도 상태로 바닥이 임박했다는 신호다.

기준선의 수준은 장세가 강세냐 약세냐, 혹은 박스권에 있느냐에 따라 달라진다. 강세장에서는 대개 0.65~0.70이 과매수 수준이며 약세장에서는 대개 0.70~0.75가 과매수 수준이다. 강세장에서는 대개 0.90~0.95가 과매도 수준이며 약세장에서는 대개 1.00~1.10이 과매도 수준이다. 이 수준은 언제든지 변할 수 있으므로 위 수치를 기준점으로 삼아 조정해나가면 된다.

기준선을 그리는 가장 좋은 방법은 트레이더 지수와 함께 지난 6개월 동안의 S&P500 같은 지수의 차트를 살피는 것이다. S&P500의 주요 고점과 저점을 모두 표시한 다음 트레이더 지수에서 상응하는 고점과 저점을 관통하는 두 개의 기준선을 그린다. 트레이더 지수가 극단 영역으로 들어오면 시장이 반전 구간에 진입했다는 것을 알 수 있다. 3개월마다 과매수 및 과매도 선을 조정하라.

▶ 트레이더 지수가 보여주는 시장 심리

주식시장은 극심한 조울증에 시달리는 환자다. 조울증 환자의 기분은 파도치듯 오르락내리락 요동친다. 우울함이 극에 달하면 슬슬 기분이 뜨기 시작하고 희열이 절정에 달하면 슬슬 기분이 가라앉는다. 주식시장도 광적으로 팽창했다가 두려움에 벌벌 떨며 위축되기를 반복한다. 트레이더는 트레이더 지수를 활용해 주식시장이 어느 정도 조증 상태인지, 어느 정도 울증 상태인지 진단해 반대 방향으로 매매할 수 있다(그림 38-2 참고).

군중은 감정적이며 근시안적이다. 군중은 합리적으로, 이성적으로 행동하지 않고 감정을 폭발시키며 달려나가기 때문에 추세가 때때로 예상보다 더 멀리 가기도 한다. 트레이더 대다수가 지쳐서 달리기를 멈추면 추세가 반전되는데 트레이더들의 힘이 소진된 시점을 알려주는 지표가 트레이더 지수이다.

주가 상승 중에 황소들이 탐욕을 부리면서 대량 매수에 나서면 상승종목의 수에 비해 상승종목의 거래량이 급증한다. 트레이더 지수가 상단 기준선 위로 상승하면 시장에 모인 군중 사이에 낙관주의가 팽배해 시장이 천정을 향해 가고 있다는 뜻이다.

주가 하락 중에 곰들이 투매하기 시작하면 하락종목의 수에 비해 하락종목의 거래량이 급증한다. 트레이더 지수가 하단 기준선 아래로 떨어지면 약세를 기대하는 곰들의 세력이 소진되어 상승 반전이 임박했다는 의미다.

트레이더 지수의 변화는 출퇴근 러시아워의 교외 통근열차와 비슷하다. 아침 출근시간에는 출발하는 승강장이 혼잡하고 저녁 퇴근시간에는 도착하는 승강장이 붐빈다. 도시로 가는 쪽이든 집으로 오는 쪽이든 사람이 가장 많을 때가 추세의 정점이다. 승강장에 붐비는 사람의 수를 측정하면 언제 승객의 추세가 반전될지 알 수 있다.

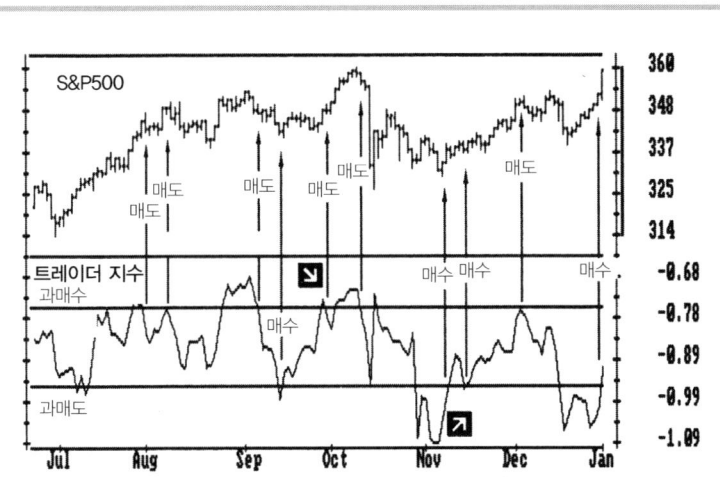

그림 38-2 트레이더 지수(TRIN)

상승종목의 거래량이 상승종목 수에 비해 과도하면 시장에 강세 심리가 만연하다는 것으로 트레이더 지수는 과매수에 도달한다. 트레이더 지수가 상승하다가 꺾여 과매수 구간을 벗어날 때 매도신호가 켜진다. 하락종목의 거래량이 하락종목 수에 비해 과도하면 트레이더 지수는 과매도 구간에 들어간다. 트레이더 지수가 하락하다 꺾여 과매도 구간을 벗어나면 매수신호가 켜진다.

트레이더 지수가 최상의 매수 및 매도신호를 보이는 때는 지수의 패턴과 다이버전스를 보일 때다. 차트에서 S&P500지수는 10월 들어 9월보다 상승하지만 트레이더 지수는 고점을 낮추며 강력한 매도신호를 발효시켰다. 반면 10월 하락 이후 시장은 11월 들어 저점을 재테스트하지만 트레이더 지수는 저점을 큰 폭으로 높이면서 곰들의 힘이 소진되었다는 것을 보여준다. 이러한 다이버전스는 강력한 매수신호다. 차트의 오른쪽 끝에서 시장이 강세를 보이는데 트레이더 지수가 과매수 구간으로 들어오지 않았으므로 롱 포지션을 보유해야 한다.

트레이더 지수는 이처럼 주식시장에서 추세 반전을 포착한다.

트레이더 지수 지표는 상승추세와 하락추세가 최고조에 달하는 '러시아워'를 포착한다. 주식시장이 천정에 도달하면 트레이더 지수는 역무원이 깃발을 흔들듯 강세가 절정에 달했다는 것을 알려주며 주식시장이 바닥에 도달하면 트레이더 지수는 역시 역무원이 깃발을 흔들듯 약세가 절정에 달했다는 것을 알려준다. 프로들은 이 정보를 이용해 비정상적인 양 극단일 경우 반대 방향으로 매매하고 정상으로 돌아오면 추세의 흐름대로 매매한다.

➡ 트레이더 지수를 활용한 매매 기법

트레이더 지수는 상하를 뒤집어 그린다. 대개 상승 주식의 거래량이 하락 주식의 거래량보다 많기 때문에 트레이더 지수는 1.0보다 작다. 대체로 하락을 예상하고 공매도하기보다는 강세를 바라고 매수하는 경우가 많기 때문이다.

트레이더 지수를 기계적으로 해석하거나 적용하면 안 된다. 동일한 트레이더 지수라도 시장 환경이 다르면 그 의미를 달리 해석해야 한다. 약세장에서는 과매수와 과매도 수준을 더 낮추어야 하며 강세장에서는 더 높여야 한다. 이를테면 초기 단계의 강세장에서 트레이더 지수가 0.60이라면 강력한 상승세를 의미한다. 따라서 롱 포지션을 늘려나갈 기회를 살펴야 한다. 트레이더 지수가 똑같이 0.60이라도 약세장에서 반등 중에 나타난 지수라면 공매도기회를 살펴야 한다. 그렇기 때문에 3개월마다 과매수 및 과매도 수준을 조정해야 하는 것이다.

1. 트레이더 지수가 과매도영역을 이탈하는 시점에 매수하라. 트레이더 지수가 하단 기준선을 상향돌파하면 곰들의 기운이 빠졌다는 의미다. 러시아워가 지나면 승객의 이동 방향이 바뀌므로 이 시점에서 매수하라.
2. 트레이더 지수가 과매수영역을 이탈하는 시점에 매도하라. 트레이더 지수가 상단 기준선 아래로 떨어지면 황소들이 기운이 빠졌다는 의미다. 정확한 고점을 짚어내려고 하지 말고 이 시점에서 공매도하는 편이 안전하다.
3. 트레이더 지수는 신고점/신저점 지수와 결합될 때 가장 적중률이 높다(37장 참고). 신고점/신저점 지수가 신저점을 기록하고 트레이더 지수가 과매도 수준이면 하락세를 이끄는 세력이 강력함을 나타내므로 하락추세가 지속된다. 하지만 트레이더 지수가 과매도 수준이지만 신고점/신저점 지수가 강세 다이버전스를 보이면 시장이 중요한 저점에 도달했다는 의미다. 트레이더 지수와 신고점/신저점 지수가 이러한 조합을 보이면 확신을 갖고 매수 포지션을 늘려나가라.
4. 트레이더 지수가 과매수 수준이 되지만 신고점/신저점 지수가 신고점을 기록하면 상승세를 이끄는 세력이 강력함을 나타내므로 상승추세가 지속된다. 하지만 트레이더 지수가 과매수 수준이 되고 신고점/신저점 지수가 약세 다이버전스를

보이면 주식시장이 천정에 도달했다는 의미다. 공매도 포지션을 늘려나가라.

트레이더 지수가 주가와 다이버전스를 보이면 강력한 매수, 매도 신호가 발효된다.

5. 주식시장이 신고점을 찍지만 트레이더 지수가 전고점보다 고점을 낮추면 황소들이 힘을 잃고 있다는 의미다. 황소들의 매수물량이 감소하면 상승추세는 탄력을 잃는다. 트레이더 지수와 주식시장 사이에 약세 다이버전스가 발생하면 강력한 매도신호다.
6. 주식시장이 신저점을 찍지만 트레이더 지수가 전저점보다 저점을 높이면 곰들의 매도물량이 감소하고 있다는 의미다. 곰들이 힘을 잃으면 시장은 반등 태세에 돌입한다. 트레이더 지수와 주식시장 사이에 강세 다이버전스가 발생하면 강력한 매수신호다.

데이 트레이더라면 일중 트레이더 지수를 활용하면 된다. 상승종목과 하락종목의 수와 거래량을 공개하는 거래소라면 어디서든 트레이더 지수를 적용할 수 있다.

일일 등락주선(ADL)

등락주선은 상승과 하락에 군중이 어느 정도 참여하고 있는지를 보여준다. 신고점/신저점 지수가 장교이고 다우존스공업평균이 장군이라면 등락주선은 사병들이 상관을 따르고 있는지 어떤지를 보여준다. 다우지수에 발 맞춰 등락주선이 신고점으로 상승하거나 신저점으로 하락하면 상승세나 하락세가 지속될 확률이 높다.

일일 등락주선ADL 산출 방법은 다음과 같다. 등락이 없는 종목은 무시하고 상승종목 수에서 하락종목 수를 뺀다. 상승종목 수가 하락종목 수보다 많으면 AD는 양수, 하락종목 수가 상승종목 수보다 많으면 AD는 음수가 된다. 이를테면 1,900개 종목이 거래되는 시장에서 900개 종목이 상승, 700개 종목이 하락, 300개 종목이 변동이 없다면 AD는 +200(900-700)이 된다. 매일의 AD 지수를 전일까지의 총합에 더하면 누적 등락주선을 구할 수 있다.

등락주선의 절대 수준은 산출 시작 시점인 기산일에 의해 결정되므로 트레이더는 등락주선의 신고점과 신저점을 주시해야 한다. 상승이든 하락이든 떠받치는 세력이 광범위할수록 지속하는 힘이 크다. 주식시장이 신고점에 도달하고 등락주선이 신고점에 도달하면 광범위한 세력이 상승을 떠받치고 있다는 의미다. 주식시장이 신고점에 도달하지만 등락주선이 전고점보다 고점을 낮추면 상승종목 수가 감소하고 있으며 따라서 상승의 종말이 가까웠다는 의미다. 시장이 신저점으로 떨어지지만 등락주선이 전저점보다 저점을 높이면 하락종목 수가 줄어들고 있으며 곰들의 행보가 끝나가고 있다는 의미다. 이러한 신호들은 대체로 반전 몇 주 전에 나타나며 극히 드물게는 몇 달 전에 나타나기도 한다.

➡ 큰손 지표, MAS

매스MAS; Most Active Stocks 지표는 뉴욕증권거래소 주식 중 가장 거래가 활발한 15개 종목의 등락주선이다. 많은 일간지들이 가장 거래가 활발한 15개 종목의 목록을 공개하고 있다. IBM처럼 시가총액이 큰 종목들이 이 목록에 자주 등장하고, 기타 종목의 경우 대형 호재나 악재가 터져 군중들이 그 종목에 눈을 돌릴 때만 목록에 오른다. MAS는 대규모 자금이 강세 쪽에 몰려 있는지, 아니면 약세 쪽에 몰려 있는지를 보여주는 '큰손 지표'라고 할 수 있다.

일일 MAS 지표는 거래가 가장 활발한 종목 중 상승종목 수에 하락종목 수를 차감해 구한다. 이를테면 9개 종목이 상승하고 4개 종목이 하락, 2개 종목이 보합이라면 그날의 MAS는 5(9−4)가 된다. 일일 MAS를 전일의 총합에 더하면 누적 MAS선을 구할 수 있다.

MAS가 주식시장과 같은 방향으로 움직이면 대규모 자본이 추세를 떠받치고 있다는 의미이므로 추세가 지속된다. 주식시장과 MAS가 반대 방향으로 움직이면 대규모 자본이 추세 반전 쪽에 돈을 걸고 있다는 의미다. MAS가 주가와 다이버전스를 보이면 시장은 반전될 확률이 높다.

🔜 기타 주식시장 지표들

세월이 흐르면서 극히 소수의 시장 지표들만이 살아남았다. 신고점/신저점 지수와 트레이더 지수는 최고의 시장 지표이며 등락주선과 MAS가 그 뒤를 따르고 있다. 주식시장에 관한 오래된 책을 보면 별별 요란한 지표들이 많지만 오늘날 이런 지표들을 쓰려면 신중해야 한다. 오랜 세월 시장이 변하면서 많은 지표들이 무의미해졌기 때문이다.

이전에 저가주의 거래량을 토대로 하던 지표들은 미국 주식시장의 거래량이 10배로 뛰고 다우지수가 6배 상승하면서 쓸모가 없어졌다. 거래소 회원 공매도율MSSR; Member Short Sale Ratio과 스페셜리스트 공매도율SSSR; Specialist Short Sale Ratio도 옵션 거래가 대중화되면서 의미가 없어졌다. 거래소 회원과 스페셜리스트specialist*들은 시장 간 차익 거래를 하느라 여념이 없게 되었고, 단주 거래 통계는 보수적인 단주 거래자Odd-Lotter**들이 뮤추얼펀드쪽으로 몰리면서 빛을 잃었다. 단주 거래 공매도율 역시 투기자들이 풋옵션으로 눈을 돌리면서 지표로서 효력을 잃었다.

---

* 뉴욕증권거래소 회원의 하나. 거래소 회원으로부터 받은 주문을 중개하거나 일정한 범위 내에서 자기매매를 하며 유동성을 제공하는 사람 — 옮긴이
** 최소 거래단위 미만으로 매매하는 투자자. 단주 거래자는 자금 능력이 부족한 소액 투자자인 경우가 많다 — 옮긴이

TRADING for a LIVING

제7부
시장 심리를 보여주는 지표들

39

합의 지표

개인 트레이더들은 시장에 대한 견해를 혼자 속으로만 생각하지만 경제부 기자나 시황 소식지 기고가들은 자신들의 견해를 분수처럼 마구 쏟아낸다. 그들 중엔 영리한 사람들도 있지만 기자나 기고가를 막론하고 대체로 매매 실적이 저조하다.

경제부 기자나 소식지 필진은 중요한 추세의 반전신호를 늘 한 발짝 늦게 알아차린다. 그러므로 이들 집단이 강세 혹은 약세라고 떠들면 그 반대로 매매하는 편이 현명하다. 집단의 행위는 개인의 행위보다 더 원초적이기 때문이다.

반대여론 지표contrary opinion indicator라고도 부르는 합의 지표

consensus indicator는 추세추종 지표나 오실레이터처럼 세밀한 지표는 아니다. 합의 지표는 단지 추세 반전이 임박했다는 사실에 눈을 돌리게 해줄 뿐이다. 합의 지표가 던지는 메시지를 읽었다면 기술적 지표를 이용해 더 정확한 시점을 포착해야 한다.

시장의 군중이 서로 의견을 달리하며 싸우고 있는 동안은 추세가 지속된다. 그렇지만 군중 대다수가 합의에 도달하면 추세는 반전 태세에 돌입한다. 대다수가 상승장을 예측하면 매도할 준비를 하고 대다수가 약세장을 예측하면 매수할 준비를 하는 편이 유리하다.

반대여론 이론의 기초를 닦은 사람은 스코틀랜드 출신 변호사인 찰스 맥케이이며, 이를 주식 등 금융시장에 적용한 사람이 험프리 B. 닐Humphrey B. Neill이다. 닐은 저서 『역발상의 기술The Art of Contrary Thinking』에서 대다수 군중이 시장의 주요 반전 포인트를 짚어내지 못하는 이유를 이렇게 설명했다. "가격을 떠받치는 건 군중인데 대다수가 강세장을 예측해 매수세로 돌아설 즈음이면 강세장을 떠받칠 만한 새로운 매수자가 더 이상 없기 때문이다."

뉴욕의 변호사인 에이브러햄 W. 코헨Abraham W. Cohen은 전체 트레이더의 의견을 대리하는 집단으로 자문서비스 제공자들을 선정하고 이들의 의견을 취합해 그 결과를 전체 트레이더의 의견으로 보았다. 회의주의자로 월스트리트에서 잔뼈가 굵은 코헨은 집단으로서 자문가들의 수익률이 시장 군중에 비해 전혀 나을 게 없다는 사실을 발견했다. 1963년 코헨은 '인베스터스 인텔리전스Investors Intelligence'라는 서비스 회사를 설립했다. 코헨이 한 일은 시황 소식지 필진들의 투자 양태를 추적해 반대로 투자하도록 조언하는 것이었다. 시황

소식지 필진 대다수가 약세를 예상하고 공매도에 나서면 코헨은 반대로 매수기회라고 보았고, 그들이 강력한 강세장을 예측하고 움직이면 매도기회를 찾았다. 제임스 H. 시벳James H. Sibbet은 코헨의 이론을 선물에 적용했다. 1964년 시벳은 '마켓 베인Market Vane'이라는 투자자문 회사를 설립했다. 시벳은 자문가들의 의견을 분석하고 구독자 수에 비례해 의견에 가중치를 두었다.

▶ 전문가 집단의 합의가 주는 신호

　소식지에다 시황 분석에 관한 글을 쓰는 필자들은 아주 영리하지만 집단으로 볼 때 일반 트레이더보다 나을 게 없다. 이들은 시장이 천정을 보일 때 매수에 나서 소위 상투를 잡고 시장이 바닥일 때 매도에 나선다. 이들의 합의는 일반 트레이더 집단과 별 차이가 없다.

　소식지 시황 분석가들은 시장의 커다란 움직임을 놓쳐 바보가 되면 구독자가 떨어져나가기 때문에 대개 추세를 따른다. 추세가 오래 지속될수록 이들은 이 추세가 계속된다고 더욱 크게 떠들어대는데 이들이 가장 목소리를 높이는 시점은 시장이 천정에 도달하거나 바닥에 도달한 시점이다. 소식지 필진 대다수가 소리를 높여 강세 혹은 약세를 강력하게 주장할 때는 반대로 매매하는 편이 유리하다.

　강세장을 예측하는 자문가와 약세장을 예측하는 자문가의 비율을 추적하는 서비스도 있다. 주식시장의 주요 평가기관으로는 인베스터스 인텔리전스가 있고 선물시장의 주요 평가기관으로는 마켓 베인이 있다. 일부 자문가들은 이도저도 아니게끔 교묘하게 말을 돌린다. 이럴 수도, 저럴 수도 있다고 애매하게 얘기해놓으면 나중에 시장이 어느 방향으로 움직이든 자신이 옳았다고 주장할 수 있기 때문이다. 인베스터스 인텔리전스와 마켓 베인 편집자들은 노련한 경험으로 이런 자문가들의 교묘한 말 돌리기에 숨은 속내를 까발린다.

■ 인베스터스 인텔리전스

인베스터스 인텔리전스는 1963년 에이브러햄 코헨이 설립했다. 코헨은 1983년 사망했지만 후임 편집자 겸 발행인인 마이클 버크 Michael Burke가 지금까지 코헨의 뒤를 이어 운영하고 있다. 인베스터스 인텔리전스는 약 130종의 주식시황 소식지를 분석한다. 그리고 소식지 기고자들 중 강세론자, 약세론자, 중립론자의 비율을 구한다. 이 중에서 약세론자의 비율이 특히 중요한데 주식시장 시황 분석가가 약세장을 예측하기에는 심리적으로 부담이 크기 때문이다.

주식 시황 소식지 중 약세론자의 비율이 55퍼센트를 넘어서면 시장은 바닥에 가까이 가고 있다는 의미이고, 약세론자의 비율이 15퍼센트 아래로 떨어지고 강세론자의 비율이 65퍼센트를 넘어서면 주식시장이 천정에 가까웠다는 의미로 해석한다.

■ 마켓 베인

마켓 베인은 32개 시장에 걸쳐 70종의 소식지를 분석한다. 마켓 베인은 각 시장에서 필진 한 명이 어느 정도 강세를 예측하는지를 9등급으로 나눈다. 그리고 이 등급을 각 소식지 구독자 수(자문가들은 대개 구독률이 높다는 것을 과시하기 위해 부수를 실제보다 부풀려 발표한다는 점을 감안해야 한다)로 곱한다. 모든 자문가의 등급을 더해 합의치 consensus를 발표하는데 0(가장 비관적 전망)에서 100(가장 낙관적 전망)까지 측정한다. 강세를 예측하는 합의치가 70~80퍼센트에 이르면 하락 반전 가능성을 살펴야 하며, 20~30퍼센트로 떨어지면 매수에 나설 때다.

이처럼 절대다수의 합의 또는 예측과 반대 방향으로 매매하는 기법은 선물시장의 구조에서 비롯된다. 이를테면 금선물시장의 미결제약정이 12,000계약이라면 매수 계약 수도 12,000이고 매도 계약 수도 12,000이다.

롱과 숏 계약 수는 이처럼 늘 동일하지만 계약을 보유하고 있는 계약자 수는 계속 변한다. 대다수가 매수 계약을 취하고 있다면 소수 진영인 숏 계약자가 롱 계약자보다 1인당 계약을 더 많이 보유하고 있게 된다. 마찬가지로 대다수가 숏 포지션을 취하고 있다면 소수 진영인 롱 계약자가 1인당 계약을 더 많이 보유하게 된다. 아래 도표는 하나의 시장에서 12,000계약을 보유하고 있는 트레이더 1,000명의 합의가 변하는 양상을 보여준다.

미결제약정	강세합의	매수 계약자 수	매도 계약자 수	매수 계약자 1인당 계약 수	매도 계약자 1인당 계약 수
12,000	50	500	500	24	24
12,000	80	800	200	15	60
12,000	20	200	800	60	15

1. 강세합의가 50퍼센트라면 트레이더의 50퍼센트가 롱 포지션을 취하고 있으며 50퍼센트가 숏 포지션을 취하고 있다는 것이다. 롱 포지션을 취하고 있는 매수 계약자의 평균 계약 수는 숏 포지션을 취하고 있는 매도 계약자의 평균 계약 수와 같다.

2. 강세합의가 80퍼센트에 도달하면 트레이더의 80퍼센트가 롱 포지션을 취하고 20퍼센트가 숏 포지션을 취하고 있다는 것이다. 롱 포지션과 숏 포지션의 규모는 언제나 동일하므로 숏 포지션을 취한 사람의 1인당 평균 계약 수가 롱 포지션을 취한 사람의 1인당 평균 계약 수보다 4배 많다고도 해석된다. 이는 숏 포지션을 취한 트레이더 1인당 평균 자본이 롱 포지션을 취한 트레이더 1인당 평균 자본보다 4배에 달한다는 의미다. 즉, 거대 자본을 보유한 시장의 큰손들이 숏 포지션 진영에 있다.

3. 강세합의가 20퍼센트로 떨어지면 20퍼센트의 트레이더가 롱 포지션을 취하고 있으며 80퍼센트가 숏 포지션을 취하고 있다는 것이다. 롱 포지션 계약 수와 숏 포지션 계약 수는 언제나 동일하므로 롱 포지션을 취한 트레이더 1인당 평균 계약 수는 숏 포지션을 취한 트레이더 1인당 평균 계약 수보다 4배 많다. 즉 시장의 큰손들이 롱 포지션을 취하고 있다.

어리석은 짓을 했다면 돈을 크게 불리지 못했을 것이므로 거대 자본을 굴리는 트레이더들은 평균 이상의 지식과 승률을 갖고 있는 경우가 많다. 큰손들이 한쪽으로 몰리면 그 방향으로 매매할 것을 고려해보라.

어떤 시장이든 강세합의가 갖는 의미를 읽어내려면 적어도 과거 12개월 동안의 합의에 관한 자료를 취득해 시장이 어떤 수준에서 반전했는지 살펴야 한다(그림 39-1). 그런 다음 반전 수준을 3개월마다 업데이트하라. 시장의 합의가 다시 한 번 강세 쪽으로 지나치게 쏠리면 기술적 지표를 활용해 공매도할 기회를 찾아라. 시장의 합의가 약세 쪽으로 지나치게 쏠리면 매수기회를 찾아라.

때로는 추세 반전보다 1~2주일 앞서 투자자문가들의 의견이 바뀌기도 한다. 강세장을 예측하는 합의 지수가 78퍼센트에서 76퍼센트로 떨어지거나 25퍼센트에서 27퍼센트로 상승하면 가장 영리한 투자자문가들이 기존의 추세를 버리고 있다는 뜻이다. 이런 상황 역시 추세 반전이 임박했다는 신호가 된다.

▶ 언론이 보내는 신호

어떤 집단이든 그 집단을 이해하려면 구성원들이 원하는 것이 무엇이며 두려워하는 것이 무엇인지 알아야 한다. 경제부 기자들은 진지하고 똑똑해 보이고 싶어하며 정보를 꿰고 있는 것처럼 보이기 원한다. 그 때문에 경제부 기자들은 확실히 한쪽 입장에 서는 법이 없다. 양다리를 걸친 채 논란이 되는 사안마다 여러 가지 측면을 다 제시한다. 이를테면 이런 식으로 '안전한' 기사를 쓴다. "정부의 재정

정책이 시장을 끌어올릴 것이다. 돌발 요인이 시장을 끌어내리지 않는다면."

경제 뉴스를 보도하는 언론매체 내부에서 의견이 갈라지는 건 다반사인데 경제부 기자들은 필진들보다 더 소심하다. 편집진은 모순

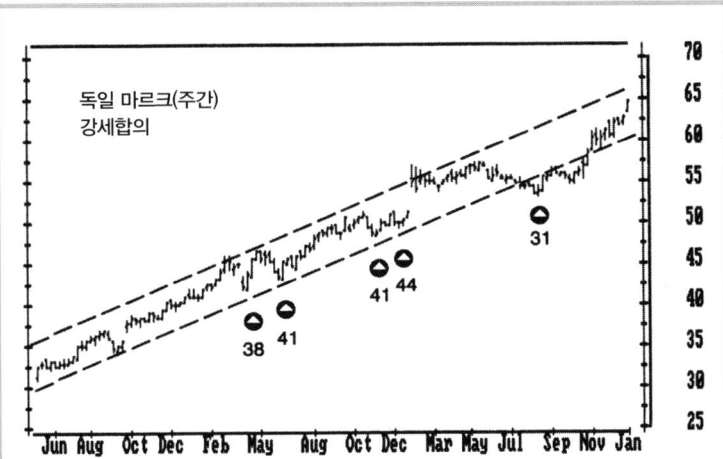

그림 39-1 강세합의(Bullish Concensus)

투자자문가들의 의견은 전체 시장 참여 군중의 의견을 대변하는 기준으로 삼을 수 있다. 군중이 약세를 보일 때가 최상의 롱 진입시점이며 군중이 강세를 보일 때가 최상의 숏 진입시점이다. 강세가 어느 수준에 도달할 때 매수 혹은 매도할 것인가는 시장에 따라 달라지며, 몇 개월에 한 번씩 이 수준을 조정해야 한다.

제시한 주간 차트에서 독일 마르크화는 추세선과 채널선 사이에서 꾸준히 상승하며 강세를 보인다. 이러한 강세장에서 강세합의가 45퍼센트 아래로 떨어질 때마다 매수신호가 발효되었다. 강세합의가 더 낮은 수준으로 떨어졌을 때는 더 폭발적인 반등이 뒤따른다!

되는 글을 함께 싣고는 '균형 잡힌 시각'이라고 우긴다.

이를테면 《비즈니스 위크》 최근호는 19쪽에 "인플레이션 바람이 점차 강하게 불어오고 있다"는 제목의 기사를 실었다. 이 기사는 전쟁이 끝나면 유가가 상승하리라고 예측하고 있다. 같은 호 32쪽에는 "왜 인플레이션 불안이 생기는가"라는 또 다른 기사를 실었는데, 이 기사는 전쟁이 끝나면 유가가 하락할 것이라고 예측하고 있다.

강력한 추세가 지속될 때라야 기자와 편집자는 양다리를 걸치지 않고 비로소 한쪽 입장을 확실히 지지한다. 낙관론이나 비관론이 시장을 휩쓰는 시점, 즉 주요 추세가 끝날 무렵이면 기자와 편집자는 양다리 걸치기를 그만둔다. 기자들이 양다리 걸치기를 그만두고 강력한 상승세나 강력한 하락세라고 떠들어대면 추세는 노쇠해 반전이 무르익었다는 신호다. 따라서 주요 경제지의 표지는 훌륭한 반대 여론 지표다. 《비즈니스 위크》가 표지에 강세장이라고 싣는다면 주식시장에서 롱 포지션을 취한 투자자들은 차익실현의 호기를 맞은 것이며 약세장이라고 싣는다면 바닥이 멀지 않았다는 신호다.

▶ 광고가 주는 신호

주요 일간지의 한 페이지에 '투자 적기'라는 광고가 세 개 이상 나오면 시장이 꼭짓점에 도달했다는 경고다(그림 39-2). 타성에 젖은 증권회사들은 상승추세가 확실히 자리 잡아 지속될 때라야 움직인다. 따라서 증권회사에서 추세를 감지하고 일간지에 투자를 권고하는 광고를 내면 추세가 이미 노쇠했다는 신호다.

《월스트리트 저널》 상품 관련 지면에 투자를 권유하는 광고가 실리면 트레이더들은 매수하고 싶은 유혹에 흔들린다. 하지만 '공매도 적기'라는 광고는 절대로 실리지 않는데 공매도로는 아마추어의 마음을 흔들기 어렵기 때문이다. 공매도 적기는 동일한 시장에 대해 '투자 적기'라는 광고가 세 개 이상 실리는 바로 그 시점이다.

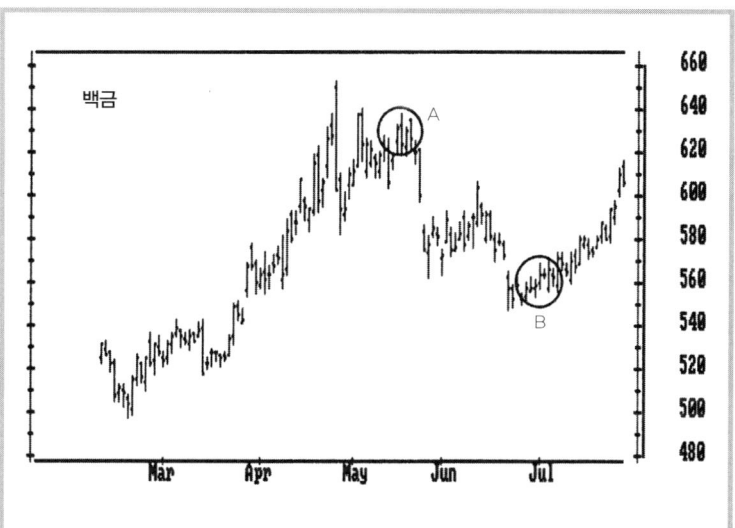

그림 39-2 반대 지수 역할을 하는 광고

신문 하나에 몇몇 증권사의 투자 권고 광고가 실리면 추세 반전이 임박했다는 신호다. 같은 상품에 대한 광고가 같은 지면에 세 개 이상 실리면 약세를 경고한다.

위 차트에서 상단의 첫 번째 원(A)은 《월스트리트 저널》 선물 면에 백금시장 광고가 5개나 실린 시점이고, 하단의 원(B)은 같은 지면에 광고가 없었던 시점이다.

40
시장 참여 지표

일부 정부 기관과 거래소에서는 투자자와 트레이더 집단의 매수와 매도에 관한 자료를 수집한다. 이들은 실제 트레이딩 상황, 즉 어떤 집단이 어느 정도의 자금을 투입했는지 요약 보고한다. 이를 참고하여 성공한 집단의 뒤를 따르고 실적이 나쁜 집단과 반대로 매매하는 편이 유리하다.

이를테면 미국 선물거래위원회CFTC는 헤저와 거대 자본을 보유한 투기적 거래자들의 롱 포지션과 숏 포지션을 발표한다. 상품 생산자이자 소비자인 이들은 선물시장 참여자들 중 가장 성공적인 집단이다. 미국 증권거래위원회SEC는 기업 내부자의 매수와 매도를 보고한다. 상장기업의 임원들은 보유하고 있는 기업 주식을 언제 사고 언제 팔아야 할지 잘 알고 있는 이들이다. 또한 뉴욕증권거래소는 거래소 회원들과 단주 거래자의 매수, 매도, 공매도 주식 수를 발표한다. 거래소 회원들은 대개 단기 투기자들보다 승률이 높다.

▶ 트레이더들의 동향

트레이더는 보유 포지션 규모가 일정 수준에 이르면 CFTC에 보고해야 한다. 이를 '보고 수준reporting level'이라고 한다. 내가 이 책을 저술하고 있는 지금 시점을 기준으로 롱 포지션 혹은 숏 포지션으로 옥수수선물을 100계약 이상 계약하거나 S&P500선물을 300계약 이상 보유하면 CFTC는 '거대 투기자'로 분류한다. 보고 수준에 이르는 포지션을 보유할 시 중개인이 CFTC에 보고하면 CFTC는 보고를 모두 취합해 격주로 요약, 발표한다.

CFTC는 보유 가능한 최대 계약 수를 규제하고 있는데 이를 '포지션 제한position limits'이라고 부른다. 어떤 시장이든 투기자 한 명이 보유할 수 있는 포지션은 제한되어 있다. 현재 시점에서 투기자 한 명이 보유할 수 있는 순 롱 포지션과 순 숏 포지션 계약 수는 옥수수선물의 경우 2,400계약, S&P500선물의 경우 500계약이다. 이런 제한 조치는 거대 자본을 보유한 투기적 투자자들이 포지션을 축적해 시장가를 끌어올리지 못하게 막기 위한 것이다.

CFTC는 시장 참여자를 헤저, 소자본 투기적 거래자, 대자본 투기적 거래자 이렇게 세 부류로 나눈다. 헤저는 현물을 사업의 일부로 일상적으로 거래하고 있는 회사나 개인을 말한다. 이론상으로 이들은 사업 위험을 헤지(상쇄)하기 위해 선물을 거래한다. 이를테면 은행 대출 포트폴리오를 헤지하기 위해 금리선물을 거래하며, 식품가공 회사는 곡물 수매에 따른 위험을 헤지하기 위해 밀선물을 거래한다. 이런 목적 때문에 헤저들은 적은 마진을 취하며 투기적 포지션 규모에 제약을 받지 않는다.

대자본 투기적 거래자들은 보고 수준까지 포지션을 다량 보유하는 트레이더를 가리킨다. CFTC는 헤저와 대자본 투기적 거래자의 매도와 매수 상황을 발표한다. 미결제약정에서 헤저와 대자본 투기적 거래자의 보유 포지션을 차감하면 소자본 트레이더의 포지션 보유물량을 알 수 있다.

그런데 이와 같이 헤저, 대자본 투기적 거래자, 소자본 투기적 거래자로 분류하는 건 다분히 인위적이다. 소자본 거래자도 실력이 있으면 대자본 거래자로 성장할 수 있고 대자본 거래자도 실패를 거듭하면 소자본 거래자로 전락한다. 또한 헤저 중 다수가 실제로는 투기적 거래를 하고 있다.

일부 시장 참여자들은 농간을 부려 CFTC 보고서를 왜곡시키기도 한다. 이를테면 증권사 소유주가 투기적 거래자인 부유한 고객을 헤저로 등록해 마치 주식과 채권 포지션을 헤지하기 위해 주가지수와 채권선물을 거래하는 것처럼 꾸미는 등이다.

앞서 언급했듯이 헤저들은 내부 정보를 이용해 선물시장에서 투기하는 것이 합법적이다. 그래서 자본금이 넉넉한 일부 헤저가 선물

시장에서 농간을 부리기도 한다. 이를테면 정유회사가 원유선물을 매수해 원유 탱크 몇 개를 실은 유조선을 앞바다에 묶어둘 수도 있다. 그렇게 되면 공급이 딸려 선물 가격이 올라가게 된다. 정유회사는 롱 포지션으로 수익을 거둔 다음, 숏 포지션을 취하는 동시에 유조선의 원유 탱크를 정유공장에 보내 원유선물 가격을 하락시킨 후 환매할 수도 있다. 이런 가격 조작은 불법이므로 기업들 대부분은 이런 일이 없다고 시치미를 딱 떼기는 하지만.

집단으로 분류해보면 헤저 집단이 선물시장에서 가장 높은 수익률을 올린다. 헤저들은 내부 정보를 갖고 있는데다 자본력이 좋기 때문이다. 장기적으로 보아 수익을 올리는 집단은 헤저들이므로 이들을 뒤따르는 게 현명하다. 오렌지주스 헤저 등 극소수 예외를 제외하고는 이 법칙이 적용된다.

거대 자본을 보유한 투기적 거래자 집단의 수익률은 10여 년 전만 해도 아주 높았다. 과거 이들은 자신들의 돈으로 신중하게 위험을 감수하는 부유한 개인이었다. 하지만 오늘날의 거대 자본 거래자들은 상품펀드commodity fund*를 운용하는 큰손들로 집단 전체의 성적은 보잘것없다.

그리고 나머지 그룹인 소자본 거래자 집단은 말 그대로 시장에서 헛발질만 해왔으므로 수익률이라는 걸 말할 형편이 못 된다.

특정 집단이 숏을 취하느냐 롱을 취하느냐를 아는 것만으로는 충

---

* 일반 투자자들에게서 모집한 자금을 상품선물을 대상으로 운용하는 펀드 – 옮긴이

분하지 않다. 헤저들은 대부분 현물을 보유하고 있는 경우가 많기 때문에 종종 선물에서 숏 포지션을 취한다. 소자본 거래자들은 언제나 낙관론을 견지하기 때문에 대개 롱 포지션을 취한다. CFTC 보고서에서 유용한 결론을 이끌어내려면 과거의 일반적인 수준과 현재의 포지션을 비교해보아야 한다.

트레이더의 동향을 분석하는 현대적인 접근법은 커티스 아놀드Curtis Arnold가 개발하고 소식지 《불리쉬 리뷰Bullish Review》 발행인인 스티븐 브리스Stephen Briese가 널리 대중화시켰다. 두 사람은 역대의 포지션 보유 수준과 현재의 동향 사이에 어느 정도 격차가 있는지 측정했다.

《불리쉬 리뷰》가 사용한 공식은 다음과 같다.

$$\text{COT 지수} = \frac{\text{현재 Net} - \text{최소 Net}}{\text{최대 Net} - \text{최소 Net}}$$

- COT 지수 = 트레이더동향 지수
- 현재 Net = 현재 헤저와 투기적 거래자가 보유하고 있는 순 포지션의 차이
- 최소 Net = 헤저와 투기적 거래자가 보유한 순 포지션의 최소 차이
- 최대 Net = 헤저와 투기적 거래자가 보유한 순 포지션의 최대 차이

COT 지수가 90퍼센트 이상 상승하면 헤저들이 평소보다 훨씬 더 적극적으로 매수에 나서고 있다는 것이므로 매수신호가 된다. COT 지수가 10퍼센트 이하로 떨어지면 헤저들이 평소보다 훨씬 더 적극적으로 매도에 나서고 있다는 뜻이므로 매도신호가 된다.

내부자 거래

상장기업의 주식 중 5퍼센트가 넘는 지분을 소유한 임원과 투자자들은 증권거래위원회에 매수와 매도 상황을 보고해야 한다. 증권거래위원회는 내부자 매수와 매도를 취합하여 한 달에 한 번 자료를 공개한다.

기록을 통해 살펴보면 기업 내부자는 주식을 싸게 사서 비싸게 판다. 내부자는 시장이 큰 폭으로 하락한 뒤 매수에 나서며 시장이 반등해 주가가 과대평가되면 점차 매도물량을 늘려나간다.

내부자 한 명의 매수 혹은 매도는 문제가 되지 않는다. 이를테면 임원 한 사람이 개인적으로 쓸 비용을 마련하기 위해 회사 주식을 처분할 수도 있고 스톡옵션을 행사하기 위해 주식을 매수할 수도 있다. 그런데 합법적 내부자 거래를 연구한 분석가들에 따르면 한 달 이내에 세 명 이상의 임원이나 지분을 많이 보유한 주주가 매수하거나 매도할 때는 의미를 갖는다. 이는 그 회사에 굉장한 호재나 심각한 악재가 곧 닥친다는 의미다. 한 달 사이에 내부자 세 명 이상이 매수에 나서면 주가는 상승할 확률이 높고, 내부자 세 명 이상이 매도에 나서면 하락할 확률이 높다.

증권거래소 회원들의 거래

증권거래소 회원, 그중에서도 스페셜리스트 자격은 '돈을 찍어내는 조폐 면허증'이나 다름없다. 바로 그 때문에 오랜 세월 트레이더들은 증권거래소의 한 자리를 차지하기 위해 수십만 달러를 아까워하지 않았다.

회원 공매도율MSSR은 전체 공매도 거래 중 회원이 공매도한 비율을 가리키고, 스페셜리스트 공매도율SSSR은 전체 공매도 거래 중 스페셜리스트가 공매도한 비율을 나타낸다. 이 지표들은 한때 주식시장의 기술적 분석가들에게 최상의 도구로 활용되었다. MSSR이 85퍼센트 이상이고 SSSR 지표가 60퍼센트 이상으로 높으면 영리한 트레이더들이 천정이라고 보고 일반 트레이더들에게 공매도하고 있다는 것을 의미한다. MSSR이 75퍼센트 이하이고 SSSR이 40퍼센트 이하로 낮으면 이들 프로들은 시장을 바닥이라고 보고 약세 지속을 예상하는 일반인들에게서 매수하고 있는 것이다.

이 지표들은 1980년대 들어 거래소 회원들이 옵션시장에서 아비트리지arbitrage* 기회를 많이 얻으면서 잘 들어맞지 않게 되었다.

단주 거래

단주 거래자는 자금 능력이 부족한 소액 투자자들이다. 이들은 한 번에 100주 이하를 거래하는 사람들로 주식 거래시장의 '잔챙이'들

＊ 차익 거래. 동일한 상품이 두 시장에서 가격이 다른 경우 가격이 저렴한 시장에서 매수하고 가격이 비싼 시장에서 매도해 이익을 얻는 거래 - 옮긴이

인 개미군단이다. 이들을 보면 월스트리트 초창기 시절이 떠오른다. 100년 전에는 단주 거래자들이 거래하는 비중이 전체 거래량의 4분의 1을 차지했는데 20년 전에는 고작 1퍼센트에 지나지 않게 되었다. 집단으로서 단주 거래자는 가치투자자들이다. 이들은 주가가 쌀 때 매수하고 주가가 오르면 매도한다.

단주 거래자의 행위를 추적하는 지표는 1930년대에 개발되었다. 단주 거래 매도율Odd-Lot Sales Ratio은 매수 대비 매도 비율을 측정한다. 이 지표가 하락하면 단주 거래자들이 매수하고 있으며 주식시장이 바닥에 가까웠다는 의미다. 이 지표가 상승하면 단주 거래자들이 매도하고 있으며 주식시장이 천정에 가까웠다는 의미다.

단주 거래 공매도율Odd-Lot Short Sale Ratio은 성격이 전혀 다른 지표다. 이 지표는 다수가 도박꾼인 단주 거래자 중 공매도한 거래자의 행위를 추적한다. 단주 거래 공매도율이 아주 낮은 수준이면 시장은 천정에 가깝고 단주 거래 공매도율이 높은 수준이면 시장은 바닥이다.

이 지표들은 1970년대와 1980년대 금융시장의 양상이 바뀌면서 빛이 바래고 말았다. 영리한 소자본 투자자들은 잘나가는 뮤추얼펀드에 돈을 투자하고 도박꾼들은 옵션으로 더 많은 돈을 벌 수 있다는 사실을 알게 되었기 때문이다.

TRADING for a LIVING

제8부

시장의 주도세력을 알려주는 새로운 지표들

41
엘더-레이

　엘더-레이는 1989년 내가 개발한 새로운 기술적 지표로 엑스레이와 비슷해서 이런 이름을 붙였다. 의사들은 엑스레이를 이용해 피부 아래에 있는 뼈를 본다. 트레이더는 엘더-레이를 이용해 시장 이면에 있는 황소와 곰들의 힘을 볼 수 있다.
　트레이더로 성공하기 위해 꼭 미래를 예측할 필요는 없다. 황소와 곰이 언제 시장을 장악하는지 알고 시장 주도세력에 투자하면 된다. 엘더-레이는 황소와 곰이 언제 힘을 얻고 언제 힘을 잃는지 알려주는 유용한 지표다.

엘더-레이 지표 산출 방식

엘더-레이는 추세추종 지표와 오실레이터의 가장 유용한 특징들을 결합한 것이다(24장 참고). 엘더-레이에는 추세추종 지표인 지수이동평균이 포함되며 불 파워Bull Power와 베어 파워Bear Power 요소들은 오실레이터로 나타낸다.

엘더-레이를 구축하려면 가로로 두 줄을 그어 컴퓨터 스크린이나 차트용 종이를 세 개로 나눈다. 바차트와 지수이동평균을 맨 위 칸에 그리고 불 파워를 가운데 칸에, 베어 파워를 맨 아래 칸에 그린다.

엘더-레이 지표를 구축하려면 다음 4단계를 거쳐야 한다(그림 41-1 워크시트, 그림 41-2 참고).

1. 스크린 맨 위 칸에 바차트를 그린다.
2. 같은 스크린에 종가의 지수이동평균을 그린다. 13일 지수이동평균이 무난하다.

    불 파워 = 고가 − 지수이동평균

    베어 파워 = 저가 − 지수이동평균

3. 위 방정식을 이용해 불 파워를 구한 다음 중간 스크린에 히스토그램으로 표시한다. 특정일의 불 파워는 고가에서 그날의 지수이동평균을 차감한 것이다. 바bar의 고가가 지수이동평균 위에 있으면 불 파워는 양수가 되며 히스토그램은 중간선 위로 올라온다. 주가가 급격한 하락세를 보일 때면 바bar들이 모두 지수이동평균보다 아래로 떨어지는데, 고가

날짜	고가	저가	종가	13일 EMA	불 파워	베어 파워
09/19	353.5	351.4	351.6	351.34	2.16	0.06
09/20	352.1	350.9	351.7	351.39	0.71	−0.49
09/23	354.2	352.2	354.1	351.78	2.42	0.42
09/24	357.9	354.9	357.1	352.54	5.36	2.36
09/25	356.8	355.3	356.2	353.06	3.74	2.24
09/26	355.9	355.3	354.1	353.21	2.69	0.09
09/27	352.6	350.9	352.5	353.11	−0.51	−2.21
09/30	359.6	355.2	357.4	353.72	5.88	1.48
10/01	357.8	356.8	357.4	345.525	3.55	2.55
10/02	360.8	357.9	358.8	354.90	5.90	3.00

그림 41-1 엘더-레이 워크시트

– 불 파워 = 바의 고점 – 13일 지수이동평균
– 베어 파워 = 바의 저점 – 13일 지수이동평균

불 파워는 양수, 베어 파워는 음수가 되는 것이 정상이다. 불 파워가 높아질수록 황소들이 강력한 힘을 발휘하고 있으며 베어 파워가 낮아질수록 곰들이 강력한 힘을 발휘하고 있다. 불 파워가 음수로 돌아서면 곰들이 아주 강력한 위력을 발휘해 황소들을 완전히 제압하고 있다는 뜻이며, 베어 파워가 양수로 돌아서면 황소들이 아주 강력한 힘을 발휘해 곰들을 완전히 제압하고 있다는 뜻이다.

가 지수이동평균보다 낮으면 불 파워는 음수가 되며 히스토그램도 중간선 아래로 떨어진다.

4. 베어 파워를 구해 맨 아래 스크린에 히스토그램으로 표시한다. 바^{bar}의 저가에서 지수이동평균을 차감한 것이 베어 파워 값이다. 바의 저가가 지수이동평균 아래에 있으면 베어 파워는 음수가 되며 히스토그램은 중간선 아래에 있다. 주

가가 급격한 상승세를 보일 때면 바bar들이 모두 지수이동평균보다 위로 올라오는데, 저가가 지수이동평균보다 높으면 베어 파워는 양수가 되며 히스토그램도 중간선 위로 올라간다(그림 41-2).

▶ 엘더-레이가 보여주는 시장 심리

엘더-레이에는 가격, 이동평균, 고가와 저가 등 여러 가지 정보가 포함된다. 엘더-레이를 파악하려면 이 요소들을 이해해야 한다.

주가는 가치에 대한 일시적 합의다(12장 참고). 매수자는 주가 상승을 기대하고 매수하며 매도자는 주가 하락을 예상하고 매도한다. 결정을 내리지 못한 트레이더는 옆으로 비껴나 관망하지만 이들의 존재가 황소와 곰에게 압력으로 작용한다. 관망하는 트레이더가 끼어들어 기회를 낚아채갈까 두려워하면서 매수자는 기꺼이 사려고 하고 매도자는 기꺼이 팔려고 할 때 거래가 성사된다.

이동평균은 일정 기간 동안의 가치에 대한 합의의 평균을 나타낸다. 10일 이동평균은 지난 10일 동안 합의의 평균치를 가리키며 20일 이동평균은 지난 20일 동안 합의의 평균치를 가리킨다. 지수이동평균이 단순이동평균보다 더 신뢰도가 높다(25장 참고).

이동평균이 전하는 가장 중요한 메시지는 기울기다. 기울기가 상승하면 군중이 매수에 나서고 있다는 의미이고 하락하면 군중이 매도에 나서고 있다는 의미다. 이동평균선의 기울기 방향대로 매매하라.

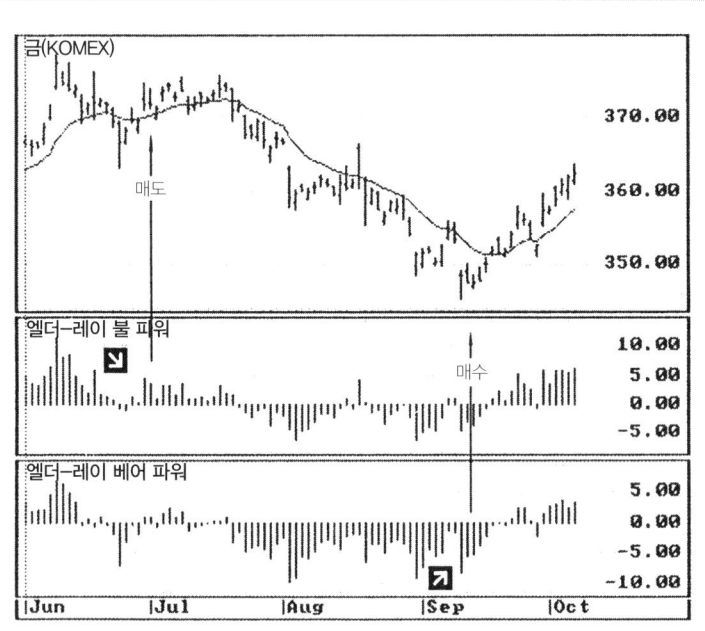

그림 41-2 엘더-레이

13일 지수이동평균은 가치에 대한 13일간의 평균적 합의를 반영하며 지수이동평균의 기울기는 시장의 추세를 표시한다. 불 파워는 가치에 대한 평균적 합의보다 가격을 위로 끌어올리는 황소들의 역량을 나타낸다. 베어 파워는 가치에 대한 평균적 합의보다 가격을 아래로 끌어내리는 곰들의 역량을 나타낸다.

가격은 신저점으로 떨어지지만 베어 파워가 저점을 높이는 강세 다이버전스가 발생할 때 최상의 매수신호가 발표된다. 최상의 매도신호는 가격이 신고점으로 상승하지만 불 파워는 고점을 낮추는 약세 다이버전스가 발생할 때 발효된다.

6월과 7월에 가격은 이중 천정을 이루지만 불 파워는 고점을 현저히 낮추면서 약세 다이버전스가 발생해 매도신호가 켜진다. 얼마 후 13일 지수이동평균이 하락세로 돌아서며 매도신호를 확증한다. 하락추세를 보이는 동안 불

> 파워가 몇 차례 양수가 되며 숏 포지션을 늘릴 시점을 알려준다. 하락추세를 보이는 동안 불 파워가 양수로 전환되었다가 틱을 낮추면 전일의 저점 아래에 매도주문을 내라.
> 9월 가격이 신저점을 기록하지만 베어 파워가 저점을 높이면서 강세 다이버전스가 발생한다. 이후 13일 지수이동평균이 상승하면서 매수신호가 확증된다. 차트의 오른쪽 끝에서는 불 파워가 신고점에 이르며 강력한 상승세가 지속될 것을 예고하고 있다.

바의 꼭대기는 바가 표시하는 기간 동안 매수자가 가진 위력의 최대치를 반영한다. 황소들은 가격이 올라야 돈을 벌기 때문에 더 이상 가격을 끌어올리지 못할 때까지 계속 매수한다. 황소들은 단 하나의 틱이라도 더 올리고 싶겠지만 결국 힘이 다 빠지고 만다. 일간 차트상 바의 꼭대기는 그날 하루 동안 황소들이 가진 힘의 최대치를 가리키며 주간 차트상 바의 꼭대기는 일주일 동안 황소들이 가진 힘의 최대치를 가리킨다.

바의 저점은 곰들이 가진 힘의 최대치를 가리킨다. 곰들은 가격이 하락해야 돈을 버는데 계속 매도하고 공매도하다가 결국 가격을 더 이상 끌어내리지 못하는 시점을 맞게 된다. 일간 차트상 바의 바닥은 그날 하루 동안 곰들이 가진 힘의 최대치를 가리키며 주간 차트상 바의 바닥은 일주일 동안 곰들이 가진 힘의 최대치를 가리킨다.

엘더-레이는 바의 고점과 지수이동평균의 차이, 그리고 바의 저점과 지수이동평균의 차이를 측정함으로써 황소와 곰이 가진 힘의 최대치와 가치에 대한 평균적 합의를 비교한다.

불 파워는 가치에 대한 평균적 합의 위로 주가를 끌어올리는 황소들의 능력을 가리킨다. 바의 고점과 지수이동평균의 거리를 측정해 불 파워를 구한다. 황소들이 강해지면 불 파워는 상승하고 황소들이 주춤하면 불 파워는 하락한다. 이때 베어 파워가 음수라면 황소들이 맥을 추지 못하고 있음을 보여준다.

베어 파워는 가치에 대한 평균적 합의 아래로 주가를 끌어내리는 곰들의 능력을 가리킨다. 바의 저점과 지수이동평균의 거리를 측정해 베어 파워를 구한다. 곰들이 강해지면 베어 파워는 더 하락하고 곰들이 주춤하면 베어 파워는 상승한다. 베어 파워가 양수로 전환되면 황소들이 너무나 강력한 힘으로 곰들의 목덜미를 잡고 수면 위로 끌어올리고 있다는 의미다.

엘더-레이의 핵심을 요약하면 다음과 같다.

1. 주가는 가치에 대한 합의가 행동으로 표현된 것이다.
2. 이동평균은 가치에 대한 합의의 평균이다.
3. 각 바의 고점은 바가 표시하는 기간 동안 황소들이 갖는 힘의 최대치를 가리킨다.
4. 각 바의 저점은 바가 표시하는 기간 동안 곰들이 갖는 힘의 최대치를 가리킨다.
5. 불 파워는 가치에 대한 평균적 합의와 황소들의 힘 사이의 격차다.
6. 베어 파워는 가치에 대한 평균적 합의와 곰들의 힘 사이의 격차다.

➡ 엘더-레이를 활용한 매매 기법

엘러-레이 하나만을 활용해 매매할 수도 있지만 삼중 스크린 매매 시스템 같은 기법과 함께 쓰는 편이 유리하다(43장 참고). 엘더-레이만 활용한다면 지수이동평균의 기울기가 추세를 나타낸다는 점을 명심하고 지수이동평균의 기울기 방향대로만 매매하라. 추세의 방행대로 매매하되 불 파워와 베어 파워를 활용해 진입시점과 청산시점을 포착하라.

삼중 스크린 매매 시스템은 주간 차트를 이용해 추세를 파악하는 것이 중요하다. 일간 차트의 불 파워와 베어 파워를 활용해 주간 차트의 추세대로 매매한다. 주간 차트가 상승추세라면 삼중 스크린상의 일일 엘더-레이는 매수신호만 발효시킨다. 주간 차트가 하락추세라면 엘더-레이는 공매도신호만 발효시킨다.

■ 매수와 매도

매수하려면 두 가지 필수조건이 충족되어야 한다. 3, 4번 조건까지 충족하면 좋지만 필요조건은 아니다.

1. 상승추세여야 한다(지수이동평균이나 주간 추세추종 지표로 추세 확인).
2. 베어 파워가 음수이되 상승해야 한다.
3. 불 파워의 가장 최근 고점이 전고점보다 높다.
4. 베어 파워가 강세 다이버전스를 보인 후 상승 중이다.

베어 파워가 양수일 때는 매수하지 말라. 베어 파워가 양수일 경우는 상승추세가 급격하며 바bar 전체가 지수이동평균선 위로 올라왔을 때 나타나는 현상이다. 따라서 곰들이 물속에 가라앉지 않고 공중에 붕 떠 있는 형국이다. 이럴 때 매수하면 소위 '호구'를 기대하며 도박을 거는 셈이다. 즉 높은 가격에 사면서 더 높은 가격에 살 호구가 나타나리라고 기대하는 것이다.

최적의 매수시점은 베어 파워가 음수이지만 점차 상승하고 있을 때다. 이러한 현상은 곰들이 수면 위로 머리를 내밀려고 하지만 다시 물속으로 빠지기 시작할 때 나타난다. 베어 파워가 상승하면 지난 2일 동안의 고점 위에 역지정가 매수주문을 내라. 상승이 계속되면 매수주문이 체결되어 롱 포지션을 취하게 된다. 롱 포지션으로 진입한 다음에는 가장 최근의 단기 저점에 손실제한주문을 설정하라.

베어 파워와 주가 사이에 강세 다이버전스가 발생하면 가장 강력한 매수신호가 발효된다. 주가가 신저점으로 떨어지지만 베어 파워가 저점을 높이면 주가가 하락하던 관성에서 벗어나고 있으며 곰들이 점차 약해지고 있다는 의미이다. 베어 파워가 두 번째 저점보다 상승하면 평소보다 포지션을 늘려 매수하라.

베어 파워는 포지션을 늘릴 시점을 파악하는 데 유용하다. 상승추세가 지속되는 동안에는, 베어 파워가 중간선 아래로 하락했다가 다시 상승할 때마다 롱 포지션의 포지션을 늘려나가라.

지표를 활용해 매수했다면 매도할 때도 지표를 활용하라. 불 파워가 오르내릴 때마다 동요하지 말라. 불 파워의 천정과 바닥의 패턴으로 황소들의 위력을 점검할 수 있다. 주가가 신고점을 기록하고 주가에 동반해 불 파워도 신고점을 기록하면 상승추세는 안전하다. 황소들이 힘을 잃을 때 매도하라. 주가가 신고점을 기록하지만 불 파워가 전고점보다 고점을 낮추면 매도신호다.

■ **공매도와 환매**

공매도를 하려면 두 가지 조건이 반드시 충족되어야 한다. 3, 4번 조건까지 충족하면 좋지만 필요조건은 아니다.

1. 하락추세여야 한다(지수이동평균이나 주간 추세추종 지표로 추세를 확인한다).
2. 불 파워가 양수이지만 하락 중이어야 한다.
3. 베어 파워의 마지막 저점이 전저점보다 낮아야 한다.
4. 불 파워가 약세 다이버전스를 보인 후 하락하고 있다.

불 파워가 이미 음수일 때는 공매도하지 말라. 주가가 급락세에 있어 모든 주가 바bar가 지수이동평균선 아래에 있을 때 불 파워는 음수가 된다. 황소들이 물밖으로 머리를 내밀지 못하도록 곰들이 누르고 있는데, 이 상황에서 공매도를 한다면 곰들이 황소들의 머리를 더 깊숙이 누를 수 있다는 쪽에 돈을 거는 셈이다. 이 역시 나보다 더 어리석은 호구가 있을 거라는 희망에 지나지 않는다.

최적의 공매도시점은 불 파워가 양수이지만 하락하고 있을 때로, 황소들이 숨을 쉬기 위해 물밖으로 머리를 내밀지만 다시 가라앉기 시작하는 시점이다. 지난 2일 동안의 저점 아래에 역지정가 공매도주문을 내라. 하락이 계속되면 자동으로 주문이 체결될 것이며, 체결이 되자마자 가장 최근의 단기 고점 위에 손실제한주문을 설정하라.

불 파워와 주가 사이에 약세 다이버전스가 발생하면 가장 강력한 공매도신호가 발효된다. 주가는 신고점으로 상승하지만 불 파워가 고점을 낮추면 황소들의 힘이 약해져서 주가가 탄력을 잃고 있다는 의미다. 불 파워가 고점을 낮춘 다음 다시 하락하면 숏 포지션을 늘려라.

불 파워는 숏 포지션을 늘릴 시점을 알려준다. 하락추세가 지속되는 동안 불 파워가 중간선 위로 상승했다가 다시 하락할 때마다 포지션을 늘려나가라.

지표를 활용해 공매도했다면 환매할 때도 지표를 활용하라. 추세가 하락하면 베어 파워를 주시하면서 곰들이 힘을 내고 있는지 힘이 떨어지고 있는지 살펴야 한다. 베어 파워의 틱이 상승하고 하락하는 것보다는 천정과 바닥의 패턴이 중요하다. 주가가 신저점으로 떨어지고 베어 파워 역시 신저점으로 하락하면 하락추세는 견고하다.

주가가 신저점으로 떨어지지만 베어 파워가 저점을 높이면 강세 다이버전스가 일어난다. 곰들의 힘이 빠지고 주가가 관성을 잃을 때 이런 현상이 발생한다. 따라서 환매하고 롱 포지션으로 진입할 태세를 갖추라는 신호다.

불 파워와 주가, 베어 파워와 주가 사이에 다이버전스가 발생하면 절호의 매매기회다. 엑스레이가 건강해 보이는 피부 아래에 부러져 있는 뼈를 드러내듯 엘더-레이 역시 겉으로 드러나는 추세 이면에서 시장 지배집단이 무너지고 있는 양상을 드러낸다.

# 42

강도 지수

강도 지수 역시 내가 개발한 오실레이터로 상승을 떠받치는 황소들의 힘과 하락을 주도하는 곰들의 힘을 측정한다. 주가 변화의 방향, 변동폭, 거래량 등 세 가지 기본적인 정보를 결합하는데 강도 지수를 이용하면 거래량을 새로운 방식으로 활용해 매매 의사결정을 내릴 수 있다.

강도 지수를 그대로 사용해도 되지만 이동평균으로 평활화해 이용할 수도 있다. 강도 지수를 단기 이동평균으로 평활화하면 진입과 청산시점을 정확하게 짚어낼 수 있으며, 장기 이동평균으로 평활화하면 황소와 곰들의 위력에 중대한 변화가 발생하는 시점을 알 수 있다.

▣ 강도 지수 산출 방식

가격 변동의 힘이 어느 정도인가는 방향, 거리, 거래량에 의해 결정된다. 종가가 이전 바보다 높으면 강도는 양의 값을 갖고 종가가 이전 바보다 낮다면 강도는 음의 값을 갖는다. 또한 가격 변동폭이 클수록, 그리고 거래량이 많을수록 강도는 더 커진다(그림 42-1 워크시트 참고).

강도 지수 = 오늘 거래량 × (오늘 종가 − 어제 종가)

강도 지수는 중간선을 0으로 해서 히스토그램으로 그린다. 종가가 상승하면 강도 지수는 양수가 되고 중간선 위로 올라간다. 종가가 하락하면 강도 지수는 음수가 되고 중간선 아래로 내려간다. 종가가 변동이 없다면 강도 지수는 0이다.

강도 지수의 히스토그램은 들쭉날쭉 변화가 심한데 이동평균으로 평활화했을 때 더 나은 매매신호를 제공한다. 최단 기간으로 평활화하려면 2일 지수이동평균을 이용하라. 강도 지수의 2일 지수이동평균은 시장 진입시점을 포착하는 데 유용하다. 주가의 13일 지수이동평균의 방향대로 매매한다면 2일 지수이동평균이 음수일 때 매수하고 양수일 때 매도하라.

날짜	종가	거래량	강도 지수	2일 EMA 강도 지수	13일 EMA 강도 지수
10/29	25329	3834			
10/30	25242	4495	−391065		
10/31	25194	1372	−65856	−130807	
11/01	24295	2547	−2289753	−150105	
11/02	24195	2891	−289100	−716102	
11/05	24385	1448	275120	−55287	
11/06	23966	2796	−1171524	−799445	
11/07	23500	3675	−1712550	−1408182	
11/08	22970	3167	−1678510	−1588400	
11/09	22932	2880	−109440	−602426	
11/13	23974	2484	2588328	1524743	
11/14	23937	1827	−67599	463181	
11/15	23487	2212	−995400	−509206	
11/16	23172	2741	−863415	−745345	−338231
11/19	23519	1931	670057	198256	−261590
11/20	23205	1405	−441170	−228027	−256796
11/21	22816	2259	−878751	−661843	−314660
11/22	23400	2163	1263192	621514	−180921

그림 42-1 강도 지수 워크시트

단기 강도 지수를 2일 지수이동평균으로 평활화한다. 중기 강도 지수는 13일 지수이동평균으로 평활화한다. 강도 지수의 수치가 너무 커지면 강도 지수를 가장 최근의 종가로 나누도록 프로그램을 조정하라.

강도 지수의 13일 이동평균은 황소와 곰의 위력이 장기적으로 어떻게 변하는지에 대한 양상을 드러낸다. 강도 지수의 13일 이동평균이 중간선 위로 올라오면 황소들이 시장을 장악하고 있다는 뜻이며, 강도 지수의 13일 이동평균이 음수가 되면 곰들이 시장을 장악하고 있다는 뜻이다. 주가와 강도 지수의 13일 이동평균 사이에 다이버전스가 발생하면 추세가 중요한 전환점을 맞았다는 것을 의미한다.

➡ 강도 지수가 보여주는 시장 심리

종가가 상승하면 그날의 전투에서 황소가 승리했다는 의미이고 종가가 하락하면 그날의 전투에서 곰이 승리했다는 의미다. 그리고 오늘 종가와 어제 종가의 차이는 황소나 곰이 어느 정도 우세를 보였느냐를 나타낸다. 이 차이가 클수록 더 중요한 승리라고 할 수 있다.

거래량은 시장 참여자들의 이입 정도를 나타낸다(32장 참고). 많은 거래량을 동반하면서 가격이 움직이면 눈덩이가 굴러가면서 점점 커지는 것과 같다. 많은 거래량을 동반하면서 주가가 상승하거나 하락하면 관성이 커져서 오래 지속된다. 반면 거래량이 적으면 패자들의 공급이 줄어들고 있다는 것이므로 추세는 종말에 가까워진다.

주가는 시장 참여자의 생각을 반영하고 거래량은 시장 참여자의 감정을 반영한다. 강도 지수는 주가와 거래량을 조합해 시장 참여자들의 이성과 감정이 조화를 이루고 있는지 어떤지를 보여준다.

강도 지수가 신고점으로 상승하면 황소들의 위력이 커서 상승추세가 지속된다. 강도 지수가 신저점으로 하락하면 곰들의 위세가 커서 하락추세가 지속된다. 주가 변동이 거래량으로 확증되지 않으면, 즉 주가는 움직이지만 거래량이 적으면 강도 지수는 줄어들면서 추세 반전을 경고한다. 거래량이 높지만 주가 변동이 적어도 역시 강도 지수가 줄어들면서 추세 반전이 임박했음을 경고한다.

강도 지수를 활용한 매매 기법

■ 단기 강도 지수

강도 지수의 2일 지수이동평균은 황소와 곰의 단기 위력을 보여주는 아주 민감한 지표다. 강도 지수의 2일 지수이동평균이 중간선 위로 상승하면 황소들의 힘이 더 강력한 것이며, 중간선 아래로 하락하면 곰들의 힘이 더 강력함을 보여준다.

강도 지수의 2일 지수이동평균은 아주 민감하므로 다른 지표들의 신호를 미세 조정하는 것이 최선의 활용법이다. 추세추종 지표가 상승추세를 확인하고 강도 지수의 2일 지수이동평균이 하락하면 최상의 매수시점이다. 추세추종 지표가 하락추세를 확인하고 강도 지수의 2일 지수이동평균이 상승하면 최상의 공매도구간이다(그림 42-2).

1. 강도 지수의 2일 지수이동평균이 상승추세 전에 음수로 전환되면 매수하라.

상승추세가 아무리 빠르고 격렬해도 언제나 조정은 있다. 강도 지수의 2일 지수이동평균이 음수로 전환될 때까지 기다렸다 매수하면 단기 바닥 부근에서 매수할 수 있다.

상승추세 중에 강도 지수의 2일 지수이동평균이 음수로 전환되면 그날의 고점 위에 역지정가 매수주문을 내라. 상승추세가 다시 시작되고 주가가 반등하면 매수주문이 체결된다. 만약 주가가 계속 하락할 경우에는 주문이 체결되지 않을 터인데 이 경우에는 가장 최근

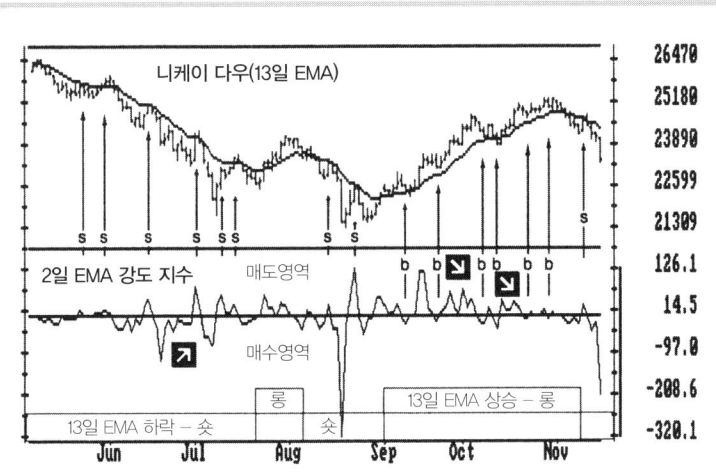

그림 42-2 강도 지수 - 2일 지수이동평균

강도 지수의 2일 지수이동평균은 예민한 단기 지표로 상승추세에서 매수기회를, 하락추세에서 매도기회를 정확히 포착한다. 이 지표는 약세에 매수하고 강세에 매도하는 데 유용하다. 13일 지수이동평균으로 확인되는 추세가 상승 중이고 강도 지수가 0 이하로 하락하면 매수신호다. 13일 지수이동평균으로 확인되는 추세가 하락 중이고 강도 지수가 0 위로 상승하면 매도신호다.

언제 차익을 실현하느냐는 단기 트레이더냐, 장기 트레이더냐에 따라 달라진다. 단기 트레이더라면 강도 지수가 양으로 전환될 때 롱 포지션을 청산하거나 강도 지수가 음으로 전환될 때 숏 포지션을 청산하라. 장기 트레이더라면 지수이동평균이 방향을 전환하거나 강도 지수와 가격 사이에 다이버전스가 발생할 때(이 차트에서 화살표로 표시한 지점)까지 기다려라. 추세에 맞춰 트레이딩한다면 강도 지수가 추세의 방향대로 신호를 더할 때마다 포지션을 늘려라(피라미딩).

바bar의 고점에서 1틱 낮춰서 역지정가 매수주문을 내라.

매수주문이 체결되면 매매일 당일이나 그 전일의 저점 중 더 낮은 가격 아래에 손실제한주문을 설정하라. 이렇게 손실제한을 좁게 잡으면 강력한 상승추세에서는 손실제한이 걸리지 않지만 추세가 약하면 시장에서 빨리 빠져나오게 되기도 한다.

2. 하락추세 중에 강도 지수의 2일 지수이동평균이 양수로 전환되면 공매도하라.

추세추종 지표가 하락추세를 확인하면 강도 지수의 2일 지수이동평균이 양수로 전환될 때까지 기다려라. 황소들이 반짝 힘을 낼 때 이런 현상이 발생하므로 공매도기회가 된다. 가장 최근 주가 바의 저점 아래에 역지정가 공매도주문을 내라.

주문을 낸 뒤에 강도 지수의 2일 지수이동평균이 계속 상승하면 주문 수준을 가장 최근 바의 저점보다 1틱 높은 수준까지 계속 높여라. 주가가 내려가서 공매도주문이 체결되면 앞선 바나 가장 최근 바의 고점 중 높은 쪽에 손실제한주문을 설정하라. 그리고 가능한 빨리 손실제한을 손익분기 수준으로 낮춰라.

강도 지수의 2일 지수이동평균은 포지션을 늘릴 시점을 결정하는 데 유용하다. 상승추세 중에 강도 지수가 음수로 전환될 때마다 롱 포지션의 포지션을 늘리고 하락추세 중에 강도 지수가 양수로 전환될 때마다 숏 포지션의 포지션을 늘리면 된다.

강도 지수로 미래를 예측할 수도 있다. 강도 지수의 2일 지수이동평균이 한 달 동안의 신저점으로 하락하면 곰들의 힘이 강력한 것이므로 주가는 더 하락할 확률이 높다. 강도 지수의 2일 지수이동평균이 한 달 동안의 신고점으로 상승하면 황소들의 세력이 강력하므로 주가는 더 상승할 확률이 높다.

강도 지수의 2일 지수이동평균은 포지션 청산시점을 결정하는 데 유용하다. 강도 지수의 2일 지수이동평균이 음수일 때 매수한 단기 트레이더는 강도 지수의 2일 지수이동평균이 양수로 전환되면 매도해야 한다. 강도 지수의 2일 지수이동평균이 양수일 때 공매도한 단기 트레이더는 강도 지수의 2일 지수이동평균이 음수로 전환될 때 환매해야 한다. 중장기 트레이더라면 추세가 전환될 때(13일 지수이동평균의 기울기로 확인) 혹은 강도 지수의 2일 지수이동평균과 추세 사이에 다이버전스가 발생할 때만 포지션을 정리해야 한다.

3. 강도 지수의 2일 지수이동평균과 주가 사이에 강세 다이버전스가 발생하면 강력한 매수신호다. 주가는 신저점으로 하락하지만 강도 지수가 저점을 높이면 강세 다이버전스가 발생한다.
4. 강도 지수의 2일 지수이동평균과 주가 사이에 약세 다이버전스가 발생하면 강력한 매도신호다. 주가는 신고점으로 상승하지만 강도 지수가 고점을 낮추면 약세 다이버전스가 발생한다.

강도 지수의 2일 지수이동평균은 삼중 스크린 매매 시스템에 잘 적용된다. 단기 매수 또는 단기 매도시점을 파악하는 강도 지수의 2일 지수이동평균의 능력은 장기 추세추종 지표와 결합될 때 특히 유용하다.

■ **중기 강도 지수**

강도 지수의 13일 지수이동평균으로 황소와 곰의 위력이 장기적으로 변하는 양상을 파악할 수 있다. 강도 지수의 13일 지수이동평균이 중간선을 기준으로 어느 쪽에 위치하느냐에 따라 어떤 집단이 시장을 장악하고 있는지 알 수 있다. 강도 지수의 13일 지수이동평균이 주가와 다이버전스를 보이면 추세전환을 예고한다(그림 42-3).

5. 강도 지수의 13일 지수이동평균이 중간선 위로 올라오면 황소들이 시장을 장악하고 있고 강도 지수의 13일 지수이동평균이 중간선 아래로 내려가면 곰들이 시장을 장악하고 있다는 의미다. 강도 지수의 13일 지수이동평균이 중간선 부근에서 오르내리면 추세가 없으므로 추세추종 매매 기법을 활용하지 말라는 경고다.

상승이 시작될 때 주가가 높은 거래량을 수반하면서 급등하는 경우가 종종 있다. 강도 지수의 13일 지수이동평균이 신고점에 도달하면 상승추세가 확증된다. 상승추세가 무르익으면 주가는 서서히 상승하거나 거래량이 감소한다. 그러면 강도 지수의 13일 지수이동평균이 고점을 점점 낮추다가 결국 중간선 아래로 하락한다. 강도 지

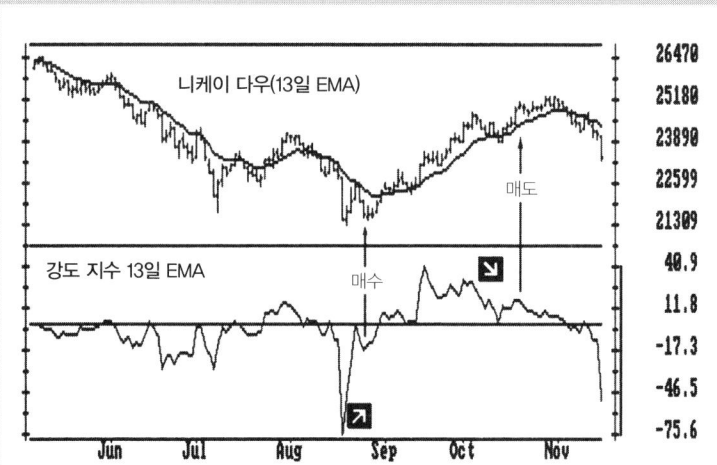

그림 42-3 강도 지수 – 13일 지수이동평균

강도 지수의 13일 지수이동평균과 가격 사이에 다이버전스가 발생하면 시장이 중요한 전환점에 돌입했다는 신호다. 8월 강도 지수의 13일 지수이동평균과 니케이 다우지수 사이에 강세 다이버전스가 발생하면서 매수기회를 표시한다. 니케이 다우지수가 저점을 재테스트하지만 강도 지수는 두 번째 저점에서 바닥을 높이면서 매수신호가 발효된다.

8월에 보이는 것처럼 강도 지수가 V자를 그리며 급락하면 두 가지 트레이딩 메시지가 발효된다. 장기적으로 보면 이 현상은 중요한 하락세의 종말을 의미한다. 단기적으로 보면 이 현상은 가격이 가장 최근의 바닥을 재테스트하거나 넘어서리라는 것을 의미한다.

이후 10월 들어 니케이 다우지수가 상승하지만 강도 지수는 저점을 계속 낮춘다. 이러한 약세 다이버전스는 황소들의 힘이 점점 떨어지고 있으며 지수가 천정에 가까웠음을 의미한다. 숏 포지션을 취할 시간이 충분하다는 것을 볼 수 있다. 이 차트의 오른쪽 끝에 있는 V자 저점은 가장 최근의 저점이 재테스트되거나 넘어서리라는 것을 예고한다.

수의 13일 지수이동평균이 중간선 아래로 하락한다는 것은 황소들의 기세가 꺾였다는 신호다.

   6. 강도 지수의 13일 지수이동평균이 신고점을 기록하면 상승이 지속될 확률이 높다. 강도 지수의 13일 지수이동평균과 주가 사이에 약세 다이버전스가 발생하면 강력한 공매도신호다. 주가는 신고점을 기록하지만 이 지표가 고점을 낮추면 황소들의 기운이 없어지고 곰들이 시장을 장악할 태세를 갖추고 있다는 의미다.
   7. 강도 지수의 13일 지수이동평균이 신저점으로 떨어지면 하락추세가 계속된다. 주가는 신저점으로 떨어지지만 이 지표가 저점을 높이면 곰들의 힘이 소진되고 있다는 의미다. 이러한 강세 다이버전스는 강력한 매수신호다.

하락추세가 시작되면 주가는 대개 높은 거래량을 수반하면서 급락한다. 강도 지수의 13일 지수이동평균이 신저점으로 하락하면 하락추세가 확증된다. 하락추세가 무르익으면 주가의 하락세는 완만해지고 거래량이 점점 감소한다. 그러면 강도 지수의 13일 지수이동평균이 저점을 점점 높이다가 결국 중간선 위로 상승한다. 강도 지수의 13일 지수이동평균이 중간선 위로 상승한다는 것은 곰들의 기세가 꺾였다는 신호다.

TRADING for a LIVING

제9부
트레이딩 시스템

43

삼중 스크린 매매 시스템

    삼중 스크린 매매 기법은 내가 개발한 기법으로 1985년부터 활용하고 있다. 1986년 4월 《선물》지에 실린 기사를 통해 사람들에게 널리 알려졌다.

    삼중 스크린 매매 시스템은 두 번의 스크리닝(검증 장치)을 거쳐 매매하는 기법이다. 첫 번째 스크린 단계에서 그럴듯한 매매기회로 보이더라도 두 번째나 세 번째 스크리닝에서 기각될 수 있다. 3단계의 테스트를 모두 통과할 경우 수익률이 높다.

    삼중 스크린 매매 시스템은 추세추종 기법과 역추세 기법을 결합한 기법이다. 여타의 트레이딩 시스템을 넘어서는 하나의 기법이자 매매 스타일로, 몇 가지 시간단위에서 가능성 있는 모든 매매를 분석한다.

➡ 추세추종 지표와 오실레이터

초보자들은 돈을 벌게 해줄 단 하나의 지표를 찾으려고 한다. '돈 나와라 뚝딱' 하면 돈이 쏟아지는 도깨비 방망이 같은 지표를 찾는 것이다. 운이 좋으면 한동안은 수익 기법의 왕도를 발견한 것 같은 기분을 만끽한다. 하지만 요술이 사라지면 이자까지 붙여서 수익을 날려버리고는 또 다른 도깨비 방망이를 찾아 나선다. 하지만 시장은 단 하나의 지표로 분석하기엔 너무 복잡하다.

동일한 시장에서 지표들이 상반되는 신호를 내기도 한다. 상승추세에서 추세추종 지표는 매수신호를 내는데 오실레이터는 과매수 상태가 되어 매도신호를 발효한다. 하락추세에서 추세추종 지표는 매도신호를 보내는데 오실레이터는 과매도 상태가 되어 매수신호를 깜빡거린다. 이런 일들이 수도 없이 일어나므로 초보자들은 준비를 단단히 하지 않으면 비싼 수업료만 납부하고 쫓겨나기 십상이다.

시장이 움직일 때는 추세추종 지표가 수익을 안겨주지만 박스권일 때는 속임수신호를 낸다. 오실레이터는 시장이 박스권에 있을 때 수익을 주지만 시장이 추세를 보이기 시작할 때는 위험하다. 트레이더들은 말한다. "추세와 친구가 되라." "먹을 때 크게 먹어라." 이런 말도 있다. "저점에서 사서 고점에서 팔라." 하지만 상승추세라면 무엇 때문에 매도한단 말인가? 그리고 도대체 얼마나 올라야 고점이란 말인가?

추세추종 지표와 오실레이터의 신호를 합쳐 평균을 내는 트레이더도 있다. 하지만 추세추종 지표를 더 많이 반영하면 신호가 한쪽으로 쏠리고 오실레이터를 더 많이 반영하면 신호가 반대쪽으로 쏠린다. 자신이 듣고 싶어하는 말을 속삭이는 지표들을 얼마든지 찾을 수 있고, 실제로 그렇게 하는 트레이더가 부지기수다.

삼중 스크린 매매 시스템은 추세추종 지표와 오실레이터를 결합한 지표로 장점을 취하고 단점을 걸러낸다.

▶ 시간단위 선택: '5'의 법칙

중대한 딜레마는 또 있다. 어떤 차트를 쓰느냐에 따라 추세가 상승 중일 수도 하락 중일 수도 있기 때문이다. 일간 차트는 상승추세를 보이는데 주간 차트는 하락추세, 혹은 주간 차트는 상승추세를 보이는데 일간 차트는 하락추세를 보이기도 한다(36장 참고). 따라서 트레이더는 시간단위가 다른 차트들이 내는 상충되는 신호들을 다룰 줄 알아야 한다.

다우 이론의 창시자인 찰스 다우는 20세기 초 주식시장은 세 개의 추세를 갖는다고 했다. 다우에 따르면 장기 추세는 몇 년 동안 지속되며 중기 추세는 몇 달, 이보다 짧은 추세는 단기 추세다. 1930년대 탁월한 시장분석가인 로버트 레아Robert Rhea는 세 개의 추세를 조수, 파도, 잔물결에 비유했다. 레아는 조수의 방향대로 트레이딩하되 파도를 이용하고 잔물결은 무시해야 한다고 믿었다.

하지만 시대는 변했고 시장의 변동성이 커졌다. 트레이더는 시간단위를 더 유연하게 해석해야 한다. 삼중 스크린 매매 시스템은 모든 시간단위는 약 '5'라는 인수를 통해 구분할 수 있다는 사실에 토대를 두고 있다.

트레이더는 매매에 이용하려는 시간단위를 결정해야 한다. 삼중 스크린 매매 시스템에서는 이를 중간 스케일이라고 부른다. 장기 스케일은 이보다 한 단계 더 큰 시간단위, 단기 스케일은 한 단계 작은 시간단위를 가리킨다.

이를테면 며칠 혹은 몇 주 동안 매매를 실행하고자 한다면 중간 스케일은 일간 차트가 된다. 한 단계 큰 주간 차트가 장기 스케일이며 한 단계 작은 일중 시간 차트가 단기 스케일이 된다.

포지션을 한 시간 내에 정리하고자 하는 데이 트레이더가 있다면 역시 똑같은 원리를 활용하면 된다. 10분 차트가 중간 스케일, 한 단계 큰 일중 시간 차트가 장기 스케일이 되며 한 단계 작은 2분 차트가 단기 스케일이 된다.

삼중 스크린을 이용할 때는 반드시 장기 스케일부터 살펴 장기 차트의 추세, 즉 조수의 방향대로만 매매해야 한다. 그리고 중간 스케일에서 '조수'의 반대 방향으로 '파도'가 움직일 때 포지션에 진입한다. 이를테면 주간 차트가 상승하고 일간 차트가 하락하면 매수기회가 된다. 주간 차트가 하락하고 일간 차트가 상승하면 공매도기회가 된다.

➡ 첫 번째 스크린: 시장의 조수 판단

　삼중 스크린은 트레이딩하고자 하는 차트의 시간단위보다 한 단계 더 큰 단위의 장기 스케일 분석에서 시작된다. 트레이더는 대부분 일간 차트만, 그것도 몇 달치 데이터만 들여다본다. 따라서 만약 주간 차트 분석으로 시작하는 트레이더가 있다면 시야가 경쟁자들보다 다섯 배 넓어지는 셈이다.

　삼중 스크린의 첫 번째 스크리닝 작업은 주간 차트에서 추세추종 지표를 사용해 장기 추세를 식별하는 것이다. MACD 히스토그램(26장 참고)의 기울기를 이용해 시장 조수를 식별한다. MACD 히스토그램의 기울기는 가장 최근에 그려진 두 개 바bar의 관계에 따라 결정된다. 기울기가 상승하면 황소들이 패권을 쥐고 있으므로 롱 포지션 쪽에서 트레이딩해야 하고, 기울기가 하락하면 곰들이 패권을 쥐고 있으므로 숏 포지션 쪽에서 트레이딩해야 한다(그림 43-1).

　주간 차트 MACD 히스토그램은 1틱의 상승이나 하락도 추세의 변화를 나타낸다. 중간선 위에서 상승 전환이 일어날 때보다 중간선 아래에서 상승 전환이 일어날 때가 더 좋은 매수신호가 된다(36장 참고). 또한 중간선 아래에서 하락 전환이 일어날 때보다 중간선 위에서 하락 전환이 일어날 때가 더 좋은 매도신호가 된다.

　일부 트레이더는 다른 지표를 활용해 주요 추세를 식별한다. 스티브 노티스Steve Notis는 《선물》지에서 삼중 스크린의 첫 번째 스크린으로 방향성 시스템을 활용하는 방법에 대해 설명했다. 13일 지수이동평균의 기울기처럼 더 단순한 도구도 삼중 스크린 매매 시스템의

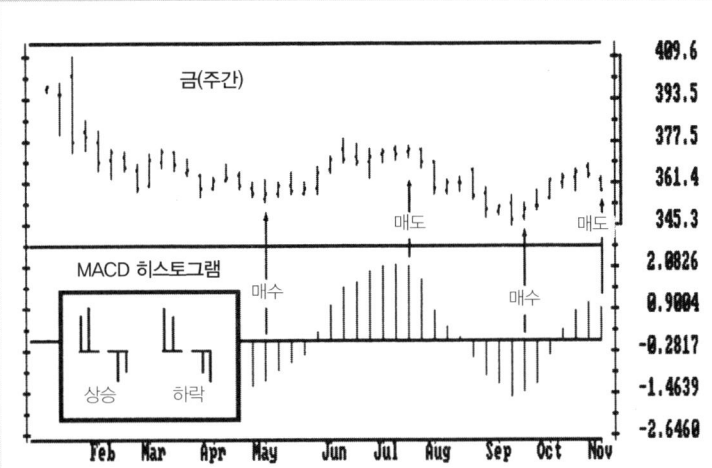

그림 43-1 삼중 스크린의 첫 번째 스크린: 주간 차트, MACD 히스토그램

MACD 히스토그램의 기울기는 가장 최근의 두 바(bar)에 의해 결정된다(차트 안 작은 상자 참고). 삼중 스크린 시스템에서는 일간 차트를 살피기 전에 주간 차트부터 점검해야 한다. 주간 차트의 추세가 상승하면 롱 포지션 관점에서만 트레이딩하거나 아니면 관망해야 하고, 주간 차트의 추세가 하락하면 숏 포지션 관점에서만 트레이딩하거나 아니면 관망해야 한다.

주간 차트 MACD 히스토그램의 기울기가 상승하면 매수신호다. 특히 중간선 아래에서 상승세로 전환될 때 최상의 매수신호가 발효된다. 주간 차트의 MACD 히스토그램이 하락하면 매도신호다. 특히 지표가 중간선 위에서 하락세로 전환될 때 최상의 매도신호가 발효된다(36장 참고). 주간 차트에서 MACD 히스토그램의 추세를 확인한 뒤에는 일간 차트를 보며 추세 방향대로 트레이딩할 기회를 찾아라.

첫 번째 스크리닝 기법으로 쓸 수 있다. 원리는 동일하다. 대부분의 추세추종 지표를 쓸 수 있는데, 다만 먼저 주간 차트를 분석하고 주간 차트 추세의 방향대로 일간 차트에서 매매해야 한다는 점을 명심해야 한다.

첫 번째 스크린: 주간 차트에서 추세추종 지표를 이용해 추세를 판별하고 반드시 추세의 방향대로 매매하라.

트레이더에겐 매수, 매도 그리고 관망이라는 세 가지 선택이 있다. 삼중 스크린 매매 시스템의 첫 번째 스크린은 그중 하나를 걸러주는(스크리닝) 역할을 한다. 첫 번째 스크린은 주요 상승추세 동안에는 매수 혹은 관망만 허락하는 센서 역할을 한다. 또한 주요 하락추세 동안에는 공매도 혹은 관망만 허락하는 센서 역할을 한다. 상승이든 하락이든 조류에 맞춰 헤엄쳐 가든지 아니면 물밖으로 나와야 한다.

▶ 두 번째 스크린: 시장의 조수에 반하는 파도 찾아내기

두 번째 스크린은 조수에 역행하는 파도를 식별한다. 주간 차트의 추세가 상승하고 일간 차트의 추세가 하락하면 매수기회다. 주간 차트의 추세가 하락하고 일간 차트의 추세가 상승하면 공매도기회다.

두 번째 스크린은 일간 차트에 오실레이터를 적용해 주간 차트에서 이탈하는 일간 차트의 움직임을 식별하는 것이다. 시장이 하락하면 오실레이터는 매수신호를 내고 시장이 상승하면 오실레이터는 매도신호를 낸다. 두 번째 스크린은 첫 번째 스크린을 거쳤던 주간 차트의 방향대로 일간 차트에서 매매하도록 신호를 낸다.

두 번째 스크린: 일간 차트에 오실레이터를 적용하라.
주간 차트가 상승추세일 때 일간 차트가 하락추세이면 매수기회를 찾고 주간 차트가 하락추세일 때 일간 차트가 상승추세이면 공매도기회를 찾아라.

주간 차트가 상승추세이면 삼중 스크린 매매 시스템은 일간 차트의 오실레이터를 통해 매수신호만을 발효시키며 매도신호는 무시한다. 주간 차트가 하락추세이면 삼중 스크린은 일간 차트의 오실레이터를 통해 공매도신호만을 발효시키며 매수신호는 무시한다.

삼중 스크린 매매 시스템에 활용할 수 있는 최고의 오실레이터는 강도 지수와 엘더-레이다. 스토캐스틱과 윌리엄스%R 역시 적중률이 높다.

먼저 강도 지수를 활용하는 방법을 설명하겠다. 주간 차트의 MACD 히스토그램이 상승할 때 강도 지수의 2일 지수이동평균(8부 참고)이 중간선 아래로 하락하면 강도 지수의 2일 지수이동평균은 매수신호를 발효한다. 단 중간선 아래로 하락하되 몇 주 동안의 신저점으로는 떨어지지 않아야 한다. 주간 차트의 MACD 히스토그램이 하락할 때 강도 지수의 2일 지수이동평균이 중간선 위로 상승하

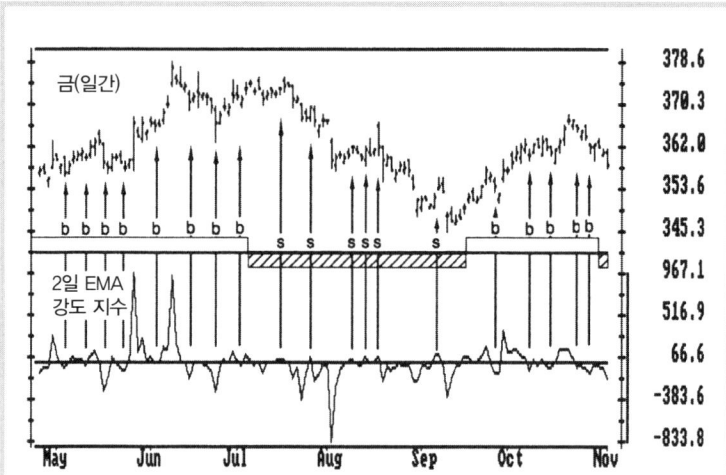

그림 43-2 삼중 스크린의 두 번째 스크린: 일간 차트의 강도 지수

일간 차트에서 강도 지수의 2일 지수이동평균은 삼중 스크린 매매 시스템의 두 번째 스크리닝 기법으로 쓸 수 있는 몇 가지 오실레이터 중 하나다. 강도 지수가 중간선 아래로 하락할 때가 매수기회이며 중간선 위로 상승할 때가 매도기회다.

주간 차트의 추세가 상승하면 일간 차트의 오실레이터가 발효하는 신호 중 매수신호만 취해 롱 포지션으로 진입하라. 주간 차트의 추세가 하락하면 일간 차트의 오실레이터가 발효하는 신호 중 매도신호만 취해 숏 포지션으로 진입하라. 차트의 오른쪽 끝에서는 주간 차트의 추세가 하락한다. 매도하려면 일간 차트에서 강도 지수가 상승할 때까지 기다려라.

위 차트에서 'b'라고 표시된 빈 박스 구간은 주간 차트의 MACD가 매수를 나타내는 곳이고, 's'라고 표시된 빗금친 박스 구간은 매도를 나타내는 곳이다.

면 강도 지수의 2일 지수이동평균은 공매도신호를 발효한다. 단 중간선 위로 상승하되 몇 주 동안의 신고점으로는 상승하지 않아야 한다(그림 43-2).

엘더-레이는 다음과 같이 적용하면 된다. 주간 차트의 추세가 상승할 때 베어 파워가 0 아래로 떨어졌다가 다시 중간선 위로 상승하면 일간 차트의 엘더-레이(41장 참고)는 매수신호를 발효한다. 주간 차트의 추세가 하락할 때 불 파워가 0 위로 상승했다가 다시 중간선 아래로 하락하면 일간 차트의 엘더-레이는 공매도신호를 발효한다.

스토캐스틱 지표를 활용할 때는 스토캐스틱 선(30장 참고)이 매수 혹은 매도영역으로 들어오면 매매신호가 발효된다. 주간 차트의 MACD 히스토그램이 상승하지만 일간 차트의 스토캐스틱이 30 이하로 떨어지면 과매도영역에 진입한 것으로 매수기회다. 주간 차트의 MACD 히스토그램이 하락하지만 일간 차트의 스토캐스틱이 70 위로 상승하면 과매수영역에 진입한 것으로 공매도기회다.

윌리엄스%R(29장 참고)은 삼중 스크린과 함께 쓰이려면 4~5일간의 데이터가 필요하다. 윌리엄스%R은 스토캐스틱과 비슷하게 해석하면 된다. 상대강도 지수는 다른 오실레이터들처럼 주가 변화에 빨리 반응하지 않기 때문에 전반적인 시장 분석에는 도움이 되지만 삼중 스크린에 적용하기에는 반응이 너무 느리다.

🔜 세 번째 스크린: 일중 돌파에 맞춰 시장에 진입하기

　삼중 스크린 매매 시스템의 첫 번째 스크리닝을 통해 주간 차트에서 시장 조수를 파악하고, 두 번째 스크리닝으로 일간 차트에서 시장 조수에 거스르는 파도를 식별했다. 이제 세 번째 스크리닝으로 파도의 방향과 같이 움직이는 잔물결을 식별할 차례다. 이 단계에서는 주가 움직임을 통해 진입시점을 정확히 짚어내기 위해 일중 가격 움직임을 활용한다.

　세 번째 스크리닝에는 차트나 지표가 필요 없다. 첫 번째와 두 번째 스크리닝에서 매수 혹은 공매도신호가 발효되면 이에 맞춰 시장에 진입하는 기법이다. 주간 차트가 상승추세일 때는 역지정가 매수주문을 설정하며 가격의 변동에 따라 주문 수준을 지속적으로 수정해나간다. 주간 차트가 하락추세일 때는 역지정가 매도주문을 설정하며 가격의 변동에 따라 주문 수준을 지속적으로 수정해나간다(그림 43-3).

　삼중 스크린 매매 시스템에 의하면 주간 차트의 추세가 상승 중일 때 일간 차트의 추세가 하락하면 역지정가 매수주문을 설정함으로써 상향돌파를 이용해 승률 높은 롱 포지션을 취할 수 있다. 또한 주간 차트의 추세가 하락 중일 때 일간 차트의 추세가 상승하면 역지정가 매도주문을 설정함으로써 하향돌파를 이용해 승률 높은 숏 포지션을 취할 수 있다.

　주간 차트의 추세가 상승하고 일간 차트의 오실레이터가 하락하면 세 번째 스크리닝 단계에서는 매수시점을 찾는다. 전일 고점보다

1틱 위에 역지정가 매수주문을 내라. 주가가 상승해 전일 고점보다 올라가는 순간 자동으로 매수가 체결되지만, 주가가 계속 하락하면 주문은 체결되지 않는다. 이때는 다음날 전일 바bar의 고점 1틱 위 수준까지 매수주문을 낮춰라. 주간 지표가 반전해 매수신호가 취소될 때까지 매일 역지정가 매수주문의 가격을 낮춰 주가 흐름을 추격한다.

주간 차트의 추세가 하락하고 일간 차트의 오실레이터가 상승하면 세 번째 스크리닝 단계에서는 매도시점을 찾는다. 전일 저점보다 1틱 아래에 역지정가 매도주문을 내라. 시장이 하락세로 돌아서자마자 매도주문이 체결되어 숏 포지션으로 진입하게 된다. 만약 상승이 지속되면 주문이 체결되지 않기 때문에 가격 움직임을 추격하면서 매도주문 가격을 매일 따라 올려라.

세 번째 스크린: 주간 차트의 추세가 상승하고 일간 차트의 오실레이터가 하락하면 역지정가 매수주문을 설정하고 주가 움직임을 추격하며 조정하는 방법으로 대응하라.
주간 차트의 추세가 하락하고 일간 차트의 오실레이터가 상승하면 역지정가 매도주문을 설정하고 주가 움직임을 추격하며 조정하는 방법으로 대응하라.

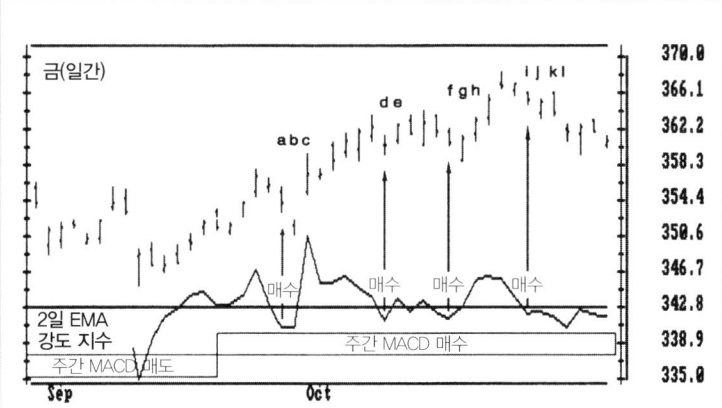

그림 43-3 삼중 스크린의 세 번째 스크린: 역지정가 매수·매도 주문

9월 중순 주간 차트의 MACD 히스토그램은 상승 중이다. 이처럼 첫 번째 스크리닝에서 상승추세가 확인되면 두 번째 스크리닝 단계에서는 강도 지수의 2일 지수이동평균이 하락할 때마다 매수기회가 된다. 세 번째 스크리닝 기법(역지정가 매수·매도주문)은 다음과 같다.

a. 강도 지수가 중간선 아래로 하락한다. 다음날 a 날짜의 고점보다 1틱 위에 역지정가 매수주문을 내라.
b. 하락세가 지속된다. b의 고점 1틱 위로 역지정가 매수주문을 낮춰라.
c. 시가에 매수주문 체결. b의 저점에 손실제한주문을 설정하라. 이때 강도 지수는 신고점을 기록하며 상승세가 강력하다는 것을 보여준다.
d. 강도 지수가 중간선 아래로 하락한다. d의 고점에 역지정가 매수주문을 내라.
e. 가격이 d의 고점 위로 상승하면서 매수주문 체결. d의 저점에 손실제한주문을 설정하라.
f. 강도 지수가 중간선 아래로 하락한다. f의 고점에 역지정가 매수주문을 내라.
g. 하락세가 지속된다. g의 고점 1틱 이내로 역지정가 매수주문을 낮춰라.
h. g의 고점 위로 가격이 상승하면서 매수주문 체결. g의 저점에 손실제한주문을 설정하라.

i. 강도 지수가 중간선 아래로 하락한다. i의 고점에 역지정가 매수주문을 내라.
j. 하락세 지속. j의 고점 1틱 이내로 역지정가 매수주문을 낮춰라.
k. 시가에 매수주문 체결. j의 저가에 손실제한주문을 설정하라.
l. 시가가 하락해 손실제한을 건드린다. 완벽한 지표는 없으므로 반드시 손실제한을 활용해야 한다.*

■ 삼중 스크린 매매 시스템 요약

주간 차트의 추세	일간 차트의 추세	행동 지침	주문
상승	상승	관망	없음
상승	하락	롱 포지션 진입	추격 역지정가 매수
하락	하락	관망	없음
하락	상승	숏 포지션 진입	추격 역지정가 매도

▶ 삼중 스크린 매매 시스템의 손실제한

적절한 자금관리는 성공 투자의 필수 요소다. 절제력이 있는 트레이더는 재빨리 손실을 끊어내지만 패자들은 기대감을 버리지 못하

---

* 사실상 C 이후의 주가 신고점 지점에서 강도 지수는 약세 다이버전스를 보이고 있다. 주간 차트가 상승추세일 경우 역지정가 매수와 손실제한주문 설정 방법에 관해 설명하고자 이 점을 제외하였음을 감안해야 한다 — 옮긴이

고 미적댄다. 따라서 절제력이 있는 트레이더는 패자들보다 좋은 실적을 올릴 수 있다.

삼중 스크린 매매 시스템은 손실제한을 설정할 수 있는 폭이 좁다. 매수하자마자 일중 차트의 저점과 전일 저점 중 더 낮은 쪽의 1틱 아래에 손실제한주문을 내라. 공매도의 경우 역시 진입하자마자 당일 고점과 전일 고점 중 더 높은 쪽의 1틱 위에 손실제한주문을 설정하라. 그런 후 추세가 유리하게 움직이거든 즉시 손익분기 수준으로 손실제한을 옮겨라. 그다음 기본적인 원칙은 평가이익의 약 50퍼센트를 보전할 수 있도록 손실제한을 이전하는 것이다(49장 참고).

이렇게 타이트한 손실제한을 활용하는 이유는 삼중 스크린 매매 시스템은 오로지 시장 조수의 방향대로 트레이딩하는 기법이기 때문이다. 수익이 빨리 나지 않으면 시장의 표면 아래에 있는 토대가 변하고 있다는 신호다. 그렇다면 재빨리 도망가는 게 상책이다. 첫 번째 손실이 최상의 손실이다. 처음 손실을 입는 순간 옆으로 한 발 물러나 시장을 다시 관찰해야 한다.

보수적인 트레이더라면 삼중 스크린 매매 시스템의 첫 번째 신호에서 롱이나 숏 포지션을 취하고 주요 추세가 반전되거나 손실제한으로 정지될 때까지 포지션을 유지하라. 매매를 활발히 하는 트레이더라면 일일 오실레이터가 새로운 신호를 발효시킬 때마다 기존 포지션을 늘려나가라.

포지션 트레이더는 주간 차트의 추세가 반전될 때까지 포지션을 유지하려고 해야 하는 반면, 단기 트레이더는 두 번째 스크린의 신호를 활용해 차익실현에 나설 수 있다. 이를테면 롱 포지션을 취한 상태에서 강도 지수가 양수가 되거나 스토캐스틱이 70퍼센트로 상승하면 매도하여 차익을 실현한 후 다음 매수기회를 살펴라.

    삼중 스크린 매매 시스템은 여러 개의 시간단위와 여러 유형의 지표를 결합한 트레이딩 시스템이다. 장기 차트와 추세추종 지표를 함께 활용하고 중기 차트와 단기 오실레이터를 함께 활용한다. 매수나 공매도 진입시점을 포착하는 데 탁월하며 철저한 자금관리 원칙을 활용하는 특별한 기법이다.

44
파라볼릭 트레이딩 시스템

파라볼릭 트레이딩 시스템Parabolic Trading System은 1976년 웰레스 윌더 주니어가 개발했다. 시스템이 파라볼라(포물선)를 닮았다고 해서 붙여진 이름이다. 현재 많은 소프트웨어 프로그램에 파라볼릭 트레이딩 시스템이 포함되어 있다.

파라볼릭의 목표는 추세를 파악해 추세가 반전될 때 포지션을 전환하는 것이다. 파라볼릭의 특징은 주가의 변화뿐만 아니라 시간의 흐름에도 반응한다는 점이다. 트레이더들은 대개 주가에만 집중하고 시간은 무시하는 경향이 있다(36장 참고).

▶ 파라볼릭 구축 방법

파라볼릭은 반전 시스템으로 트레이더가 시장에서 항상 포지션을 유지하도록 고안되었다. 파라볼릭 손실제한을 쓰면 롱 포지션을 청산하는 동시에 그 가격에 숏 포지션을 취하게 되며 숏 포지션을 청산하는 동시에 그 가격에 롱 포지션을 취하게 된다. 이 방법은 시장이 팽창하던 1970년대에는 유용했지만 이후에는 속임수신호를 많이 발효시켰다. 현 시점에서 파라볼릭은 시장이 추세를 보일 때만 선별적으로 사용해야 한다.

파라볼릭을 활용할 때는 아주 오래된 황금률, 즉 포지션 방향대로 손실제한을 움직이고 절대로 포지션 반대 방향으로는 움직이지 말라는 원칙을 지켜야 한다. 만약 롱 포지션을 취했다면 손실제한을 올릴 수는 있지만 내릴 수는 없다. 숏 포지션을 취했다면 손실제한을 내릴 수는 있지만 올릴 수는 없다.

파라볼릭 손실제한은 다음 공식에 따라 매일 설정해야 한다.

> 내일의 손실제한 = 오늘의 손실제한 + AF × (EP − 오늘의 손실제한)

- AF = 가속 계수(acceleration factor)
- EP = 트레이딩 극점(extreme point). 트레이더가 롱 혹은 숏 포지션을 취한 이후 시장이 도달한 최고 혹은 최저가. 롱 포지션을 취했다면 롱 포지션을 취한 이후 최고가, 숏 포지션을 취했다면 숏 포지션을 취한 이후 최저가.

트레이딩 첫 날의 AF는 0.02다. 이는 손실제한이 EP와 원래 손실제한 사이 거리의 2퍼센트만큼 움직인다는 의미다. AF는 시장이 신고점을 기록하거나 신저점을 찍을 때마다 0.02씩 증가해서 최대 0.20까지 도달할 수 있다. 예컨대 세 번째 신고점을 갈아치웠다면 AF는 0.08[0.02+(0.02×3)]이 된다. 시장이 아홉 차례 신고점에 도달하면 AF는 최대값인 0.20까지 올라간다[0.02+(0.02×9)]. 후자의 경우 일일 손실제한은 EP와 마지막 손실제한 사이 거리의 20퍼센트만큼 움직이게 된다.

매매 시작 시점에는 AF도 작고 손실제한도 서서히 움직인다. 그러다가 시장이 신고점이나 신저점에 도달하면 AF가 증가하므로 손실제한도 빨리 움직인다. 시장이 신고점이나 신저점에 도달하지 못할 경우에도 AF는 트레이딩 방향대로 일정하게 손실제한을 움직인다. 이렇게 하면 파라볼릭에 의해 트레이더는 수익이 나지 않는 포지션에서 빠져나오게 된다.

수많은 트레이더들이 나름대로 AF를 조정한다. 기본 단위인 0.02와 최대값인 0.20을 조정하는 것이다. 일부는 이 숫자를 키워 시스템을 더 예민하게 만들고 일부는 이 숫자를 줄여 시스템을 더 천천히 반응하게 만든다. 첫 날 AF의 수준은 0.015~0.025 사이에서 변화를 주고, 최대값은 0.18~0.23 사이에서 변화를 준다.

▶ 파라볼릭 트레이딩 시스템이 보여주는 시장 심리

패자들은 반전을 바라고 손실이 나는 포지션에 집착하기 때문에 파산에 이른다. 파라볼릭 시스템은 트레이더들이 이렇게 우유부단하게 미적거리지 않고 철칙에 따라 움직이도록 해준다. 파라볼릭 시스템은 포지션으로 진입하는 동시에 손실제한주문을 설정하며 포지션의 방향대로 손실제한을 옮기도록 지시한다.

롱이나 숏 포지션을 취한 다음 주가가 횡보를 보인다면 파라볼릭은 진입시점이 잘못되었다는 신호를 준다. 시장 진입 직후 주가가 원하는 방향대로 움직일 것을 기대하지 않았다면 매수나 공매도에 나서지 않았을 것이다! 파라볼릭은 아무런 득실이 없는 포지션에 그대로 있도록 내버려두지 않기 위해 포지션을 취한 방향대로 손실제한을 움직인다.

파라볼릭 시스템은 추세를 보이며 달아나듯 빠르게 움직이는 시장에서 특히 유용하다. 주가가 되돌림 없이 솟구치거나 곤두박질칠 때 일반적인 차트 패턴이나 지표를 이용해서는 손실제한주문을 설정하기 힘들다. 이럴 때는 파라볼릭이 손실제한주문을 설정하는 최상의 도구다.

▶ 파라볼릭 트레이딩 시스템을 활용한 매매 기법

어떤 시장이든 파라볼릭을 활용하기 시작하면 몇 주 전으로 돌아가서 손실제한을 계산하라. 매일 파라볼릭 손실제한을 조정하되 한 가지 예외가 있다. 만약 파라볼릭이 전일의 거래구간으로 손실제한을 움직이라고 지시하면 따르지 말라. 손실제한은 반드시 전일의 주가구간 밖에 위치해야 한다.

파라볼릭 시스템은 추세를 보이는 시장에서는 적중률이 높지만 추세가 없는 시장에서는 속임수신호가 발생한다. 따라서 주가가 추세를 보일 때는 큰 수익을 내지만 추세가 없는 횡보장에서는 손실로 계좌를 갉아먹는다. 따라서 파라볼릭을 자동 트레이딩 시스템으로 이용하면 안 된다.

원래의 파라볼릭은 엄격한 의미의 반전 시스템이었다. 트레이더가 롱 포지션으로 1계약을 매수한 상태에서 주가가 손실제한을 건드리면 매도 2계약을 주문하라는 신호가 떨어진다. 그러면 롱 포지션을 매도하고 자동으로 숏 포지션으로 진입하게 된다. 트레이더가 숏 포지션으로 1계약을 매도한 상태에서 주가가 손실제한을 건드리면 매수 2계약을 주문하라는 신호가 떨어진다. 그러면 숏 포지션을 매도하고 자동으로 롱 포지션으로 진입하게 된다.

파라볼릭을 활용하는 가장 현명한 방법은 다음과 같다. 삼중 스크린 매매 시스템 같은 다른 트레이딩 시스템을 활용해 시장에 진입하고 강력한 상승추세나 하락추세에 편승했을 때만 파라볼릭으로 전환하는 것이다(그림 44-1).

1. 강력한 상승추세가 확인되면 지난 몇 주 동안의 데이터를 검토한 다음 파라볼릭 시스템을 적용하라. 파라볼릭을 현재

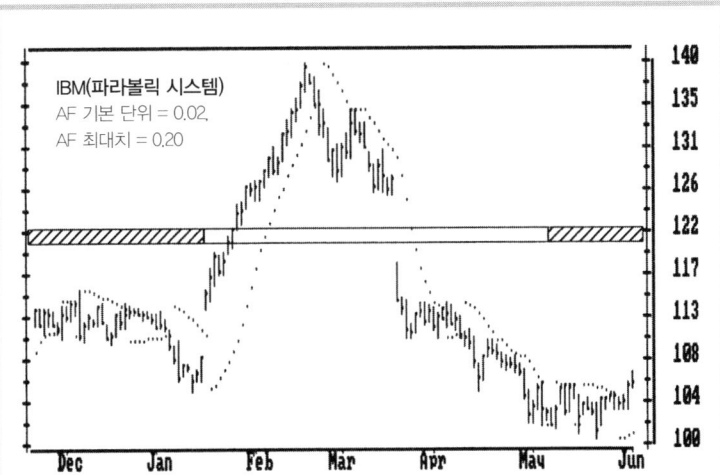

그림 44-1 파라볼릭 시스템

파라볼릭은 시장이 움직일 때는 유용하지만 횡보를 보일 때는 쓸모가 없다. 연속해서 두 번의 속임수신호에 걸리면 시장이 횡보를 보인다는 신호다. 이때는 파라볼릭을 중단하되 계속 종이에 그려나가면서 두 번의 유익한 매매신호를 얻을 때까지 기다려라.

파라볼릭은 빨리 움직이는 시장에서는 눈부시게 활약한다. 이 차트를 보면 IBM이 30포인트 상승하는 동안 파라볼릭으로 상승세 대부분을 수익으로 취할 수 있었다. 이어지는 하락구간에서도 4월에 한 차례 속임수신호가 발효되긴 했지만 5월의 저점까지 숏 포지션에 의한 큰 수익을 안겨주고 있다. 5월에 두 차례의 속임수신호가 발생하면서 파라볼릭 활용을 멈추라는 신호를 보낸다.

차트에서 흰 박스 구간은 파라볼릭을 활용할 수 없는 구간, 빗금 친 구간은 파라볼릭을 활용하라는 구간이다.

일까지 업데이트한 다음 매일 손실제한 수준을 계산하고 손실제한을 활용해 롱 포지션의 수익을 방어하라.
2. 급격한 하락추세에서 숏 포지션 상태에 있다면 지난 몇 주간의 데이터에 파라볼릭을 적용해 현재일까지 업데이트하라. 그날부터 내일 손실제한을 계산해 숏 포지션의 수익을 방어하라.

파라볼릭 시스템은 주가와 시간을 결합하고 손실제한을 매매 방향대로 움직여준다. 추세가 빠를수록 파라볼릭은 손실제한 수준을 신속하게 움직인다. 어떤 기법을 활용해 진입했든 파라볼릭은 강력한 추세에서 가장 많은 수익을 얻을 수 있는 탁월한 도구다.

45

채널 트레이딩 시스템

    강이 계곡 사이로 흐르듯 주가가 '물길channel'을 이루며 흘러갈 때가 있다. 강은 계곡의 오른쪽 가장자리에 이르면 다시 왼쪽으로 휘며 굽이친다. 주가도 상승하다가 마치 보이지 않는 천정이 있어 부딪히는 것처럼 멈출 때가 있다. 또한 하락할 때는 마치 보이지 않는 바닥이 있어 튀어오르는 것처럼 방향을 바꾼다.

    채널은 매수와 매도기회를 식별하게 도와주며 잘못된 매매를 피할 수 있게 해준다. 트레이딩 채널에 대한 연구는 J. M. 허스트가 처음 시작해 1970년 저서 『주식 거래 타이밍의 비법』에서 소개했다.

대표적인 채널 구축 방법

채널 경계선을 보면 시장이 어느 지점에서 지지와 저항을 보일지 예측할 수 있다. 채널 구축에는 크게 네 가지 방법이 있다.

1. 추세선과 나란히 채널선을 그린다(21장 참고).
2. 이동평균선과 나란히 평행선 두 개를 그리되 하나는 이동평균선 위로, 하나는 아래로 그린다.
3. 2번과 동일한 방식으로 그리되 시장의 변동성에 따라 이동평균선과 채널선의 간격을 조정한다(볼린저 밴드).
4. 고가의 이동평균선과 저가의 이동평균선을 그린다.

추세선과 나란히 그린 채널선은 장기 분석, 특히 주간 차트에서 유용하다. 이동평균선 주위로 그린 채널선은 단기 분석, 특히 일간 차트와 일중 차트에서 유용하다. 변동성에 따라 폭이 달라지는 채널선은 새로운 추세가 시작되는 초기 단계를 포착하는 데 유용하다.

채널은 미래 지지와 저항역역이 어디일지를 보여준다. 지지영역은 매도자가 매도하는 강도보다 매수자가 매수하는 강도가 큰 영역에서 형성되고, 저항영역은 매수자가 매수하는 강도보다 매도자가 매도하는 강도가 큰 영역에서 형성된다(19장 참고).

채널의 기울기는 시장의 추세를 확인한다. 채널이 상승할 때는 롱 포지션 관점에서만 트레이딩하는 게 유리하므로 하단선에서 매수하고 상단선에서 매도하라. 채널이 하락할 때는 숏 포지션 관점에서만 트레이딩하는 게 유리하므로 상단선에서 공매도하고 하단선에서 환매하라.

▶ 이동평균 채널

13일 지수이동평균을 채널 구축의 근간으로 쓸 수 있다(25장 참고). 13일 지수이동평균과 나란히 상단 채널과 하단 채널을 그려라. 채널의 폭은 트레이더가 계수를 어떻게 설정하느냐에 따라 달라진다.

상단 채널선 = 지수이동평균 + 채널 계수 × 지수이동평균
하단 채널선 = 지수이동평균 − 채널 계수 × 지수이동평균

채널이 주가 움직임의 90~95퍼센트를 포함하도록 계수를 조정해야 한다. 채널은 정상적인 주가 움직임과 비정상적인 주가 움직임을 가르는 경계선 역할을 한다. 채널 안쪽에 있는 주가가 정상이며 비정상적인 경우에만 주가가 채널 밖으로 밀려난다. 하단 채널선 아래에 있으면 주가가 저평가된 것이며 상단 채널선 위에 있으면 고평가된 것이다.

한 가지 예를 들어보자. 1992년 S&P500선물 일간 차트의 채널 계수는 1.5퍼센트였다. 이때 13일 지수이동평균이 400이라면 상단 채널선은 406[400 + (400×1.5/100)]이며 하단 채널선은 394[400 − (400×1.5/100)]가 된다.

주가의 90~95퍼센트가 채널 안에 포함되도록 적어도 3개월마다 채널 계수를 조정하라. 주가가 계속 채널 밖으로 벗어나면서 며칠 이상 채널 밖에 머무르면 채널의 폭을 넓혀야 한다. 채널선을 건드리지 않고 채널 안에서 반전이 너무 많이 일어나면 변동성이 떨어지고 있다는 뜻이므로 채널의 폭을 좁혀야 한다.

변동성이 큰 시장이라면 폭이 더 넓은 채널이 필요하고 변동성이 적은 시장이라면 폭이 더 좁은 채널이 필요하다. 대체로 주간 차트 채널의 계수는 일간 차트 채널 계수의 두 배 정도가 적당하다.

▶ 이동평균 채널이 보여주는 시장 심리

지수이동평균은 이동평균 산출기간 동안의 가치에 대한 합의의 평균치를 반영한다(25장). 주가가 가치에 대한 평균치 합의보다 상승하면 곰들은 공매도기회를 살피며 롱 포지션을 취하고 있던 사람들은 차익실현의 기회를 살핀다. 이들이 황소들(매수세력)을 압도하면 주가는 하락한다. 주가가 이동평균선 아래로 하락하면 저가 매수세가 유입된다. 이들이 매수에 나서고 곰들이 환매하면 주가는 다시 상승하여 사이클이 반복된다.

주가가 이동평균선 근처에 있으면 시장가격이 적절히 형성된 것이다. 반면 주가가 하단 채널선이나 이동평균선 아래에 있으면 시장이 저평가된 것이고, 주가가 상단 채널선이나 이동평균선 위에 있으면 시장이 고평가된 것이다. 채널을 활용하면 시장이 저평가되었을 때 매수기회를 찾고 시장이 고평가되었을 때 공매도기회를 찾을 수 있다.

시장은 조울증 환자와 비슷하다. 들뜬 상태가 최고조에 도달하면 기분이 가라앉게 되고 우울증으로 바닥까지 내려가면 다시 기분이 좋아진다. 채널은 군중의 낙관주의와 비관주의의 한계치를 표시한다. 상단 채널선은 황소들이 힘을 잃는 영역이며 하단 채널선은 곰들이 힘을 잃는 영역이다.

어떤 동물이든 자신의 영역 근처에서는 더 격렬하게 싸운다. 상단 채널선은 곰들이 벽에 등을 기댄 채 황소들을 물리치고 있는 영역이며 하단 채널선은 황소들이 벽에 등을 기댄 채 곰들을 물리치고 있는 영역이다.

상승이 상단 채널선에 도달하지 못하면 약세신호로 황소들이 힘이 떨어지고 있다는 얘기다. 하지만 상승이 채널을 돌파하고 종가가 채널선 위에 형성되면 강력한 상승추세다. 반대의 원칙이 하락추세에도 적용된다.

채널을 활용하면 군중들이 강세 히스테리, 약세 히스테리에 휩쓸려 다닐 때 객관적인 관점으로 시장을 바라볼 수 있다. 주가가 상단 채널선을 건드리면 매수세의 힘이 소진되었으므로 매도를 고려해야 할 시점이다. 모두들 약세로 돌아서지만 주가가 하단 채널선을 건드리면 매도가 아닌 매수를 고려해야 할 시점이다.

➡ 이동평균 채널을 활용한 매매 기법

아마추어와 프로들은 채널을 활용하는 방식이 다르다. 아마추어들은 승산이 없는 말에 베팅한다. 아마추어들은 상단 채널 돌파 시 매수하고 하단 채널 돌파 시 공매도한다. 아마추어들은 채널이 돌파되면 주요 추세가 새로 시작되었다고 믿고 일확천금을 꿈꾼다.

프로들은 정상으로 되돌아오기를 기다리며 주가의 이상 움직임과 반대 방향으로 매매한다. 주가는 채널 안에 머무는 것이 정상이다. 돌파는 대개 힘이 소진된 움직임이어서 곧바로 무산된다. 프로들은 돌파와 반대 방향으로 매매하는 걸 즐긴다. 프로들은 상단돌파가 멈칫하는 순간 공매도하고 하단돌파가 신저점에 도달하지 못하면 매수한다.

주요 추세가 새로 형성돼 채널을 돌파하면 아마추어는 돌파를 통해 큰돈을 벌 수 있다. 하지만 이건 드문 경우다. 따라서 프로들을 따라 매매하는 편이 유리하다. 대부분의 돌파는 가짜 돌파로 곧바로 반전된다.

이동평균 채널은 단독의 매매 기법으로 쓸 수도 있고 다른 기법과 결합해서 쓸 수도 있다. 다음은 제럴드 아펠이 추천한 채널 활용 규칙이다.

1. 이동평균선을 그리고 주위로 채널을 구축한다. 채널이 수평에 가까우면 채널의 바닥에서 매수하고 채널의 천정에서 매도하는 것이 거의 언제나 적중한다.

2. 추세가 상승으로 돌아서고 채널이 급상승할 때 상단 채널선이 돌파되는 것은 상승 모멘텀이 강력하다는 것을 보여준다. 이는 고점 영역에서 매도할 기회가 한 번 이상 발생한다는 이야기다. 채널선을 돌파한 후에는 주가가 이동평균선 근처로 되돌림하는 것이 보통이며 이때가 절호의 매수기회가 된다. 시장이 다시 상단 채널선에 도달하면 롱 포지션을 매도하라.
3. 급격한 하락추세에서는 위 규칙을 반대로 적용하라. 주가가 하단 채널선을 돌파하면 곧 이동평균선으로 되돌림하며 이때가 절호의 공매도기회다. 주가가 다시 하단 채널선에 이르면 환매하라.

채널과 기술적 지표를 결합하면 최상의 매매신호가 발효된다. 지표는 주가와 다이버전스를 보일 때 가장 강력한 신호를 발효시킨다(그림 45-1 참고). 매닝 스톨러Manning Stoller는 나와 만난 자리에서 채널과 다이버전스를 결합하는 방식을 설명해주었다.

4. 주가가 상단 채널선에 도달하고 스토캐스틱 같은 지표나 MACD 히스토그램이 고점을 낮추면 약세 다이버전스로 매도신호가 켜진다. 이는 황소들이 지나치게 무리했다는 것을 의미한다.
5. 주가가 하단 채널선에 도달하지만 지표가 저점을 높이면 강세 다이버전스로 매수신호가 켜진다. 곰들이 힘이 떨어지고 주가

가 바닥을 쳤다는 것을 의미한다.

하나 이상의 시간단위로 시장을 분석해야 한다. 주간 차트와 일간 차트 모두에서 주가가 채널의 바닥에서 천정을 향해 상승하면 롱 포지션으로 진입하라. 주간 차트와 일간 차트 모두에서 주가가 채널의 천정에서 바닥을 향해 떨어지면 숏 포지션으로 진입하라.

6. 채널이 상승할 때 이동평균선 아래에서 롱 포지션을 취하고 상단 채널선에서 차익실현에 나서라. 채널이 하락할 때 이동평균선 위에서 숏 포지션을 취하고 하단 채널선에서 차익실현에 나서라.

▶ 표준편차 채널(볼린저 밴드)

표준편차 채널은 페리 카우프만Perry Kaufman이 저서 『새로운 상품 트레이딩 시스템과 매매 방법The New Commodity Trading Systems and Methods』에서 제안했다. 이를 애널리스트 존 볼린저가 '볼린저 밴드'로 진화시킴으로써 대중에 널리 알려졌다. 볼린저 밴드의 독특한 특징은 시장 변동성에 따라 밴드폭이 변한다는 점이다. 볼린저 밴드를 이용한 매매 원칙은 다른 채널과 다르다.

1. 21일 지수이동평균을 구하라.

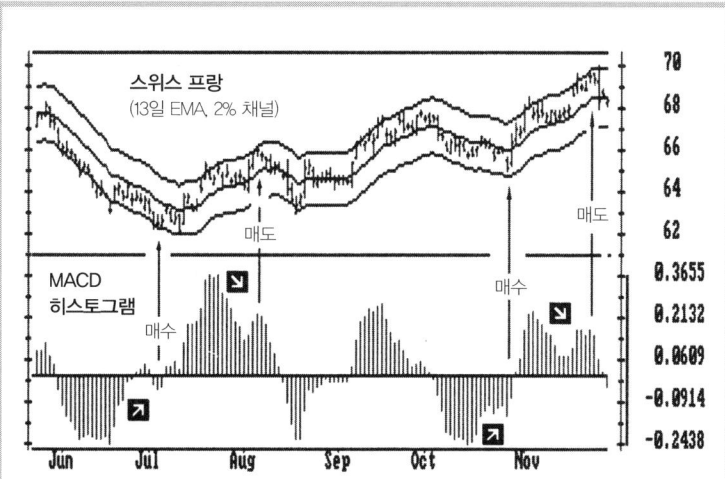

그림 45-1 채널과 지표를 활용한 트레이딩

이동평균은 가치에 대한 평균적 합의를 반영한다. 모든 데이터의 90~95퍼센트가 포함될 때까지 채널이나 엔벌로프를 조정해야 한다. 상단 채널선은 시장이 과대평가된 구역을 가리키고 하단 채널선은 시장이 과소평가된 구역을 가리킨다. 채널이 상승할 때 하단 절반 구역에서 매수하고 채널이 하락할 때 상단 절반 구역에서 매도해야 한다. 채널의 신호가 다이버전스를 보이는 지표와 결합될 때 가장 적중률이 높다.

차트를 보면 7월과 10월 가격이 과소평가되어 하단 채널선에 가까워지면서 강세 다이버전스가 발생한다. 이러한 매수신호 이후에 강력한 상승세가 이어진다. 8월과 11월에는 과대평가되어 상단 채널선에 가까워지면서 약세 다이버전스가 발생한다. 이러한 매도신호에 이어 가격은 급락한다. 채널과 다이버전스를 결합하면 시장이 주요한 전환점에 있을 때 군중과 반대로 매매할 수 있다.

2. 각각의 종가에서 21일 지수이동평균을 빼 편차를 구한다.

3. 각각의 편차값을 제곱한 다음 모두 더해 제곱편차의 총합을 구한다.

4. 제곱편차의 총합을 지수이동평균 산출기간으로 나누어 제곱편차의 평균을 구한다.

5. 제곱편차의 평균에 제곱근을 씌워 표준편차를 구한다.

기술적 분석 소프트웨어를 사용하면 존 볼린저가 윤곽을 잡은 이 과정들을 쉽게 계산할 수 있다. 중요한 것은 그 활용가치가 높다는 점이다. 시장의 변동성이 커지면 볼린저 밴드의 폭이 넓어지고 시장의 변동성이 줄어들면 볼린저 밴드의 폭이 좁아진다. 볼린저 밴드의 폭이 좁으면 시장이 조용하다는 것이다. 밴드가 횡보를 보인 이후 시장의 주요 움직임이 분출한다. 볼린저 밴드는 조용하던 시장이 활발한 움직임을 보이는 전환점을 포착하는 데 유용하다.

볼린저 밴드는 옵션 거래자에게 특히 유용하다. 옵션 가격은 변동성에 따른 등락에 의해 크게 요동치기 때문이다. 볼린저 밴드를 활용하면 변동성이 낮아 옵션이 비교적 쌀 때 매수할 수 있으며, 변동성이 높아 옵션이 비교적 비쌀 때 매도할 수 있다.

▶ 채널에 대한 추가 정보

일부 트레이더는 고가의 이동평균선을 상단선, 저가의 이동평균선을 하단선으로 해서 채널을 구축하기도 한다. 이 채널은 다른 채널에 비해 좀 들쭉날쭉한 모양을 보인다. 이런 채널에는 평활화기간을 선택해야 하는데 여기서도 역시 13일 지수이동평균이 안전하다. 고가의 13일 지수이동평균으로 상단 채널선을 그리고 저가의 13일 지수이동평균으로 하단 채널선을 그린다.

대중적인 기술적 지표 중 하나로 상품채널 지수CCI가 있는데 CCI 역시 이동평균에서 편차를 구하는 원칙은 같다. 만약 트레이딩에서 채널을 활용한다면 CCI를 이용하지 않아도 된다. 주가의 움직임을 시각적으로 면밀히 관찰하는 데는 채널이 더 유용하다.

TRADING for a LIVING

제10부
위험관리

46

심리와 확률

트레이딩은 아주 짜릿한 경험이어서 아마추어들은 술에 취한 듯 기분이 붕 뜬다. 아마추어에게 트레이딩은 영화표나 프로야구 티켓 같은 것이다. 물론 트레이딩은 영화보다는 훨씬 비싼 오락이다.

하지만 누구도 기분이 몽롱한 상태에서는 돈을 벌 수 없다. 감정적인 트레이딩은 성공의 적이다. 탐욕과 두려움은 트레이더를 망가뜨리게 마련이므로 육감이나 본능보다 이성을 활용해야 한다.

수익이 났다고 들떠서 정신을 못 차리는 트레이더는 재판 도중에 돈을 세는 변호사와 같다. 손실이 났다고 화를 내는 트레이더는 피를 보고 졸도하는 외과의사와 같다. 진정한 프로는 돈을 벌거나 잃거나 흥분하지 않는다.

어떤 분야든 성공한 프로는 자신이 할 수 있는 최선에 도달하는 것이다. 바로 가장 훌륭한 의사, 가장 훌륭한 변호사, 가장 훌륭한 트레이더가 되는 것이다. 돈은 그 과정에서 자연스레 따라오는 부산물이다. 제대로 트레이딩하는 것에 주력해야 하며 돈에 집착하면 안 된다. 트레이딩할 때마다 마치 수술을 하듯 접근해야 한다. 신중하게, 정신을 바짝 차리고 임해야 하며 어설프게 하거나 지름길로 가려 해선 안 된다.

▶ 조니가 팔지 못하는 이유

패자들은 손실을 빨리 정리하지 못한다. 트레이딩이 잘못돼 손실이 나고 계좌가 부실해지기 시작해도 미련을 버리지 못한다. 마진콜 margin call*을 받게 되는 상황이 와도 지금 시장에서 빠져나오기에는 손실이 크다는 생각에 돈을 더 집어넣고 반전을 기다린다. 그렇지만 상황은 나아지지 않고 애초의 평가손실이 별것 아닌 것처럼 보일 정도로 계좌가 악화된다. 결국 더 버틸 수 없어 포지션을 정리하기에 이르는데 그러자마자 시장은 다시 반등한다.

이쯤 되면 패자는 제 발등을 찍고 싶어진다. 조금만 더 버텼으면

---

* 추가증거금 납부 요구. 일일정산 결과 고객의 손실액이 유지증거금 수준에 미달할 때 증권사에서 고객에게 증거금을 충당하도록 요구하는 것 - 옮긴이

반전으로 돈을 챙길 수 있었는데 후회하면서 말이다. 패자들이 빠져나가고 나면 마침내 추세는 반전하는데 그 이유는 패자들 대부분이 비슷하게 행동하기 때문이다. 패자는 머리를 쓰지 않고 육감대로 행동한다. 인간의 감정은 문화적 배경이나 교육수준에 관계없이 비슷하다. 겁을 먹어 손바닥에 땀이 흥건하거나 심장이 쿵쾅거리는 트레이더라면 뉴욕 출신이든, 홍콩 출신이든, 학교를 2년 다녔건 20년 다녔건 비슷한 심리상태에 있다. 이 장의 소제목 '조니가 팔지 못하는 이유'는 뉴욕 출신 심리학자인 로이 샤피로Roy Shapiro의 논문에서 따온 것이다. 논문의 한 구절을 인용하면 다음과 같다.

우리는 골방에서 매매 의사결정을 내릴 때 대망을 품고 내 생각이 옳다고 확신한다. 매도가 어려운 것은 그 포지션에 대한 애착 때문이다. 어쨌든 한 번 내 소유가 되면 우리는 점점 애착을 느끼게 된다. 구매한 물건에 대한 이러한 애착을 심리학자와 경제학자들은 '보유효과endowment effect'라고 부른다. 옷장에 걸려 있는 낡은 스포츠 점퍼를 버리지 못하듯이 금융거래에서도 이런 보유효과를 발견할 수 있다.

투기적 거래자에게 포지션은 자아의 연장 같은 의미를 갖는다. 마치 자식에 대해서 그러하듯이. 포지션에서 손실이 발생하더라도 조니가 못 파는 또 다른 이유는 꿈을 꾸고 있기 때문이다. 많은 사람들이 구매하는 순간에 판단력이 흐려지고 희망이 점점 부풀어 오르는데 이 구름 같은 희망이 의사결정 과정을 지배하게 된다.

시장에서 '꿈'이란 감당 못할 손실을 부르는 사치다. 꿈을 바탕으로 트레이딩할 바엔 차라리 그 돈을 심리치료에 쓰는 게 낫다.

샤피로 박사는 확률이 개입된 일에서 사람들이 어떻게 행동하는지 실험했다. 첫째 1,000달러를 벌 확률이 75퍼센트이고 아무것도 얻지 못할 확률이 25퍼센트인 경우, 둘째 확실히 700달러를 얻는 경우를 피실험자들에게 제시했다. 피실험자 다섯 명 중 네 명이 두 번째 경우를 택했다. 첫 번째 경우 시간이 지나면 750달러의 수익을 올릴 수 있다는 것을 설명해준 뒤에도 네 명이 두 번째를 택했다. 대다수가 감정적으로 결정해 작은 수익에 만족하는 것이다.

또 다른 실험을 했다. 첫째 700달러를 확실히 잃는 것, 둘째 1,000달러를 잃을 확률이 75퍼센트이고 아무것도 잃지 않을 확률이 25퍼센트라고 제시하고 그중에서 선택하라고 했다. 네 명 중 세 명이 두 번째를 택했다. 괜히 쓸데없이 50달러를 더 손해 보는 것이다. 위험을 피하려다가 손실을 최대로 만들다니!

감정에 휘둘리는 트레이더는 확실한 수익을 원하고, 수익률은 높지만 불확실성이 개입된 내기를 거부한다. 반면 손실에 있어서는 확실한 손실을 피하고 위험한 도박을 감행한다. 이익은 신속하게 취하고 손실은 미루는 것이 인간의 본성이다. 더욱이 압박을 받을 때는 비합리적인 행위가 증가한다. 샤피로 박사는 "경마를 예를 들면 마지막 남은 두 경주에서 승산 없는 말에 베팅하는 사람들이 늘어난다"고도 말했다.

감정에 휘둘리는 트레이딩은 패자를 파멸시킨다. 트레이딩 기록을 되돌아보면 수렁에서 빠져나오려고 몸부림치다 연속되는 손실이

나 몇 번의 큰 손실을 입고 계좌가 바닥이 된 경우가 많다. 자금관리를 제대로 했다면 애초에 수렁에 들어갈 이유가 없었을 것이다.

▶ 확률과 수맹

돈을 잃는 트레이더는 '확실한 것'을 찾고 미련을 버리지 못하며 작은 손실을 이성적으로 수용하지 못한다. 그들은 감정에 따라 트레이딩한다. 패자들은 확률이나 무작위로 변하는 확률변수를 이해하지 못하며 여기에 대한 환상을 갖고 있다.

수맹이란 가능성, 확률, 무작위의 기본 개념을 알지 못하는 상태를 말하며 트레이더로서는 치명적인 약점이 된다. 이런 단순한 개념은 기본서만 봐도 익힐 수 있는데 말이다.

존 앨런 파울로스John Allen Paulos가 쓴 『수맹Innumeracy』은 확률의 개념을 잘 설명하고 있다. 파울로스는 칵테일 파티에서 꽤 똑똑해 보이는 인사가 이렇게 말하는 소리를 들었다고 했다. "토요일 비가 올 확률이 50퍼센트, 일요일 비가 올 확률이 50퍼센트면 주말에 비가 올 확률이 100퍼센트죠."

확률을 잘 모르면 트레이딩으로 돈을 잃는 건 기정사실이다. 트레이딩에 필요한 수학적 개념의 기본을 익혀야 한다.

랄프 빈스Ralph Vince는 중요한 책 『포트폴리오 관리 규칙Portfolio Management Formulas』 첫 머리에서 다음과 같은 재미있는 문단을 제시하고 있다. "동전을 공중에 던져보라. 자연의 가장 환상적인 역설, 랜덤 프로세스를 경험하게 된다. 동전이 공중에 있을 때는 앞면이 나올지 뒷면이 나올지 전혀 알 수 없다. 하지만 여러 번 던져보면 결과를 예측할 수 있다."

수학적 기대치는 트레이더에게 중요한 개념이다. 수학적 기대치는 게임의 승률이 누구에게 유리한가에 따라 도박꾼의 승률player's edge*과 카지노 업체의 승률house advantage**로 나뉜다. 갑과 을이 동전 던지기를 한다면 승률은 각 50퍼센트로 누구도 우위에 있지 않다. 하지만 한 번 동전을 던질 때마다 도박장이 판돈의 10퍼센트를 떼간다면 얘기가 달라진다. 잃을 때는 1달러를 잃지만 딸 때는 90센트밖에 딸 수가 없다. 이처럼 카지노 업체에게 유리한 승률이 있다면 그것은 도박꾼에게 부정적 기대치로 작용한다. 이처럼 부정적 기대치가 작용하는 게임에서는 어떤 자금관리 규칙을 세운다 해도 장기적으로 이길 수가 없다.

🔁 도박꾼의 승률, 긍정적 기대치

블랙잭 게임에서 '카드 카운팅' 법칙을 안다면 카지노를 상대로 유리한 고지를 점할 수 있다. 카지노 측에서 쫓아내지만 않는다면 말이다. 카지노는 술 취한 도박꾼들은 반기지만 '카드 카운터'는 싫

---

* 도박꾼에게 얼마나 유리한가를 따지는 승률. 따라서 긍정적 기대치 – 옮긴이
** 도박장에게 얼마나 유리한가를 따지는 승률. 따라서 부정적 기대치 – 옮긴이

어한다.

　이처럼 높은 승률을 얻을 수 있는 시스템이 있으면 장기적으로 잃는 횟수보다 버는 횟수가 늘어날 것이다. 자금관리를 제대로 하면 손실은 최소로 만들고 유리한 고지를 이용해 돈을 더 많이 벌 수 있다. (이런 시스템이 없다면 차라리 자선단체에 돈을 기부하는 편이 낫다.) 트레이딩에서 유리한 고지는 손실, 체결오차, 수수료보다 많은 수익을 창출하는 시스템에 있다. 자금관리 방식이 아무리 탁월해도 트레이딩 시스템이 나쁘면 소용이 없다.

　긍정적이고 구체적인 숫자에 기반한 기대치를 가지고 매매할 때, 즉 합리적인 트레이딩 시스템으로 매매할 때 비로소 이길 수 있다. 육감으로 트레이딩하다가는 파멸에 이르고 만다. 여기저기 판을 기웃거리며 카지노를 헤매고 다니는 주정뱅이처럼 매매하는 이들이 많다. 그런 식으로 잦은 거래를 하다가는 체결오차와 수수료 때문에 망하고 만다.

　단순하고 견실한 시스템이 최상의 트레이딩 시스템이다. 최상의 트레이딩 시스템은 몇 가지 요소만으로 구성된다. 시스템이 복잡할수록 시스템을 망가뜨리는 요소가 많기 때문이다. 트레이더들은 과거의 데이터를 사용해 시스템을 최적화한다. 그런데 문제는 과거의 데이터로 매매할 수는 없다는 것이다. 시장은 변하므로 아무리 과거에 최적이었던 변수들이라도 오늘날에는 말짱 도루묵이 된다. 시스템을 최적화해보라. 그리고 나쁜 상황에서 어떤 실적을 내는지 점검하라. 견실한 시스템은 시장이 변해도 무너지지 않고 잘 유지된다. 이런 시스템이 실제 트레이딩 세계에서는 까다롭게 최적화시킨 시스템보다 승률이 낫다.

　마지막으로 좋은 시스템을 개발했다면 자꾸 손대서 망치지 말라. 시스템을 다시 고치고 싶다면 차라리 새로운 시스템을 하나 더 고안하라. 로버트 프레처Robert Prechter는 이렇게 말했다. "트레이더들은 대개 훌륭한 시스템을 완벽한 시스템으로 만들려다 시스템을 망치고 만다." 트레이딩 시스템이 완성되었다면 자금관리 원칙을 정해야 한다.

47

자금관리, 원칙과 방법

갑과 을이 1페니를 걸고 동전 던지기 내기를 한다고 하자. 뒷면이 나오면 갑이 이기고 앞면이 나오면 을이 이긴다. 위험자본risk capital*을 갑이 10달러 갖고 있고 을이 1달러 가지고 있다고 해도 을은 돈이 훨씬 적지만 겁날 게 없다. 100번을 연속적으로 져야 돈을 전부 잃기 때문이다. 100번을 계속해서 질 확률은 낮으므로 갑과 을은 꽤 오랫동안 즐길 수 있다. 중개인들이 끼어들어서 수수료와 체결오차

---

* 최악의 경우 '0'이 될 수도 있는 위험부담이 있는 자본. 주식자본의 경우 기업의 적자가 누적되면 감자 형태로 손실을 부담해야 하므로 위험자본이다 — 옮긴이

를 뜯어가지만 않는다면 말이다.

그런데 갑과 을이 판돈을 25센트로 올리면 확률은 확 변한다. 을은 밑천이 1달러뿐이므로 4번만 연속해서 져도 무일푼이 된다. 10달러가 있으면 40번 연속 잃어야 그렇게 되겠지만 40연패보다 4연패는 훨씬 빠르다. 다른 모든 조건이 동일하다면 둘 중 돈이 적은 쪽이 먼저 파산한다.

아마추어들은 대개 '다른 조건'이 전혀 같지 않다고 생각한다. 아마추어들은 다른 사람들보다 자신이 훨씬 똑똑하다고 생각한다. 트레이딩 업계는 패자가 잃은 돈을 승자가 전부 가져간다고 말하면서 마치 트레이딩이 제로섬 게임인 듯한 환상을 심어준다. 트레이딩은 마이너스섬 게임이라는 사실을 숨기는 것이다(3부 참고). 잘난 척하는 아마추어들은 마구잡이로 위험을 감수하고 중개인에게 수수료를 뜯기며 장내 거래자에게 수익을 갖다 바친다. 이들이 자멸해서 시장에서 퇴출되면 새로운 호구들이 유입된다. 인간에게는 늘 희망이라는 것이 샘솟기 때문이다.

▶ 첫 번째 목표는 살아남는 것

자금관리의 첫 번째 목표는 생존을 확고히 하는 것이다. 시장에서 퇴출되는 위험은 피해야 한다. 두 번째 목표는 꾸준한 수익률이며 세 번째 목표가 고수익이다. 어쨌든 가장 중요한 목표는 생존이다.

따라서 "돈 뭉치를 전부 걸지 말라"가 트레이딩의 첫 번째 규칙이다. 패자들은 이 규칙을 어기고 단 한 번의 트레이딩에 너무 많은 돈을 건다. 패자들은 연속해서 돈을 잃으면서 같은 돈, 혹은 더 큰돈을 투자한다. 패자들은 대부분 수렁에서 빠져나오려고 트레이딩하다가 파산한다. 다시 한 번 말하지만 자금관리를 잘하면 애초에 수렁에 빠질 일이 없다.

깊이 빠져들수록 진창은 더욱 미끄럽고 빠져나오기는 더 어렵다. 10퍼센트를 잃었을 때 손실을 만회하려면 11퍼센트의 수익을 올려야 한다. 20퍼센트를 잃었을 때 손실을 만회하려면 25퍼센트의 수익을 올려야 한다. 40퍼센트를 잃으면 무려 67퍼센트의 수익을 올려야 하고, 50퍼센트 손실을 만회하려면 100퍼센트의 수익을 올려야 한다. 손실은 산술급수적으로 증가하지만 손실을 만회하려면 수익이 기하급수적으로 증가해야 한다.

얼마를 잃어도 괜찮은지, 즉 언제 어떤 수준에서 손실을 제한할지 먼저 알아야 한다. 프로들은 수상한 낌새를 채면 바로 도망갔다가 상황이 정리되면 다시 시장으로 돌아온다. 하지만 아마추어들은 희망을 갖고 미적거린다.

▶ 차근차근 부자가 되라

벼락부자가 되려는 아마추어는 가느다란 가지에 몸을 기대는 원숭이와 같다. 원숭이가 잘 익은 열매를 따려고 손을 뻗을 때 가지는 몸무게를 견디지 못하고 부러지고 만다.

집단으로서 기관 트레이더들은 개인 트레이더보다 실적이 좋다. 이들은 사규에 따라야 하기 때문이다(14장 참고). 기관 트레이더가 한 번의 매매로 허용된 액수보다 더 큰 손실을 입게 되면 사규위반으로 해고된다. 허용된 월 손실액을 채우게 되면 그달의 나머지 기간에는 트레이딩을 할 수 없어 동료들에게 커피나 타주면서 잔심부름을 해야 한다. 연속해서 몇 달째 허용된 월 손실액만큼 손실이 발생하면 해고되거나 부서를 옮겨야 한다. 이런 시스템이 있기 때문에 기관 트레이더들은 손실을 피할 수 있다. 그런 강제적인 제한이 없는 개인 트레이더들은 스스로 규칙을 정하고 실행해야 한다.

아마추어는 2만 달러로 트레이딩 계좌를 만들면서 2년 안에 백만 달러로 불리겠다고 기대한다. 마치 팝 가수가 되겠다고 가출해 할리우드로 가는 십대처럼 말이다. 물론 성공할 수도 있지만 극히 예외적인 경우일 뿐이다. 아마추어들은 일확천금을 노리면서 마구 위험을 감수하다가 결국 패망하고 만다. 한동안은 잘될 수도 있겠지만 언제까지나 운이 따라주지는 않는다.

아마추어들은 트레이딩으로 연 수익률을 어느 정도 올릴 수 있을지 물어본다. 시장 상황이나 매매 기술에 따라 수익률은 달라진다. 아마추어는 더 중요한 걸 결코 묻지 않는다. "얼마나 손실을 봤을 때 트레이딩을 그만두고 나 자신과 내 시스템, 시장을 재평가해야 하죠?" 손실을 관리하는 데 주력한다면 저절로 수익이 따라온다.

연 수익률 25퍼센트를 올리면 월스트리트의 제왕으로 군림할 수 있다. 아마 연 수익률 25퍼센트 이상을 올릴 수만 있다면 조상 대대의 가보라도 바칠 일류 펀드매니저들이 즐비하리라. 1년 안에 자금을 배로 불릴 수 있다면 팝스타나 스포츠스타 뺨칠 스타급 트레이더라고 할 수 있다.

적절한 목표를 설정하고 목표를 달성하고 나면 그때는 좀 눈을 높여도 된다. 연 수익률 30퍼센트를 올릴 수만 있다면 너도나도 돈을 맡기려 들 것이다. 1,000만 달러를 운용한다면 (요즘 시장에서는 그리 큰돈도 아니지만) 운용 수수료만 6퍼센트, 즉 연 60만 달러를 벌 수 있다. 거기에 30퍼센트 수익을 올린다면 15퍼센트인 45만 달러를 인센티브로 받게 된다. 즉 연간 100만 달러 이상을 벌 수 있다. 다음 번 트레이딩할 때는 이 숫자를 염두에 두면서 지속적인 수익과 최소한의 손실로 최선의 실적을 낼 수 있도록 트레이딩하라.

어느 정도의 위험을 감수할 것인가

트레이더들이 파멸하는 이유는 두 가지다. 바로 무지와 감정이다. 아마추어들은 육감대로 행동하며 부정적인 수학적 기대치에 희망을 품고 결코 하지 말아야 할 매매를 감행한다. 처음에 아무것도 모르는 단계에서 살아남은 자들은 더 나은 시스템을 고안하게 된다. 그렇게 점점 자신감이 붙으면 참호에서 머리를 내미는데 머리를 내미는 순간 두 번째 총알이 날아온다! 자신감 때문에 탐욕을 부리게 되면서 분에 넘치는 큰돈을 거는 트레이더들이 많다. 큰돈을 걸면 몇 번만 연패해도 시장에서 퇴출된다.

1회의 트레이딩에 계좌의 4분의 1을 건다면 파산은 기정사실이다. 몇 번만 연속해서 손실을 봐도 깡통 계좌만 남는데 아무리 탁월한 트레이딩 시스템이라도 몇 차례 연패하는 일은 다반사기 때문이다. 1회의 트레이딩에 계좌의 10분의 1만 건다고 해도 그다지 오래 버티지 못한다.

프로들은 1회의 트레이딩에 아주 작은 비율의 손실만을 감수한다. 아마추어는 마치 알코올 중독자가 술을 대하는 것처럼 트레이딩한다. 나가서 흥청망청 즐기지만 결국 자신을 망치는 것이다.

광범위한 실험을 통해 얻은 결과를 밝혀두겠다. 장기 목표를 손상시키지 않고 1회의 트레이딩에 감당할 수 있는 최대의 액수는 전체 계좌의 2퍼센트다. 2퍼센트에는 체결오차와 수수료도 포함된다. 계좌에 2만 달러가 있다면 1회의 트레이딩에 400달러 이상의 위험을 감수하면 안 된다. 계좌에 10만 달러가 있다면 1회의 트레이딩에 2,000달러 이상의 위험을 감수하면 안 된다. 그러므로 계좌에 1만 달러가 있다면 1회의 트레이딩에 200달러 이상의 위험을 감수하면 안 된다.

아마추어들은 대개 말도 안 되는 소리라고 목청을 높일 것이다. 아마추어들은 자금이 넉넉하지 않기 때문에 2퍼센트 규칙은 일확천금을 얻으려는 꿈을 망친다고 생각한다. 반면 성공한 프로들은 대개 2퍼센트도 너무 크다고 생각한다. 프로들은 1회의 트레이딩에 1퍼센트 혹은 1.5퍼센트 이상은 절대 위험을 감수하지 않는다.

2퍼센트 규칙을 고수하면 시장이 일정액만 계좌의 돈을 갉아먹도록 한계를 두기 때문에 든든한 버팀목이 된다. 대여섯 번 연패해도 장기 목표에 큰 지장을 받지 않는다. 어떤 경우든 트레이딩 실적을 최상으로 유지하려면 계좌 총액에서 손실 비율이 6~8퍼센트를 넘으면 안 된다. 만약 손실액이 계좌 전체의 6~8퍼센트에 이른다면 그달의 나머지 기간에는 트레이딩을 중지하라. 그 기간 동안 잠시 머리를 식히며 스스로를 재점검하며 추스르고 매매 기법과 시장을 다시 분석하라.

2퍼센트 규칙을 지키면 위험한 트레이딩을 피할 수 있다. 시스템이 진입신호를 내면 어느 수준에서 합리적 손실제한주문을 설정할지를 먼저 살펴보라. 손실제한주문이 실행된다고 할 때 계좌의 2퍼센트가 넘는 손실을 내게 된다면 트레이딩하지 말라. 타이트한 손실제한이 가능한 매매기회를 기다리는 편이 낫다(9부 참고). 이렇게 하면 짜릿한 맛은 줄어들겠지만 기대수익은 증가한다. 짜릿함인가, 수익인가? 당신이 진정 원하는 것이 어느 쪽인지 결정하라!

2퍼센트 규칙을 지키면 몇 계약을 트레이딩할 것인지 결정할 수 있다. 이를테면 계좌에 2만 달러가 있고 1회 트레이딩에 400달러를 감수할 수 있다고 하자. 시스템에서 위험 수준이 275달러인 트레이딩에 신호를 내면 1계약만 베팅해야 한다. 위험이 175달러라면 2계약을 베팅할 수 있다.

시장이 유리하게 움직일 때 포지션을 늘려나가는 피라미딩은 어떨까? 2퍼센트 규칙은 피라미딩에도 도움이 된다. 추세추종 포지션에서 수익을 보고 있다면 포지션을 늘려도 된다. 단 조건이 있다. 기존 포지션이 손익분기 수준 이상이어야 하고, 늘린 포지션의 위험 수준이 1회 트레이딩 금액의 2퍼센트를 넘지 않아야 한다.

마틴게일 시스템

1회의 트레이딩에 감수할 수 있는 최대 위험을 설정했다면 트레이딩마다 동일한 액수의 위험을 감수할 것인지 결정해야 한다. 대부분의 시스템은 트레이딩마다 위험 액수를 달리한다. 가장 오래된 자금관리 시스템의 하나인 마틴게일은 원래 도박용으로 개발된 것이다. 마틴게일은 손실을 본 다음에는 '본전치기'를 위해 더 큰돈을 베팅하는 시스템이다. 그리고 물론 이런 접근법은 패자들의 마음에 쏙 든다.

카지노에서 마틴게일 법칙에 따라 베팅하는 도박꾼은 이길 때는 계속 1달러를 건다. 하지만 지면 두 배로 베팅금액을 올려 2달러를 건다. 이긴다면 1달러를 벌고(-1+2) 그다음에는 또 1달러를 건다. 지게 되면 다시 액수를 두 배로 늘려 4달러를 건다. 이때 이긴다면 1달러를 번다(-1-2+4). 그런데 만약 진다면 액수를 두 배로 늘려 8달러를 건다. 이런 식으로 계속 베팅액을 두 배로 늘려나가면 한 번만 이겨도 손실을 모두 상쇄하고 최초의 베팅액에 해당하는 금액만큼 벌 수 있다.

이렇게 보면 마틴게일은 절대 손실이 나지 않는 시스템 같다. 하지만 잘못된 베팅을 계속하다 보면 아무리 돈이 많아도 언젠가는 무일푼으로 전락하고 만다. 극단적인 예를 들어보자. 1달러 베팅으로 시작해서 46연패를 하면 47번째 베팅에는 70조 달러를 베팅해야 한다. 전 세계 자산총액(약 50조 달러)보다 많은 금액이다. 이런 식으로 하면 결국 돈이 바닥나거나 돈이 바닥나기 훨씬 전에 하우스 리미트

house limit*에 걸리고 말 것이다. 부정적 기대치 혹은 본전 기대치를 갖고 있는 이들에게 마틴게일 시스템은 무용지물이다. 수익이 나는 시스템과 긍정적 기대치를 갖고 있다 하더라도 마틴게일 시스템은 자멸로 가는 길이다.

심리적으로 끌리기 때문에 아마추어들은 마틴게일 시스템을 선호한다. 사람들은 불운은 언젠가는 그치게 마련이고 운수는 바뀐다는 이상한 미신을 갖고 있다. 패자들은 종종 손실을 본 다음에는 더 자주, 더 많은 액수를 트레이딩한다. 손실을 본 다음에는 만회하기 위해 트레이딩 규모를 두 배로 늘리기도 한다. 이런 방식은 아주 형편없는 자금관리 방법이다.

트레이딩 규모를 바꾸고 싶다면 시스템이 시장에 잘 맞고 돈을 벌고 있을 때라야 한다. 2퍼센트 규칙을 따르면 계좌가 불어날수록 자연히 더 많은 금액을 트레이딩할 수 있다. 시스템이 시장과 맞지 않아 돈을 잃고 있다면 트레이딩 규모를 줄여야 한다.

옵티멀 f

컴퓨터 프로그래밍 트레이딩 시스템을 개발한 트레이더들은 소위 '옵티멀 f Optimal f', 즉 계좌에서 최적의 고정된 부분 optimal fixed fraction이라는 개념을 신봉한다. 위험을 부담해야 하는 자본의 비율

---

* 카지노에서 한 번에 베팅할 수 있는 최대 금액 − 옮긴이

을 트레이딩 시스템의 실적과 계좌의 규모에 따라 정하는 것이다. 복잡한 방법이지만 쓸 만한 개념이 있으므로 이 규칙을 활용하든 하지 않든 몇 가지 개념은 끌어 써도 좋다.

랄프 빈스가 저서 『포트폴리오 관리 규칙』에서 입증한 바는 이렇다. (1) 옵티멀 f는 계속 변한다. (2) 옵티멀 f를 초과해 매매하면 수익을 얻지 못하고 끝내는 파산한다. (3) 옵티멀 f보다 적게 매매하면 위험은 산술적으로 감소하지만 수익은 기하급수적으로 감소한다.

그런데 옵티멀 f를 그대로 매매에 적용하는 것은 심정적으로 쉽지가 않다. 왜냐하면 옵티멀 f를 적용하면 85퍼센트까지 손실을 볼 수도 있기 때문이다. 따라서 옵티멀 f로 매매하고 싶다면 진짜 위험자본으로 매매해야 한다. 여기서 핵심은 옵티멀 f를 초과해 매매하면 반드시 깡통 계좌가 된다는 점이다. 여기서의 교훈은 확신이 서지 않으면 위험을 적게 부담하라는 것이다.

자금관리 규칙을 컴퓨터로 시험해본 결과 오래된 규칙들 일부는 옳다는 것이 증명되었다. 어떤 시스템이든 그 시스템의 재정 위험을 판단하는 기준은 최대의 손실이다. 손실 규모는 매매 방향과 반대로 얼마나 런run*이 진행되느냐에 따라 좌우된다. 분산 투자를 하면 충격을 줄일 수 있다. 다른 시장에 분산 투자하거나 다른 트레이딩 시스템을 쓰는 방식으로 분산 투자할 수 있다. 통화시장처럼 서로 긴밀하게 연결된 시장에서는 분산 투자의 효과를 얻을 수 없다. 반면

---

* 같은 방향으로 가격이 연속으로 변하는 것. 이를테면 종가가 5일 연속 상승 또는 하락하는 것-옮긴이

자본금이 적은 투자자는 더 단순한 규칙을 따라야 한다. "한 바구니에 달걀을 전부 담고 매의 눈으로 지켜보라."

빈스는 컴퓨터로 시험한 결과 유효한 자금관리 규칙을 다음처럼 제시했다. 첫째 물타기average down*하지 말라. 둘째 마진 콜을 당하지 말라. 셋째 운신을 가볍게 하려면 최악의 손실이 나는 포지션부터 정리하라. 그중에서도 첫 번째 실수가 드러났을 때 수정하는 것이 가장 손실을 적게 보는 방법이다.

🡆 수익을 재투자하는 문제

시장은 수많은 트레이더들이 더 많이, 더 빨리 일확천금을 얻으려고 안달하는 곳이다. 트레이딩에 성공하여 수익이 났을 때 어떤 심리상태가 되는지 스스로를 돌아보라. 프로 트레이더는 다른 분야의 프로들이 일해서 얻은 수익을 챙기는 것처럼 침착하게 계좌에서 일부를 수확한다. 반면 아마추어는 수익이 나면 벌벌 떨면서 수익이 없어지기 전에 얼른 사고 싶은 걸 사버린다. 돈을 벌 수 있는 능력에 스스로 자신이 없는 것이다.

계좌에서 수익을 빼내지 않는다면 돈을 더 빨리 불릴 수 있을 것이다. 이를테면 매매 계약 수를 늘리거나 손실제한을 멀리 두는 방

---

* 주식의 평균 매수가격을 하락시키기 위해 동일 종목의 주가가 하락할 때 저가에 추가로 매수하는 행위 - 옮긴이

법으로 장기 포지션을 구축할 수도 있다. 생활비에 숨통을 틔우기 위해 수익의 일부를 인출하는 것도 나쁘진 않다. 다만 정부에서 그중 일부를 세금으로 떼가긴 하지만.

수익 중 얼마를 재투자하고 얼마를 다른 용도에 쓸 것인가를 딱 잘라 말할 수는 없다. 본인의 개인적 성향이나 자본금의 규모에 따라 달라지기 때문이다. 5만 달러 정도의 적은 자본으로 시작했다면 거기서 수익금을 빼서 다른 용도로 소비하고 싶지는 않을 것이다. 그렇지만 수십만 달러를 굴린다면 일부를 빼서 써도 무방하다.

당신은 중요한 개인적 결정을 내려야 한다. 연간 생활비로 3만 달러가 필요한가, 아니면 30만 달러가 필요한가? 계좌를 불리기 위해 소비를 줄일 의향이 있는가? 대답은 본인의 성향에 따라 달라질 것이다. 이런 결정을 내릴 때는 감정에 휘둘리지 말고 이성에 따라 판단해야 한다.

48

청산

손실을 받아들이는 건 아주 괴로운 일이다. 하지만 수익을 얻는 건 더 어렵다. 트레이딩에 진입하는 순간 손실제한주문을 설정하는 규칙을 지킨다면 소액의 손실은 어쩔 수 없이 받아들일 수 있게 된다. 그러나 수익이 발생하면 생각이 필요하다. 시장이 유리하게 움직이면 계속 발을 담그고 있을지, 발을 뺄지, 아니면 포지션을 늘릴지 결정해야 한다.

아마추어는 수익을 어떻게 처리할까 결정하면서 곤경에 빠진다. 아마추어는 수익이 나면 다음 틱을 계속 기다리면서 탐욕을 부린다. "이대로 계속 가는 거야. 떼돈을 벌자구." 그런데 시장이 불리하게 움직인다. 그러면 공포감에 휩싸인다. "이제 수익을 챙겨야겠어. 다 날아가겠어." 이렇듯 감정대로 행동하는 트레이더는 합리적인 결정을 내릴 수 없다.

트레이더가 저지르는 가장 끔찍한 실수 중 하나는 오픈 포지션 상태에서 돈을 세는 것이다. 이런 행위는 트레이더를 곤경에 빠뜨리며 합리적으로 트레이딩하는 능력을 저해한다. 평가이익을 세면서 그걸로 뭘 살까 고민하게 된다면 당장 머릿속에서 지워버려라! 만약 그런 생각을 떨칠 수 없다면 포지션을 정리하라.

아마추어는 너무 일찍 차익을 실현하는 경향이 있고, 괜히 일찍 발을 빼서 손해를 봤다며 자책한다. 그러면 다음에는 더 버텨야겠다고 결심하고, 지나치게 포지션을 오래 유지하는 바람에 돈을 잃는다. 반전으로 수익을 놓치는 경우가 생기면, 다음에는 첫 번째 수익이 나자마자 포지션을 정리해버리는 바람에 시장의 큰 움직임을 놓친다. 아마추어는 시장의 움직임에 감정대로 반응한다.

외부의 현실이 아니라 자신의 감정에 반응하는 트레이더는 반드시 실패한다. 여기저기서 수익을 얻을 순 있겠지만 시스템이 아무리 훌륭한 매매기회를 제공한다 해도 결국에는 좋은 결과를 얻지 못한다. 탐욕과 두려움은 트레이더의 이성을 흐리게 해 멸망으로 이끈다. 트레이딩에 성공하는 유일한 길은 이성을 쓰는 것이다.

🔜 돈보다 트레이딩의 질이 우선이다

　성공한 트레이더의 목표는 최상의 트레이딩을 하는 것이다. 돈은 그다음 문제다. 이 사실이 놀랍다면 다른 분야에서 성공한 훌륭한 프로들을 생각해보라. 훌륭한 교사, 훌륭한 의사, 훌륭한 변호사, 훌륭한 농부는 돈을 번다. 이들의 공통점은 일을 하는 도중에는 돈을 세지 않는다는 것이다. 만약 그렇게 하면 작업의 완성도나 질이 떨어지게 됨을 알고 있기 때문이다.

　의사에게 오늘 돈을 얼마나 벌었는지 물어보라. 대답을 하지 못할 것이다. 만약 대답을 하는 의사가 있다면 다시는 그 사람에게 진찰을 받으러 가지 않는 게 좋을 것 같다. 변호사에게 오늘 돈을 얼마나 벌었느냐고 물어보라. 상담 건수를 계산해 대충 짐작은 할 수 있겠지만 정확히 얼마를 벌었는지는 대답하지 못할 것이다. 일하는 도중에 돈이나 세고 있다면 그 사람을 변호사로 쓰고 싶지는 않을 것이다. 진정한 프로는 돈을 세는 대신 자신의 능력을 갈고 닦아 최상으로 끌어올리는 데 모든 열정을 쏟는다.

　트레이딩 도중에 돈을 센다는 것은 적신호다. 즉, 감정이 개입되어 이성을 압도하기 때문에 실패하리라는 것을 경고하는 것이다. 따라서 머릿속에서 돈에 대한 생각을 떨칠 수 없다면 포지션을 정리하고 나오는 것이 바람직하다.

　트레이딩의 품격을 높이는 데 집중하라. 즉, 합리적인 매매기회를 찾고 자신을 통제할 수 있는 자금관리 계획을 보유하라. 적절한 진입시점을 찾고 도박을 피하는 데 주력하라. 그러면 저절로 돈이 따라올 것이다. 돈은 트레이딩을 마치고 느긋하게 세면 된다.

훌륭한 트레이더는 좋은 매매기회를 포착하고 완성하는 데 매진해야 한다. 프로들은 항상 시장을 연구하고 기회를 찾는 동시에 자금관리 기술을 연마한다. 만약 훌륭한 트레이더에게 현재의 포지션으로 얼마나 벌었는지 묻는다면 조금 혹은 많이 벌었다든가, 조금 손해를 봤다고만 얘기할 것이다(손실제한을 좁게 설정하기 때문에 큰 손해는 보지 않는다). 어느 분야든 프로는 기술을 연마하고 실천하는 데 주력한다. 포지션을 정리하기 전에는 돈을 세지 않아야 트레이딩의 프로다. 프로는 시장에서 옳게 행동하는 한 돈을 번다는 사실을 알고 있는 사람이다.

▣ 지표의 신호

지표를 활용해 매매기회를 찾는다면 트레이딩을 정리할 때도 지표를 활용하라. 지금 활용하는 지표가 시장과 잘 맞고 이 지표를 활용해 매수시점이나 공매도시점을 찾아냈다면 매도나 환매할 시점을 찾을 때도 같은 지표를 활용하라.

트레이더는 감정적으로 포지션에 집착하기 쉽다. 수익이 발생하면 기분이 붕 뜨는데 손실이 발생해도 역시 짜릿함을 느낀다. 마치 롤러코스터를 타면 처음엔 겁이 나지만 짜릿하기도 한 것처럼 말이다. 매매신호를 발효시킨 지표가 사라지면 당신이 어떤 기분이든 재빨리 시장에서 나와야 한다.

이를테면 주간 차트에서 13일 지수이동평균이 틱을 높이며 상승하고 일간 차트의 스토캐스틱이 매수영역으로 하락하면 롱 포지션으로 진입할 수 있다. 진입한 후에는 일간 차트의 스토캐스틱이 상승해 과매수 상태가 될 때 매도할지 아니면 13일 지수이동평균이 하락으로 돌아설 때 매도할지 결정해두라. 결정한 계획을 종이에 적고 언제든지 볼 수 있도록 눈에 띄는 곳에 붙여두라.

주간 차트의 MACD 히스토그램이 틱을 낮추며 하락하고 일간 차트의 엘더-레이가 매도신호를 내면 공매도 포지션으로 진입할 수 있다. 진입한 후에는 일간 차트의 엘더-레이가 매수신호를 보낼 때 환매할 것인지, 주간 차트의 MACD 히스토그램이 상승으로 돌아설 때 환매할 것인지 결정해두라. 청산을 위해 어떤 신호를 선택할 것인지 '미리' 결정해야 한다. 신호는 여러 가지이므로 트레이딩에 진입하기 전에 결정하는 게 최선이다.

▶ 수익 목표, 엘리어트, 피보나치

수익 목표를 설정하려는 트레이더들도 있다. 주가가 저항영역에 도달하면 매도하거나 주가가 지지영역에 도달하면 매수하려는 것이다. 엘리어트 파동 이론은 반전 포인트를 예측하는 주요 기법이다.

R. N. 엘리어트는 주식시장에 관한 몇 가지 글들을 남겼고 저서 『자연의 법칙』을 발간했다. 그는 주식시장의 모든 움직임을 대파동 wave, 소파동 smaller wave, 조정파동 subwave으로 구분할 수 있다고 믿

었다. 이 파동을 통해 엘리어트는 모든 전환점을 설명했으며 종종 정확한 예측을 할 수 있었다.

엘리어트의 방법론을 토대로 자문서비스를 판매하는 애널리스트들은 항상 소위 '대안의 숫자'라는 것을 생각해낸다. 그것으로 지나간 일은 낱낱이 설명이 될지라도 미래를 예측하는 데에서는 신뢰하기 어렵다.

피보나치 수열과 피보나치 비율, 특히 1.618, 2.618, 4.236은 자연 속의 수많은 관계를 설명한다. 트루디 갈랜드Trudi Garland는 저서 『놀라운 피보나치Fascinating Fibonaccis』에서 밝혔듯 피보나치 수열로 은하수나 조가비, 해바라기 씨앗의 나선형 무늬 배치를 설명할 수 있었다. 엘리어트는 이런 관계가 금융시장에도 적용된다는 점을 처음 지적했다.

토니 플러머는 『금융시장 예측』에서 피보나치 비율로 박스권에서 어느 정도 멀리 벗어날 것인지를 예측했다. 플러머는 박스권이 돌파되는 방향대로 트레이딩한 다음 박스권의 높이를 피보나치 수열로 곱해 반전 목표점을 구했다.

노련한 트레이더들은 수익 목표와 기술적 연구를 결합한다. 이들은 전환점을 예측한 다음 그 지점에서 나타나는 지표의 신호를 살핀다. 추세가 목표치에 근접하고 있을 때 지표가 다이버전스를 보이면 포지션 청산신호의 신뢰도는 더욱 높아진다. 목표치만으로 매매하면 자신감은 엄청나게 상승하겠지만 시장은 몇 가지 단순한 수치로만 다루기에는 너무 복잡하다.

손실제한 설정

신중한 트레이더는 시장에 진입하는 동시에 손실제한주문을 설정한다. 그리고 시간이 지나면서 위험을 줄이고 수익을 방어하기 위해 손실제한을 조정한다. 손실제한은 반드시 한 방향, 즉 트레이딩 방향으로만 움직여야 한다. 성공 트레이딩을 바라지 않는 사람은 없다. 따라서 허황된 꿈에 미련을 갖지 않으려면 손실제한이 현실적인 방어막이 된다는 사실을 항시 기억해야 한다.

롱 포지션을 취하고 있다면 손실제한을 그대로 두든지 아니면 올려라. 손실제한을 내리면 안 된다. 숏 포지션을 취하고 있다면 손실제한을 그대로 두든지 아니면 내려라. 손실제한을 올리면 안 된다. 포지션의 반대 방향으로 손실제한을 움직이면서 손실이 나는 트레이딩을 유지하려 드는 건 패자들이나 하는 짓이다. 트레이딩이 잘못 돌아가면 분석이 잘못되었든지 시장이 변했다는 증거이므로 당장 빠져나와야 한다.

신중한 트레이더는 마치 항해사가 제동기로 배의 속도를 조절하듯 손실제한을 활용하는 반면 패자들은 현실 대신 환상을 쫓아 시장의 움직임과 반대로 손실제한을 옮긴다.

손실제한 설정 방법을 익히는 것은 방어운전을 배우는 것과 같아서 똑같은 기술을 배우지만 각자 자기 방식대로 조절해나가야 한다. 다음에 설명하는 기본적인 손실제한 설정 원칙을 반드시 익혀두길 바란다.

■ **손실제한주문**

트레이딩에 진입하는 순간 손실제한주문을 설정하라. 손실제한 없이 트레이딩하는 것은 마치 바지도 입지 않고 속옷 바람으로 맨해튼 5번가를 활보하는 꼴이다. 굳이 그렇게 하고 싶다면 하는 거지만 쓸데없이 자기 무덤을 팔 이유가 있을까.

그런데 트레이딩 시스템이 잘못된 것이라면 손실제한도 계좌를 지켜주지 못한다. 손실제한이 할 수 있는 최선은 손실을 늦추는 것 뿐이다.

손실제한주문이 항상 성공하지는 않지만 위험을 줄여준다. 때로 갭이 발생하면서 손실제한 가격을 건너뛰어 예상보다 큰 손실이 발생될 수도 있다.* 그럴지라도 손실제한이 완벽한 도구는 아니지만 우리가 가진 최선의 방어막이다.

롱 포지션을 취했다면 가장 최근의 단기 지지 수준 아래에 손실제한주문을 설정하라. 숏 포지션을 취했다면 가장 최근의 단기 저항 수준 위에 손실제한주문을 설정하라(20장 참고). 파라볼릭 시스템(44장 참고)은 시간의 흐름과 주가의 변화에 따라 트레이딩 방향으로 손실제한을 이동시킨다. 삼중 스크린 매매 시스템(43장 참고)을 이용한다면 시장 진입 후 지난 2일 동안의 가격범위 중 극단값에 손실제한주문을 설정하라.

---

* 주가가 손실제한주문 가격을 건드리는 순간 주문이 시장가주문으로 바뀌므로, 가격 변동이 급속한 상황이라면 순식간에 몇 호가를 건너뛰어 체결될 가능성도 있다 - 옮긴이

- *손익분기주문*

트레이딩은 처음 며칠이 가장 힘들다. 연구 분석을 통해 매매기회를 포착했고 주문을 냈다. 주문이 체결되자 손실제한주문을 냈다. 그리고 나면 더 이상 할 일이 별로 없다. 마치 이륙 직전 안전띠를 매고 있는 파일럿과 같다고나 할까. 엔진은 최고 출력으로 돌아가고 있지만 속도는 낮고 달리 조종할 것이 별로 없다. 그저 조종석에 앉아서 비행 시스템을 믿는 수밖에 없다.

이륙이 끝나면 비행은 안전한 단계에 진입한다. 주가가 유리한 방향으로 움직이면 즉시 손실제한을 손익분기 수준으로 옮겨라. 이제 손실이냐 수익이냐가 아니라 수익을 지금 손에 쥘 것인가 더 키울 것인가 고민할 시점이다.

손실제한을 손익분기 수준으로 옮기기 전에 통상 주가가 진입 포인트에서 일일 평균 거래범위 이상 움직여야 한다. 그러므로 손실제한을 손익분기 수준으로 언제 옮길지 알려면 판단력과 경험이 있어야 한다.

손실제한을 손익분기 수준까지 옮기면 속임수신호에 걸릴 위험도 커진다. 아마추어들은 흔히 "너무 일찍 판에서 나오는 바람에 손해를 봤다"고 자책한다. 많은 아마추어들이 트레이딩에 한 번만 진입하는데, 손실제한으로 포지션이 정리된 다음에도 얼마든지 재진입할 수 있다. 단, 진입이 적절한지에 대해 엄격한 판단을 거쳐야 한다는 점은 최초 진입 때와 마찬가지다. 프로들은 신중히 자금을 관리하면서 좋은 시점을 포착할 때까지 몇 번이고 진입을 시도한다.

■ **수익방어주문**

주가가 계속 유리한 방향으로 움직이면 평가이익, 즉 장부상의 이익을 보호해야 한다. 평가이익은 돈이다. 따라서 지갑에 든 돈처럼 똑같이 소중하게 다루어야 한다. 위험을 부담해야 한다면 평가이익의 일부만을 노출시키도록 하라. 포지션을 유지하는 대가로 말이다.

보수적인 트레이더라면 평가이익에 2퍼센트 규칙을 적용하라. 수익방어주문은 계좌를 보호하는 '자금 손실제한 money stop'이다. 손실제한을 트레이딩 방향으로 움직이되 불어나고 있는 자산의 2퍼센트 이상은 절대 위험을 감수하지 말라.

공격적인 트레이더라면 50퍼센트 규칙을 이용하라. 50퍼센트 규칙을 따른다면 평가이익의 50퍼센트는 내 것이지만 나머지는 시장의 몫이다. 롱 포지션으로 진입했다면 최고점, 숏 포지션으로 진입했다면 최저점을 확인한 다음 최고점 혹은 최저점과 진입 포인트 사이의 중간 지점에 손실제한주문을 설정하라. 이를테면 주가가 유리한 방향으로 10포인트 움직인다면 5포인트의 이익을 보호하도록 손실제한주문을 설정하라.

미심쩍고 확신이 없으면 파라볼릭 시스템(44장 참고)을 이용해 손실제한을 조정하라. 그래도 포지션을 유지해야 할지 정리해야 할지 확신이 서지 않는다면 차익을 실현한 다음 한 발짝 물러나 시장의 상황을 다시 점검하라. 포지션을 청산하고 시장에서 나온 다음 다시 진입해도 전혀 문제될 것이 없다. 돈을 걸지 않으면 상황이 더 또렷하게 보이는 법이다.

▶ 트레이딩이 끝난 후

포지션을 정리했다고 트레이딩이 끝난 건 아니다. 트레이딩을 분석하고 교훈을 얻어야 한다. 많은 트레이더들이 포지션을 정리하자마자 매매 확인서를 폴더에 집어넣고는 다음 매매기회를 찾는다. 프로 트레이더로 성장할 수 있는 필수적인 부분, 즉 자신의 매매를 되돌아보고 평가할 기회를 버리는 것이다.

방금 정리한 트레이딩에서 다음과 같은 점을 되짚어봐야 한다. 좋은 매매기회를 발견했는가? 어떤 지표들이 유용했고 어떤 지표들은 쓸모없었나? 진입시점은 얼마나 적절했나? 최초 설정한 손실제한이 너무 멀었는가, 아니면 너무 가까웠는가? 손실제한을 손익분기 수준으로 너무 빨리 움직였나, 아니면 너무 늦게 움직였나? 수익방어적 손실제한이 너무 느슨했는가, 아니면 너무 팽팽했는가? 포지션을 정리하라는 신호를 인지했는가? 어떻게 해야 했는가? 트레이딩의 각 단계에서 어떤 심정이었는가? 이렇게 분석해나가면 감정적인 트레이딩을 교정할 수 있다.

스스로에게 이런 질문을 던지고 경험을 통해 배우라. 수익을 보고 흡족해하거나 후회하며 뒹굴기보다는 이성적으로 분석하는 편이 도움이 된다.

'트레이딩 전과 후'를 기록해나가라. 포지션으로 진입할 때마다 현재의 차트를 인쇄하라. 차트를 노트 왼쪽 페이지에 붙이고 매수 혹은 공매도한 이유를 적어라. 그리고 트레이딩을 관리하기 위한 계획을 적어두라.

포지션을 청산할 때도 차트를 출력해 노트 오른쪽에 붙이라. 포지션을 청산한 이유를 적고 잘한 점과 잘못한 점을 목록으로 나열해두라. 그러면 트레이딩과 생각을 한눈에 알 수 있는 그림이 나온다. 이 노트를 보면 과거에서 교훈을 얻을 수 있고 사고의 맹점이 무엇인지 알 수 있다. 과거에서 배우고 경험에서 이익을 얻으라.

• 에필로그 •

　이 책의 줄거리를 처음 써나간 것은 몹시 더운 여름날 이탈리아 북부의 산악지대에서였다. 그리고 2년 뒤 꽁꽁 얼어붙은 뉴욕에서 마지막 장이 인쇄되었다. 세 번에 걸쳐 원고를 고쳐 쓰면서 그간의 경험을 더하고 좀더 명료하게 고쳤다.
　나는 인간으로서도 성장했고 매매 기법도 계속 진화하고 있다. 앞으로 2년 동안 또 원고를 수정한다면 전혀 다른 책이 나오겠지만 이젠 그만 펜을 놓으려고 한다.

▶ 방아쇠를 당겨라

　트레이더들이 내게 와서 이렇게 속내를 털어놓곤 한다. 시스템에서 롱이나 숏 포지션을 취하라는 신호가 떨어져도 매수나 매도를 할 수 없다는 것이다. 말하자면 '방아쇠를 당길 수 없다'는 것이다. 나도 한때 잠깐이나마 이런 증세에 시달렸다. 친구인 루Lou가 이런 증세에서 벗어나게 도와주었는데 이 책을 루에게 바친다.
　어느 일요일 오후 나는 루에게 말했다. 구미가 당기는 매매가 여러 건 보이는데 지난 주 시장에서 참패를 한 터라 다음 주에 한 가지라도 실행에 옮길 수 있을지 모르겠다고. 평소에는 침착하고 점잖은 루가 버럭 고함을 질렀다. "월요일 아침 장이 열리자마자 매매해!" 난 내키지 않았다. 돈을 잃을까 봐 두려웠다. "네가 돈을 잃든 벌든 관심 없어. 내일 시가에 매매하란 말이야!" 나는 개장과 함께 매매해본 적이 거의 없지만 주가가 시가의 거래범위를 돌파할 때를 살펴 10분 뒤에 매매했다. "10분이면 괜찮군. 내일도 꼭 매매하라구!"

뒤를 돌아보니 내게 어떤 문제가 있었는지 깨달았다. 마치 스키를 타다 한 번 언덕에서 심하게 굴러 떨어진 뒤로는 언덕에만 서면 벌벌 떠는 꼴이었던 것이다. 이 지경이라면 아무리 뛰어난 기술을 갖고 있어도 스키를 탈 수 없다. 트레이더에게 가장 큰 문제가 있다면 주문을 두려워하는 것일지도 모르겠다. 이 문제를 그저 손쉽게, 편하게 해결할 길은 없다. 의지를 굳게 다지고 애써 노력해야 한다. 그래서 루가 친구로서 내게 그렇게 고함을 쳤던 것이다.

시스템을 직접 개발하거나 이 책에 있는 시스템을 차용해 자신의 목적에 맞게 조정해야 한다. 스키 선수들이 초보자용 슬로프에서 연습하듯 트레이더도 모의 트레이딩을 해보는 것이 좋다. 2퍼센트 법칙을 이용해 자금관리 계획을 수립하라. 1개월 최대 손실을 자금의 6~8퍼센트로 제한하라. 이쯤 되면 정상에서 내려올 준비를 상당히 갖춘 셈이다. 시스템이 깃발을 내려 신호를 보내면 바로 출발하라! 당장!

깃발을 내려도 출발하지 못할 거라면 스키 장비를 팔아 골프를 치거나 금붕어나 기르는 편이 낫다. 트레이딩은 꿈 깨라.

시스템을 갖추고 자금관리 규칙도 익혔으며 손실을 제한할 수 있는 심리도 배웠다. 그렇다면 이제 트레이딩에 나서야 한다. 할 수 있겠는가? 트레이더들은 어떡하든 결단을 회피하려 든다. 자동 매매 시스템을 구매한 다음 몇 년째 모의 트레이딩만 하는 사람들도 허다하다. 나에게 최면을 걸어달라고 부탁하는 사람들도 있었다. 하지만 이젠 끝내야 할 때다. 의지를 갖고 분발해야 한다.

이 책을 고함 쳐주는 친구라고 생각하기 바란다.

▶ 끝이 없는 길

시장이 변하면서 새로운 기회들이 부상하고 낡은 기회들은 사라진다. 훌륭한 트레이더란 성공한 트레이더이면서 겸손한 자세로 배우는 이들이다. 평생 배움에 도전하는 트레이더가 되라.

이 책이 트레이더로 성장하는 데 도움이 되기 바란다. 여기까지 읽었다면 트레이딩을 가볍게 여기지 않을 것이다. 이 책은 트레이더의 심리, 그리고 트레이더가 당면한 문제들을 어떻게 해결할 수 있는지 설명하고 있다. 물론 이런 문제들은 한 사람의 인간으로서 우리들이 겪고 있는 문제들이기도 하다. 마음에 드는 발상이나 개념을 수용하되 자신의 스타일에 맞게 조정하라.

몇 해 전 내가 그랬듯 당신도 트레이딩이 도전할 만한 일이라고 생각하게 되었다면 행운을 빈다. 나 역시 다른 트레이더들처럼 계속 배울 것이다. 내일은 오늘보다 더 현명해지길 바라면서.

• 감사의 글 •

여러 해에 걸쳐 작업하면서 교사, 친구, 고객 등 수많은 사람들에게 신세를 졌다. 혹시 여기 이름이 없더라도 양해를 구한다. 그분들께는 직접 찾아뵙고 감사 인사를 전할 요량이다.

먼저 파이낸셜 트레이딩 세미나 고객들에게 감사를 전한다. 가끔 트레이더들이 전화를 걸어 '엘더 박사 책'을 보내달라고 한다. 책을 쓰지도 않았고 홍보를 한 적도 없는데 고객들은 책이 나오길 원했다. 아무튼 고객의 요청 덕분에 책을 쓰게 되었다.

집필 과정은 힘들었지만 글을 쓰다 보니 생각도 정리되고 트레이더로서도 성장할 수 있었다. 이 책의 탄생을 도와준 벗 팀 슬레이터Tim Slater와 마틴 프링Martin Pring을 소개하겠다. 슬레이터는 아시아에서 열리는 세미나에 초대해주었고 프링은 와튼계량경제연구소 WEFA 식구들을 소개해주었다.

팀과 함께 대만 야시장에서 밥을 먹었고 몇 달 뒤에는 이탈리아 밀라노의 한 까페에서 마틴과 동석했다. 두 사람의 간청으로 생각을 정리하고 집필을 시작할 수밖에 없었다. 텅 빈 여백을 보니 막막하기만 했고 한 자도 쓸 수가 없었다. 그래서 세미나를 몇 차례 열고 강연 내용을 녹음했다. 강연 내용을 보다 보니 책을 쓸 아이디어가 떠올랐다. 뉴욕, 토론토, 런던, 싱가포르에서 세미나에 참석해 여러 가지 질문을 해준 트레이더들에게 감사를 전한다. 일부 트레이더는 진짜 전문가들로 그들 덕분에 생각의 폭을 넓힐 수 있었다. 초보자들의 질문은 우리가 발 딛고 서 있는 현실을 떠나지 않게 붙잡아 주었다. 모두들 트레이딩으로 돈을 벌고 있길 바란다.

12단계를 생각해낸 것은 동료 한 사람과 환자 두 사람 덕분이다. 12단계는 트레이더로 성장할 수 있는 도약대가 되었다. 다그마르 오코너Dagmar O'connor, 짐Jim S., 그리고 캐시Kathy H.에게 감사를 전한다(캐시는 오랫동안 암과 싸우다 지난해 유명을 달리했다). 여러 달 동안 병원에 있는 캐시를 만나면서 돈보다 더 소중한 가치들이 있다는 것을 더욱 확신하게 되었다.

정신과 의사인 나에게 찾아와 속내를 털어놓은 트레이더들에게도 고마움을 전한다. 이들을 만나면서 머릿속만 잘 정리하면 돈은 절로 굴러온다는 사실을 다시 한 번 확인할 수 있었다.

파이낸셜 트레이딩 세미나 식구들에게도 감사를 전한다. 우리 직원들은 똑똑하고 활기와 유머가 넘치는 정말 특별한 사람들이다. 더구나 우리 직원들은 수십 대 일의 경쟁률을 뚫고 선택된 최고 엘리트들이다. 매니저인 캐롤 키건 케인Carol Keegan Kayne과 잉가 보구슬라브스키Inga Boguslavsky에게 특별히 감사를 전한다. 캐롤은 이 책의 처음부터 끝까지 편집을 담당했다. 어떤 방향으로 편집할지 논쟁을 벌이기도 했지만 대부분 캐롤의 말을 따랐다. 이 책에 불만이 있으면 캐롤에게 전화하도록.

원고가 완성되자 열두 파트로 나눠 각 분야의 최고 권위자들에게 부쳤다. 이들이 시간을 쪼개 원고를 검토하면서 수정해주었다. 제럴드 아펠Gerald Appel, 스티븐 브리즈Stephen Briese, 랄프 카토Ralph Cato, 마크 더글라스Mark Douglas, 존 엘러스John Ehlers, 페리 카우프만Perry Kaufman, 토니 플러머Tony Plummer, 프레드 슈츠먼Fred Schutzman, 보 턴먼Bo Thunman, 랄프 빈스Ralph Vince, 데이비드 와이스David Weis에게 감사를 전한다. 바쁜 시간을 내주고 충고를 아끼지 않은 이분들의 은혜를 꼭 기억할 것이다. 마이너스섬 게임인 시장에서 이런 친구들은 얼마나 큰 플러스가 되는지!

앞서 책을 낸 애널리스트들에게도 고마움을 전한다. 이 분야에선 온갖 주장들이 난무하므로 누가 먼저인지 알 길이 없다. 헨리 키신저Henry Kissinger는 이렇게 말했다. "이론 싸움이 그렇게 치열한 것은 나눠 먹을 게 적기 때문이죠."

이 책의 차트는 대부분 IBM 호환용 컴퓨터에서 컴퓨트랙CompuTrac 소프트웨어를 이용해 그렸고, 매킨토시 페이지메이커PageMaker로 데이터를 옮겨 작업했다. 시스템을 설치해주고 전화로 계속 도와준 노버트 루덱Norbert Rudek에게 감사를 전한다.

원고와 책을 쓰고 소프트웨어 사용후기를 쓰도록 자리를 내준 《바론즈》, 《선물》, 《주식과 상품에 대한 기술적 분석》, 《선물과 옵션의 세계Futures and Options World》 등 잡지사에도 감사를 전한다. 이 책을 쓰는 데 이런 경험이 좋은 밑거름이 되었다.

동료 정신과 의사이자 세인트 루크 루즈벨트 병원에서 내 상사였던 스티븐 레이블Stephen Reibel에게도 감사드린다. 뉴욕에 있는 내 환자들이 훌륭한 의사의 보살핌을 받고 있다는 사실을 알기에 안심하고 세계를 순회하며 세미나를 개최할 수 있다.

　탁월한 아이디어들을 제공해준 루 테일러Lou Taylor에게 이 책을 바친다. 테일러도 책을 썼으면 한다. 중요한 전환점에서 테일러의 현명한 충고 덕분에 전혀 다른 책이 나올 수 있었다.

　가족, 특히 나를 지지해주고 힘든 일을 잊게 해준 미리엄Miriam, 니콜Nicloe, 대니Danny에게 고마움을 전한다.

　마지막으로 오랜 친구인 니콜라이 고르부노프Nicolai Gorbunoff에게 감사를 전한다. 니콜라이는 내가 10대였을 때 소비에트 체제에 의해 몰락한 과학자로, 내가 살고 있는 세계를 지배하던 폐쇄적인 공산당 일당 체제에서 지극히 단순하고도 혁명적인 발상을 내 마음속에 심어준 사람이다. 그는 우리가 일하고 연구할 때의 유일한 표준은 '월드 클래스'여야 한다고 말했다. 나도 그렇고, 당신 역시 세계의 최고들 사이에서 경쟁해야 하며 그렇게 하지 못하면 살아남을 수 없다.

　고맙소. 니콜라이, 그리고 친구들.

뉴욕에서
1992년 11월
알렉산더 엘더 박사

참고문헌

- Angell, George. Winning in the Futures Market(1979) (Chicago: Probus Publishing, 1990).
- Appel, Gerald. Day-Trading with Gerald Appel(video) (New York: Financial Trading Seminars, Inc., 1989).
- Arms, Richard W., Jr. The Arms Index (Homewood, IL: Business One Irwin, 1988).
- Bavcock, Bruce, Jr. The Dow Jones Irwin Guide to Commodity Trading Systems (Homewood, IL: Dow Jones Irwin, 1989).
- Balsara, Nauzer J. Money Management Strategies for Future Traders (New York: John Wiley & Sons, 1992).
- Belveal, L. Dee. Charting Commodity Market Price Behavior (1969)(Homewood, IL: Dow Jones Irwin, 1985).
- Bullish Review Newsletter, Rosemount, MN.
- Club 3000 Newsletter, Augusta, MI.
- CompuTrac Software Manual(1982) (New Orleans, LA: CompuTrac, 1991).

- Davis, L. J. "Buffet Takes Stock," The Now York Times, April 1. 1990.
- Diamond, Barbara, and Mark Kollar. 24-Hour Trading (New York: John Wiley & Sons, 1989).
- Douglas, Mark. The Disciplined Trader (New York: New York Institute of Finance, 1990).
- Edwards, Robert D., & John Magee. Technical Analysis of Stock Trends(1948) (New York: New York Institute of Finance, 1992).
- Ehlers, John. MESA and Trading Market Cycles
- Elder, Alexander. Directional System(video) (New York: Financial Trading Seminars, Inc., 1988).

———. Elder-ray(video)(New York: Financial Trading Seminars, Inc., 1990).

———. MACD & MACD-Histogram(video)(New York: Financial Trading Seminars, Inc., 1988).

———. "Market Gurus," Futures and Option World, London, September 1990.

———. Relative Strength Index(video)(New York: Financial Trading Seminars, Inc., 1988).

———. Stochastic(video)(New York: Financial Trading Seminars, Inc., 1988).

———. Technical Analysis in Just 52 Minutes(video)(New York:

Financial Trading Seminars, Inc., 1992).

———. "Triple Screen Trading System," Futures Magazine, April 1986.

———. Triple Screen Trading System(video)(New York: Financial Trading Seminars, Inc., 1980).

———. Williams %R(video)(New York: Financial Trading Seminars, Inc., 1988).

———. Stochastic(video)(New York: Financial Trading Seminars, Inc., 1988).

- Elliott, Ralph Nelson. Nature's Law(1946) (Gainesville, GA: New Classics Library, 1980).
- Engel, Louis. How to Buy Stocks(1953) (New York: Bantam Books, 1977).
- Freud, Sigmund. Group Psychology and the Analysis of the Ego(1921) (London: Hogarth Press, 1974).
- Friedman, Milton. Essays in Positive Economics (Chicago: The University of Chicago Press, 1953).
- Frost, A. J., and R. R. Prechter, Jr. Elliott Wave Principle (Gainesville, GA: New Classics Libray, 1978).
- Gallacher, William. Winner Takes All-A Privateer's Guide to commodity Trading (Toronto: Midway Publications, 1983).
- Gann, W. D. How to Make Profits in Commodities (Chicago: W. D. Gann Holdings, 1951).

- Garland, Trudi Hammel. Fascinating Fibonaccis
  (Palo Alto, CA: Dale Seymour Publications, 1987).
- Granville, Joseph. New Strategy of Daily Stock Market Timing for Maximum Profit
  (Englewood Cliffs, NJ: Prentice Hall, 1976).

———. The Book of Granville; Reflections of a Stock Market Prophet (New York: St. Martin's Press, 1984).

- Greenson, Ralph R. "On Gambling"(1947), in Explorations in Psychoanalysis
  (New York: International Universities Press, 1978).
- Greising, David, and Laurie Morse. Brokers, Bagmen & Moles (New York: John Wiley & Sons, 1991).
- Havens, Leston. Making Contact
  (Cambridge, MA: Harvard University Press, 1986).
- Hurst, J. M. The Profit Magic of Stock Transaction Timing
  (Englewood Cliffs, NJ: Prentice-Hall, 1970).
- Kannerman, Daniel, and Amos Tversky. "Choices, Values, and Frames,"
  American Psychologist, 39(4) (April 1984), 341-350.
- Kaufman, Perry. The New Commodity Trading Systems and Methods (New York: John Wiley & Sons, 1987).
- Kleinfield, Sonny. The Traders
  (New York: Holt, Rinehart and Winston, 1983).

- LeBon, Gustave. The Crowd(1897)
  (Atlanta, GA: Cherokee Publishing, 1982).
- LeFevre, Edwin. Reminiscence of a Stock Operater(1923)
  (Greenville, SC: Traders Press, 1985).
- Mackay, Charles. Extraordinary Popular Delusions and the Madness of Crowds(1841)
  (New York: Crown Publishers, 1980).
- Murphy, John J. Technical Analysis of the Futures Markets
  (New York: New York Institute of Finance, 1986)).
- Neill, Humphrey B. The Art of Contrary Thinking(1954)
  (Caldwell, ID: Caxton Printers, 1985).
———. Tape Reading and Market Tactics(1931)
(New York: Forbes Publishing, 1931).
- Nison, Steve. Japanese Candlestick Charting Techniques
  (New York: New York Institute of Finance, 1991).
- Notis, Steve. "How to Gain an Edge with a Filtered Approach," Futures Magazine, September 1989.
- Pacelli, Albert Peter. The Speculator's Edge
  (New York: John Wiley & Sons, 1989).
- Paulos, John Allen. Innumeracy. Mathematical Illiteracy and Its Consequences (New York: Vintage Press, 1988).
- Plummer, Tony. Forecasting Financial Markets
  (London: Kogan Page, 1989).

- Pring, Martin J. Technical Analysis Explained, 3rd ed. (New York: McGraw Hill, 1991).
- Rhea, Robert. The Dow Theory (New York: Barron's, 1932).
- Rorschach, Herman. Psychodiagnostics(1921) (New York: Grune & Stratton, 1942).
- Schutzman, Fred G. "Smoothing Rate of Change: New Twist to Old Study," Futures Magazine, April 1991.
- Shapiro, Roy. Why Johnny Can't Sell Losers: Psychological Roots, unpublished article, 1991.
- Sperandeo, Victor. Trader Vic-Methods of a Wall Street Master (New York: John Wiley & Sons, 1991).
- Steidlmayer, J. Peter, and Kevin Koy. Markets & Market Logic (Chicago: Porcupine Press, 1986).
- Teweles, Richard J., and Frank J. Jones. The Futures Game, 2nd ed. (New York: McGraw-Hill, 1987).
- Twelve Steps and Twelve Traditions (New York: Alcoholics Anonymous World Services, 1952).
- Vince, Ralph. Portfolio Management Formulas (New York: John Wiley & Sons, 1990).
- Wilder, J. Welles, Jr. New Concepts in Technical Trading Systems (Greensboro, SC: Trend Research, 1976).
- Williams, Larry. How I Made One Million Dollars (Carmel Valley, CA: Conceptual Management, 1973).

──. The Secret of Selecting Stocks (Carmel Valley, CA: Conceptual Management, 1972).

• 저자 소개 •

의학박사 알렉산더 엘더는 구 소련의 레닌그라드에서 태어나 에스토니아에서 성장했으며 이곳에서 열여섯 살에 의과대학에 진학했다. 선의船醫로 근무하던 스물세 살에 아프리카에 정박한 배에서 탈출해 미국으로 망명했다. 그후 뉴욕에서 정신과의사로 일하면서 정신과 분야의 잡지 《사이키애트릭 타임즈Psychiatric Times》의 에디터로 활동했으며 컬럼비아 대학교에서 학생들을 가르쳤다.

금융시장에 트레이더로 참여하기 시작하면서 트레이딩에 관한 다수의 기고문과 책들을 집필했고 트레이딩 시스템을 개발했으며 투자강연회 연사로 활약했다. 정신과 의사로서의 경험 덕분에 트레이딩 심리를 꿰뚫어보는 독특한 통찰력을 얻게 되었으며, 세계에서 손꼽히는 테크니션으로 확고한 위치를 차지하고 있다.

1988년에는 트레이더를 위한 교육회사 엘더닷컴(elder.com)을 설립했다. 이를 통해 엘더 박사는 개인과 기관 투자자를 대상으로 투자 컨설팅을 제공하고 트레이더를 위한 세미나를 개최해오고 있다.

이 책의 독자들이 글이나 전화로 엘더 박사에게 현재 정보를 요청한다면 언제라도 환영이다:

elder.com

PO Box 20555, Columbus Circle Station

New York, NY 10023, USA

Tel. 718-507-1033, Fax. 718-639-8889

e-mail: info@elder.com

website: www.elder.com

주식시장에서 살아남는
심리투자 법칙

초판 1쇄 2010년 9월 2일
초판 20쇄 2023년 8월 21일

지은이 알렉산더 엘더
옮긴이 신가을

펴낸곳 ㈜이레미디어
전화 031-908-8516(편집부), 031-919-8511(주문 및 관리)
팩스 0303-0515-8907
주소 경기도 파주시 문예로 21, 2층
홈페이지 www.iremedia.co.kr **이메일** mango@mangou.co.kr
등록 제396-2004-35호

기획·편집 공순례, 김윤정 **디자인** 박정현 **마케팅** 김하경
재무총괄 이종미 **경영지원** 김지선

저작권자ⓒ2010, 알렉산더 엘더
이 책의 저작권은 저작권자에게 있습니다. 저작권자와 ㈜이레미디어의 서면에 의한 허락없이 내용의 전부 혹은 일부를 인용하거나 발췌하는 것을 금합니다.

ISBN 978-89-91998-42-1 03320

* 가격은 뒤표지에 있습니다.
* 잘못된 책은 구입하신 서점에서 교환해드립니다.
* 이 책은 투자 참고용이며, 투자 손실에 대해서는 법적 책임을 지지 않습니다.

이 도서의 국립중앙도서관 출판시도서목록(CIP)은 e-cip 홈페이지에서 이용하실 수 있습니다.